シリーズ

●監修● 瀬崎圭二

百貨店宣伝資料 4

白木屋 ④ 『家庭の志る遍』第14号〜第18号

ゆまに書房

此圖は總て布幅として御覧を乞ふ

い 厚板兒帶 價 四圓九拾錢
[illegible]地に金茶の[illegible]赤糸入りの[illegible]國の[illegible]は戰捷[illegible]頭の男兒が[illegible]なる[illegible]柄なり

ろ 京博多男帶 價 四圓九拾錢
片面は[illegible]片面は鉛錆色に淡白茶の細き重ね龜甲に花菱[illegible]上流向きの高尚なる品

は 明珍織單兒帶 價 貳圓四拾五錢
栗皮茶と白の襷形に全体は市松に[illegible]に織ければ伊達[illegible]

に 京博多男帶 價 四圓九拾五錢
片面は淡[illegible]片面は[illegible]代淡紫根の[illegible]白茶の重ね龜甲形色の落付きと柄とは相待つて若紳士に調和し

此圖は總て布幅として御覧を乞ふ

（い）

い 小幅山繭入友禪縮緬 價 一反 拾參圓五拾錢 一尺 五拾參錢
橄欖樹色地に白ぬきの光琳式水に澪標にて其葉の半面を海老茶マゼンタ色にて描き鹿の子に彩りたるにて地の山繭を雨とも見るべし

（ろ）

ろ 小幅友禪縮緬 價 一反 拾五圓五拾錢 一尺 六拾壹錢
濃紫梅と白とをだんだらにしたるは水の流れと篝の煙り、鵜飼舟を茶、鼠、オリーブ等の淡さりしたる色にて出したる珍きものにて長襦袢は勿論淡泊を好まるゝ向には十二三の少女子が單衣として面白き拵へとなるべし

（は）

は 小幅山繭入友禪縮緬 價 一反 拾七圓九拾錢 一尺 六拾九錢
生壁地に竪に山繭のやたら縞横にあつさりと金糸の霞文様は白ぬきの竹にて畫き長襦袢又は帶側に妙なり

第 15 号より

此圖は總て布幅として御覽を乞ふ

(一)富國織　(二)京御召　(三)京御召

(四)京御召　(五)幾代衣織　(六)ブライト織

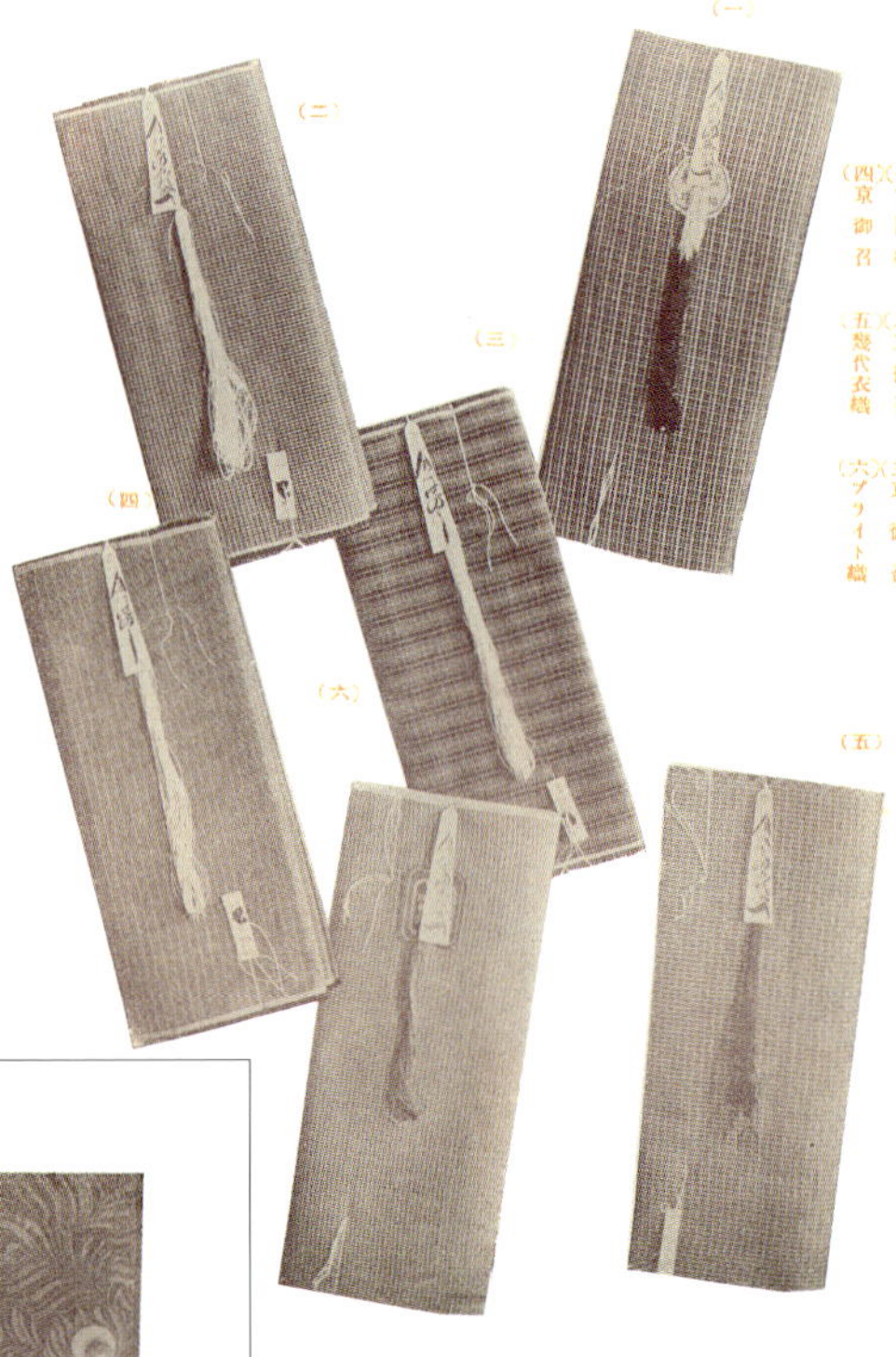

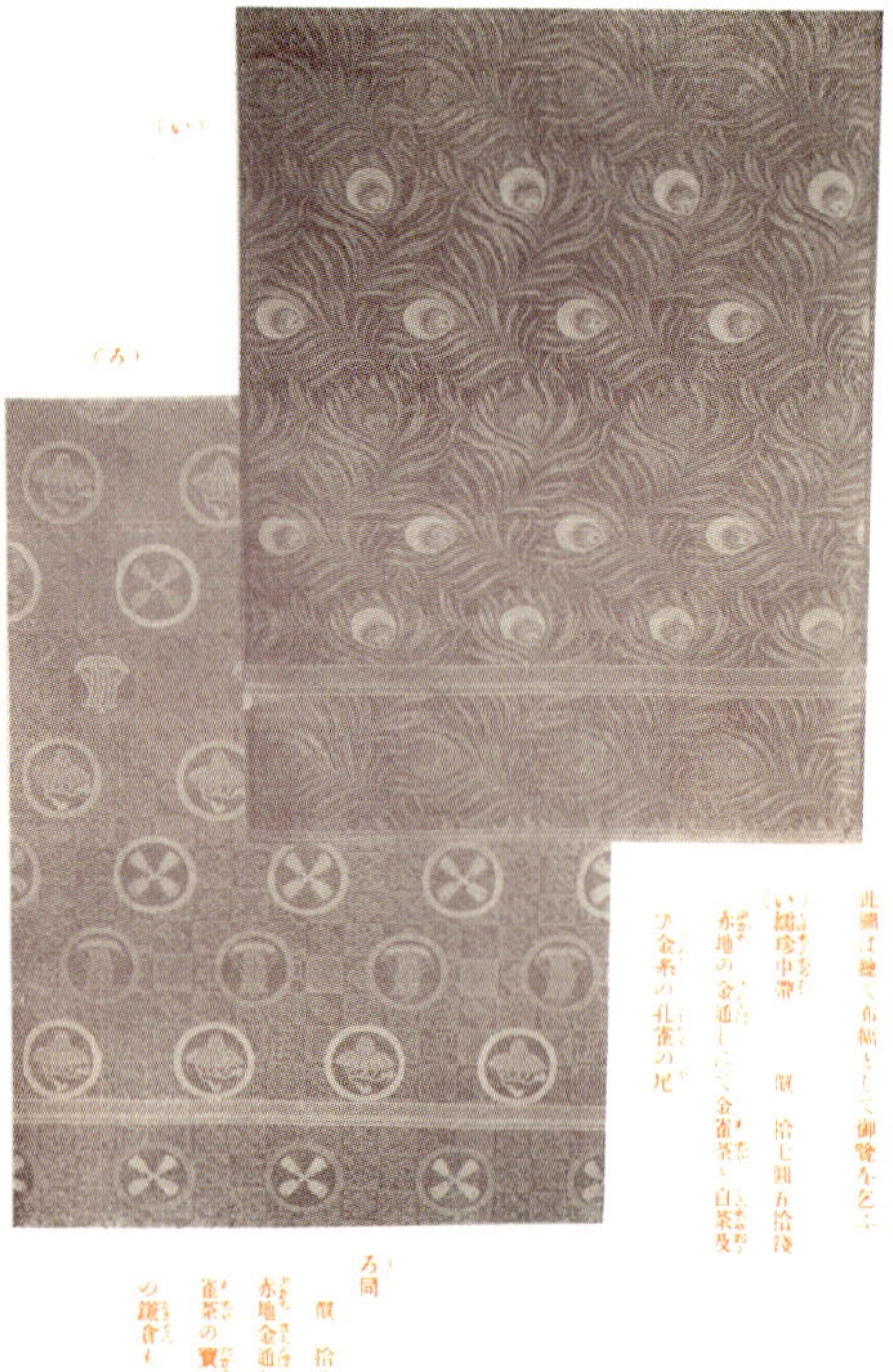

此圖は總て布幅として御覽を乞ふ

い繻珍中帶　價　拾七圓五拾錢

赤地の金通しにて金雀茶と白茶及び金糸の孔雀の尾

ろ同　價　拾八圓五拾錢

赤地金通しにて地文金雀茶の寶づくしに丸紋の鎌倉くやう

第15号より

刊行にあたって

瀬崎圭二

かつて白木屋という百貨店が存在したことを知る人が現在どれほどいるのだろうか。それを、現在でも東京都内を中心に営業を続けている東急百貨店の前身であると説明することはもちろん可能である。しかし、白木屋の象徴であった日本橋本店の後身東急百貨店日本橋店も平成一一(一九九九)年に閉店してしまっており、その名残すら追うことは出来ない。そのような意味で、もはや白木屋は歴史となってしまっているし、それどころか、「百貨店」や「デパート」という語がもたらす質感、あるいは、その場が喚起するイメージ、物語ももはや失われつつある。

現在では知る人も少なくなっているのであろうが、江戸から昭和の時代において白木屋は日本を代表する呉服店であり、百貨店であった。それは単なる一商店ではなく、文化的な記号でもあった。白木屋の社史『白木屋三百年史』(株式会社白木屋　一九五七年三月)によると、その発端は、寛文二(一六六二)年に大村彦太郎が江戸の日本橋に開店した小さな小間物店にあるという。その後発展し、江戸有数の大店となった白木屋は、明治を迎え、近代的な百貨店の様式を取り入れていく。明治三六(一九〇三)年の店舗改築はその最たるもので、これを機に、巨大なショーウインドーや遊戯室、食堂の設置、陳列販売方式の導入が行われた。むろん、こうした改革は同時期の他の呉服店にも見られるものだ。

多くの呉服店が自社の宣伝のために月刊誌を刊行していくようになるのもちょうどこの頃のことである。白木屋では、明治三七（一九〇四）年七月に創刊された『家庭の志る遍』とその後継誌『流行』がそれにあたる。こうした雑誌の大きな特徴は、その店で扱っている布地や帯などの商品を、写真や価格と共に誌面で紹介している点にある。そして、読者／消費者は、雑誌に添えられている注文書でそれらを実際に購入することもできた。月刊誌という速度の中で更新された商品が、流行として意味づけられていくという意味では後年のファッション誌と同じであり、雑誌を通じてそれらを購入することもできるという意味では通信販売のカタログ誌と同じであると言うことも出来る。ここには日々刻々と変化する当時の流行の一端が刻まれていると言って良い。

　この度、その『家庭の志る遍』が復刻されることとなった。全十八冊を数えるこの月刊誌の奥付に編輯者として名が記されている山口笑昨は、前掲の社史によると、新潟で裁判所の判事を務めたのち白木屋に関係するようになったという。発行所として記されているのは冨山房で、雑誌の価格は「一冊十二銭」とある。こうした雑誌の発行はその呉服店が担うケースが多いのだが、冨山房に発行を委託している点で『家庭の志る遍』はやや特異だ。

　この雑誌が刊行されていた当時は、日露戦争の最中にあった。第一号に掲載された「本誌発刊の必要」という序文にも、「一は此良心警発の機を利用して、戦捷国民の新家庭を準備し、一は戦捷後の道徳界を予想して、其弊害を未雨に彫繆す」という二つの目的が掲げられている。つまり、戦時下、あるいは来るべき戦勝後の家庭や道徳を形作るための雑誌であるというわけだ。したがって、口絵も戦場の様子を伝えるものが多く、誌面も戦争色が濃い内容となっている。明治二〇年代から家庭という概念が広まり、「家庭」の名を冠した雑誌が刊行されるようになることはよく知られているが、こうした系譜の中にこの『家庭の志る遍』を置くことも出来よう。それらの多くが女性を家庭に囲い込もうとする力に満ちていたように、この雑誌の誌面にも家事、育児や礼法に関する記事が毎号並んでいる。

　よって、この雑誌に毎号掲載されている読み物や小説も、家庭の女性を読者として想定していると考えて良いだろう。例えば、第一号、第二号に連載された青濤の小説「夏蜜柑」には日露戦に出征した兵士とその帰還を待つ女性たちの生活が描かれており、この雑誌の特徴が表れた物語内容となっている。当時の呉服店が刊行していた雑誌には文学作品が掲載されている場合も多く、白木屋のライバル、三越が刊行していた『時好』（明治三六〈一九〇三〉年八月創刊）や『三越』（明治四四〈一九一一〉年三月創刊）は文芸誌的な側面が強い。『家庭の志る遍』には文芸誌と呼べるほどの要素は認められないが、第十一号（明治三八〈一九〇五〉年五月刊行）に、紀行文や山岳文学の書き手として知られる遅塚麗水の小説「簸当」が掲載されていることには注意すべきだ。この雑誌に掲載された小説や読み物に注目してこの雑誌を捉え直すと、日露戦の戦時下において、白木屋の想定する読者／消費者にどのような物語が発信され、また受容されていたのかを知る手掛かりも得られよう。

（せざき・けいじ　同志社大学准教授）

凡　例

・本シリーズ「百貨店宣伝資料」は、明治・大正期において、流行の商品を消費者に宣伝し販売するために、各百貨店から発行された宣伝資料（ＰＲ誌）を復刻するものである。

・第Ⅰ期第一回として、一九〇四（明治三七）年七月～一九〇五（明治三八）年一二月に発行された、白木屋のＰＲ誌『家庭の志る遍』（全十八冊）を復刻する。第二回以降では、後続誌である『流行』（一九〇六〈明治三九〉年一月～一九一八〈大正七〉年二月）を復刻する。

・なお『家庭の志る遍』の「遍」には、実際には変体仮名である「遍」が使われているが（第一八号のみ『家庭の志るべ』の表記）、本復刻では「遍」で代用する。

・原書の判形は、210ミリ×152ミリ（Ａ五判に相当）、もしくは220ミリ×152ミリ（菊判に相当）である。収録に際しては、現行のＡ五判（210ミリ×148ミリ）に収まるよう適宜縮小した。

目次

『家庭の志る遍』

シリーズ 百貨店宣伝資料 4

白木屋 ④

『家庭の志る遍』

第一四号（一九〇五〈明治三八〉年八月）

家庭乃志るべ

家庭のしるべ目次

京都也阿彌ホテルに於て抹茶練習中の米國令孃

新發明ビレーフート

精巧優美 繪畫挿入

ビレーフートは交際家の一日も缺くべからざる新封筒なり。
ビレーフートは優美高尚精巧秀麗なる繪紙入の新封筒なり。
ビレーフートは紀念繪保存として最も適切なる新封筒なり。
ビレーフートは外征將士を慰むるに唯一無二の新封筒なり。
ビレーフートは各種の繪書を交換するに至便の新封筒なり。
ビレーフートは繪葉書より以上の趣味ある絶好新封筒なり。
ビレーフートは本邦固有の美術思想を發揮せる新封筒なり。

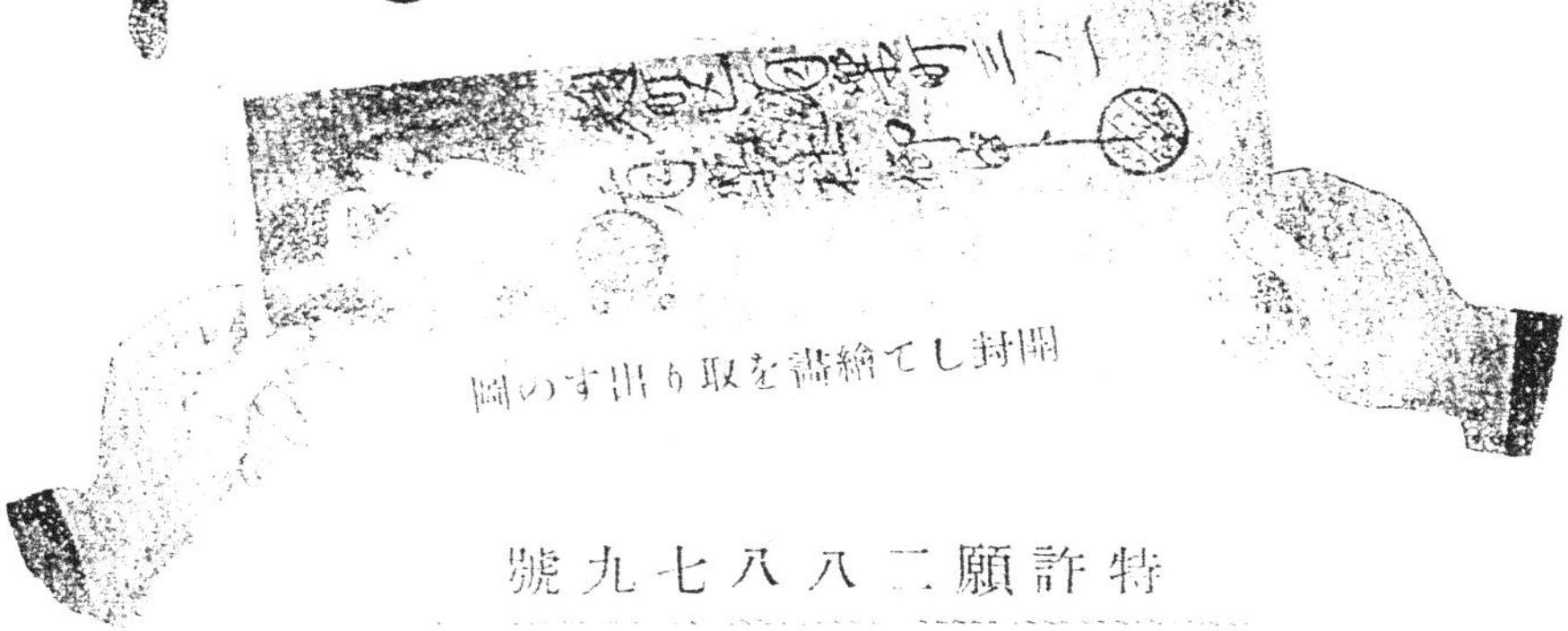

開封して繪畫を取り出す圖

特許願二八八七九號

▲第壹號 寫眞版 六枚壹部 定價拾貳錢
▲第貳號 着色寫眞版 六枚壹部 定價拾五錢
▲第參號 寫眞ドー版 六枚壹部 定價拾錢
▲第四號 細密日本畫 六枚壹部 定價四拾五錢
▲第五號 古代近世美人 六枚壹部 定價四拾五錢
▲第六號 絶景水彩畫 六枚壹部 定價參拾五錢
▲第七號 明治座川上演劇王冠 六枚壹部 定價拾五錢
▲第八號 明治座川上演劇王冠 六枚壹部（特別製）定價貳拾
▲第九號 優美高尚觀櫻美人 六枚壹部（將士慰問）定價拾
▲第十號（新刊） 優美高尚藤花美人 六枚壹部 定價拾
▲第十一號（新刊）（將士慰問） 優美高尚海水美人 六枚壹部 實價拾錢

製造賣捌元

東京市日本橋區馬喰町壹丁目
中村封筒部（電話浪花二千百六十二番）

關西大賣捌店

大阪市淡路町堺筋角
早崎彌兵衛（特電話東一三九〇番）

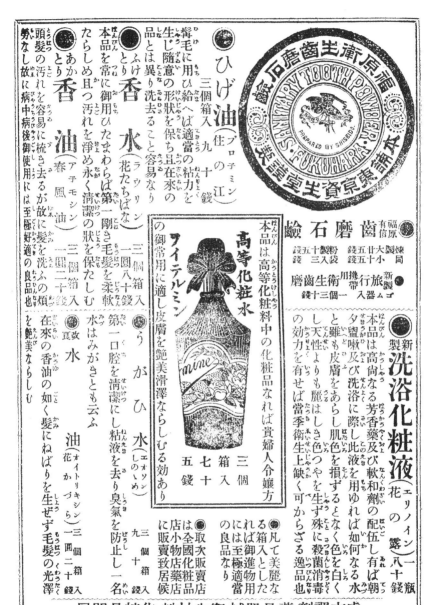

堅牢無比實用時計新荷着

一金三拾八圓　拾金側兩蓋斜子及無地15形中蓋附器械流金切天府爪石ウヲルサム製

一金四拾貳圓　同梨地及彫刻附器械前同斷

一金四拾六圓　同斜子側17形器械本ニッケル同斷

一金四拾九圓　同斜子側18形器械流金同斷

一金六拾五圓　拾八金側兩蓋中蓋附斜子15形器械流金爪石入アンクルタバンス製

一金六拾九圓　拾八金側兩蓋中蓋附15形器械本ニッケル15石切天府ウヲルサム製

一金八拾九圓　拾八金側兩蓋中蓋附17形器械總押石附爪石入アンクルタバンス製

一金百貳拾圓　拾八金側兩蓋中蓋附18形器械本ニッケル15石切天府ウヲルサム製

其他金、銀、鐵、ニッケル側、兩蓋、片硝子等種々

一金七圓五拾錢　銀側兩蓋中蓋附斜子拾七形最薄手流金五光シリンドル

一金八圓八拾錢　同拾七形之硝子石入向爪アンクル

一金九圓八拾錢　同拾七形總押石附向爪アンクル

一金拾參圓　同中蓋附拾七形流金爪石入向爪アクンルタバンス製

一金拾六圓半　同拾七形流金爪石入切天府ウヲルサム製

一金拾七圓半　同拾七形本ニッケル枝束同斷

一金拾九圓　同拾七形金龍頭金蝶番器械前同斷最上品

一金貳拾九圓　同梨地彫刻附色金象眼入金龍頭金蝶番器械前同斷最上品

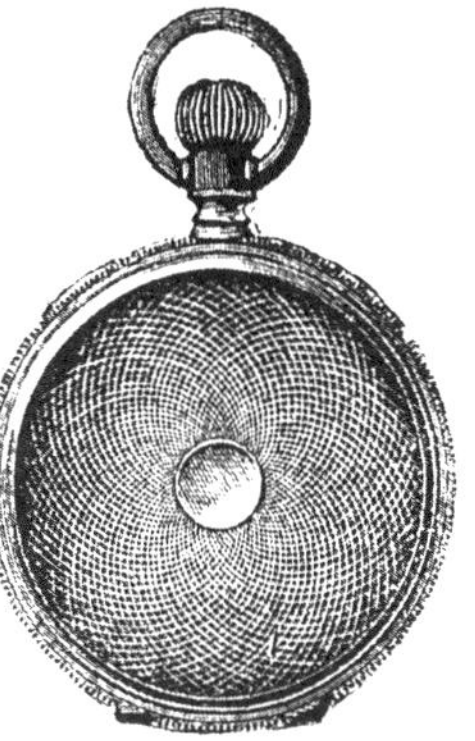

各種、時計、同附屬品雙眼鏡、金縁眼鏡類寶玉商入金指環、貴金屬製美術品類

柳　東京日本橋區通一丁目
白木屋橫丁角

古　岡野時計店

堂　（電話本局二八三一番）

○地方御注文は代金引替小包にて御取扱申候（但三分の一前送金の事）商品案内御入用之方は送費四錢御送附をこふ

たんす問屋

●數代老舗● ●精製確實● ●製作堅牢●

御婚禮用

御簞笥　鏡臺　三ッ重簞笥　夫婦簞笥

御長持　針箱　洋服簞笥　帳場簞笥

御用簞笥　各種箱類

本箱　机類　附屬品類　羽織簞笥　外各種

弊店ハ御客樣方ノ御便宜ヲ計リ階上ニハ**簞笥陳列場**ノ設置有之候間御隨意御來觀ノ上御用命ノ程偏ニ奉希上候

御註文ノ御思召アル御方樣ハ御申越次第**簞笥目錄**圖面入定價表一部進呈可仕候但シ郵券貳錢封入御申越ノ事

賜 第五回内國勸業博覽會 一等銀賞牌 ● 第四回内國勸業博覽會 褒狀 ● 第三回内國勸業博覽會 時事新報金牌

清

東京市京橋區金六町一番地角

越中屋本店 **鷲塚簞笥店**

電話新橋五百七十一番

●高尚優美● ●價格低廉● ●懸引なし●

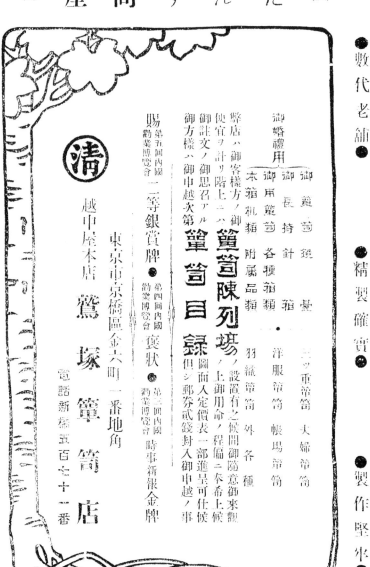

弊店三階建家屋

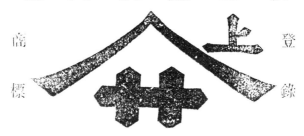

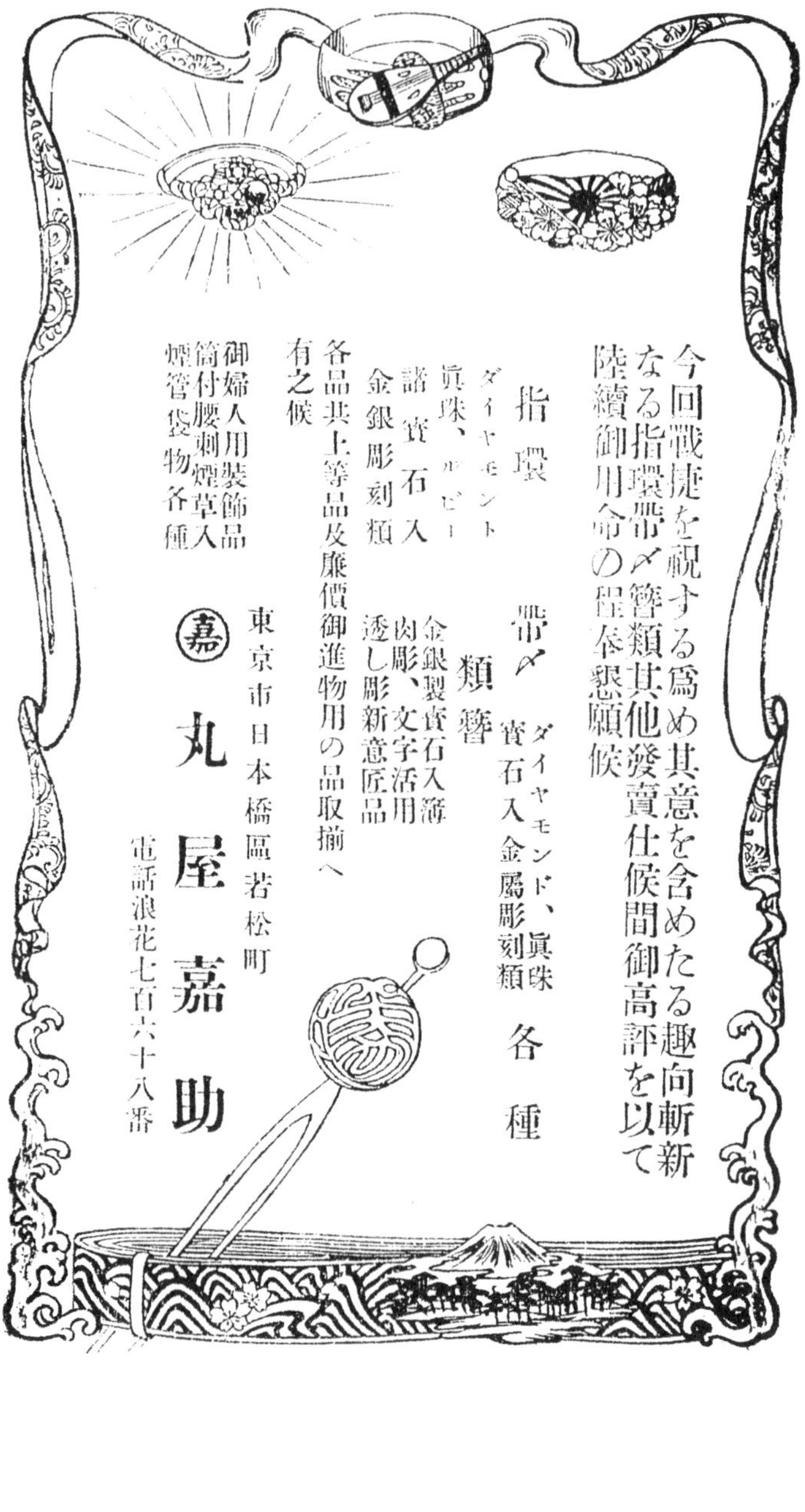

階上の陳列所には多數の商品見本として備置き候間貴意に適せる品御撰の便利あり陸續御來車御縱覽の程奉希望候

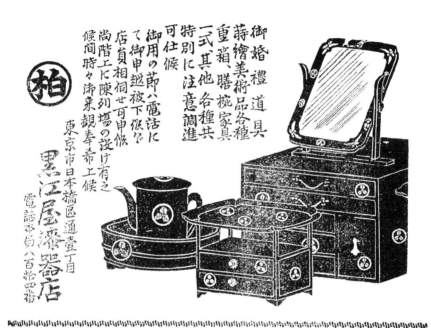

御婚禮道具
蒔繪美術品各種
重箱、膳椀家具
一式、其他各種共
特別に注意調進
可仕候

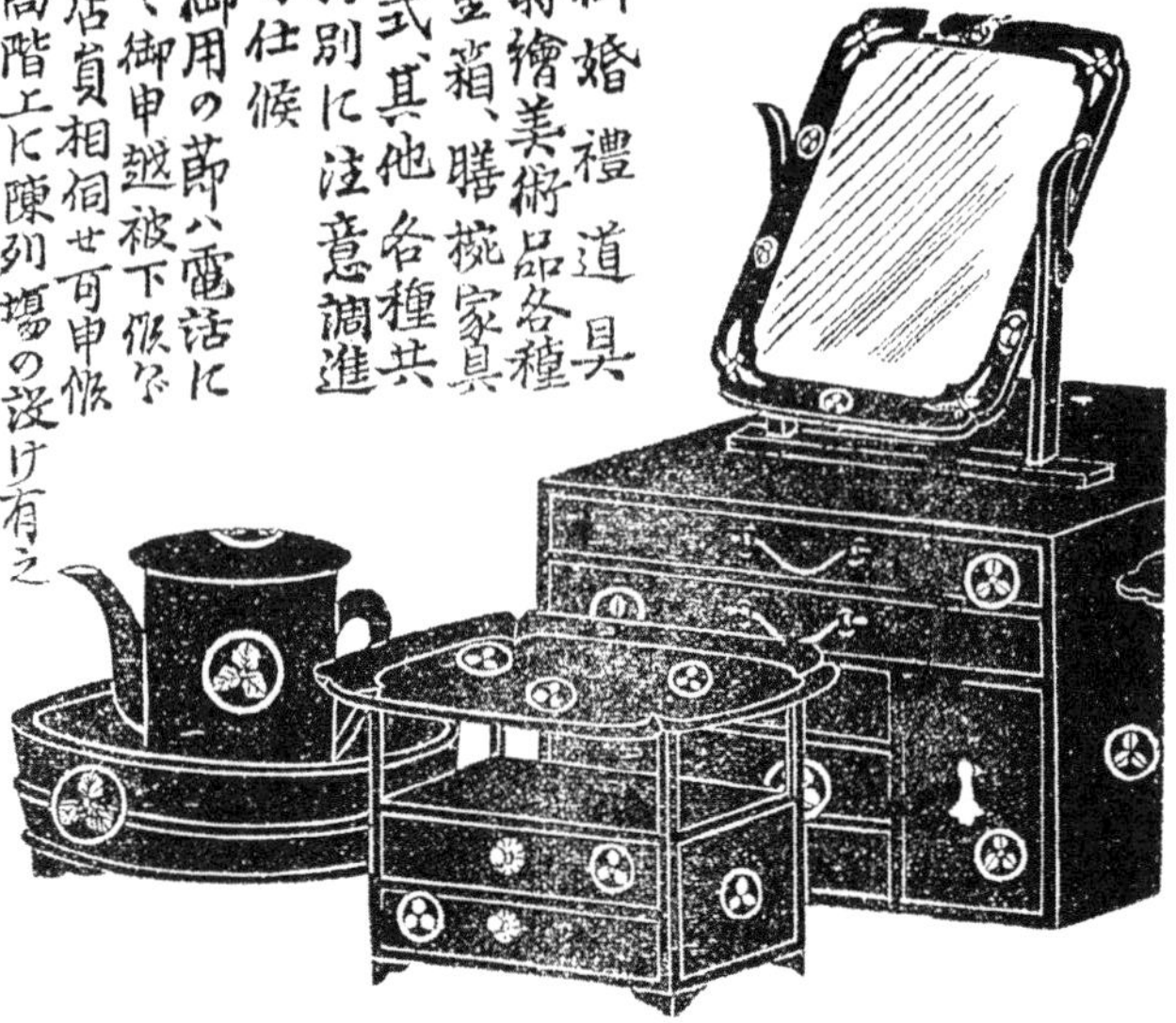

御用の節ハ電話に
て御申越被下候ハヾ
店員相伺せ可申候
尚階上に陳列場の設け有之
候間時々御来観奉希上候

柏

東京市日本橋區通壹丁目
黒江屋漆器店
電話本局八百拾四番

箪笥長持類数代老舗

蟲害豫防法實施

一度びにても御用命被仰付候御方様にて御蟲ぼしに際し箪笥長持類具合悪しき等の箇所相生じ候節は市内は御伺ひ地方は小店宛御送附被下候はゞ期日迄に無代修繕可仕候

東京市日本橋區小傳馬町壹丁目

商標 長嶋屋

長谷川箪笥店
電話浪花一四三五番

好機不可逸

我社定款に依れば、舊期社員は新期社員よりも毎年高率の利益配當を受くるの權あり、然るに我社は**來八月末日**を以て第三事業期を終らんとす、特に九十兩月に於ては最多額の契約を有する十府縣に於て、八月末日現在の社員の互選を以て、新に社員總代を選擧するなり、入社の志ある諸君幸に此好機を逸する莫れ

東京日本橋區新右衞門町

第一生命保險相互會社

電話、本一三七三、本一七三七

商品略目
鼈甲櫛笄簪
蒔繪附櫛笄
珊瑚珠根掛
鼈甲生地類
弊店販賣の諸品は品質の精良と製作の巧妙なるを特色と致し二百餘年來の御愛顧を蒙り居り候所にて猶一層着實に調進仕候間倍舊多少共御用命之程奉希上候
すみや號
川尻彦兵衛
東京日本橋區通油町
電話浪花二三六一番

上塗主義

世に上塗主義なる者あり、表面の躰裁を専一として、必らずしも内容の如何を問はず。曰く、見てくれだに善くば、それにて事は充分なり、唯だ外見の美を口に讃せよ、忘れても手を其實質に觸るゝなかれ、觸れなば頓て上塗の表皮剝け落ちて、醜き内容を露はさん。露はせる者も耻なれば、耻搔かせたる者も亦た悪徳たるを免かれじ。要するに木地を塗り隱せ、而して塗の手際の奇麗なるに誇れ。上塗主義は西洋文明の神髄なり、斯して内容の醜悉く隱れて、外面の躰裁悉く美なるの時、世は始めて黄金時代に入れるなりと。

この主義や、幾んど現時の思潮を制して流派漸く廣く、諸種の有象無象に浸潤して、既に畧ぼ其根帯を作れるに似たり。是故に受負普請の造作は、下地なしの襖や壁に金砂子を輝かし、紺屋は藍を窺かざる黒のけば〱しきを染め上げ、人は襤褸の上に綾錦を引張り、眞鍮を胎める金の指環を閃めかし、辨當を包める鰐皮の鞄を提げ、齒に絹着せし壺口を交際の極意となし、餘りある財囊を以て其名譽心を飼ひ、而して自から高く其善行を標榜する者を慈善家といひ、巧みに公然の收賄を避けたる者を狷介の士と呼び、白晝狹斜に立入らざる者を品行方正の君子と稱へ、細君を逆待若くは離別せざる者を家庭の模範と仰ぐ。凡そ世に上塗主義ばかり、外見の美なるはあらじ、若し夫れ内容の醜を指摘するは、此主義の禁句なり、吾輩豈多く語りて、時勢後れの譏を受くべけんや。

抑も上塗主義の、爾く滔々として現代の思潮を成せるは何ぞや、他なし人は先天的に此主義を好むの傾向を有するなり、彼れは敎えずとも上塗宗を信仰す、彼れは屢々防遏されて猶ほ此宗旨を打崩す能はざりしなり。然るに先きの防遏せる者、今や却て慫慂せんとす。霖雨後の堰は切つて落されたり、奔流急下、我社會に汎濫する亦た宜ならずや。

曾て聞く英米文明國の人種は、所謂宵張りの朝寐坊にして、晝よりは夜を好み、社會萬般の機關亦た晝よりは夜を以て多く活動すと。平生常にその理由を知るに苦しみしが、今にして始めて其眞義を解し得たり。文明主義即ち上塗主義の極意は隱すに在り、隱すは白日よりも寧ろ夜陰を以て便なりとすべし。異なる哉、文明の科學は吾々に早起を勸め、而てて文明の事實は吾々に晏起を敎ふるなりき。近頃我邦に徹夜の業務漸く多くなり勝れるは一面は交通繁劇の説明たるに相違なきも、又一面は上塗主義の一現象と見るを得べし。或は未だ上塗主義の結果とはいふを得ざるべきも、少なくも他日上塗主義を助長すべき一因たらずんばあらず。

上塗主義の心術は陋劣なり、其外形は浮薄なり、水に漂ふ根なし草なり、沙上の樓閣なり。

その主義の果して社會向上の精神に副へりや否やは、必らずしも此に絮説するを要せず。

已むなくんば唯だ一つあり、吾輩をして日露戰爭の手近なる教訓に聽かしめよ。

兵數に於て、武器に於て、彼れは却つて我れに優れり、即ち外見に於ては我れ實に彼れに一籌を輸せるに拘はらず。砲火相交はり、兵戟相接するに及んでは、彼れ遂に我敵に非ず陸に海に、戰へば必らず敗れ、守れば必らず奪はれつゝあり、日本海の海戰の如き、特に此證例の顯著なる者とす。然る所以のものは何ぞや、彼れが外見には内容なく、我外見には内容を伴ひたればなり。此場合に於て、内容は精神を意味す。

外見を專一とするの失敗斯くの如く。内容美なる者の捷利亦た斯くの如し。是れ我國民の目前に觀て、實際に證據立てたる所、然かも彼等は尚ほ悟らざるものゝ如く、尚ほ上塗主義の渦中に投じつゝ、我軍の捷てる所以に負き、露軍の敗れたる所以を學ばんとす。

上塗主義乎、他日社會の荼毒たらんもの、其れ必らず此主義ならん。然れども人の性情を陶冶して、悉く惡に遠ざからしめんとするは、到底出來ぬ相談なり。故に上塗主義を以て唯だ惡を憎むの心を忘れざるの紀念たらしめんとするは可なり、之を以て文明の趨勢とし或は之れを慫慂せんとするは誤れり。方便として此主義を已むなきに存するは可なり。目的として此主義を助長するは謬れり。經世家と共に、家庭教育家の宜く心を致すべき所。

小説

裁縫指南（承前）

物外

假山の綠陰濃かに、靑鷦の聲幽寂の氣を增し、巖搏つ飛泉の音錚々として炎蒸を滌ふかと疑はる。

市街は、俥の轢る音さへ暫くは途絶えて、喘ぎ〳〵氷賣る聲は嗄々に寧ろ暑さを增す三伏の日。

係る憂き世を外にして眼に靑苔滑かなる庭園を眺め、耳に萬籟の颯々を聽き、倦めは書を繙き、厭けば案に凭て眠る、實に人生の苦樂ほど階級あるものは莫かるべし。

玆に萩園子爵家の令嬢壽子は勤學の志深く、心ばへも優しく、年毎に夏季三月の間は大磯の別墅に父子爵と共に暑を避けらるゝが例なれども、征魯の師を起されてより已來、父母に別れ妻子を遺し、滿韓の野を跋涉して死生の間に起臥する所の忠勇なる我が將士が辛酸を思ふては晏然として避暑消夏の沙汰にも非ずと、去年の夏よりは本邸に在つて一日の課程も怠らず、放課の時間を定めて園内運動の外尚零砕の時間には恤兵寄附品の製作に餘念なきこそ殊勝なれ。

今日も書齋に貞子女史と折節訪ひ來た村松千枝子とを語敵に四方やまの話しに餘念なく、彼一句是一句終に談は人の噂となつた。

『先生俊子さんは何故お同伴になりません？。』

『お蒼蠅いと存じまして……。』

『アラ左樣なこと仰有つて、妾俊子さん淡泊して大好きですヮ、今度は必とお入來遊ばすやうに願ひます。』

『妾も俊子さんは無邪氣で實に好い方だと思つて居ますのよ』と村松も合鎚を打つた。壽子は重ねて

『近頃は滿江さんも些もお入來になりませんが何樣か遊ばして？。』

『ハア、實は此頃結婚の約が整ひましたそうで、專ら準備最中、當分伯母のほうへ泊りにまいつて居りますと先日承りました。』

『アラマア御婚姻……。』と壽子は貞子の顏を見つめた。

『マア御目出度いこと、併しお早いでは有りませんか。』と千枝子は言つた。

『何か急に緣付くことになつたそうです……。』言ひかけて貞子は口を噤んだ。

『那の方の爲には飽までお悦びまをさねばなりませんが、妾は最う少しお家に在らしつて始終來て頂きたいと思ひますワ、那の方も俊子さんのやうに淡泊なかたで母なども大層好い人だと言つて居りました。』

『貴孃滿江さんがお緣付きになりましても御緣家の御都合次第ちよく〳〵お入來になるやう先生にお願ひ遊せな。』と千枝子が勸めた。

『ハア……、併し御迷惑でせうから……』と竟に逡巡つて了つたのは何か壽子に感じたことの有つたらしい。村松は何の感じもないから切りに勸めて、

『御輿入れ前に是非一度揃つてお目にかゝつてお祝ひ申さうでは有りませんか？』との議

案を出した、で、貞子は引つ取つて、

『唯今宅の稽古は休み中で有りますが、日を期して皆樣をお招ぎするやうに致しませう。其の節貴孃もお出遊ばせ。』

『失禮ながら宅は涼しう厶いますし此方へお招ぎすると可いので厶いますが……、左樣願へれば誠に結搆で厶います。』

『會費は平等に願ひます。』と村松が切り出したが此の議は有耶無耶に了つて諸孃へは貞子から滿江の都合を聞いての上で通知すること丶極つた。

壽子は恁る深窓の裡に人と成つたにも拘らず性來神經過敏の質で有るから、初めに繁々來た滿江が何となく疎遠になつて、更に他の友達の語氣を察するに何となく厭ふやうなふしも見えて、遂に全く來ずになつたのである。其の原因が伯兄から出たことでは有るまいかと稍想像して居つたので、常に氣の毒に思つて居た矢先、今度の結婚のことを聞いて是非一回逢つて情を溫めて置きたく、又多少贈りものもしたい考へも有つたのであるが、正可に伯兄から滿江の家へ云々の事情までは知らぬのであつた。併し貞子と村松の同意で祝賀會が催されること丶なつたのは頗る嬉しいのである。

玆へ侍婢が運んで來たのは切子高坏形の鉢に盛つたアイスクリームと切子の皿三枚と小形の洋刀に匙であつた。渠は引換えに覆盆子の空鉢を持つて退ると壽子の侑めに僉賞味して一時の冷を取つた。

『此方のやうにお涼しいと此の暑中でも随分勉強が就きますねへ』と村松の口から暫時途切れた談話が繰り返された、

『左様ですとも、ですから壽子さんは毫も課業をお止めにならないのです』

『お羨ましいことねへ、宅などは狭隘いのと風入りの不可いので迚も勉強はできません、けれども先日先生から問題に出ました馬乘袴の裁方積り方を造つて參りましたから御覧を願ひませう？』

『良くお暑いのに遊ばしましたこと、……、問題の後丈は何寸で厶いましたか、貴嬢お書き取りになりまして？』

『ハア……』と帯の間から洋紙に鉛筆書きのものを一片出して貞子に交付した、取つて見ると問題から裁方圖算式まで書き載せて有つた。

問題　並幅ノ布ヲ以テ馬乘袴ヲ裁ツニ後丈二尺六寸五分裁切リニ爲セバ用布何程ヲ要スルヤ其ノ積リ方且裁方ヲ記スベシ

26,5 × 8 = 212,0　　212,0 − 3,8 = 208,2

208,2＋(衽切18,0＋腰切6,0＋前襠16,0)＝248,2用布

『大層良く出來ました……、此の積り方の算式を拝見しますと、後丈の八倍二丈一尺二寸のうちから三、八を減いてありますが、其の三、八の出所と、これを減く理由は如何いふ譯ですか？』

『ハイ、此の三、八は圖に顯はしましたとふり、脇布と奥布との方が後丈の寸尺より一布に付て八分づゝ短く裁ちますから、丁度四布合せて四八三寸二分……、夫から後襠も後丈より一布に付て三分づゝ短かいものが二布有りますからこれを二倍して六分、夫を前の三寸二分に加へますと三寸八分になります。

夫から後丈へ八を乘じましたもののうちから、前の三寸八分を減きます譯は、圖の通りに裁ち違へにしますと丁度三寸八分だけ切地に剩餘の利益を生ずる譯になりますから、其分を減きましたのでムいます、併用布が裏表の違ひあるもので有りますと此の裁ち違へは就きませんからそのときは此の三寸八分は減きません心算です。』

此の答に尋いで猶貞子が問ひを起さうとする刹那、西北の空に峩々たる峯を作つて居た雲は崩れて、萌葱色を帶びた黑雲と變じて、空一ぱいに瀰り、黄ばんだ光線の片明りが物凄く低い中天から斗大の雨が地を敲くやうにポツリ／＼と落ち來るかと思ふ間に、一閃眼を射る電光と共に、耳を劈く迅雷のはためきに續いて、一時は瀧の如き大雨となつてその光景もの凄じく、三人は居竦んだまゝ物も得言へぬのであつた。

（以下次號）

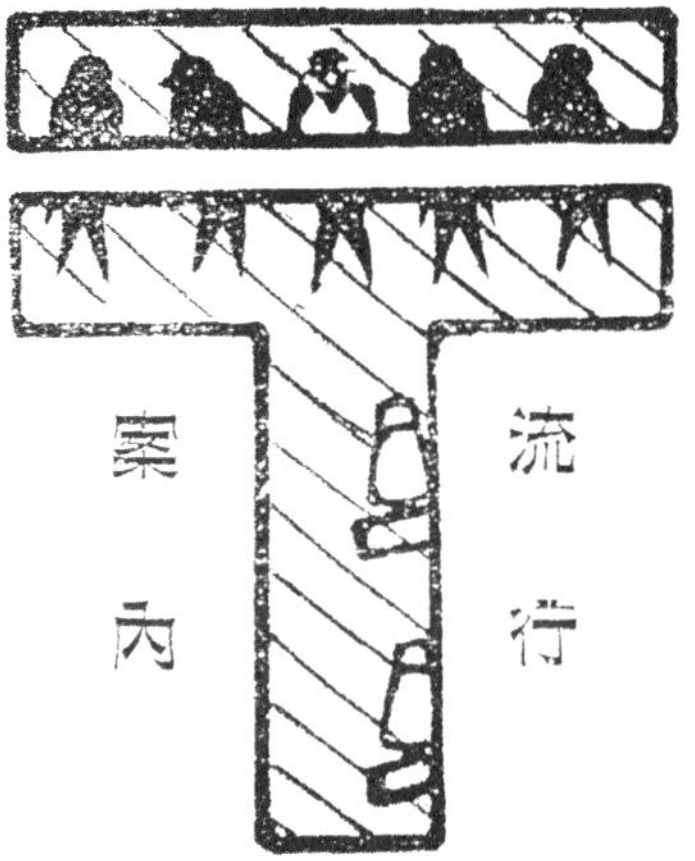

都門の流行を滿天下に御報道しまする記者の責任は却々容易の業では有りません。故に記者は愼重の上にも愼重の觀察を下しまして現社會一般に流行し若くは流行すべきものを調査して御報道を致しまする方針は、初號以來渝らぬ所で有りますから其のお積りで本欄の御通讀を願ひます。

◎當季に於ける紋付帷子の流行見立

日本橋白木屋呉服店調

御婦人物

地質は霞絽か絽明石のうちを選びまして、染色は、お若い向には千歳鼠、銀波鼠、淡葡萄の類が流行中の流行とも申ませうか。これに破れ垣にからみ蔦又は涼しく淡路島の類を江戸裙に染めまして、此の文樣のうちへちらほらと泥書き若くは細糸であつさりと要所〳〵に刺繡をあしらふなどは批難のうち所無いものでムりませう。

又老成た御方には生壁色、御召利休、茶色などの無地か、此れを地色にしまして下前江戸裙に細手の白ぬき文樣を染め出しまして、御着座のとき一寸お文樣が右膝の前折り返しに見ゆるなどは奥床しい所でムりませう。

何れも八掛つきに致しまして出來上り

代價　貳拾貳參圓位

右の下へ召します長襦袢は稍儀式めく場合には白の紋絽絹縮みか漣絽、又は同じ品を淡鼠に染めますするなとが可しく、派手に致しますれば裾の廻りへ蚊吊り草、薊、鷺草など野草の類をあつさりと染出すも乙なものでムりませう。

代價　拾貳參圓位

御摸樣付は拾七八圓位

右の御召物に調和します丸帯は、

紗刺繍

是は練紗に刺繍を施しましたもので、高尚の點に於ては申分ムいません、爾して透き通る所に言はれぬ涼味が有ります。で、此の帶をお仕立になりますには、中心へ中形の麻を入れますか、若くは極く奢つて倭錦などを入れますと、中心の摸樣と濃淡遠近に映り合ひますから譬へ難い趣味があります。

中形麻中心入仕立上り

代價　貳拾六圓より

貳拾八九圓位

竹屋町織

壽可斗織

綵羅織

相變らず上品で締心地が宜しいので矢張流行の花形でムります。此仕立上り

代價　拾五六圓より

貳拾圓位

令孃向には

地質を紋絽、霞絽、絽明石などを用ゐまして色は、茅出し藤、加茂川蒲萄、薄牡丹等の内を選びまして、草花の地落し又は曙染の摸樣とし、葉か花に匹田染をあしらひますれば流行に負かぬ拵へでムります、又

當今は中振袖が非常に流行する傾向で厶いますが實に品のよいもので、御振袖は御下げにも、束髪にも誠によく調和致しますから是より無論廣く流行いたすに相違厶いません。

右に釣合ます丸帶は

代價　振袖　參拾貳參圓
　　　留袖　貳拾五圓位

絽繻珍、竹屋町織、壽賀斗織等にて

代價　拾五六圓より
　　　貳拾四五圓位

其他唐織の二釜摸樣に秋草又は山蘭などを織出しました高尚なものが有ります、是は又格別に見榮えがいたします、仕立上り

代價　參拾圓より
　　　參拾五圓位

室內裝飾法（第十一號のつゞき）

床及び棚飾法

松浦伯直傳

本誌第十一號にて書院飾りの圖は了りたり是よりは床及び棚飾りの圖を逐次揭載すべし。既に第十一號に注意し置きたる如く、次頁の圖中「付書院文房飾は一號の圖を用ゆ」と記しあるは、本誌第九號に揭載せる書院飾の圖第一號を用ゆるの謂にして、次號より連續揭ぐる所の床及び棚飾りの圖にして若し付書院の必要あるものは本號の例に依り「付書院云々第何號を用ゆ」と記すべく又付書院の要なきものは「書院なし」と記すべければ、是に依て會得あらんとを庶幾す。

(床)

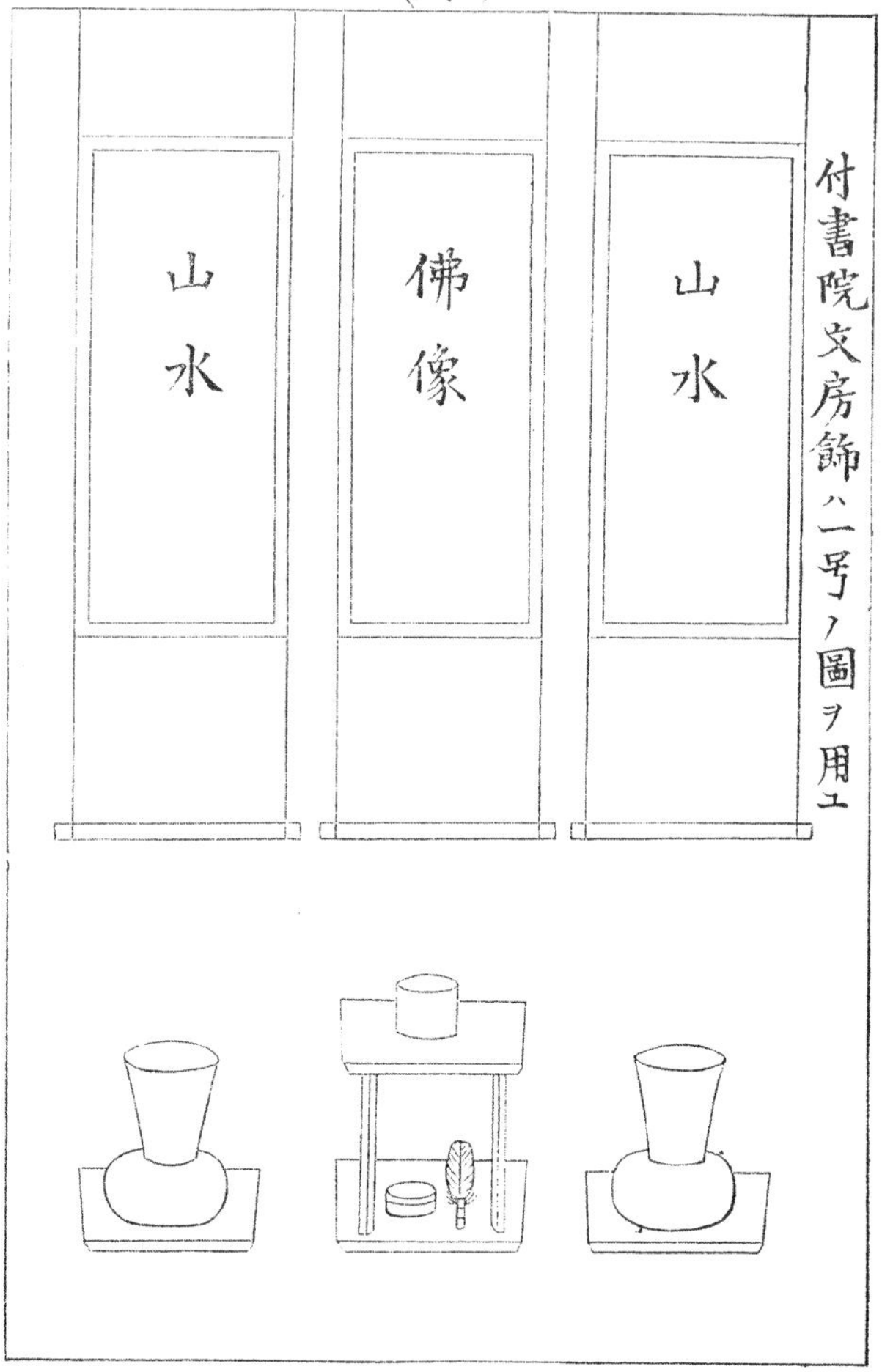

（棚）

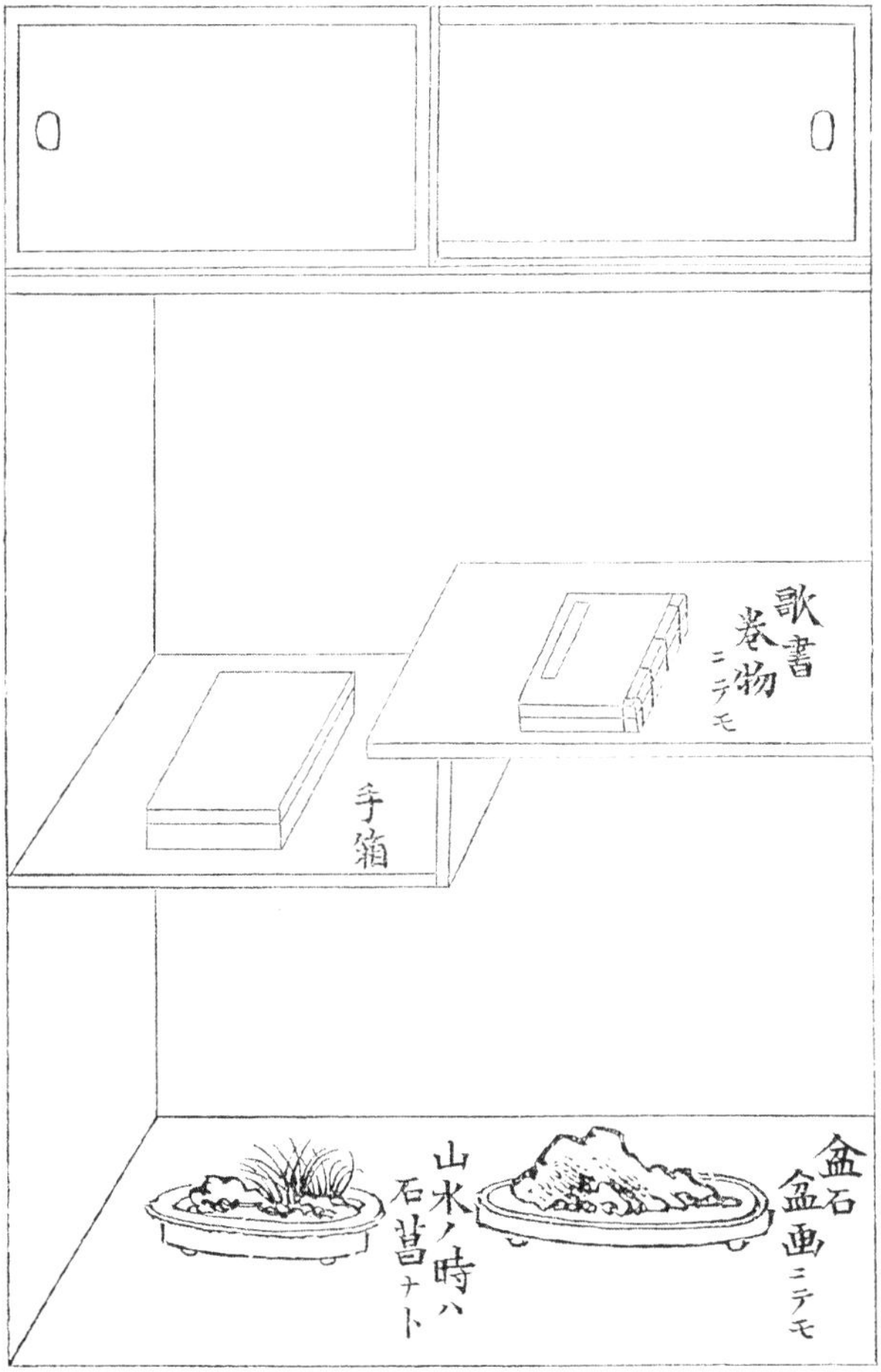

育兒法

（前號の續）

叢軒

牛乳

牛乳は其の成分最も人乳に近い完全な滋養物である、然れど人の乳に比べては餘程濃厚であるから水を割つて薄くせねばならぬ又薄くするために甘味が稀くなるから、乳糖か砂糖を加へて人乳と殆と同樣にする必要が有る、併し消化の點に至つては牛乳は人乳より遙か劣等である。

牛乳は人乳よりも白色不透明で、搾り取て直に撿するに比重は一〇三〇乃至一〇三五あつて、酸性、アルカリ性、或は中性、又は混性の反應を呈するのである。で、人乳と對照して見ると其の差は斯うである。

牛乳と人乳と分析百分比例

	蛋白質	脂肪	乳糖	鹽類
人乳	二、〇	三、五	四、五	〇、一七
牛乳		三、五乃至五、〇	四、〇	〇、四〇

是より牛乳の選定法を說くべし、茲に最も注意すべきことは

（第一）牛の年齡である、牛は少きも老たるも共に澤山の乳を分泌しないのみならず滋養分は不足で且不良である。而して牧塲は無論廣原に畜ふは可しいが、沮洳した不潔の牧塲に畜た牛乳は稀薄て且必要な含窒物が不足である。特に市中狹隘の

常磐明石三種

何れも肌付よく單帷子兩用に適す

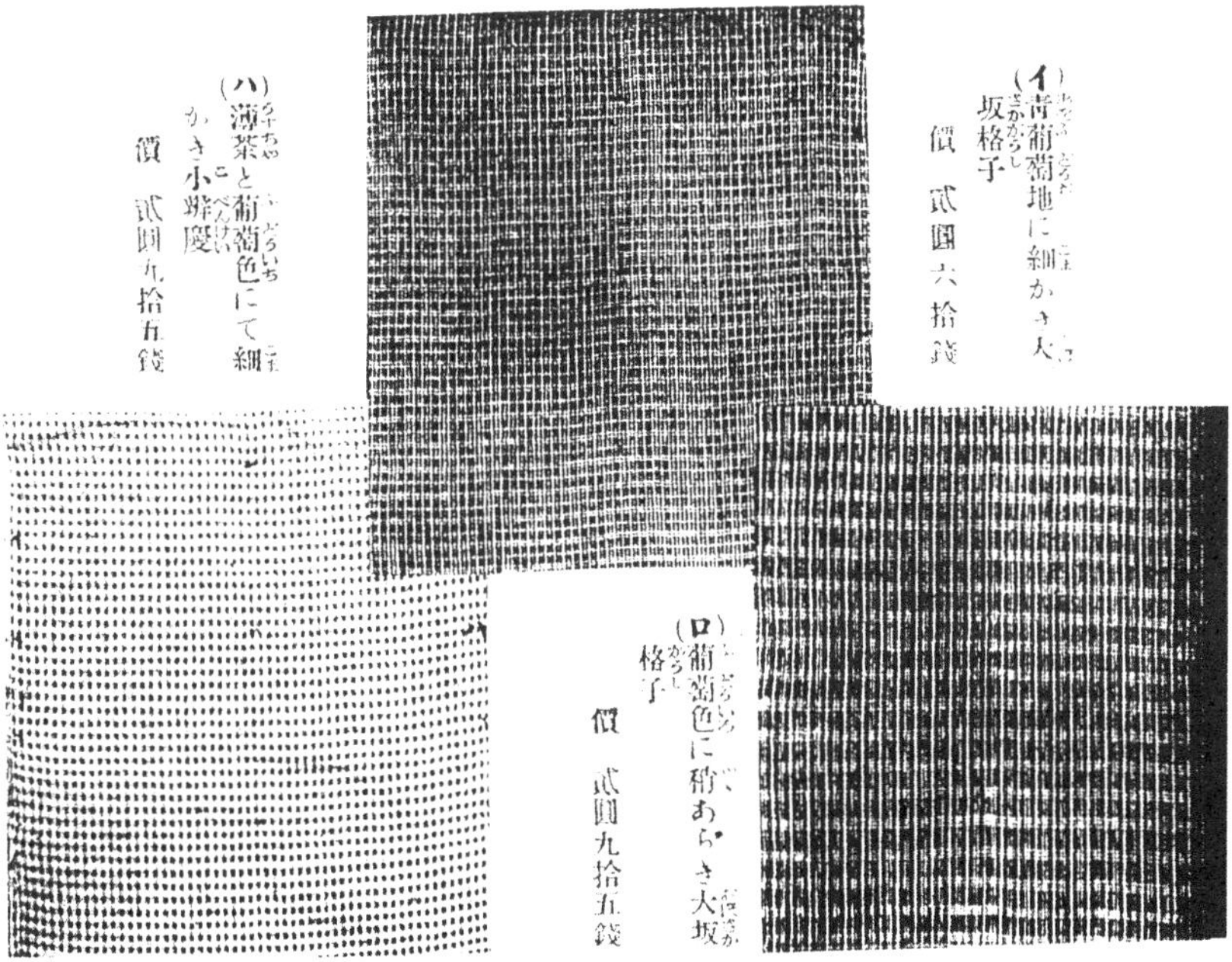

(イ)青葡萄地に細かき大坂格子
價　貳圓六拾錢

(ロ)葡萄色に稍あらき大坂格子
價　貳圓九拾五錢

(ハ)薄茶と葡萄色にて細かき小辨慶
價　貳圓九拾五錢

此圖は都て布幅として御覧を乞ふ

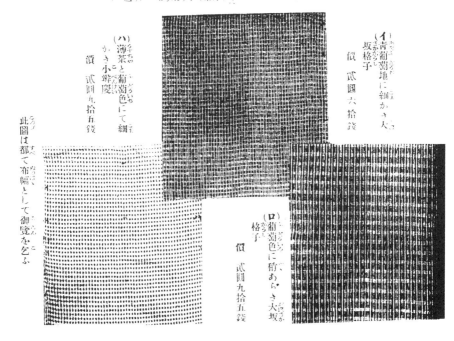

(い)白晒麻幅廣座布團地
五枚分價　三圓三拾錢

(ろ)近江麻同斷
五枚分價　貳圓拾錢

支那革蒲團廢れて今は此種のもの高評を博す

(い)(ろ)(は)(に)

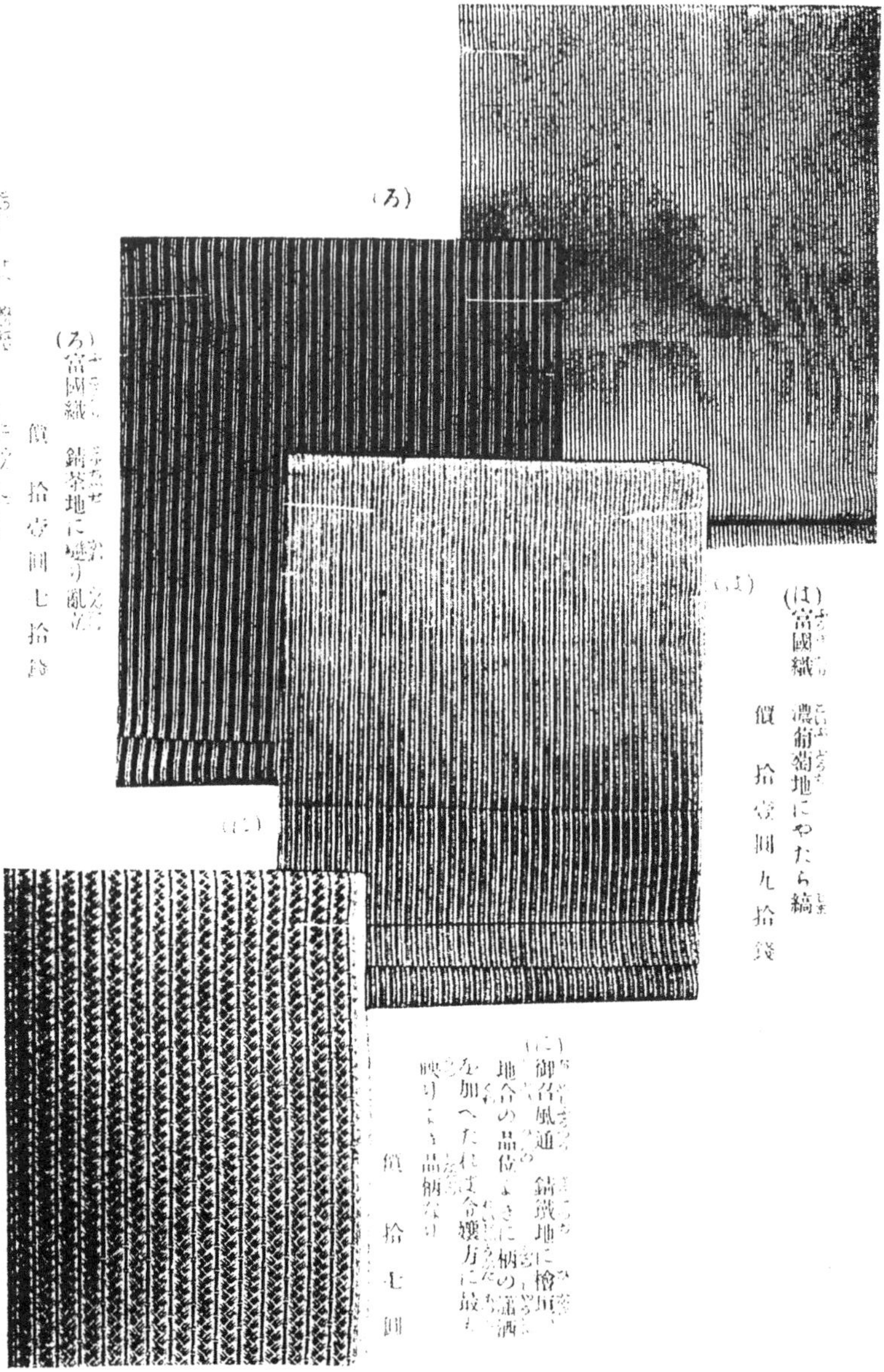

(い)富國織　薄葡萄地に子持縞にて富國織の着心地よさは皆様御存の通り高評富士の山より高し

價　拾壹圓貳拾錢

(は)富國織　濃葡萄地にやたら縞

價　拾壹圓九拾錢

(に)御召風通　錆鐵地に檜垣の瀟洒地合の品位よきに柄の瀟洒を加へたれば令嬢方に最も映りよき品柄なり

價　拾七圓

(ろ)富國織　錆茶地に縺り亂立

價　拾壹圓七拾錢

此圖は都て布幅として御覽を乞ふ

(イ)

(ロ)

(ハ)

(ニ)

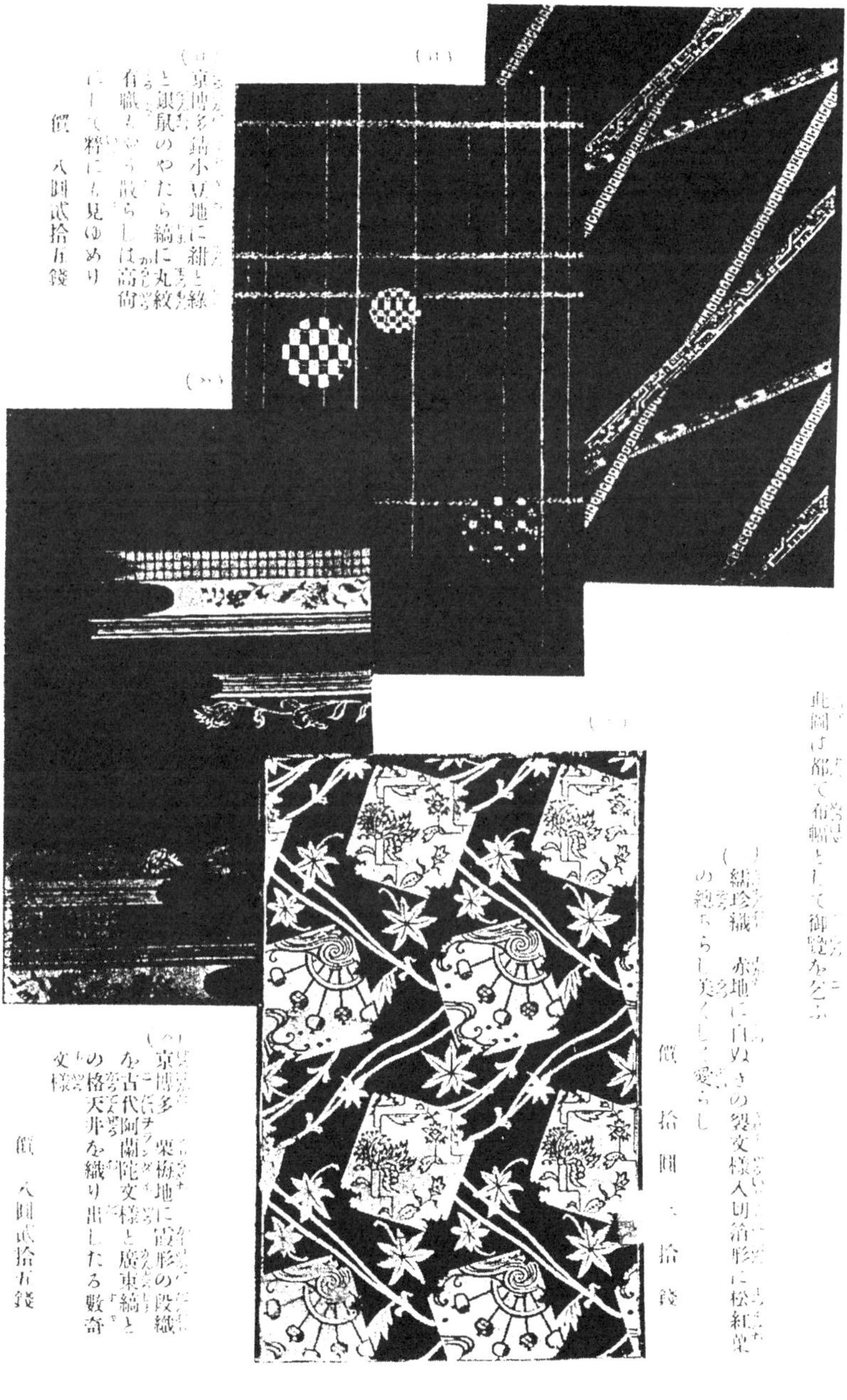

(イ)京博多　時代朱色に算を乱したる如き斜形に古代錦の織文を汚れ白に織り出したる雄壮なる意匠

價　八圓弐拾銭

(ロ)京博多錦小豆地に紺と緑と銀鼠のやたら縞に丸紋有職もやう散らしは高尚にして粋にも見ゆめり

價　八圓弐拾五銭

(ハ)京博多　栗梅地に霞形の段織を古代阿蘭陀文様と廣東縞との格天井を織り出したる数奇文様

價　八圓弐拾五銭

(ニ)繻珍織　赤地に白ぬきの裂文様入切箔形に松紅葉の總ちらし美くしく愛らし

價　拾圓[illegible]拾銭

此図は都て布幅として御覧を乞ふ

貢圖浴衣地六種

藍染新形　一反壹圓より壹圓五拾錢まで

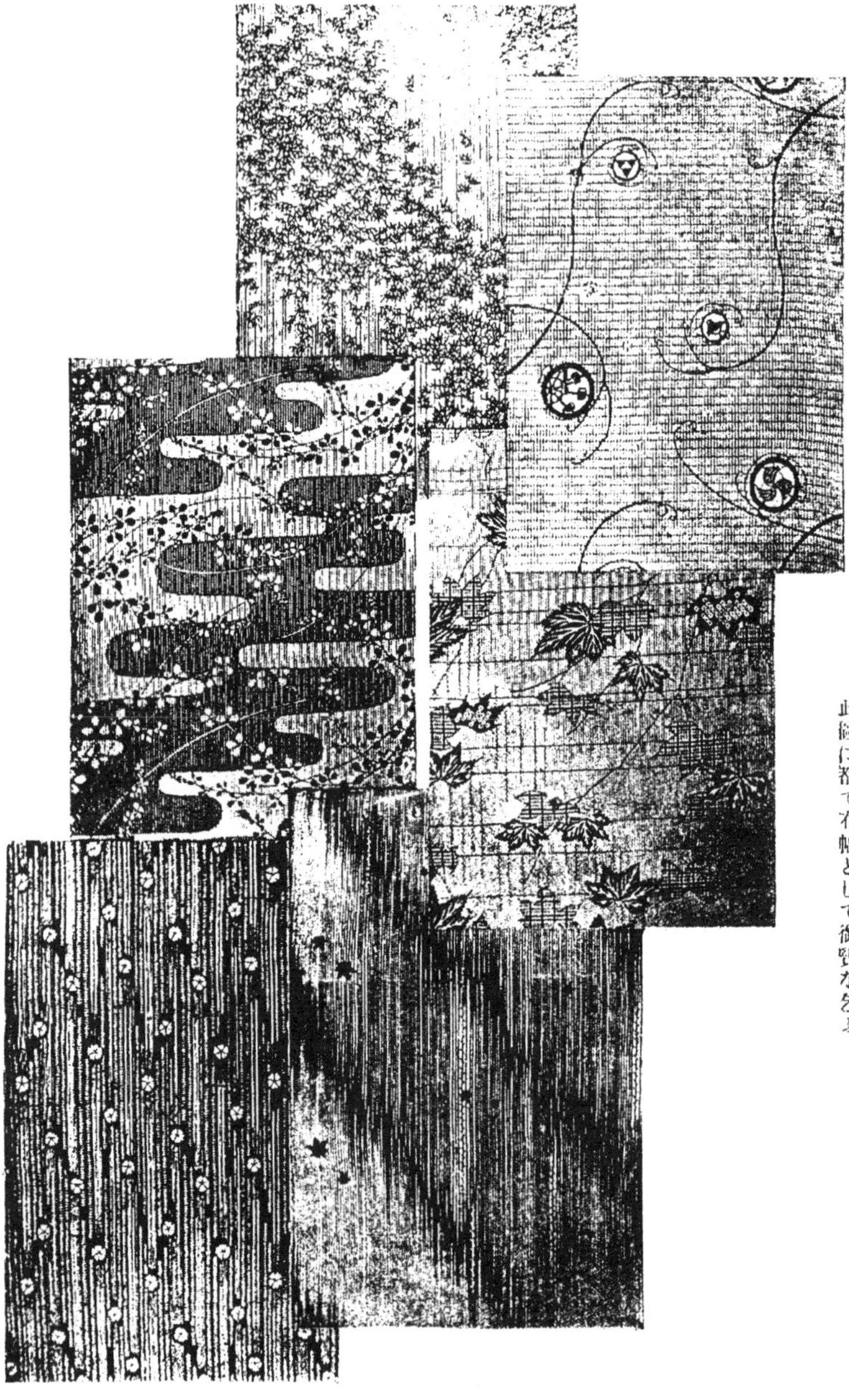

此圖は都て布幅として御覽を乞ふ

場所では十分運動も出來ず、清潔法も存分に行屆いて居らないから精良で無いと斷言して差支ないと思ふ。

（第二）牛の飼料に含窒物を與ふるやうにすれば牛酪を多量に有する乳を多く分泌する、又枯草や藁を飼料にするときは其量を減じ、豆腐滓は乳の分量を多く且濃厚のものを出すも牛の健康を害するとが有る、併し之を哺む小兒には別に害は無い。

諸芋屑を飼料にする牛の乳を哺む小兒は皮膚が粗造になつて腫物を發し又傷を受け易い、又其の牛は下痢を發し易く、大に乳を不良にする恐れが有る。

玉蜀黍及裸麥は稍可いほうで有るが、麥酒滓や酒滓を飼料とするときは酒の爲めに牛に疾病を起させることが有る、併しアルコール分は乳に混しては出ない。

蕪菁などに枯草を混ぜず與へるは良くない、若し是等の乳を小兒に與ふれば嘔吐下痢を誘ふの恐れがある。

最も良好の飼料は能く乾燥した柔らかい甘味のある枯草か藁である、而して夏はこれに新鮮な青草或は苜蓿の少し許を加へ、冬は蠶豆箕、豆類、燕麥、麥麩等に食鹽を混ぜて與へれば最も宜しい。

（第三）牛乳は搾り取る時刻によつて成分に差異がある、先朝は淡く晩は濃い、爾して乳糖は晝乳に多く晩乳に少いが、牛酪は丁度これと反對である。

	比量	水	固形物	乾酪	蛋白	牛酪	乳糖	鹽類
朝	一、〇三八	八九、九七	一〇、〇三	二、二四	〇、四四	二、一七	四、三〇	〇、八三
晝	一、〇四〇	八九、二〇	一〇、八〇	二、三六	〇、三三	二、六三	四、七三	〇、六九
夕	一、〇三六	八六、六〇	一三、四〇	二、七三	〇、三一	五、四三	四、一九	〇、七八

（以下次號）

笑門

丈八述

新發明千倍德虛

稻妻も使ひやうに依れば電車となつて人力曳きのお株を取る世の中、成程海の潮から石油が採れるといふ欺罔に引つかゝる阿呆のあるも理ぞかし。

去る程に仁田山某といふ才學並びなき豪者と自ら許す先生ありけり。或時つらく／＼思へらく、實に牛馬はその軀體大きくとも自然生の三吉にも使はれ、蚤は小さくても大砲梅ケ谷を動かす、然れば萬物の靈長とも言はれる人間の爾も乃公ほどのものが何か素敵滅法界の新發明をして滿天下の睡りを覺さねば先祖の助六に濟まぬことゝ、夜晝一室に閉ぢ籠つて鴫燒の季節だけに腦漿を裏漉しにして絞りけるこそ由々しけれ。

＊　＊　＊　＊　＊　＊

仁田山先生第一番に考へ付いたのは世の中の利益は廢物利用に在りと、陳臭いことを新らしそうに。

乃で日本製湯會社設立といふ趣向を思ひついたのは、此の日本中で日々に使ふ湯を沸す炭薪の價も些やそつとの事ではない、是を廢物で沸かすのが先生の新發明。

本社は無論東京に置いて、製造場は信州の淺間山、越中の立山（これに出羽の羽黑山と湯殿山を入れたら天狗樣の戶籍簿を見るやうだ）其外あらゆる噴火山に置くとして例ば淺間の山ならその絕頂一ぱいに冠さるほどの鍋を作つて、下から年中ポク／＼燃えて居る噴火の力で湯を沸し、これを鉛管で方々へ引く、それには電信の柱を利用して彼の鉛管を括し付ければこれも費用がかゝらない。

偖一番に必要なのがその鍋を造ることだが流石先生の工風が面白い。上州榛名の湖水を浚渫してソックリ湖の乾いた所を鑄型にして爰へ銅を沸かして注ぎ込めば大鍋の出來ること受合。扨この銅は足尾銅山から運ぶ、何と設計は旨いものだらう。是で段取りはすつかり極まつたといふもの是だけの設計が整然と出來た所で前立つものは阿堵物だが恁う大極上々吉飛切の知惠を世の中へ曝け露したら、貨幣の中から首を出して使用法に困つて居る連中が、向からへコ／＼して金主になりたがるは知れたこと、併し熊鷹連には滅他に話せない。

第三萬三千三百三十三銀行の應接室の椅子に反り身になつて髯を捻つて居るのは仁田山先生、其の對ふに肥太とした札幌麥酒式の紳士が片頰に笑を含みながら彼の製湯會社設立趣意書なるものを讀んでとき／＼眼鏡の上窓から偸むやうに仁田山の顏と等分に瞻めて居るのは專務取締の福輪内藏。

福　如何な代物を擔げ込まれて暇を潰されて

お溜り小法師が有るものか、製湯が續か

ないとは此のことだ。仁山で湯を沸すことを發明したから、湯山の大將乃公一人はどんなもんだ。いの一番に失敗て悄然家へ歸つてから熟〱思ふに、大聲里耳に入ず、大は小を兼ると雖もお玉杓子は耳掻の代りにならず已哉々々と嘆息し。當分は新發明暫時中入の躰で御座いといふ所が長くは續かず、又々大發明を爲したるこそ面白けれ。今度は極々小さなことで當りを取る考へ。彼の米搗が杵を踏で搗くのに踏めば杵が上る、足を放せばトンと落るので下の臼にある、玄米が精けるのは當然のと此杵を踏て上る力で上の臼の米を搗

ものなら二人前の仕事の出來る道理、如何なとなら世の中の杢藏共にも解るだらう。先杵を兩頭に造つて上には臼を伏せるやうに天非へ取付け、これへ玄米を入れて一つ杵を踏めば上下で米が搗ける奇妙〱。所で上の臼に玄米を入れるのに困つたな…、イヤ困らない〱、近頃早搗の粉と唱へて房州砂を入る所を鑢粉を米の中へ混て、吊した臼の底へ磁石を仕付て置く、ソーラ磁石が鉄を吸ふのでドロン〱で米は忽然として臼の中へ天昇する。何と豪いものだらう、是程の大智者を何故米國へ遣つて魯助と談判を爲せないだらう。

料理法

日に増しお暑くなりますので什麼に健全な體でも多少の障りが有りたがるもので、其の多くが腸胃の健康に曰の有るのから來るのであると、或る國手のお話して厶いました。其處で滋養分も多く、消化も佳く、且經濟的に甘味いものをお侑めするが專一と考へます、折しも初號から愛讀の顧客より久しく料理法を載せぬが彼の豆腐料理は最う種切れかなどと御督促も厶りました、で却々彼の豆腐料理は種切れ所では有りません、是から段々佳境に入るので、著者が元來此の豆腐料理を撰びました趣意は、肉類の外に滋養食餌は無いと迷信しておいでの方々が多分お有りのやうで有りますから、本誌第四號に初めて豆腐料理法を掲げましたときに、豆腐の分析表を掲げてその成分をお知らせ申しました位でありますから、此の豆腐料理法を輕々に御覽なく實地に御試用有るやう致し度いと存じます。偖本號からは佳品を御紹介致し、引續いて奇品妙品絶品を御紹介致しませう。

佳品

なじみ豆腐

上々の白味噌をよくすりて酒にて中稀にのべ、豆腐をよきほどに切り二時間あまり浸おき、其のまゝ中ぐらゐの火力にて烹たつるなり〇葱の白根のざく〳〵、青蕃椒、おろし大根をおく。

苞どうふ

豆腐をよく水をしぼり、醴の堅煉りを少しすりまぜ、棒の如く取りて竹簀に巻き蒸して小口切にす。

今出川豆腐

鍋へ昆布を敷き鰹節のだしと酒しほとにて烹ぬくなり、中ほどより醤油をさし加減してかくし葛をひき碗へ盛りて胡桃の砕きをふりかける。

黄檗どうふの一種

薄醤油と酒しほを合せてよく沸たせ、外鍋に油をたつぷりと沸たせ置き、豆腐を平骰の目に切りて水をよくしぼりて金の籠に入れ、彼の油のなかへ入れて二三べんふりまはし、直に烹醤油の鍋へ入れ加減よく烹るなり。

青海どうふ

絹ごしのすくひ豆腐を葛湯にて烹調よくし、別に生の煮かへし醤油をこしらへおき、先碗へ前の豆腐をすくひ取り、煮かへし醤油をさし、その上へ青海苔を焙にかけいかにもよく細末にし篩にかけたるをパッとおくなり。

淺茅田樂　稀醤油のつけ炙にして梅醤をぬり、煎りたる罌粟をそつとかける。

海膽田樂

雲丹を酒にて能きかげんにとき用ゆること常の田樂の如し。

對馬と肥前の平戸より産する雲丹を上品とす、越前藍川のものこれに亜ぐ。

（未　完）

雑録

◎日本式の米國令孃（口畫參照）

米國の富豪スコーフヒルド令孃姉妹三名とも頗る日本通にて、帝國ホテル滯在中屢々白木屋呉服店へ莅まれ純粹なる日本服の注文をせられたることは前號の餘白に噂し置きたる所なるが、同孃が未だ着京せられざる前京都丸山の也阿彌ホテル滯在中の逸事を聞き得たれば、聊舊聞の嫌ひ有れど本誌口畫の說明と共に玆に掲ぐる事とは爲せり

茶道の稽古

京都滯在中我が國茶道の優雅にして趣味深きことを知り、遂に姉妹三名袖を連ねて千宗室宗匠（今日菴俗に裏千家といふ）の門に入り其の敎授を受けたり、而して短日月中に其の手前は勿論擧止動作の都てが熟練の域に進みたるは、相互に他の姉妹の練習中熱心に筆記し、屢復習して其効を積みたるなりと。

同好者招請と訪問

同孃等は前記の如く熱心に茶道を研究したる結果同じ流の茶を好む上流の人を招待したき希望ありて、村雲尼公と大村彥太郞氏（白木屋呉服店主）を招請せんと思ひしかど尼公には御支障あり、又大村氏も無餘義ことありければ、終に此方より訪問せんと宗匠を介して大村家に通じたるは五月二十日のことなりし。

姉妹の服裝と所作

姉のシー、スコッ孃と季の妹アール、スコッ孃とは黑の裾文樣、仲のイ、スコッ孃は薄色の裾摸樣にて何れも繻珍金通しの帶を締め居られしが、衣服の着こなしは我婦人に優るとも劣らず、只帶だけは人手を借らざればならぬも、今少し練習せば獨りにて結び得らるべしと云ひ居られしよし。

斯くて打連れ大村家に到り霎時して待合に入る折しも小雨はら〳〵と降り出しかば、例の路次笠を出せしに、姉妹は大に喜びて能くも雨の日に來合せけり、恁くてこそ斯る珍らしきものもかざす事を得たるなれと大に歡びて式の如く路次を歩みて飛石に浮雲氣もなく鼻緒を操りて茶室に入られしは奇觀なりしと。

茶器の嗜好

當日茶室の床には雪村の夏山水の幅、花入は利休作に遠州の歌を記しあるもの、茶腕は斗々屋にて遠州の箱書、茶入は瀨戶の瓢箪形、茶杓は宗旦の作、面とりの土風爐に佐兵衛作刷毛目の釜を掛けたるなど侘たる道具なりしが、同孃等は殊に茶入を賞翫し、且花入も利休の作と聞きて一層ゆかしく思はるゝなど言ひ居られ、都ての道具も花やかなるものよりは古色の寂たるものを好むらしく、又雪村の畫を見て「あれ狩野」と鑑識するなど驚き入たるものなりしといふ。

英語で話せる茶人

姉妹ともに茶器の名稱位は日本語にて話し得るも其の他のことは英語ならでは解らず、然るに大村氏は殆ど十年に亘る間歐米に在りしを以て英語を操ること巧みなれば當日都て英語をもて應答されしに、三姉妹は太く嬉び、茶人にして我が國の語を解する人に逢ふたるは始めてなりとて、夫より猶更打ち解けて氏が漫遊當時の懷舊談など傾聽し居られしが頓て、妾等姉妹歸國の上は日本式の茶室と庭園を造る筈なれば、茶室開きには御招待すべければ來臨の榮を給はりたし、紐育も御漫遊の當時とは餘程變り居れば、再遊も亦妙ならずやなど、如才なき愛嬌を漾へられしと。

口畫の説明

此の寫眞は京都也阿彌ホテルに滯在中、室の一部を圍ひて茶室に擬し、茶道手前練習中の實况を撮影したるものにて、三孃の外上客の座に在る紳士は千宗室師、獨り離れて着席し居らるゝは、高足弟某氏なりと。

米國に於ける日本園

前項に詳記せるごとき日本愛慕者の續々現るゝ實に戰捷の賜にして、茲に北米紐育洲マンハッタンビーチに築造せられたる日本園は和田守建築會社の手に就れるものにして、其規摸實に宏大なりと、而して其建設の重なるものを聞くに、入口に建てられたる大華表は高さ五十尺、圓柱の直徑三尺五寸、又園內には同く高さ五十尺肩巾廿五尺顏の直徑九尺に餘る大佛と、曾て聖路易博覽會に出品したる臺灣館を移轉しありて館の一方の音樂堂は絶えず奏樂をなし、美術館には日本三景の摸型を始め日本美術品を陳列し、觀覽場には柔術舞技を興行するなど實に入場者は直に日本國に渡航したるの感を興さしむる由、而して優に數十萬人を入るゝに適當せる構造なりと。

英人の米食

是も我が戰捷の結果、日本人の剛勇は米を主食物とするからのことゝ云ふ説顯はれてより、米を食て剛勇にあやからんと、米を原料にしたる菓子は勿論、「ライスケーキ」。「ライスカレー」で料理人は目を眩すほどなりとは倫敦の有名なる某料理店主人の談なりと同地在留の邦人より通信あり。今や日本は世界の隅々まで紹介せられたり、軍人以外平和の戰塲に勝利を博するの覺悟如何

◎我が占領せる滿洲の近況

社友鈴木香畝君は過日來營口地方に漫遊中なるが其報道を抄錄せんに

△當地は昨年占領後直に開放し自由渡航地となりしため我同胞は勿論外人もドシ／＼入込み候、目下我同胞の居留者約七千内五六百名は婦女にて市中は料理店と旅館にて埋められ雜貨店の如きは僅に其の間に介在するのみにて夜々毎戸に弦歌湧き安眠の出來ぬは大閉口。

△當地の軍政署は一種の取締法を布かれ候曰下婢取締規則、是は旅館料理店に使用する下婢等に對し一週間に一回づゝ檢梅を執行することに候、猶此の外に面白きは服裝取締規則にて、男子は洋服若くは羽織袴（學士會院の講話を聽聞する時と一般）女子も必ず袴着用の事にて、犯すものは科料として壹圓九拾五錢の御灸に御座候。故に宿屋の女中式部料理店の達摩式部など却々の奇觀に御座候、殊に大工左官土方など八公の八字髭、熊公の熊髯、洋服又は羽織袴の倶利加羅紋々は明治の遠山左右衛門尉に御座候、但室内は浴衣にて差支なきに付生等も室内だけは浴衣を用ひ居り候も、夕涼に風呂屋にゆきて汗を流し度と夫から洋服に

着換るなどは旋毛の曲りたることにて内地とはアベコベに御座候。

△諸物價は大高直にて第一等が家屋の賃貸料、何様な小さな家にても百圓以下は無之裏家にても五拾圓位は取られ可申、挪底の結果如斯に御座候、次には野菜にて當地にて漬物に御茶漬は大贅澤に有之候。

西行或時陸奥より中道に掛りて、信濃國に聞えし七瀬川に着きて、懐より麥粉を取出て食ひけるに咽せたりけり、目を見出て身を揺り水を掬ひ飲みて、やゝ癒りぬ、橋の上を馬にて渡る侍の見居りて、人してかくぞ云はせける、

信濃川七瀬と聞くにいかなれば、
法師は獨りむせ渡るらん

西行返し

信濃川七瀬渡ると聞きてしが、
君が馬こそやせ渡りけれ、

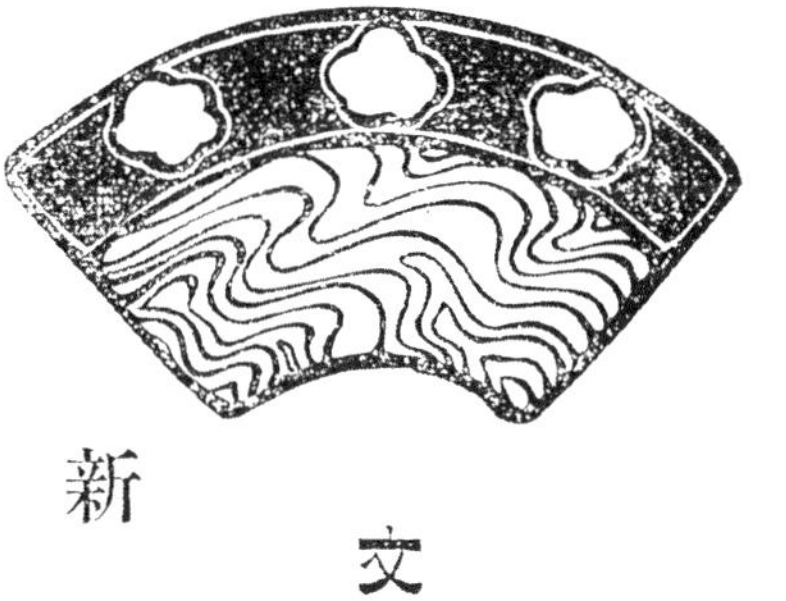

文苑

新體詩

水の響（十二號のつゞき）

織月

（四）

おんな籬の下にて
歸り來しとの君が文
抱きてまた立つ君が門、
晝は人目の繁くして
夜はまだ闇にあやもなし。

籠の鳥とや、歸り來し
夫が妙手の跡澁り
涙にあせし文を見ては
我目性なく曇る哉

一目戀しよ君が影
一言聞かん君が聲
思ひ亂れて煩悶ゆれば
荊棘垣根に手は痛む。

あゝ嫂君よく／＼
御身女性にましまさば
夫戀に泣く此の心
推したべぬか嫂の君

離縁てふ事の無かりせば
斯くまで世をばなど泣かむ

宿業か因果と觀じても
煩惱去らず苦むよ。

苦痛悲哀を輕めます
菩薩現じて來ますこと
實なりせばたゞ夫を
我に與へて幸たまへ。

菩薩、力にあまりなば
慈悲ある神よ出でまして
繊弱きものゝ思をば
輕めたまへや神といふもの。

（五）

をんな　巖の上に立ちて

流れ行くかな春の水
たゞに流れて去ぬるさへ

自づと水は音に出でゝ
物の性質をば示す世に。

死ぬるまで戀ふ此の思ひ
など反動のあらざるか
やつれゆくまで忍びても
楫も無き身の捨小舟。

此の世つらしと花に泣き
我身かなしと月にいふ、
若き女の胸の火を
消し得か花の木綿葉川。

三急流の随一と
國に名だたる水上の
苔むす岩の上に立ちて
思ひ談れば水むせぶ。

水の鳴咽は鈴錫の
たふとき音と聞かれては
岩を嚙み行く水のさま
羨ましくも見ゆるかな。

此處に我戀ふ君立たせ
たふとき法の聲に鳴る
水の力をやさし眼に
見せて泣きたや人の世を。

嘗ては夫と岸の花
舟にながめて春を醉ひ
嘗ては夫と空の月
水樓に見て秋めでぬ。

愛でて醉ひたる人の世は
たゞ幻の影なりき、

花は散るかや春風に
月は隠るか叢雲に。

我身一人のこの今は
こゞしき岩の上に立ちて
渦巻く水のさま見ては
たゞに涙の溢るゝや。

詛はしき世や犠牲となり
魔が手の内の我なれば
人てふ者の、我が眼には
映るはたゞに怪性物。

遁れ行かんか現世を
遁れて水の底にしも
思ひなき地を見出でなば
あだの此の世は何ならじ。

大悲の利劍、愛染の
弓も甲斐なき今の身は
雲波烟波の裡にこそ
執心輪回は去られなむ。

地水風火の身は人よ
今入る水も死の縁か
我が名露とは今更に
深きえにしの偲ばれて。

戀しき人よ我死して
魂、黄壌にかへりなば
君が回向の燈火に
我が冥闇を助けてよ。

左らば我君、いざさらば
此の世の縁は薄くとも

永久に花咲く地に入りて
君が幸をば祈るべし。

南無阿彌陀佛、成佛の
果をばたまへや今こそは
胸の思ひの隈もなく
晴れてゆくかな、南無や西方。

（六）

をとこ　夕べ戸に倚りて

あゝ夢なりき人の世は
幻なりき人のこと
いとしの妻が形見とて
今は殘りし此の寫眞。

水泡沸き立つたゞ中に
汝、入りたりと聞きしとき
我身の胸の響き音に
心は碎け世を飛びぬ。

南無や大悲よ、しるべして
妻が去にたる永久の地に
我身とりても行きませと
叩くに堅き此の扉。

方士、此世に居りもせば
上は碧落、下黄泉
尋ね覓めもさすべきに
漢王の代にもあらざれば。

甘泉殿や弘徽殿に
靈、かへり來てありし世の
姿、見せたる世にあらば
われもたかむか、反魂香。

覺めては汝が寫眞に
はかなき世やと氣もくづれ
寐ては夢の苦しきに
闇にも汝が名をば呼ぶ。

苦しき思に身は痩せて
幾日過せど、此のなげき
盡る期もなくいやましに
つのれば今は絶えかねて。

人目に隙もなきところ
堅戸開くに力なく
煩悶え明かして身をば泣く
あゝ、恨めしの世や人や

（七）

をとこ　山寺にて

愛よ、戀よ、苦しみよ
もだえ、なげきよ悲愁よ
汝等が領する現世と
知りて入りたる此山よ。

見ずや鏡と照る月も
斑點保ち油なす
凪ぎたる海の底にしも
舟覆すべき潜勢力あり。

非情、有情、皆それよ
『自然』と高く呼ぶ聲に
出離生死の海識れて
茲に悟の道啓く。

生者必滅、會ふ者は
またも離るゝ世のさまよ

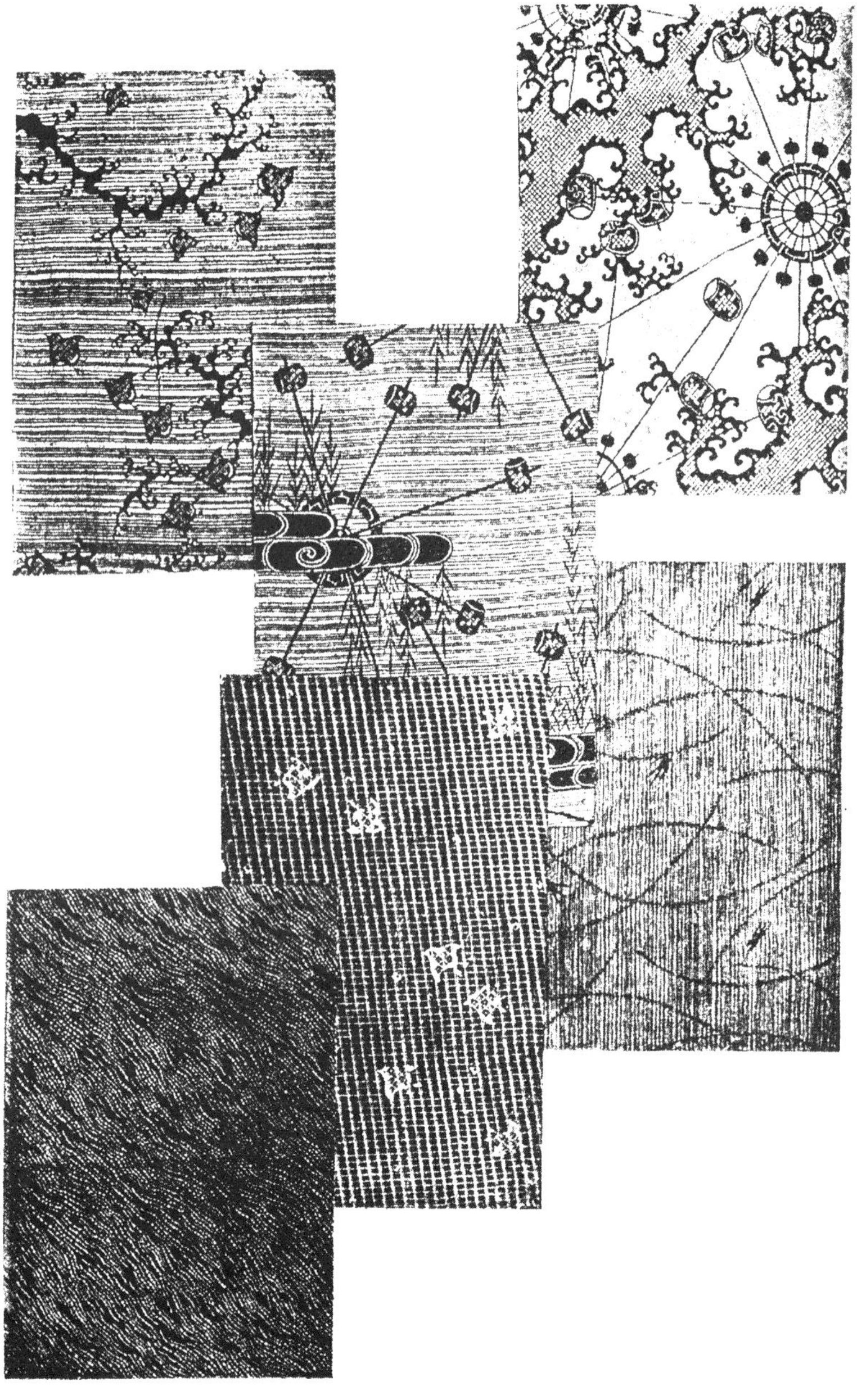

當染新形一反一圓四拾錢より貳圓まで

御召縮緬單羽地

此圖は都て布幅の十分一にて御覧に供ふ

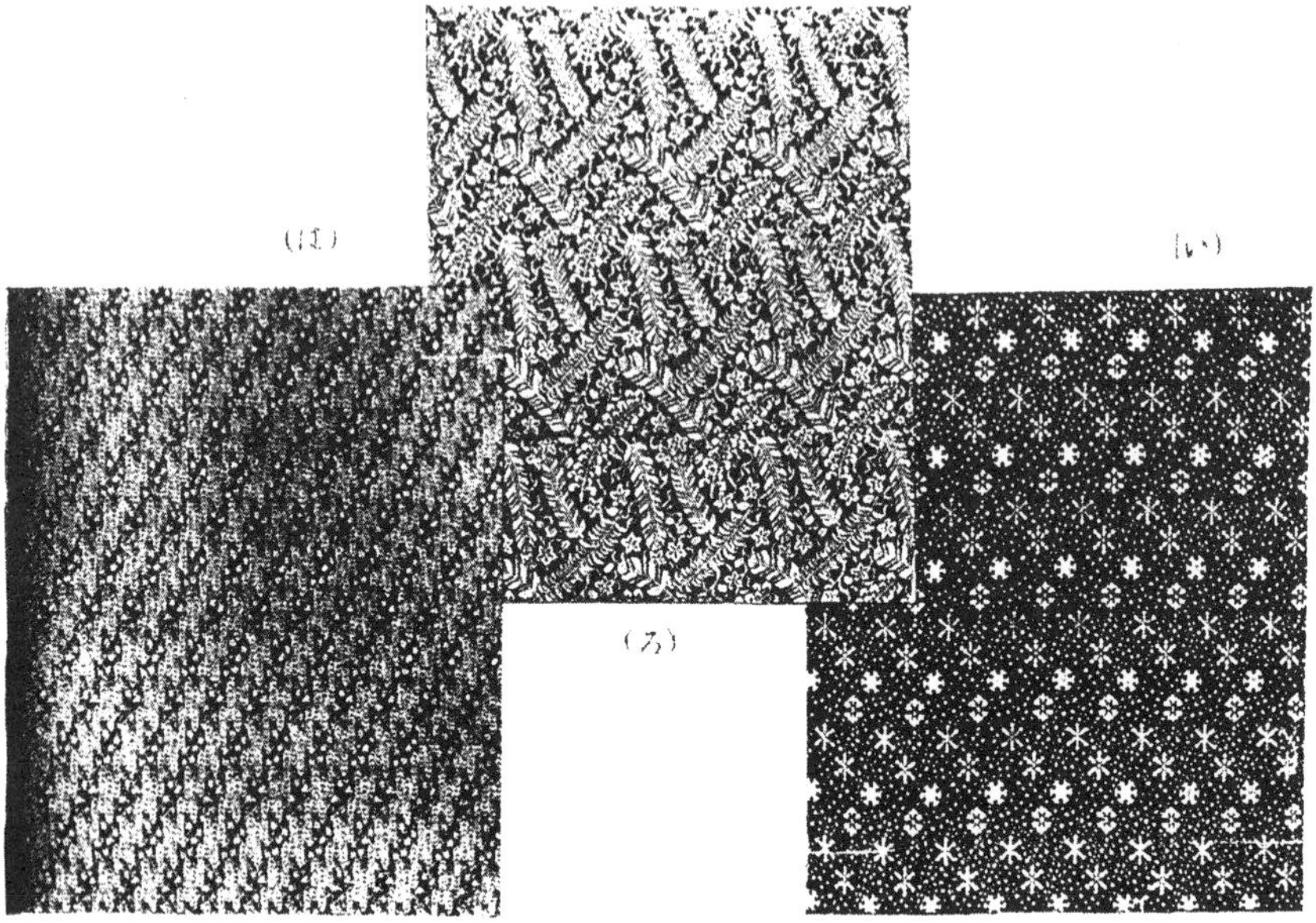

(い)　(ろ)　(は)

(い)栗梅地に地紋を散らしにして、六花各種を織り出したる優美極りなきものにして、おとなしく又奇抜なるものといふべし

價　拾七圓三拾錢

(ろ)消炭色地に美くしく鷹の羽と纖線花を織出したるものにて、高尚にして勇ましき柄合面白し

價　拾八圓

(は)御召納戸地に竪に觀世水と河原撫子のやさしき文様にて品位高く且温和なるものにていつに變らぬ愛用廣きものといふべし

價　拾八圓

絹に布天補

此圖は都て縮寫として御覽な乞ふ

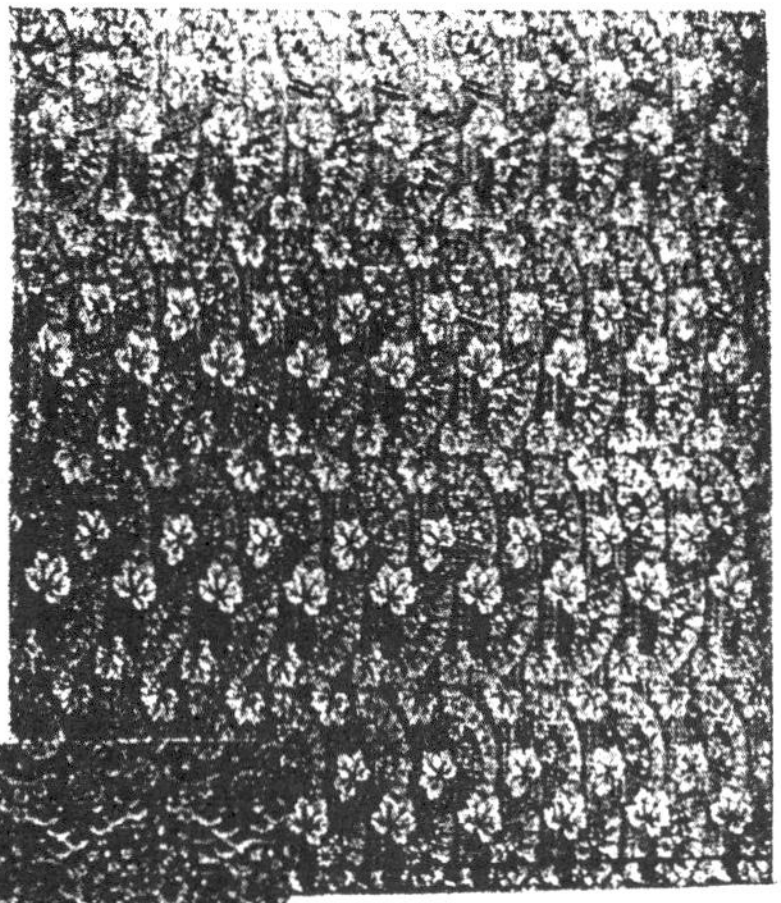

（イ）

（イ）葡萄色地に總てを御簾の地文にしてこれに檜扇に菊花を乘せたるに桐の葉をあしらひたる大内文様は床しく氣高きこと限りなし

價　拾圓三拾錢

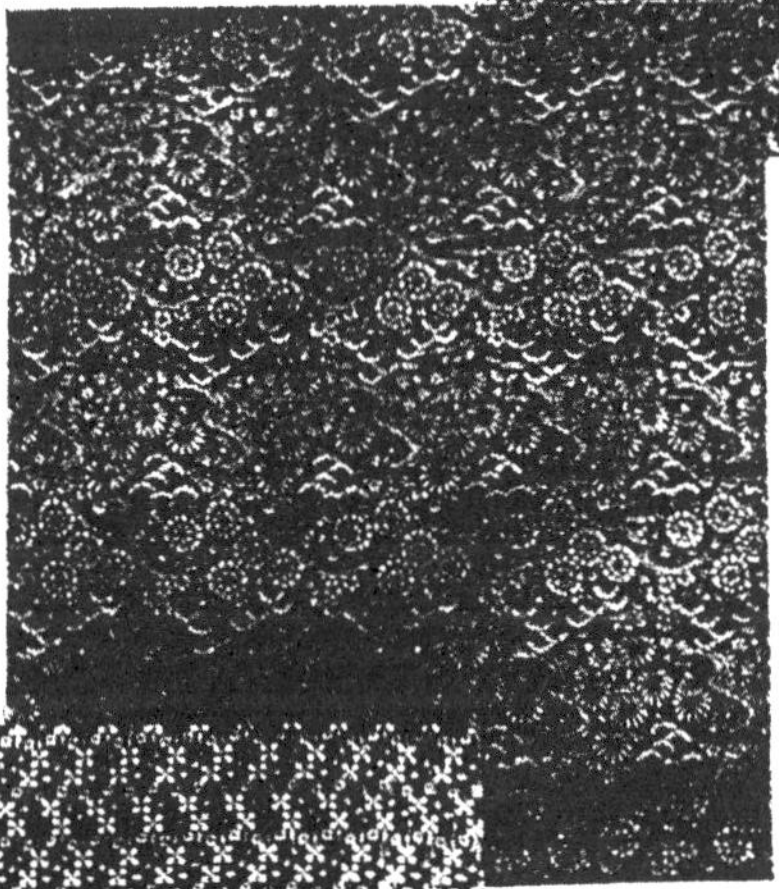

（ロ）

（ロ）薄葡萄地に梅松櫻と菊紅葉を織り巧に織り出したる文様の配置と云ひ織のたくみなる捨難き趣

價　拾貳圓

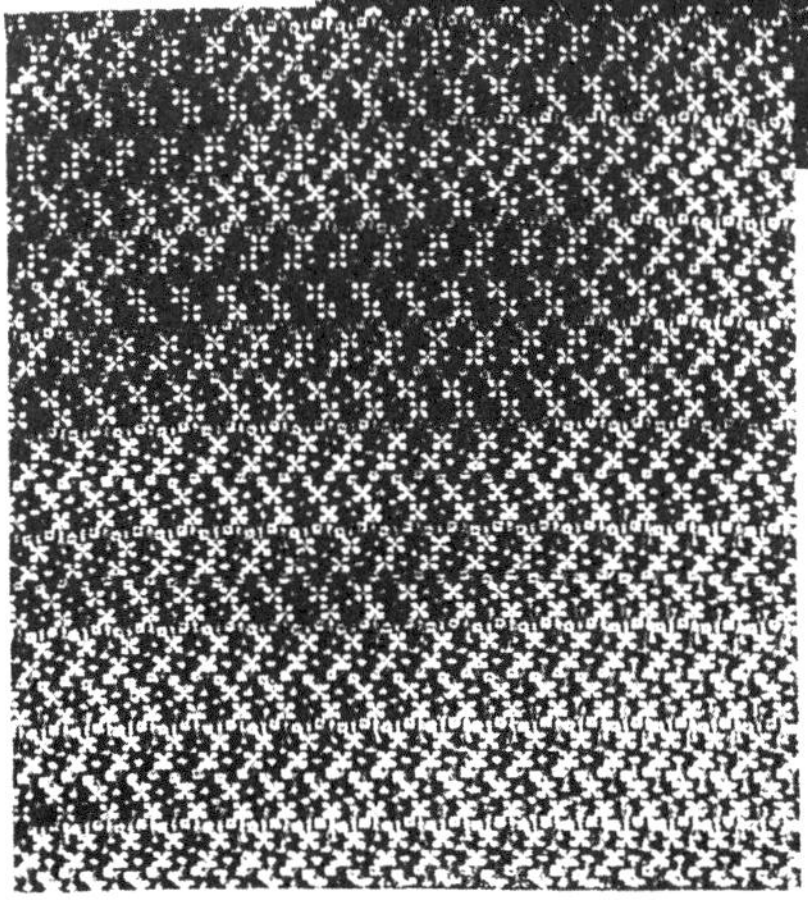

（ハ）

（ハ）葡萄色地に蒲公英と聯隊旗を取合せて織り出したるものにて戰捷文様に有りがちの俗氣を放れたる優雅さほど愛すべし

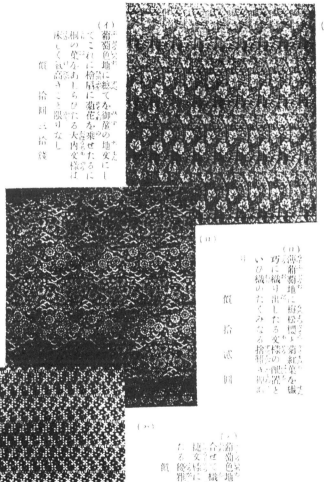

價　拾貳圓五拾錢

縞眞岡地中形浴衣地

此圖は都て布幅として御覧を乞ふ

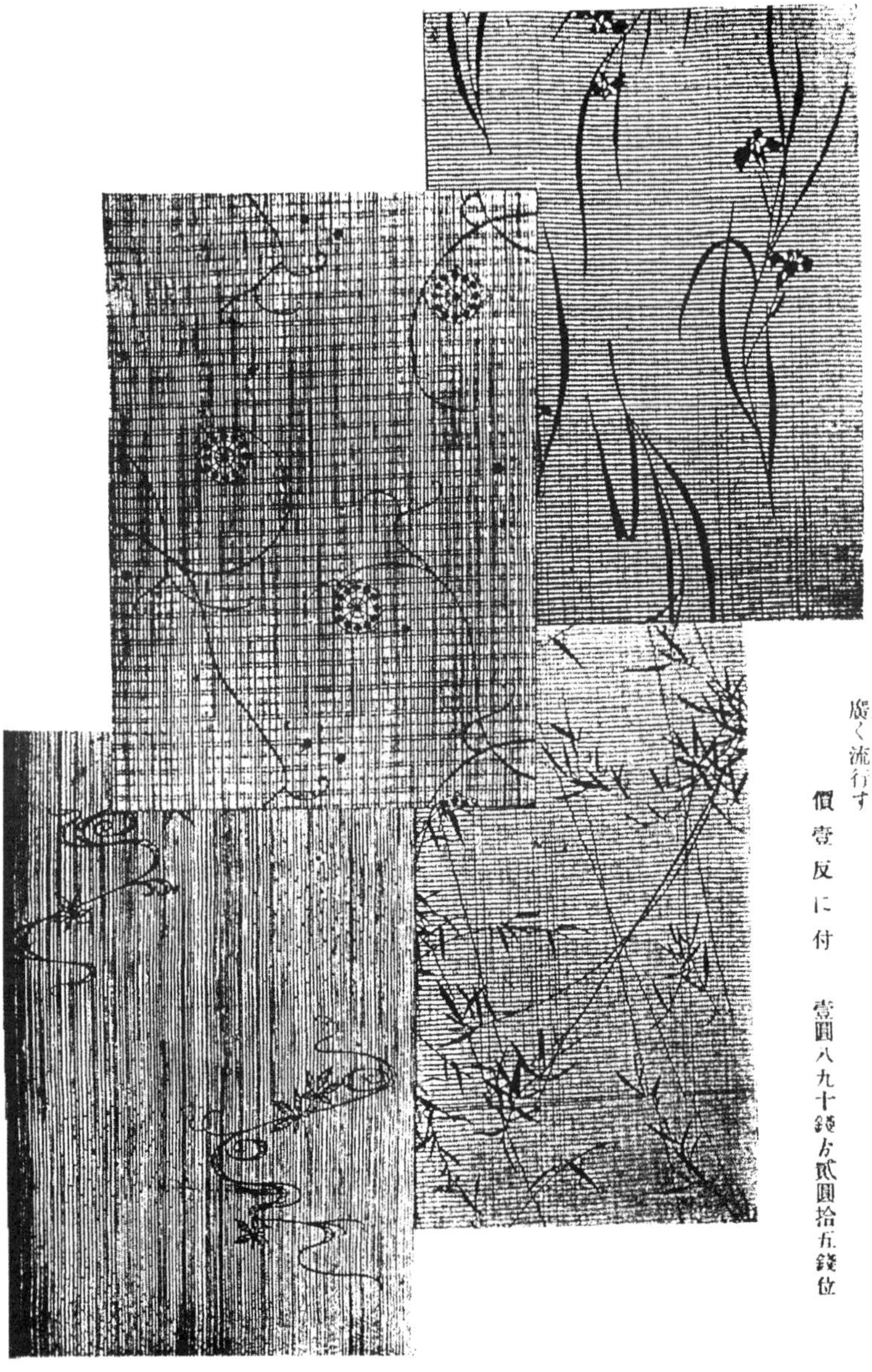

都て眞岡織縞の上に中形を置きたる新製品にて廣く流行す

價壹反に付　壹圓八九十錢より貳圓拾五錢位

新製絞り摸様

白木屋呉服店の京都染工場新製にかゝる絞り文様は鹿の子又はラセン絞りを以て裾文様江戸褄文様擧心のくまゝに染出せる巧妙のものにて古雅にして且優美なる言葉に盡し難し、又絞り紋所など實に精巧を極めり、染文様縫文様に飽き足らぬ好事家の賞用すべきものなるべし、但絞り染出來上り拾圓内外とのこと

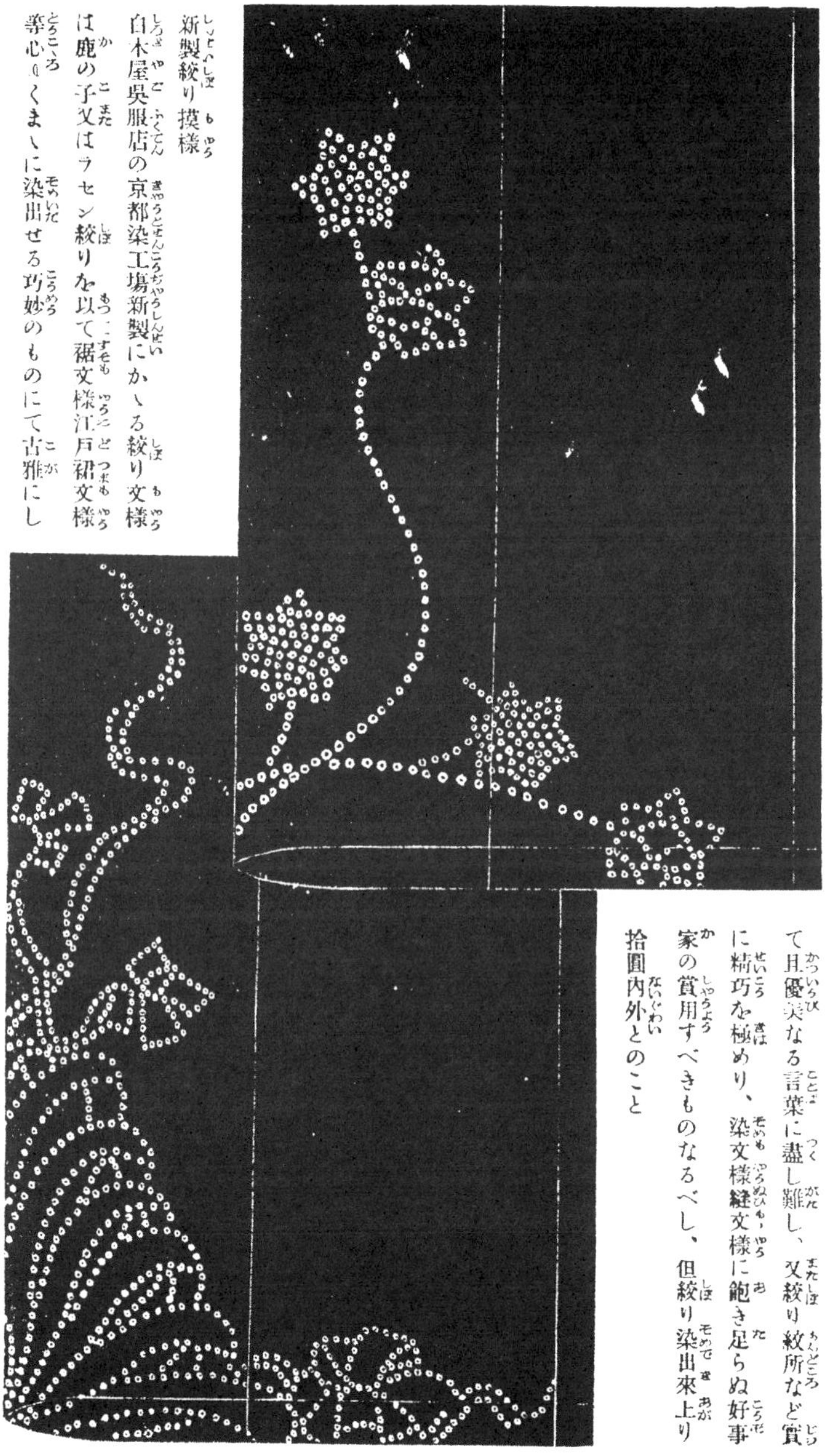

あした、曙現ずれば
夕べ眞紅の色は映ゆ。

妻が菩提と此世との
幸を乞はむは啻大悲
衆生、澄ましめ玉へとて
撞木とる手に血は湧くや。

若我成佛十方界
念佛衆生攝取不捨
妻は聖者の十念と
今、我が誦する經に聽け。

罪を重ぬる世の人は
たゞ南方の無垢世界
光明輝く永久の地を
胸におさめて理想に遊べ。

聽けや人々世にわたる
朝の鐘は太き音に
力、知れよと小さき音に
愛に入れとは響かずや。

（八）

他の女　川邊にて
悔いて返らぬ世にはあれど
今の我身の懺悔をば
水に入りたる妹に
聽かせば此苦も輕みなむ。

罪障多き我身やと
今更いともなげかれて
君が菩提に喜捨茶屋を
建つるも足らぬ悔みかな。

こゝに三年の春老いて
花はまた散る夕ぐれを
川邊に立てば水の音の
思ひなしかや胸にたつ。

我が爲め世をば狹めつゝ
一人は入りし此の水よ
一人は遁れし彼の山よ
あゝ罪多き我身かな。

今日は三年の其日なり
朝より菩提の爲めにもと
通る人毎、茶の喜捨に
早や暮れ行くか春の日よ。

喜捨の終りに大功德
なして休まむと見さぐれば
遠方に見えたる墨染の
姿、たふとくをがまるゝかな。』
（大尾）

俳句

スケッチの花

雨六生

紫陽花や雨雲かゝる寺の庭
紫陽花のうつろひ易き世なりけり
古池や椎の木蔭の葵草
草臥れて見上る崖や百合白し
ミカン函に移し植けり百合の花
鉢植やその撫子のみだれ咲き
撫子に化粧の水をそゝぎけり
葉の多き夏朝貌の垣根哉
夏菊に蜻蛉來にけりとまりけり
松葉牡丹飛石燒けて水を打つ

河骨や田舟くちたる蘆の中
晝顔や村の境の雨ぐもり
夕顔の寺に自炊の男かな
手水鉢の水あふれけり雪の下
朝風の蓮田に袖をふかせけり

辭世

盗人を捕へ殺さんとする時　ぬす人「しばらく待てたべ、辭世の歌をよみたいといふ、それは奇特な事じや、さあよめといふたれば

かゝるときさこそいのちの惜からめ、
　　兼てなき身と思ひしらずは、

皆人聞て、それは太田道灌が歌じやが
ぬす人「アイこれが一生の盜をさめてござります。

化粧法

藻水

▲顔の艶を善くすること

顔の艶を善くし色を白くする藥品は前號にも略記しましたが、實は單に皮膚の表面にのみ化粧をしましても、身躰の營養に注意しませんければ、生理的美人と申すことは出來ません、で、呉々も全身の衛生といふことを心掛けねばなりません。

夫は扨置き前號に洩れましたことも有りますから、茲に少々補つて置きます。

玉子の白身を平らに紙に塗り付け乾して置いて、顔を洗ふとき糠と一緒に用ゐると、甚だ効目があります。

又艶を善くする藥の製法は

硼砂末	五、〇
グリスリン	二五、〇
薔薇水	二二〇、〇

を混ぜたものを皮膚に塗るか、又

硼酸	二、〇
ワゼリン	九八、〇

をよく練り混ぜたものを塗るのも宜しいのであります。又食道樂といふ雜誌(第二號)に、水田南陽氏の面白い話が載せてあります。蘇格蘭の娘は朝飯前に菓物を食べると顔の艶がよくなると云ひ慣はして居る、亞米利加ではこれを實行して居る、南陽氏も此を實際にやつて居るが、菓物を食ふた後の朝飯は旨い心地がするといふて居ります皆さんも一つ試して御覧になつてはいかゞ？。

▲顔の皺を防ぐ法

顔の皺を防ぐには、矢張前に述べた牛乳で顔を洗ふのでありまして、歐洲の貴女社會に盛んに行はれて居ります、其の法は少量の牛の乳を手の掌にたらし、よく〳〵塗り二三十分位經て、後叮嚀に洗ひ落すのであります、其儘に置けば却て醜くなります。又、皺を防ぐには顔を拭ふ際に、腮の方から額の方へと逆に摩するのが宜しいと申すことであります。

編者申、此の水藻君の寄稿を通讀するに際つて、不斗昔日或る國手が老るに隨つて顔面其他身躰に皺の出來る理由を話されたことが有つて、今も記憶に存して居る、で少しく蛇足の嫌はあるが附記して讀者の參考に供しやうと思ふ。

人間の體中には極々細い脈管が行き渡つて各其の細管へ血液が運行して居る。所で一躰血液の中には石灰質の性分が含まれて居るが、此の石灰質性分は、凡二十五歳位までは、骨の發育の爲めに其の方へ供給するので有るが、其の需要が終ると遂に血液中の石灰分が餘つて血が濃くなる、すると極々細い脈管へは血が入つて行くことが出來なくなるので體中に萎る所が出來る是が皺の出來る原因であると言はれた。夫で此の石灰質の多い血液を中和するには、酸類の菓物を常に用ゆるのが最も良く、且顏手足に至るまで逆に摩るのは最も有効だから、此の法を勵行すべきであると言はれたのである。

▲顏及び手足の日に燒けぬ藥

「レモン」液を手の掌に受けて、叮嚀によく肌膚へ捺り、後淸水にて洗ひ、乾きたる手拭で拭ふのであります。

▲面胞の痕黑く殘りたるを治す法

顏へ面胞の痕の黑く殘るのは、餘り善ひ心持のものでは有りません。これを治すには枸櫞汁か稀鹽酸を、黑點の褪れるまでつけるのであります。

▲頰燒を治す法

毎朝「カル、ス」泉鹽を、茶碗一杯の溫湯に溶かして、服用すること、凡一ケ月間位續けて見るのであります、尤も下痢が甚しければ、一時中止して宜しいのであります。

（以下次號）

船世帯

（上）

青濤

今度のこそはと思つた船が又た外れて、ツイ鼻の先きを颯々と素通りして了つたので、折から夕立上りの、水も滴れさうな涼しい月を眞向に受けて、水際三尺とは離れぬ窓に盆栽の紫陽花、その花と並んで差出して居た女房の顔が微かに顰んだ。

『何うしたんだらう。』

追出しの木皷一しきり、後ろの切岸の上から落込むやうに聞えて、新富座の夜の部も跳ねた。直ぐ右手の空に虹と亘した築地橋をば、忽ち鳴神かとばかり轟かして、驀然に摺違つた電車の何れも、擬勢の大層な程でもない、開放しの車窓に、眞の二三顆、客の顔が見えるのみであつた。最う大分月も更けて、向ふ河岸の糸柳、それも濡髪のしっとりとして、そよ吹く風の姿が落着いて來た。この柳を前にして、軒燈籠の影艶めかしく、川に臨んだ待合が一軒、開放しの二階座敷に電燈の光赫と明るく、雨の前から客があつて、夕立の間を絃よ拳よと騒ぎ通して居たが、それすら今は陰氣に復つて、手を鳴らす音も疎らになつた。

『こんな遲いとはないのに……。』と女房は再び呟きながら、一寸月を振仰いだが、直ぐにその眼を移して、自分の傍に吊つてある低い蚊帳の裡を窺込み、

『アラ、足なんか出して、蚊に喰はれるぢやないか。』

今年四歳の可愛盛りの男の兒、クリ〳〵と圓く肥つたのに、龜の子形の腹掛けして、寢相までが大の字に威張つて居る、その足を手に載せて、射し込む月に蚤の痕を見付けると、左も最惜いやうに頬摺して、嫣然して、輕く二三度撫でながら、徐と蚊帳の中へ押入れてそのまゝ澁團扇の風を送つた。

『可愛想に、約束の玩具の待ちぼけを喰つて、今日に限つて泣寐入りをしたんだよ。』

再び窓から顏を出すと、東の方輕子橋の手前に、また猪牙船が現はれた。滿ち切つた潮の澄んだのに、燦々と月が碎けて、墨繪のやうな船頭の姿が搖くたび、金色の鱗がいよ〳〵亂れる。瞬きもせず凝と見詰めて居たが、もう堪へ切れなくなつて、試みに、

『父さんかね。』と聲をかけると、

『オヽ。』と川一杯に返事が來たので、女房は甦つたやうに身を起した。筒袖に細帶をぐ

る〳〵巻きの、膝から下は腰巻を見せて、可惜二十五六の女房盛りを、何方かといへば淺ましい形振りの、一切見榮を棄てゝ居るけれど、撫肩なので、肥肉も稜くは見えず。圓顔の色白く、情けの籠つた目元口元の、何處となし愛嬌が溢れて、鬢の亂れを搔上げながら潜り出るやうに窓外へ出ると、銀杏返へしの影が板屋根の上に落ちた。

『何うしたの、大抵待つたとぢやないのに。』と怨じると、

『左うだらうと思つて、俺等も氣が氣ぢやァなかつたんだ。』

船はもう二三間先きに近寄つて居た。

『先刻夕立の時ね、風が一寸出たでせう。あの時、何うかしたのかと……。』

『ハヽヽ、詰らねえことを。』と奧底もなく男は笑つて、『德坊が嘸待つてたらう。』

『待つの待たないのつてお前さん、生れて始めて、泣寐入りをさせたぢやないか。』

『そりやァ濟まなかつた、可愛想に、……それ來た。』

綱を投げかけると、手に受けて、女房は精悍しく、窓下の杭に繫ぎ止めながら、

『もう遲いから、風呂もお了ひだらうよ。其處でちよつくら汗を流しちや何うだね。』

『ウム、左うしやう。』と男は機嫌よく、汗雫の無地の尻切を脱捨てゝ、是れは三十一二の名は浪藏といふ、骨格の逞ましい、瘤々した肩の、眞黑な脊を月に向けると、女房は手拭片手に猪牙へ乗移つて、酒、醬油、駄菓子、菓物の類の置いてある胴の間を避け、艫に腰を下して居た男の後ろへ廻るなり、やをら押肌脱ぎの、膨りと膩切つた乳房を惜氣なく見

せながら、狐疑なく潮を手に掬んだ。

『有難い、お光、持つべきものは女房だなア。』

『ホヽヽ、笑談ぢやない、何うしたの、今夜は？』

『實は飛んだ善い事をして來たのよ。德坊にやア罪を造つたが、マア仕方がねえ、お前も堪忍して吳んねえな。』と晴れやかな、一點曇りのない語調でいふと、

『善い事つて何にさ？』とお光も勇んだ。

『それ、代物へ潮が懸らアな。』

『大丈夫だよ、何に、善い事つて？』

『待て、左うちよつくら話せるもんか、……サアもう好いや、薩張して、アヽ此氣持つたら無へぜ。お光、酒は有るかえ。』

待合に眼を注けて、

『又た今夜も騒いで居やがる、喧ましい奴等だ。』

『夕方取つて來て、もう燗をするばかりにしてあるのよ。』とお光は手拭を絞つて居た。

『ぢや、此方も一つ、酒宴をしてやれ。』

『アヽ左うお爲が可いよ、おや入りませう、家へ。』とお光は先きに立つのであつた。家といふのは古傳馬のぼろ船一艘、浮ばぬまゝを岸邊の淺瀬に押据ゑて、板屋根に板廂、手細工の綴々ながら、兎も角も箱形に取付けて、雨露の淩ぎに充てたのである。昔しの艫は今の勝手元、竈、米櫃、膳、椀、手桶の類を亂次く並べて、次の胴の間は寐室兼帯の居間隅に小さな押入があつて、其内に古葛籠も見える、寢具も此に納はれるのであらう。部屋の四邊の板壁には、親子三人の着物が、宛然八口增減の年表圖を逆さに見るやう、長く短く入り交つて、欝陶敷い程ぶら下つて居る。大地を離れた水の上の住居、浮世の外のこれも世帯へ、夫婦一緒に踏込むと、急に偏重りがして、金城鐵壁がゆらりと傾いだ。

『早く德坊を起して、これを見て喜ばしてやれよ。』

蚊帳押狹めて窓の內、お月樣見透しの膳に向つて、浪藏裸躰のまゝの大胡坐搔ぎながら、杯に盛り上つたのを取敢へず、一口引いて取上げたのは、今も折々橋の上を走つて居る電車をそのまゝの鐵葉細工。

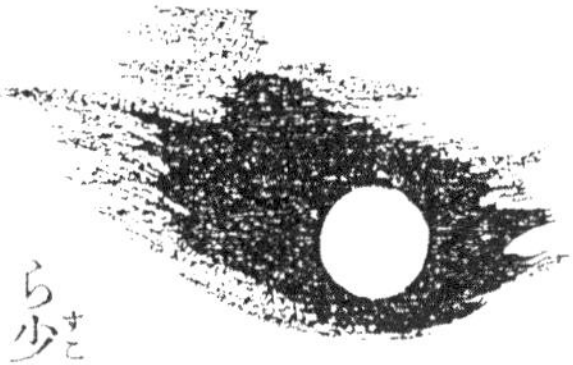

『お止しよ。』と女房は微笑んで、『折角よく寐て居るんだから、……それよりかお前さん早くその善い事つてのを……。』團扇を把つて向ふから少し大きく扱すと、浪の胸毛が涼しく戰いで、剰の風が柔かく蚊帳の面を傳つて行く。浪は一息に嚥干して、又たなみ／＼と受けながら、

『聞いて呉れ、斯ういふ譯だ。彼のお前の言つた夕立が今來やうてえ時、俺等は恰ど居留地先きを漕いで居たと思ひねえ。何ういふ潮加減か知らねえが、毎時可なりに繫つて居る帆檣が、今日に限つて、からつ切し寂しいのよ。日が暮れると、酸漿畑の葉丈け挘つたのでもあるやうに、燈火が赤く、幾箇となく、棒の林に點かうてえ奴が、今日は其のお印しさ。サア困つたね、商買はなし、昇り際の月は靜かで好かつたが、此方は根つから面白くもねえや。段々船の顧客を捜して大川を遡つて見たが、何處へ行つても同じさ、エ、仕樣がねえ、寧その事德坊に約束の玩具でも買つて、今夜はもうお引上だと思ひながら、永代の下まで來ると、ポツーリポツリが始まつたらう。恰ど幸ひ、雨宿りがてら、玩具屋でも冷かす心算で、やう／＼橋の手前へ着けると、何うだい既う土砂降りだ、お負にピカリツゴロ／＼とお出でなすつた。上を視ると、道の跳上げが霧を吹いてよ、彼の廣い往來に、人ッ子一人居やアしねえ。と思つて居ると、お光、喫驚するな、物の一丈もあらうといふ高い岸から、何んと黑い物が婆娑と來て、ザブーリ水へ落込んだ、舟から三尺たア離れねえ處よ。魚形水雷なら横から來る筈だ、それが上から來たんだから驚いたね。』

凄い處で句を切ると、お光は一寸背後を視て、膝を摺寄せ、聲を霞めて、

『何んだつたの、それは？お前さん、虛喝しつこなしだよ。』

『ハヽハヽ、誰れが虛喝しなんぞするもんかえ。マア注いで呉れ。』

『ぢや、何にさ、子エ、早く言つてお了ひよ、眞逆雷樣が落ちたんぢやあるまいね？』

『そこだよ。』と浪藏は、故意と仔細ありげに言ひ澱みながら、女房の不審な顏をば、微醉機嫌の左も樂しさうに恍然と視て、

『實は等俺も眞物の雷樣が、餘り威張過ぎて、雲を踏外したと思つたのさ。丁度上汐だ、氣が付いて視ると鼻の先きに、何うだいその雷樣が、浮いて藻搔いてござらつしやらア。打棄つも置けねえから、直ぐに摑めえて引揚げた。お光、それを一躰何んだと思ふ?』

一旦靜まつた待合の二階には、復た思ひ出したやうに絃が浮れて、足元しどろの亂舞の姿が、水の上の水入らずの、酒宴の窓から歷々と見える。

『エッ、喧ましい。お光、彼の躰裁ア見ろ、身躰が溶けて、蛸入道に髯が生へてらア。家ぢや定めし内儀さんが、眠い目をして待つてるだらうに、罸當りめ。』

思はず大きな聲を出すと、お光は周章てその口に手をやり、

『靜かにおしよ、聞えると惡いぢやないかね。』

『聞えたつて、管ふもんかえ、何んでも女房に柔しくねえ奴ア、皆俺等の敵なんだ。』

『お止しつてばね。』とお光は叱るやうに制したが、此時夫婦の見合つた顏には、何んともいへぬ微笑が、溫乎と春より溫く、月よりも淸しく浮ぶのであつた。

『落ちたのは、何にさ?續きを話してお了ひつたら。』

『ハヽヽヽヽ、その雷樣はな、オイ、驚くな、お光、先づ年の頃は二十三四よ、色のクッキリと白い、顏の雑作も整つた、それへ濡髮がバラリとかゝつて、慄然とする程美しいん

だ。蟬の羽見たやうな、薄い綺麗な着物を着てよ、容姿といひ、身形といひ、手もねえ天人の土左衛門だい。屹度身分のある人か、物持ちの內儀さんに違えねえのに、それがお光、斯う眼を瞑つて、齒を喰緊つて、……。』

『可けなかつたの？』とお光は心配げに喙を容れた。

『マア聞け、年に似合はねえ頰の肉が削けてよ、何んでも病身か、それでなけりやア、餘程の心配でもしたもんに違えねえのだ。』

『で、何うしたのさ？』と懊惱かしさう。

『知れたとよ、直ぐ交番へ抱へ込んだ、お醫者が來た、ウンと唸つた、最うやめたもんだ。俺等ァその時位嬉しいとはなかつたぜ。何んにしろ人一人助けて來たんだ。』と浪藏は又た今更に勇むのであつた。

『マァ可かつたとね、お前さんも嘸嬉しいだらう、私だつてホッとしたわ。』とお光も心から喜んで、『で、何處の人だか、それが知れたの？』

『俺等の思つた通り、大分身分もあれば、財產もある人の內儀さんなんだとよ。身分のある丈けに、何事も隱して居たから、俺等も强ゐては聞かなかつたが、その內に其內儀さんの內の女中も來た、書生も來た、品の好い年寄りの女も來た、俺等も警察まで行つて、名や住居を訊かれたので、それにやァ少し驚いたが、仕樣がねえや、是れ〳〵斯ういふ處に居るといつたら、老年の女が何にか包物を差出したのよ。何んだと思つたら、金の包みぢやァねえか。人をつけ、金が目的で、人の生命は助けやしねえと、俺等餘り腹が立つて、もう堪らなからうぢやねえか。唐突叩き付けて、逃げるやうに歸つて來たのよ。』と左も癪らしく杯を仰つたが、やがて又心底からの笑ひを見せて、『まかし、人の生命を救けた位、好い氣持ちなものはねえぜ、この好い氣持ちが天から下さる御褒美なんだ。人をつけ、金なんか出しやァがつて。』

窓先きには未だ亂舞の影が蹌めいて居た。浪藏は更に眼を捲ゑて、

『貴樣見てえな待合入りをする奴があるから、兎角世間が騷々しいのだ。』

面と向つたのでもあるやうに怒鳴り付けると、その聲に眼を覺して、『ワッ』と蚊帳の内に泣聲が揚つた。

『御覽よ、とう〱起して了つたよ。』

『イヤ、こりや惡かつた。堪忍しろ、サア父さんが、好い歸遣を與らア。』と毛尨々の手に罪もなく電車を取つて見せびらかした。

（次號完結）

新刊紹介

臺所重寶記

例の食道樂の村井弦齋氏の新著でありますから言ふだけ贅。有らゆる食物の撰定法、調理器具の説明、磨きもの、シミ拔き、洗濯、掃除、其他蟲鼠の驅除法から鳥渡した怪我の手當まで日常家庭に必要なる心得數百ケ條を奥樣とお三の問答體にして、極めて解り易くものしたるもの、一家の主婦たるもの一本を備へざればならぬ眞の重寶記（價八十錢、報知社出版部發行）

ハガキ文學（第二卷第十二號）

例もながらの材料豐富、挿畫からカツトに至るまで大ハイカラ、表紙は藤島武二君の星の神、三遍刷を工みに彩つて賑やかに、附錄繪はがきは齋藤松洲君の俳畫、惡からう筈なし、書架に一本を備へざるもの猥にハイカラがるを許さず底の雜誌

毎月一回發行　定價八錢　日本葉書會發行

女子雜誌ムラサキ

文士星の如く集りたる日就社が綽々たる餘裕に編輯されたるもの、口繪に淺井忠、梶田半古兩畫伯の筆に就る石版色刷あり、ムラサキ欄には知名諸士の（如何にして暑中休暇を經過すべき）の題名の中に其抱負を述られたるもの、家庭、史話、小說、娯樂、科學、文藝、雜錄、案內、時報等讀み去り讀み來つて遂に卷を蔽ふ能はざらしむるの好雜誌。

毎月一回發行　定價十二錢　讀賣新聞社發行

明治三十八年七月廿八日印刷
明治三十八年八月一日發行

編輯兼發行者　東京市下谷區西黑門町四番地　山口笑昨
印刷者　東京市京橋區西紺屋町二十六七番地　太田音次郎
印刷所　東京市京橋區西紺屋町二十六七番地　株式會社秀英舍
大賣捌所　東京市神田區表神保町　東京堂
大賣捌所　京都市上京區寺町通御池北入上本能寺前町廿七番戸　太田雲錦堂

白木屋呉服店御注文の栞り

△白木屋呉服店は　寛文二年江戸日本橋通一丁目へ開店以來連綿たる老舗にして呉服太物一切を營業とし傍ら洋服部を設け歐米各國にまで手廣く御得意樣の御愛顧を蒙り居り候

△白木屋呉服店は　呉服太物各産地に仕入店又は出張所を設け精良の品新意匠の柄等澤山仕入有之又價格の低廉なるは他に比類なき事と常に御賞讃を蒙る所に御座候故に益勉强販賣仕居候且洋服部は海外各織物産地へ注文し新柄織立させ輸入致候間嶄新なる物品不斷仕入有之是等は本店の特色に御座候

△白木屋呉服店は　數百年間正札附にて營業致居候間遠隔地方より御書面にて御注文被下候とも値段に高下は無之候

△白木屋呉服店は、店内に意匠部を設け圖案家畫工等執務致居候に付御模樣物等は御好に從ひ嶄新の圖案調進の御需めに應じ可申候

△白木屋呉服店は　御紋付用御着尺物御羽織地御裾模樣物等急塲の御用に差支無之樣石持にて染上置候に付何時にても御紋章書入れ迅速御間に合せ調進可仕候

△白木屋呉服店へ　染物仕立物等御注文の節は御注文書に見積代金の凡半金を添へ御申越可被下候

△白木屋呉服店は　前金御送り被下候御注文品の外は御注文品を代金引換小包郵便にて御

送附可仕候
但し郵便規則外の重量品は通常運送便にて御届け可申候

△白木屋呉服店は當分の内絹物の運賃は負擔仕候但清國韓國臺灣は半額申受候

△白木屋呉服店へ爲換にて御送金の節は日本橋區萬町第百銀行又は東京中央郵便局へ御振込み可被下候

△白木屋呉服店へ電信爲換にて御送金の節は同時に電信にて御通知被下候樣奉願上候

△白木屋呉服店へ御通信の節は御宿所御姓名等可成明瞭に御認め被下度奉願上候

白木屋呉服店販賣
呉服物代價表

●白地御單羽織并薄羽織類

白紹	八圓より	十五圓位
白壁紹	八圓より	十五圓位
白紹縮緬	十圓より	十五圓位
白明石	六圓五十錢方	八圓五十錢位
白透綾	四圓より	六圓位
白壁上布	五圓より	七圓位
白官紗	五圓より	七圓位
白綾紗	六圓より	七圓位
白壁紗	六圓より	八圓位
白斜子	七圓より	拾壹圓位
白羽二重	八圓より	拾五圓位
白鹽瀬羽二重	十五圓より	廿圓迄
白紹（四丈物）	十圓より	廿圓位
白紋紹（四丈物）	十三圓より	十五圓迄
白霞紹（四丈物）	十四圓より	十八圓位
白壁紹（四丈物）	十六圓より	廿圓位
白紹絹縮（四丈物）	十六圓より	廿一圓位
奈良晒	三圓より	六圓位
白近江晒		二圓位
白斜子	七圓より	十五圓位
白米澤糸織	八圓より	十圓位
白奉書紬	四圓五十錢方	五圓五十錢位
白銘仙	四圓より	六圓位
白四ツ入青梅	三圓五十錢方	四圓五十錢位
白米澤透織	五圓五十錢方	七圓位

●白地御着尺類

白紹縮緬	十二圓より	廿圓位
白縮緬小巾	十圓より	廿圓位
白紹絹縮	十三圓より	十八圓位
白絹縮	十圓より	十五圓位
白紹	九圓より	十五圓位
白明石	八圓より	拾圓位
白紹明石	九圓より	十圓位
白壁紹	十三圓より	十五圓位
白紋紹縮緬	十六圓より	廿圓位
白壁上布	六圓より	八圓位
白越後縮	七圓より	十一圓位
近江晒	一圓五十錢方	二圓五十錢位
白透綾		六圓位
白紋羽二重	八圓より	十三圓位
白壁羽二重	十圓より	十三圓位
白羽二重	八圓より	十五圓位

●御單羽織地類

薄御召	九圓より	十二圓位
好貴織	八圓より	十一圓位
縞市樂	十圓より	十三圓位
壁市樂	十圓より	十三圓位
桑都織	十圓より	十四圓位
東華織	十一圓より	十四圓位
清綾織	十一圓より	十四圓五十錢位
平御召	十圓より	十四圓位
壁糸織	十圓より	十二圓五十錢位
京羽諸糸	八圓より	十圓位
本糸織	八圓より	十二圓五十錢位
米澤糸織	七圓より	八圓五十錢位
縞銘仙	四圓五十錢方	六圓位
節糸織	五圓より	六圓五十錢位

●御薄羽織地類

縞紹	七圓より	十二圓五十錢位
市樂上布	四圓より	六圓五十錢位
撚上布	四圓五十錢方	六圓五十錢位
壁上布	三圓五十錢方	六圓位

紹上布　四圓五十錢方六圓五十錢位
透綾上布　三圓より四圓位
縞絽縮緬　十一圓より十二圓位

縞明石　六圓より十圓位
縞染絽　八圓より十圓位

●御單衣地并に帷子類男女共

縞御召　十一圓より十四圓五十錢位
紋御召　十三圓より十八圓位
楊柳縞御召　十二圓より十四圓位
楊柳縮紋御召　十五圓より十八圓位
靜波御召　十一圓より十三圓五十錢位
縞養老御召　十二圓より十三圓五十錢位
花佐織御召　十二三圓位
清綾御召　十二圓より十三圓五十錢位
玉だれ御召　十四五圓位
緋御召　十二圓五十錢方十四五圓位
壁御召　十一圓より十三圓位
山科御召　十一圓より十四圓位
扶桑御召　十二圓より十五圓位
壁市樂　十二圓より十五圓位
壁糸織　十一圓より十四圓位

京華織　十圓より十三圓位
清綾織　十二圓より十六圓位
東華織　十二圓より十五圓位
富國セル　十一圓より十二圓位
紹セル織　十一圓より十二圓位
新好喜　八九圓位
好貴織　八圓五十錢方十一圓位
紅梅絲織　七圓より八圓五十錢位
縞結城紬　九圓より十二圓位
緋結城紬　十一圓より廿五圓位
壁銘仙　六圓より八圓位
縞銘仙　五圓より八圓位
紅梅織銘仙　六圓より七圓位
緋銘仙　四圓五十錢方九圓位
節糸織　五圓より八圓五十錢位

秩父縞　三圓五十錢方五圓位
本上布紺緋　十四圓より五十圓位
同白緋　九圓より十二圓位
越後上布紺緋　十一圓より廿五圓位
同白緋　十圓より廿圓位
縞絽縮緬　十一圓より十三圓五十錢位
縞絽　八圓より十二圓位
縞染絽　十圓より十三圓位
小紋染絽　十圓より十三圓位
縞并緋明石　八圓より十三圓位
縞并緋絽明石　九圓より十三圓位
縞染羽二重　十圓より十三圓位
紋上布　八圓より十五圓位
紹上布　五圓五十錢方十圓位
市樂上布　五圓より七圓五十錢
透綾上布　五圓より七圓位
壁上布　六圓より十圓位
燃上布　六圓五十錢方十二圓位
大和上布　六七圓位

靜波上布　五六圓位
花波上布　七圓より八圓五十錢位
志々良上布　七圓より八圓位
吉野上布　五圓五十錢方七圓位
緋越路上布　十二圓より廿五圓位
縞越路上布　十圓より十三圓位
常盤上布　七圓より八圓五十錢位
紺縞越後縮　七圓より十圓位
紺緋越後　八圓より十二圓位
白縮越後縮　七圓より九圓位
白緋越後　七圓より十二圓位
紺縞越後　七圓より十圓位
白縞越後　七圓より十圓位
阿部谷（紺緋又ハ縞）　二圓五十錢方五圓五十錢位
生越後　四圓五十錢方六圓五十錢位
錆縞越後　五圓五十錢方七圓位
近江（紺縞又ハ緋）　一圓廿錢方三圓位
近江（白縞又ハ白紺）　一圓廿錢方三圓位
縞染青梅　四圓より五圓位

●御袴地類

仙臺平	十圓より十七圓位
博多平	十二圓より十七圓位
八千代平	十三圓より十八圓位
茶苧平	十五圓より廿圓位
極暑平	八圓五十錢方十圓位
紗織平	十二三圓位
絽織平	十二圓より十四圓位
村上平	十圓より十七圓位
五泉平	八圓より十圓位
武藏平	五圓より七圓位
節糸平	四圓より七圓位
嘉平次平	二圓五十錢方三圓五十錢位

●男御帯地類

博多織	四圓五十錢方九圓位
紋博多織	七圓より十圓位
繻珍織	八圓より十三圓位
綴錦織	十七圓より廿五圓位
明珍織	七圓八十錢方九圓位
和蘭陀織	七圓五十錢方八圓五十錢位
絽博多	六圓五十錢方八圓五十錢位
節糸織	三圓より四圓位
博多袋帯	七圓より十圓位
綴錦單帯	十圓より十五圓位
紋博多單帯	三圓より五圓五十錢位
博多單帯	二圓八十錢方四圓五十錢位
清涼織單帯	七八圓位

●御婦人御丸帯地類

絽繻珍	十三圓より三十圓位
絽錦織	二十三圓方三十圓位
綵羅織	十五圓より三十圓位
透紗織	十七圓より廿圓位

●御婦人單帯地類

繻珍織	十圓より二百五十圓位
厚板織	十五圓より五十圓位
綴錦織	八十圓より二百五十圓位
錦上織	七十圓より二百五十圓位
幽谷織	二十五圓方百圓位
紬錦織	二十五圓方八十圓位
厚板地縫摸樣	三十圓より五十圓位
絽博多	十三圓より十八圓位
絽博多織	十七圓より三十圓位
博多袋織	十八圓より三十圓位
博多織	十二圓より二十圓位
友禪染絽	十三圓より二十五圓位
色繻子	七圓より十八圓位
黑繻子	五圓より十七圓位
黑木唐繻子	十三圓より十五圓位
唐緞子	十圓前後
唐織	三十圓より百圓位

●御婦人片側帯地類

綴錦織	三十圓より五十圓位
繻珍兩面織	十五圓より廿五圓位
紋博多	十圓より十五圓位
明紗織	十二圓より十五圓位
繻珍織	五圓五十錢方十二圓位
厚板織	六圓より十一圓位
綴錦織	二十五圓方四十圓位
絽博多	五圓五十錢方八圓位
錦上織	二十圓より三十圓位
風通敵織	六圓五十錢方十圓位
幸博織	十五圓より廿二圓位
絽博多	五圓五十錢方八圓位
綵羅織	六圓五十錢方八圓位
紬錦	八圓より十二圓位

- 博多織　四圓五十錢方　八圓位
- 紋博多　六圓より　十圓位
- 友禪絞絽　四圓五十錢方　七圓五十錢位
- 友禪染絽　五圓より　七圓五十錢位
- 友禪染絽絹縮　五圓より　七圓五十錢
- 友禪縮緬　四圓五十錢方　六圓五十錢迄
- 友禪染絹縮　四圓五十錢方　六圓五十錢位
- 友禪絞羽二重　四圓五十錢方　七圓五十錢位
- 友禪染紋羽二重　四圓五十錢方　八圓五十錢位
- 友禪染羽二重　四圓五十錢方　八圓五十錢位
- 風通織　二圓五十錢方　四圓位
- 絽繻珍　六圓より　八圓五十錢位
- 黑木唐繻子　六圓より　七圓位
- 黑繻子　一圓五十錢方　六圓位
- 色繻子　二圓五十錢方　六圓位
- 都織　四圓五十錢方　七圓位
- 山吹織　三圓より　三圓五十錢位
- 吾妻繻珍　二圓より　四圓位

● 御后室御丸帶

- 繻珍織巾一尺二寸　十二三圓位
- 繻子類　巾仝上　八九圓位

● 染合品之類（反物摸樣紋付ノ部）

- 絽詰袖摸樣　十四圓より　廿五圓位
- 明石透シ摸樣　十七圓より　廿五圓位
- 同　靜付　十八圓より　廿五圓位
- 絽一ッ身　七圓より　十五圓位
- 絽透し摸樣　十八圓より　廿七圓位
- 絽縮緬一ッ身　八圓より　十六圓位
- 絽振袖摸樣　廿四圓より　三十五圓位

● 詰袖裾模樣八掛付

- 濱縮緬地　十八圓より　三十四圓位
- 紋羽二重　十八圓より　三十圓位

- 羽二重　十七圓より　三十圓位
- 斜子地　十六圓より　二十圓位

● 振袖袖下模樣八掛付

- 濱縮緬地　三十五圓方　五十五圓位
- 紋羽二重　三十五圓方　四十三圓位
- 羽二重地　三十圓より　五十圓位
- 斜子地　十八圓より　四十圓位

● 振袖總摸樣　留袖總摸樣

- 濱縮緬地　三十四圓方　四十圓位
- 綸子地　二十八圓方　三十五圓位

● 男子向一ッ身腰熨斗目模樣羽織付但し共紐付

- 斜子地　二十圓より　三十圓位
- 八ッ橋地　十七圓より　廿二圓位
- 羽二重地　二十五圓方　三十五圓位
- 奉書地　十二圓より　十七圓位

● 男子向一ッ身腰熨斗目模樣付但し共紐付

- 羽二重地　十四圓より　二十圓位
- 斜子地　十一圓より　二十圓位
- 八ッ橋織地　十圓より　十三圓位
- 奉書　六圓より　十圓位

● 女子向一ッ身袖下模樣八掛付但し共紐付

- 濱縮緬地　十五圓より　廿四圓位
- 紋羽二重地　十二圓より　廿五圓位
- 斜子地　十二圓より　廿五圓位
- 奉書地　八圓より　十三圓位

●紺下本榿榔子染石持八掛付

- 濵縮緬地　十五圓より廿三圓位　　斜子地　十四圓より十九圓位
- 羽二重地　十五圓より二十圓位　　奉書地　八圓五十錢方十一圓位
- 黒羽二重地　十五圓より十八圓位

●紺下本榿榔子染石持羽織又は着尺

- 濵縮緬地　十二圓より十八圓位　　斜子地　八圓より十六圓迄
- 紋羽二重地　十圓より十三圓位　　奉書地　六圓より七圓五十錢位
- 羽二重地　十圓より十八圓位

●九重染石持羽織又は着尺

- 縮緬地　十五圓より廿三圓位　　斜子地　十圓より二十圓位
- 羽二重地　十三圓より廿三圓位

●最新發明本黒堅牢九重染單羽織の類

- 斜子　十二圓より十五圓位　　絽　十圓より十八圓位
- 羽二重　十二圓より十八圓位

●紺下本榿榔子石持單又は薄羽織の類

- 羽二重　十圓より十八圓位　　奉書　八圓五十錢方十一圓位
- 絽　八圓より十五圓位　　官紗　六圓より七圓位
- 斜子　八圓より十二圓位

●小紋染石持

- 濵縮緬八掛付　十四圓より廿三圓位　　縮緬地羽織又は着尺　十圓より十六圓位
- 羽二重地羽織又は着尺　十二圓より十七圓位

●男女向袷羽に并長襦袢類

- 絽縮緬　十五圓より三十圓位　　縮緬　十五圓より三十圓位
- 絽絹縮　二十圓より三十五圓位　　絽　十五圓より廿五圓位

●同　浴衣地

- 絽縮　十五圓より廿五圓位　　絽紺絞　十二圓より十八圓位
- 明石縮　十七圓より廿五圓位　　濵縮緬　十七圓より廿五圓位

●友禪并に絹類

- 友禪絽　十三圓より十七圓位　　友禪八つ橋　八圓より十二圓位
- 友禪縮緬　十二圓五十錢十七圓位　　友禪紋羽二重　十二圓より十五圓位
- 友禪絽縮緬　十四圓より十七圓位　　友禪青梅　五圓より六圓位
- 友禪紬縮　十二圓より十七圓位　　絞り紋羽二重　十二圓より十五圓位

色絞り絽	十二圓より十五圓位
絞り絹縮	十一圓より十五圓位
更紗縮緬	八圓五十錢方十二圓位
色絹縮	八圓より十二圓位

●夏坐布團地類

●夏夜具地幷に座布團類

御納戸大形絽	十圓より十五圓位
御納戸大形縮緬	十五圓より十六圓位
御納戸大形絹	四圓より五圓位
御納戸大形麻	三圓より四圓位
大形麻座布團（一枚分）	六十錢より八十錢位
縞錆越後座布團（一枚分）	七八十錢位
近江平座布團（一枚分）	六七十錢位
白獻純座布團（一枚分）	八十錢より一圓十錢位

●御兵兒帶地類

大巾絽兵兒帶	十圓より十五圓位
中巾絽兵兒帶	三圓五十錢方七圓五十位
大巾絹縮兵兒帶	五圓より八圓位
中巾絹縮兵兒帶	三圓より五圓位
大巾縮緬兵兒帶	七圓五十錢方十六圓位
中巾縮緬兵兒帶	四圓五十錢方十圓位
絽紺絞兵兒帶	四圓五十錢內外
羽二重紺絞帶兵兒	五圓內外
獻純兵兒帶	一圓廿錢方一圓九十錢位

●半襟帶上裾除類

友禪縮緬半衿	五十錢より三圓五十錢位
友禪絹縮半衿	五十錢より三圓位
友禪絽半衿	五十錢より二圓位
友禪絽絹縮半衿	五十錢より二圓位
友禪絽縮緬半衿	五十錢より二圓位
縫入絽縮緬半衿	五十錢より二圓位
絽縮緬兒半衿	四十錢より六十錢位
縮緬裏衿	五十錢より一圓位
友禪絹縮帶揚	一圓七十錢方三圓五十錢位
友禪縮緬帶揚	一圓八十錢方四圓位
友禪紋羽二重帶揚	一圓五十錢方三圓位
絞り絽帶揚	一圓十錢方二圓位
友禪縮緬裾除	三圓より五圓位
友禪絽裾除	三圓五十錢方五圓位
友禪絽縮緬裾除	三圓より五圓位
絞り縮緬しごき地	四圓より六圓位
絽裏衿	六十錢より一圓位
練裏衿	三十五錢方四十錢位
傘絞りしごき地	一圓五十錢方三圓位

●夏用木綿物幷に絹綿交織類

大和紺絣	一圓五十錢方二圓位
大和白絣	九十錢より一圓五十錢位
久留米絣	一圓八十錢方三圓五十錢位
久留米縞	一圓五十錢方二圓位
伊豫絣	一圓五十錢方二圓位
橋立白絣	二圓より二圓五十錢位
鳴戸絣	一圓八十錢方三圓五十錢位
薩摩紺絣	三圓より六圓五十錢位
薩摩白絣	二圓より三圓位
千代田縮	二圓內外
玉川縮	七八十錢方一圓十錢位
瓦斯明石縮	二圓より三圓位
阿波縮	七十錢より一圓廿錢位
瀧川縮	一圓九十錢方二圓位
本銚子縮	一圓五十錢方二圓位
好華御召	四五圓位
月浪御召	五圓位
浮島上布	二圓廿錢方三圓位
日進御召	六圓五十錢位
春日御召	四圓五十錢位

養老御召	五圓五十錢位
意匠御召	一圓三四十錢位
養老御召	五圓五十錢位
風光御召	五圓廿錢位
岩國縞	八十錢位
紅梅織	一圓四十錢方二圓四五十錢位
日の出御召	一圓七八十錢方二圓五十錢位
利久縞	九十錢より一圓廿錢位
縞瓦斯縮	一圓五十錢方二圓位
吉野上布	一圓四十錢位
瓦斯阿波縮	一圓八十錢方二圓廿錢位
すきや絣	一圓八九十錢位
さゞれ上布	一圓五十錢方一圓八十錢位
つゞみ織	一圓六七十錢位
中形紅梅織	一圓五十錢方二圓位
吾妻せろ	一圓五十錢方二圓位
白阪絞	六十錢より七八十錢位
同盟セル	四圓より四圓五十錢位
唐草眞岡	七十錢より一圓位

更紗眞岡	八十錢より一圓位
縞絽	一圓廿錢方二圓位
柳上布	壹圓より一圓五十錢位
千島縞	一圓五十錢方一圓七十錢位
熨斗目織浴衣	一圓五十錢方三圓位
小倉男帶	七八十錢方二圓位
白毛斯倫兵兒帶	九十錢位
紛風通男帶	一圓より二圓位
シルケット男帶	一圓廿錢方二圓位
縮風通片側	一圓より一圓四十錢位
晒縞	五六十錢位
中形絽縮	一圓七八十錢方二圓卅錢位
中形明石縮	一圓八十錢方二圓廿錢位
中形眞岡	一圓より一圓五六十錢位
中形木綿縮	一圓四十錢方二圓位
白四つ紅梅	三圓五十錢方四圓位
先島紺絣	五圓より八圓位
本場結城	一圓七十錢方三圓位
博多結城	一圓五十錢方二圓八十錢位

愛知結城	一圓より三圓位
結城木綿	八十錢より一圓二三十錢位
双子縞	八十錢より一圓位
松阪縞	七八十錢方一圓位
八重山上布	一圓より一圓七八十錢位
都縮	一圓より二圓五十錢位
糸入木綿縮	一圓六十錢方二圓位
瓦斯風通白地	一圓五十錢方二圓位
同紺地	一圓五十錢方二圓位
新節糸織	二圓三四十錢位
瓦斯縮壁更紗帶側	五十錢より一圓位
橋立白絣	二圓より二圓五十錢位
藤隙縞	二圓より三圓位
大和鼠絣	一圓より二圓位
佐々絣	二圓より三圓位
白うずら絣	一圓より一圓五十錢位
常盤縞	一圓廿錢方一圓八十錢
糸入木綿縮	一圓五十錢方三圓位
大和上布	一圓廿錢方二圓五六十錢位

瓦斯上布	一圓廿錢方一圓五十錢位
鼠木綿縮石持	八九十錢方一圓卅錢位
博多絞り	一圓五十錢方二圓五十錢位
有松絞り	六七十錢方一圓五十錢位
有松白絞り	八十錢より一圓位
三浦絞	一圓より二圓位
養老絞	一圓より一圓五十錢位
鳴海絞	八十錢より一圓五十錢位
白瓦斯縮	一圓五六十錢前後
白木綿縮	七十錢より一圓位
白阿波縮	一圓より一圓五十錢位
白銚子縮	一圓より一圓廿錢位
白絹絽縮	一圓より二圓位
白哇織	六十錢より七十錢位
白綿絽	七十錢より一圓廿錢位
木摺眞岡合羽地	一圓前後
色眞岡合羽地	八十錢前後
小倉袴地	七八十錢方二圓位

●毛織物、モスリンの類

縞セル	六圓七十錢方 七圓三十錢位
縞ネル	五圓より 五圓五十錢位
絽セル	七圓前後
伊太利ネル	一圓六十錢方 二圓位
友禪モスリン（一尺ニ付）	十八錢より 三十錢位
色モスリン（大巾一尺）	十六錢位
生白モスリン（大巾一尺）	十七錢位
友禪絹モスリン（仝）	三十錢位
絹毛モスリン（仝）	廿四錢位
カシミヤ袴地（一ヤール）	一圓四十錢位

御衣裳仕立上り見積表

●襠

		上等ノ部	中等ノ部	並等ノ部
繻珍織御振袖紅羽二重付總裏	一	百五十圓	百圓	六十圓
地白綸子振袖總模樣	一	五十圓	三十八圓	三十二圓
同　地赤	一	五十五圓	四十圓	三十三圓
同　地黑	一	五十五圓	四十圓	三十五圓
地白綸子留袖總模樣	一	四十五圓	三十五圓	三十圓
同　地赤	一	五十圓	三十七圓	三十三圓
同　地黑	一	五十圓	三十七圓	三十三圓
色縮緬振袖總模樣	一	六十圓	四十圓	三十二圓
同　留袖	一	五十五圓	三十五圓	三十圓
色縮緬振袖總模樣	一	五十五圓	三十六圓	三十二圓
同　留袖	一	五十三圓	三十五圓	三十圓
色縮緬御紋付振袖腰模樣	一	五十三圓	三十五圓	三十二圓
同　留袖	一	四十七圓	三十三圓	三十圓
色縮緬御紋付振袖裾模樣	一	四十六圓	三十三圓	三十圓
同　留袖	一	四十圓	三十二圓	二十八圓

●間着

本紅疋田絞り上紋入綸子振袖	一	百圓		
紅縮緬振袖無垢	一	二十五圓	二十一圓	十九圓
同　留袖	一	二十二圓	十九圓	十七圓
紅紋縮緬振袖無垢	一	二十七圓	二十一圓	十九圓
同　留袖	一	二十四圓	十九圓	十七圓
白綸子振袖無垢	二	四十八圓	三十三圓	三十圓
白綸子留袖	二	四十三圓	三十圓	二十八圓
白紋羽二重振袖無垢	二	四十七圓	四十圓	
同　留袖無垢	二	四十三圓	三十七圓	
白羽二重振袖無垢	二	四十五圓	三十二圓	二十四圓
同　比翼	一		二十六圓	二十二圓
白羽二重留袖無垢	二	四十七圓	二十七圓	二十一圓
同　比翼	一	三十五圓	二十二圓	十八圓

● 小袖

色縮緬留袖引返付裾模様三枚重	一組	八十五圓	七十五圓	六十圓
小紋縮緬引返付三枚重	一	六十五圓	六十圓	五十五圓
板〆絹胴抜更紗縮緬下廻無垢着	一枚		三十五圓	三十二圓
風通御召縮入小袖	一	二十七圓	二十四圓	二十二圓
御召縮緬小袖	一	二十圓	十八圓	十六圓
糸織小袖	一	十六圓	十三圓	十二圓
八丈小袖	一		十二圓	九圓

● 羽織

黒縮緬御羽織	一枚	三十圓	二十三圓	十七圓
鼠縮緬御羽織	一	二十八圓	二十圓	十五圓
小紋縮緬御羽織	一	二十三圓	十八圓	十五圓
紋御召御羽織	一	二十八圓	二十三圓	二十圓
琉球紬御羽織	一	三十圓	十五圓	十圓

● 長襦袢

紅縮緬振袖長襦袢	一枚	二十三圓	十八圓半	
同留袖	一	二十一圓	十七圓	十一圓
紅紋縮緬振袖長襦袢	一	二十三圓	十八圓半	
同留袖	一	二十一圓	十七圓	十一圓
白羽二重振袖長襦袢	一枚	十八圓	十二圓	十圓
同留袖	一	十六圓	十一圓	七圓
白紋縮緬振袖長襦袢	一	二十三圓	十八圓	
同留袖	一	二十一圓	十七圓	
白紋羽二重振袖長襦袢	一	十八圓	十三圓	十一圓
白紋羽二重留袖長襦袢	一	十六圓	十二圓半	十一圓
友禪縮緬長襦袢	一	廿三圓	十八圓	

● 帶

襠下帶	一	七十圓	三十五圓	二十五圓
綴織丸帶	一	三百五十圓位	百廿圓方 二百圓位	
繻珍丸帶	一	五十圓以上 百三十圓位	卅圓以上 五十圓位	十圓以上 廿五圓位
吾妻綴丸帶	一	八十五圓	六十圓	
黒繻子丸帶	一	十八圓	十二圓	七圓
博多織丸帶	一	二十五圓	二十圓	十五圓
厚板丸帶	一	六十圓	二十五圓	十五圓
腹合帶	一	二十圓	十五圓	七圓
腰帶	一	四圓	三圓	一圓五十錢

● 男物

黒羽二重御紋付男物小袖	一			

白羽二重御下着無垢	二	一組 九十圓	六十八圓	
白羽二重胴着	一			
同繻袢	一			
黒羽二重御紋付替裾	一	一組 九十圓	六十八圓	
鼠羽二重御下着無垢	二			
鼠羽二重胴着	一			
同繻袢	一			
黒斜子御紋付小袖	一	二十圓	十七圓	十四圓
黒奉書御紋付小袖	一		十二圓	十圓
風通織御下着	二	四十三圓	三十八圓	
小紋縮緬御下着	二	三十四圓	二十八圓	
糸織市樂織小袖	一	二十三圓	十七圓	十四圓
大島紬小袖	一	三十圓	二十五圓	二十圓
八丈小袖	一	十四圓	十三圓	十一圓

●男物羽織

黒鹽瀬羽二重無双羽織	一枚	四十五圓	三十五圓	
黒羽二重袷羽織	一	二十五圓	十九圓	十六圓
黒斜子袷羽織	一	二十五圓	十七圓	十三圓
黒奉書袷羽織	一		十二圓	九圓
諸糸織羽織	一	三十一圓	二十三圓	十七圓
市樂織御羽織	一	二十七圓	二十圓	十七圓
糸織御羽織	一	二十一圓	十五圓	十二圓
風通織書生羽織	一	二十五圓	二十圓	十四圓
大島紬書生羽織	一	三十一圓	二十三圓	十八圓

●袴

八千代平	一具	三十圓	二十五圓	廿二圓
仝單	一	廿四圓	二十圓	十六圓
仙臺平袷	一	二十五圓	廿二圓	十六圓
仝單	一	二十圓	十五圓	十圓
博多平袷	一	二十八圓	二十三圓	二十圓
仝單	一	二十圓	十六圓	十三圓
五泉平單	一	十圓	八圓	七圓
嘉平治平單	一	四圓五十錢	四圓	三圓五十錢

●帯

博多織	一筋	十圓	七圓	四圓
繻珍織並ニ厚板	一	十五圓	十圓	七圓

●夜具蒲團

緞子（夜具一、掻卷一、蒲團二、）一組	一	百五十圓	百三十圓	百圓

縮緬（夜具一、掻巻一、蒲團二、）一組		百圓	九十圓	八十圓
八丈、郡內、銘仙、同、同上	一組	七十圓方八十圓位	五十五圓方六十五圓位	
木綿類	一	二十二圓	十七圓	十三圓
飾枕	一對	十八圓	十三圓	八圓
座布團	一枚			五十錢方壹圓位

●雜類

綴帛紗	一枚	二十五圓	十八圓	十五圓
鹽瀨壁帛紗	一	二十圓	十二圓	五圓
縮緬蹴出シ	一	五圓	四圓	三圓
眞田帶留	一	二圓	一圓	五十錢
羽織紐	一	二圓	一圓	廿五錢
頭巾	一	五圓	四圓	三圓
練帽子（俗にツノカクシ）	一			三十七錢
綿帽子	一			十五錢

●油簞

	長持用	簞笥用	釣臺用
萌黄惣唐草御定紋付	三圓三十錢	二圓五十錢	二圓廿錢
全大紋付	二圓七十五錢	二圓十錢	一圓九十錢
萌黄惣唐草無紋	一圓六十錢	一圓六十錢	一圓十錢
接箱油簞	十三圓	八圓	三圓

●小裁物

縮緬一ツ身（裾摸樣）	一	十八圓	十五圓	十二圓
友禪縮緬一ツ身	一	十五圓	十二圓	十圓
黑紋羽二重斜子（熨斗目）	一	十五圓	十二圓	十圓
淺黄白茶羽二重（下着）	一	十圓	八圓	六圓
御召糸織一ツ身		十三圓	十圓	八圓
一ツ身襦袢（袖縮緬）		五圓	四圓	三圓
袍衣		二圓	一圓五十錢	一圓

●中裁物

鼠縮緬裾摸樣（八掛付）	一	二十八圓	二十五圓	二十圓
友禪縮緬小袖（四ツ身）	一	二十五圓	二十二圓	十八圓
糸織、八丈小袖（仝上）	一	十五圓	十三圓	十圓
黑斜子紋付小袖男物（仝上）	一	十五圓	十三圓	十一圓
更紗斜子下着	一	十三圓	十二圓	十圓
斜子羽織	一	十三圓	十一圓	九圓

●帶

糸錦、繻珍、中帯（女子）	一筋	三十圓	十五圓	五圓
博多、紋博多兒帯（男子）	一	七圓五十錢	四圓	一圓五十錢
縮緬紋羽二重シゴキ（女子）	一	六圓	五圓	四圓

●染代（各一反）

一 紺下本模様子染	八掛付着尺	四圓五十錢		
	着尺袷羽織地	優等三圓五十錢	一等三圓	二等二圓五十錢
	單羽織地	優等三圓	一等二圓五十錢	二等二圓
一 アリザリン應用 一 本黒八千代染	着尺及袷羽織地	三圓五十錢		
	單羽織地	三圓		
	八掛付着尺地	四圓五十錢		
一 薄色	着尺及袷羽織地	八十五錢		
	單羽織地	七十五錢		
	八掛付着尺地	一圓廿錢		

●夏御紋付

色縮緬振袖摸様白羽二重重付	一	四十圓	三十五圓	二十八圓
色縮緬振袖摸様白羽二重重付留袖	一	三十七圓	三十二圓	二十五圓
色絽振袖摸様練重付	一	三十八圓	二十四圓	二十二圓
同　留袖	一	二十六圓	二十三圓	二十圓
鼠絽紋付白絽重付	一	三十圓	二十二圓	十七圓
鼠明石御紋付白練白麻紋付	一	十八圓	十六圓	

●夏男物

黒絽御紋付御羽織	一枚	十七圓	十二圓	九圓
水淺黄越後帷子	一	十四圓	十一圓	
鼠麻御紋付帷子	一	六圓	三圓	

西洋人向服地幷室内装飾品　二

一 美術製作品

刺繍、天鵞絨友禪其他ノ扁額

窓掛、卓被及敷物類等

一 婦人洋服地

緞子、紋琥珀、紅梅絹、色甲斐絹、縞甲斐絹、色羽二重等

一 西洋人向特別仕立和服（女物）

一 雑品

肩掛（縮緬縫入・白紋壁繡入）煙草入、財布、櫛、簪、笄、香油、白粉、絹ハンカチーフ、襟飾、靴下等品々

右は大畧を記載したるものにして御模様其他は御注文之際詳細申べし

●蚊帳直段表

	極宮村	稀宮村
四	五　四圓	六　四圓二十錢
五	六　四圓八十錢	六　五圓

六	七	五圓九十錢
六	八	六圓五十錢
六	九	六圓九十錢
七	八	七圓
七	九	七圓五十錢
七	十	七圓九十錢
八	九	八圓三十錢
八	十	八圓九十錢
十	十	十圓二十錢

極沖風

五	六	六圓
六	七	七圓九十五錢
六	八	八圓六十錢
六	九	九圓廿錢
七	八	九圓四十錢
七	九	十圓廿錢
七	十	十圓八十錢
八	九	十一圓
八	十	十一圓八十錢
十	十	十二圓五十錢

六	七	六圓廿錢
六	八	六圓八十錢
六	九	七圓廿錢
七	八	七圓三十錢
七	九	七圓八十錢
七	十	八圓三十錢
八	九	八圓六十錢
八	十	九圓廿錢
十	十	十圓五十錢

稀沖風

五	六	六圓廿錢
六	七	八圓二十錢
六	八	八圓九十錢
六	九	九圓五十錢
七	八	九圓七十錢
七	九	十圓五十錢
七	十	十一圓廿錢
八	九	十一圓五十錢
八	十	十二圓三十錢
十	十	十二圓九十錢

極卯之花

五	六	八圓七十錢
六	七	十圓五十錢
六	八	十一圓五十錢
六	九	十二圓三十錢
七	八	十二圓五十錢
七	九	十三圓三十錢
七	十	十四圓三十錢
八	九	十四圓八十錢
八	十	十五圓九十錢
十	十	十七圓八十錢

極曙

五	六	十二圓三十錢
六	七	十六圓
六	八	十七圓廿錢
六	九	十八圓五十錢
七	八	十八圓五十錢
七	九	十九圓八十錢
七	十	二十一圓

稀卯之花

五	六	九圓廿錢
六	七	十一圓廿錢
六	八	十二圓
六	九	十二圓九十錢
七	八	十三圓廿錢
七	九	十四圓
七	十	十五圓
八	九	十五圓五十錢
八	十	十六圓五十錢
十	十	十八圓八十錢

稀曙

五	六	十二圓五十錢
六	七	十六圓三十錢
六	八	十七圓五十錢
六	九	十八圓八十錢
七	八	十九圓
七	九	二十圓三十錢
七	十	廿一圓五十錢

極暑	八 九	二十二圓
	八 十	廿三圓五十錢
	十 十	廿六圓五十錢
稀暑	八 九	廿二圓五十錢
	八 十	二十四圓
	十 十	二十七圓

一番母衣、蚊帳緋モス。金壹圓四十五錢。紅金巾縁

竹付、金壹圓拾錢。竹代、金拾六錢。

一縁リ紅麻三ツ割角紐練繰ニテ長鯨上欄宮村及沖風四六、五六、ヨリ五尺五寸、他ハ六尺

一此ノ外紗養老、曙印等ノ特別上等品並ニ寸縁リ紐等の品質は御好により調製可仕候

白木屋洋服店洋服目錄

品名	地質	製式	價格
勅任官御大禮服	表、最上等黒無地絨 裏、白綾絹	銀甆金消モールにて御制規の通、繡、帽子、劍、劍釣、正緒共	金二百七十圓
奏任官御大禮服	表、同上 裏、同上	同	金百八十圓
爵位御大禮服	表、同上 裏、同上	同上外に肩章付	金二百圓
陸軍御正服	表、上等濃紺無地絨 裏、黒毛朱子	御制規の通 將官 佐官 尉官	金八十圓 金五十五圓 金四十圓
同略服	表、同上 裏、同上	同 將官 佐官 尉官	金三十圓 金二十七圓 金二十三圓
同外套	表、同上（但將官ハ紅絨） 裏、同上	同 將官 佐官 尉官	金三十五圓 自金二十三圓 至金二十五圓
海軍御正服	表、濃紺無地絨 裏、黒佛蘭西絹及綾絹	同 將官 佐官 尉官	金八十五圓 金七十五圓 金六十五圓

同軍服	表、同上 裏、黒毛朱子	同 将官 佐官 尉官	金六十圓 金五十圓 金四十五圓
同上通常軍服	表、同上 裏、同上	同 将官 佐官 尉官	自金二十三圓 至金二十八圓
同外套	表、同上 裏、同上	同 将官 佐官 尉官	自金二十三圓 至金三十圓
燕尾服	表、上等黒無地絨 裏、黒佛蘭西絹	三ツ揃琥珀見返付	自金四十五圓 至金六十五圓
トキシード	表、黒朱子絨及無地絨 裏、黒佛蘭西絹	三ツ揃琥珀見返付	自金四十圓 至金四十五圓
フロックコート	表、黒無地絨或は朱子目綾絨 裏、綾絹	同	自金三十五圓 至金六十五圓
モーニングコート	表、黒、紺、斜綾絨或はメルトン、裏付朱子及ビ綾絹 裏、黒毛朱子及綾	上衣、チヨキ、黒及紺ヅボン立縞	自金二十八圓 至金四十五圓
片前背廣	表、相鼠、濃鼠、霜降メルトン、スコッチ或は綾絨 裏、同色毛朱子或はアルパカ	三ツ揃	自金十八圓 至金三十三圓
兩前背廣	表、黒、紺、綾メルトン或は玉ヘル及霜降太綾絨 裏、縞サーヂ	三ツ揃	自金二十圓 至金三十五圓
チーバコート	表、鼠、茶、霜降絨、同斜子綾絨 裏、共色綾絹	カクシ釦絹天鵞絨衿付	自金二十八圓 至金三十五圓
同中等	表、同上 裏、共色毛朱子及綾アルパカ	カクシ釦共ぶり	自金十八圓 至金二十五圓
ロングコート	表、ラクダ玉絨、厚地綾メルトン 裏、佛蘭西絹	ぶり及見返し袖先獺毛皮付裏綿入菱形さし縫	自金八十圓 至金百十圓
同中等	表、玉絨、厚地スコッチ 裏、縞サーヂ	頭巾付兩前	自金三十圓 至金四十五圓

インバネス	表、茶鼠霜降綾絨 裏、共色毛朱子、或は甲斐絹	和洋兼用脇釦掛	自金十八圓 至金三十圓
銃猟服	表、枯葉色スコッチ 裏、共色毛朱子	半ヅボン脚胖付三ツ揃	自金十八圓 至金三十圓
小裁海軍形	表、紺天鵞絨及紺絨 裏、毛朱子	五才位より八才迄錨縫箔付	自金六圓 至金九圓
和服用外套	表、黒、紺綾絨及霜降 裏、緞子及綾絹	英形（一名ダルマ形帯ヒダなし）頭巾付	自金三十五圓 至金四十八圓
同中等	表、同上 裏、甲斐絹及毛朱子	同上	自金二十圓 至金三十五圓
同角袖外套	表、同上 裏、甲斐絹	頭巾付	自金十八圓 至金二十五圓
吾妻コート	表、紺、黒紋織綾絨 裏、緞子及繻珍	被布ふり及道行ふり共色糸飾紐付	自金二十圓 至金三十圓
同	表、同上 裏、甲斐絹及綸子	同上	自金十五圓 至金二十圓
同	表、風通紋織、綾絲織 裏、綾綸子、紋羽二重	同上	自金二十三圓 至金三十圓
判、検、辯護士法服	表、黒絹セル、及琥珀 裏、黒甲斐絹スベリ	正帽付制規の縫箔	自金十六圓 至金二十八圓
學校用御袴	表、海老色カシミヤ、セル	單仕立太白糸腰紐	自金三圓五十錢 至金五圓五十錢

夏服

フロックコート	表、黒絹紋薄綾絨メルトン、ヅボン縞絨 裏、佛蘭西絹、綾絹	上衣チョッキ黒（但シ脊抜キ）ヅボン立縞	從金三十五圓 至金四十二圓
仝中等	表、黒薄綾絨仝絹セルメルトン、ヅボン縞セル 裏、アルパカ	仝	從金二十五圓 至金三十圓

白木屋洋服店販賣

小間物目錄

●ズボン釣、胴締メ

並物	一本に付	自八十五錢 至一圓廿錢
ゴム引	一本に付	自一圓 至三圓五十錢
絹製	一本に付	自一圓八十錢 至三圓
革製胴〆	一本に付	自一圓五十錢 至貳圓四十錢

●メリヤス類

鼠毛メリヤスシャツ	一枚に付	自一圓三十錢 至貳圓七十錢
全ズボン下	一足に付	同斷
白毛メリヤスシャツ	一枚に付	自一圓七十錢 至三圓二十錢
全ズボン下	一足に付	同斷
白綿メリヤスシャツ	一枚に付	自一圓 至一圓三十錢
全ズボン下	一足に付	同斷
白麻メリヤスシャツ	一枚に付	自一圓七十錢 至二圓
全ズボン下	一足に付	同斷
縞メリヤスシャツ	一枚に付	自一圓二十五錢 至一圓五十錢
網目メリヤスシャツ	一枚に付	自一圓二十錢 至二圓三十錢
全ズボン下	一足に付	同斷
クレープシャツ	一枚に付	自二圓 至二圓五十錢
全ズボン下	一足に付	自二圓五十錢 至二圓九十錢
全婦人用	一枚に付	自一圓九十錢 至二圓四十錢
婦人海水浴着	一枚に付	自一圓二十五錢 至一圓六十錢
メリヤスサルマタ	一足に付	自一圓十錢 至一圓二十錢

●手袋類

女物絹製	一組に付	自九十錢 至二圓三十錢
同半手	一組に付	自七十五錢 至一圓五十錢
同綿製	一組に付	自四十三錢 至九十五錢
女物半手	一組に付	自二十八錢 至三十八錢
男物	一組に付	自四十八錢 至一圓五十錢

●ハンカチーフ類

麻製	一ダース	自二圓三十錢 至五圓
キャンブリック製	一ダース	自八十錢 至一圓五十錢
同大判物	一ダース	自三圓三十錢 至四圓八十錢
同婦人物	一ダース	自一圓十錢 至一圓二十五錢
同模樣付	一ダース	自一圓三十錢 至一圓五十錢
姓頭文字入	一ダース	二圓九十錢
洋羽二重色物	一ダース	自一圓十錢 至一圓三十錢
同美人寫眞入	一ダース	一圓四十錢
體育模樣	一ダース	七十五錢
舞踏模樣	一ダース	七十五錢
絹製	一枚に付	自四十五錢 至八十錢
同大判物	一枚に付	自一圓 至一圓八十五錢
縫模樣	一枚に付	自一圓 至一圓五十錢
戰捷紀念	一枚に付	四十五錢

●タヲール（入浴用）

和製	一枚に付	自十四錢 至三十三錢
舶來模樣入	一枚に付	八十三錢
舶來物	一枚に付	自三十三錢 至九十錢

●レース類

細物	一ヤード	自十錢 至三十錢
巾廣	一ヤード	自十錢 至一圓十錢
縫テップ	一ヤード	自二錢五厘 至七錢

●毛布類

白毛布	二枚續き	自十三圓五十錢 至十七圓五十錢
鼠毛布	二枚續き	十一圓

●ホワイトシャツ

並物	一枚に付	一圓八十錢
上等物	一枚に付	二圓八十錢

總絨 一枚ニ付 自六圓至九圓
縞物 一枚ニ付 二圓五十錢

●膝掛類

縞格子セル製 一枚ニ付 自八圓五十錢至十二圓

●ショール類

綿物 一枚ニ付 自一圓四十錢至一圓八十錢
絹製 一枚ニ付 自二圓三十錢至三圓五十錢

●櫛、簪、造花類

ゴム製櫛其他 一個ニ付 自八十錢至九十錢
造花簪 一個ニ付 自十二錢至八十錢
製花帽子飾 一個ニ付 自四十五錢至二圓

●化粧品類

香水 一個ニ付 自四十七錢至五圓
香油 一個ニ付 自四十五錢至一圓二十五錢
ブリランチン（油ニ香水ヲ交ゼシモノ） 一個ニ付 自三十五錢至一圓十錢
石鹸 一個ニ付 自十一錢至一圓廿錢
齒磨 一個ニ付 自二十五錢至五十三錢
コスメチツク 一本ニ付 自二十錢至八十五錢
バンドリン及リスリン 一個ニ付 自二十錢至三十二錢
楊枝 一本ニ付 自十三錢至三十八錢
洗面香水 一個ニ付 自五十八錢至一圓三十錢
水白粉 一個ニ付 自三十九錢至四十五錢
練白粉 一個ニ付 十二錢
紙白粉 一個ニ付 三十八錢
粉白粉 一個ニ付 自二十五錢至八十八錢
洗粉 一個ニ付 三十三錢
ポツト 一個ニ付 自三十八錢至五十錢
櫛 一枚ニ付 自十八錢至三十五錢

●女兒服、飾帽子

キャンブリツク製（二三才より十才迄） 一枚ニ付 自二圓五十錢至四圓
アートマスリン製（二三才より十才迄） 一枚ニ付 自三圓八十錢至五圓五十錢
生地モスリン製（二三才より十才迄） 一枚ニ付 自三圓三十錢至五圓
飾帽子 一個ニ付 自三圓九十錢至五圓五十錢

●雜品之部

空氣枕 一個ニ付 自二圓三十錢至三圓廿錢
小兒涎掛 一枚ニ付 自三十五錢至二圓十錢
國旗モスリン製（巾ハ一布一布半、二布） 一枚ニ付 自四十八錢至三圓
木綿縮シヤツ上下 一組ニ付 自二圓三十錢至四圓八十錢
半チヨツキ 一枚ニ付 自二圓七十錢至五圓
インバネス 一枚ニ付 自十二圓五十錢至十二圓

●襟飾

舶來結び下げ 一本ニ付 自一圓三十錢至二圓
同蝶形 一本ニ付 自一圓二十錢至一圓八十錢
ダービー（フオーアインハンド） 一本ニ付 自一圓五十錢至三圓五十錢
縮緬製ダービー 一本ニ付 自九十錢至一圓三十錢
和製結び下げ 一本ニ付 自五十錢至八十錢
同蝶形 一本ニ付 自三十五錢至六十錢
同ダービー（フオーアインハンド） 一本ニ付 自六十錢至九十錢

●鈕、飾ピン類

カフスリンク鈕 一組ニ付 自六十錢至二圓八十錢
同金、及ビ白金製 一組ニ付 自十圓至二十五圓
飾ピン 一本ニ付 自五十錢至五圓
胸鈕 一組ニ付 自五十錢至一圓八十錢
カラ鈕 一個ニ付 自十錢至四十五錢

●靴下類

メリヤス長物 自八十錢至一圓五十錢
並物 自三十五錢至七十錢
麻製 自五十錢至一圓
絹製 自一圓九十錢至二圓五十錢
小兒物 自三十錢至九十錢

●リボン類

一吋半巾模樣物 一ヤード 自三十錢至五十錢
同水波 一ヤード 自三十五錢至五十五錢
細目各種 一ヤード 自八錢至二十錢
一吋巾模樣物 一ヤード 自二十錢至三十五錢
同水波 一ヤード 自二十錢至三十五錢

モーニングコート	表、黒紺絹絨仝薄綾絨メルトン 裏、佛蘭西絹、綾絹	仝	従金三十三圓 至金三十八圓
仝中等	表、黒絹薄綾絨仝絹セル、メルトン 裏、アルパカ	仝	従金二十五圓 至金三十圓
脊廣	表、茶鼠霜降薄綾絨縞綾絨、色綾メルトン 裏、共色アルパカ	三ツ揃	従金二十二圓 至金二十五圓
仝中等	表、茶鼠霜降セル、仝縞セル 裏、共色アルパカ	仝	従金十七圓 至金二十圓
チーパコート	表、茶鼠霜降メルトン仝薄綾絨セル 裏、絹アルパカ	カクシ釦脊拔キ	従金十四圓 至金二十圓
仝單	表、茶鼠アルパカ白獻純	カクシ釦	従金十圓 至金十三圓
雨具外套	ゴム絨頭巾付		従金十九圓 至金二十六圓
白チョッキ	表、紋リンテル	貝釦取ハズシ付	従金三圓 至金四圓
單脊廣上衣	表、黒紺鼠絹絨仝アルパカ白獻純	上衣一枚	従金七圓五十錢 至金十五圓
インバネス	表、鼠茶霜降綾絨縞セル仝アルパカ スベリ絹かいき	和洋服兼用	従金十一圓 至金二十三圓
半チョッキ	表、黒琥珀、白羽二重		従金二圓 至金五圓五十錢
和服外套	表、茶鼠霜降及ビ縞薄絨、セルアルパカ 裏、スベリかいき	無頭巾折エリ立エリ	従金十二圓 至金二十圓
仝角袖外套	仝上	無頭巾カクシ釦	従金十一圓 至金十七圓
東コート	表、淡色絹絨仝セル及縞アルパカ 裏、スベリかいき		従金十圓 至金二十圓

單羽織	表、縞セル霜降セル 裏、スベリかいき		從金七圓五十錢 至金十一圓
和服單衣	表、縞絹セル絽セル共		從金七圓八十錢 至金九圓
仝	表、縞英フラ子ル		從金四圓六十錢 至金六圓五十錢
判、檢、辯護士法服	表、黑紋絽仝紋紗絹セル、アルパカ	正帽付制規の縫箔	從金十四圓 至金二十五圓
學校用御袴	表、海老茶紫其他淡色各種	單仕立太白糸腰紐	從金四圓 至金五圓五十錢
女兒服	表、グレナヂン、キヤンブリツク、アートマスリン等	二才ゟ五才迄	從金二圓五十錢 至金四圓五十錢
		六才ゟ十才迄	從金四圓 至金八圓

右之外陸海軍各學校御制服等御好ニ應シ入念御調製可仕候

◎白木屋呉服店　大阪支店ハ當分呉服類而已取扱居リ候間洋服御用ノ際ハ東京本店洋服部へ御注文願上候

◎白木屋呉服店　大阪支店へ爲替ニテ御送金ノ際ハ大阪今橋貳丁目鴻池銀行又ハ大阪心齋橋局へ御振込願上候

注文書

男子女子用衣裳又は羽織等	袖
年齢	ゆき
用途	口明
品柄	袖幅
好みの色	袖付
好みの柄	前幅
紋章幷大さ及び數	後幅
好みの模樣	衽幅
惣模樣	衽下り
腰模樣	衿幅
裾模樣	褄下
江戸褄模樣	袘の厚さ
奴褄模樣	人形
袘模樣	紐付
仕立寸法	前下り
丈	紐下

備考

右注文候也

住所

明治　年　月　日

姓名

白木屋呉服店地方係中

明治卅　　年　　月　　日

御注文用箋

白木屋洋服店

御宿所貴名	服　　名	地質 見本 番號	見積金額

摘　　要

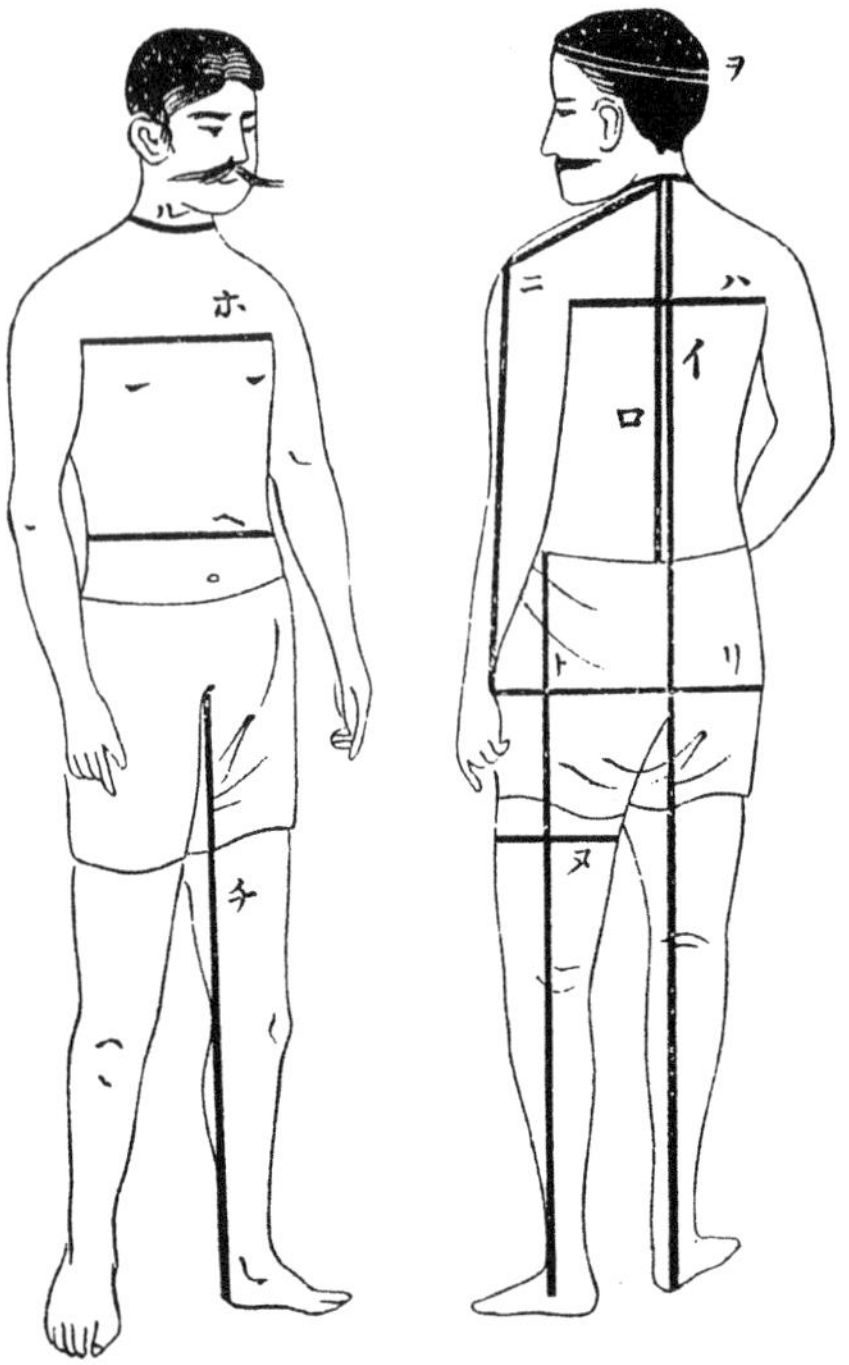

御注意

體格特徵欄へは、胸はり、肩はり、肩下り、出腹、ネコ脊等御記入のこと
採寸欄へは、裸體又は「シャツ」の上又は出來上り寸法と御記入のこと
用尺欄へは、御使川の度器（曲尺）（鯨尺）等の別を御記入のこと

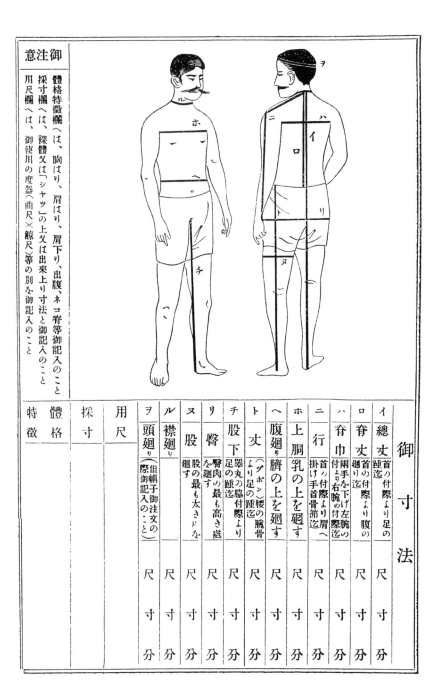

御寸法

イ	總丈	首の付際より足の踵迄	尺　寸　分
ロ	脊丈	首の付際より腹の廻り迄	尺　寸　分
ハ	脊巾	兩手を下げ左腕の付より右腕の付際迄	尺　寸　分
ニ	行	首ノ付際より肩へ掛け手首骨節迄	尺　寸　分
ホ	上胴	乳の上を廻す	尺　寸　分
ヘ	腹廻り	臍の上を廻す	尺　寸　分
ト	丈	（ヅボン）腰の腕骨より足の踵迄	尺　寸　分
チ	股下	睾丸の脇付際より足の踵迄	尺　寸　分
リ	臀	臀肉の最も高き處を廻す	尺　寸　分
ヌ	股	股の最も太き所を廻す	尺　寸　分
ル	襟廻り		尺　寸　分
ヲ	頭廻り	（但帽子御注文の際御記入のこと）	尺　寸　分

用尺	採寸	體格特徵

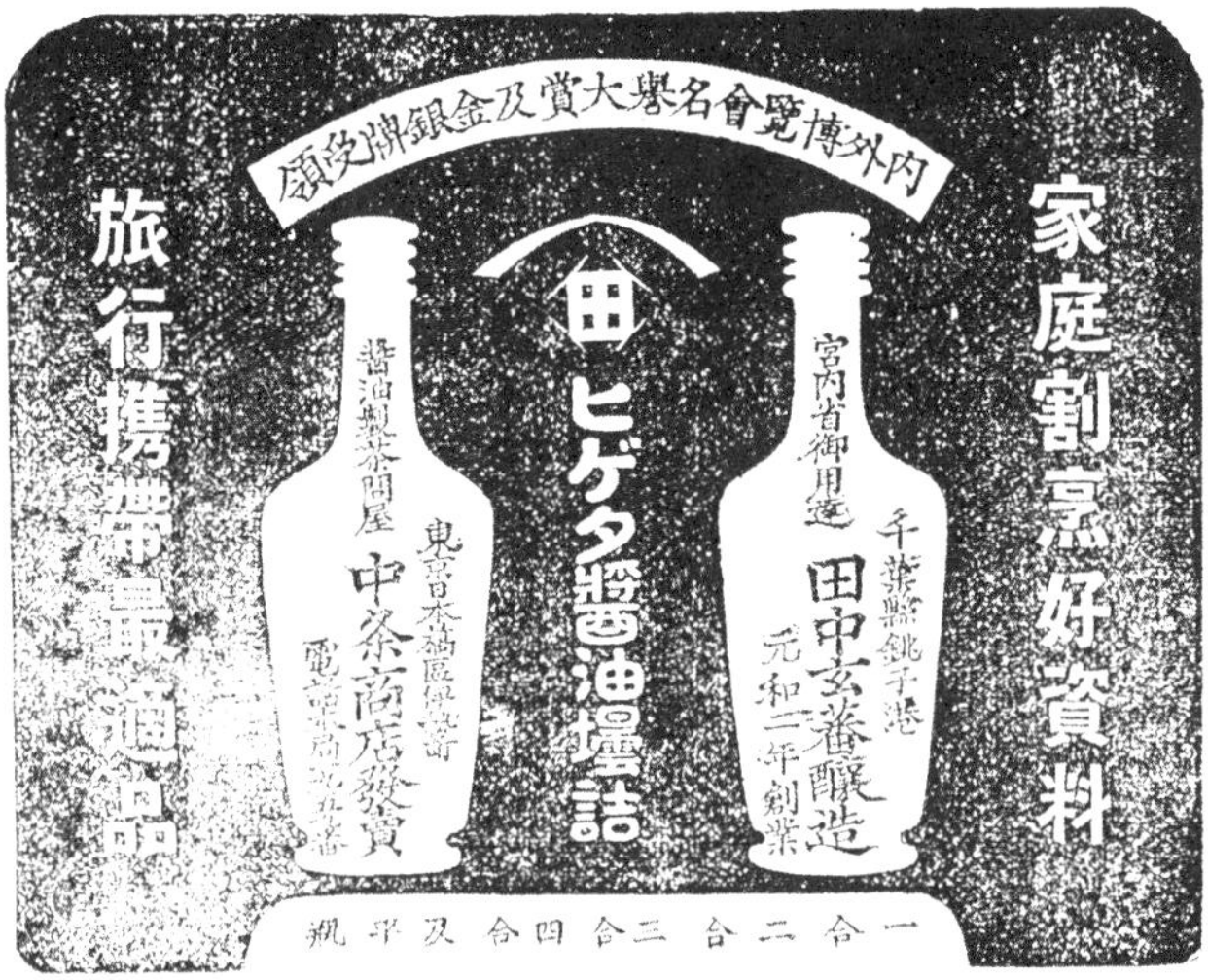
内外博覧會名譽大賞及金銀牌受領
家庭割烹好資料
旅行携帯最適品
ヒゲタ醤油壜詰
宮内省御用達
千葉縣銚子港
田中玄蕃醸造
元和二年創業
醤油製茶問屋
東京本郷區湯島
中条商店發賣
一合 二合 三合 四合 及 平瓶

高等香油
チエリーオイル
紳士貴婦人令嬢用
此香油は無色透明にてさら〱として水の如し、故に紳士は勿論、貴婦人令嬢間に目下大いに流行せる彼の束髪用としては最も高評を博しつゝあり
定價 大一本八十五銭 中一本四十五銭 小一本二十五銭 ○郵税十銭
賣捌所は全國到る處の賣薬店小間物化粧品店にあり
發賣元 東京市日本橋區本町二丁目
芳香薬種問屋
高橋初次郎商店
特電本局四一一三番
OIL

白熱瓦斯燈は光力五十燭光以上を有し瓦斯代は**一時間九厘餘**に過ぎず石油ランプよりも費用は遙に低廉なり

瓦斯竈は本社の發明品にして専賣特許を得二升の米は瓦斯代僅かに**一錢三厘**時間は**十八分**にして炊くを得べく安全と入手を省き瓦斯と水道は家庭は勿論料理店旅宿其他飲食店の必用缺くべからざるものとなれり

瓦斯七輪、燒物器、西洋料理器も使用輕便瓦斯代は木炭よりも遙に低廉なり

燈火及炊事器工事費は極めて低廉にして御申込次第工事費見積書御送付可申上候

▲▲▲瓦斯器陳列所　縱覽御隨意▲▲

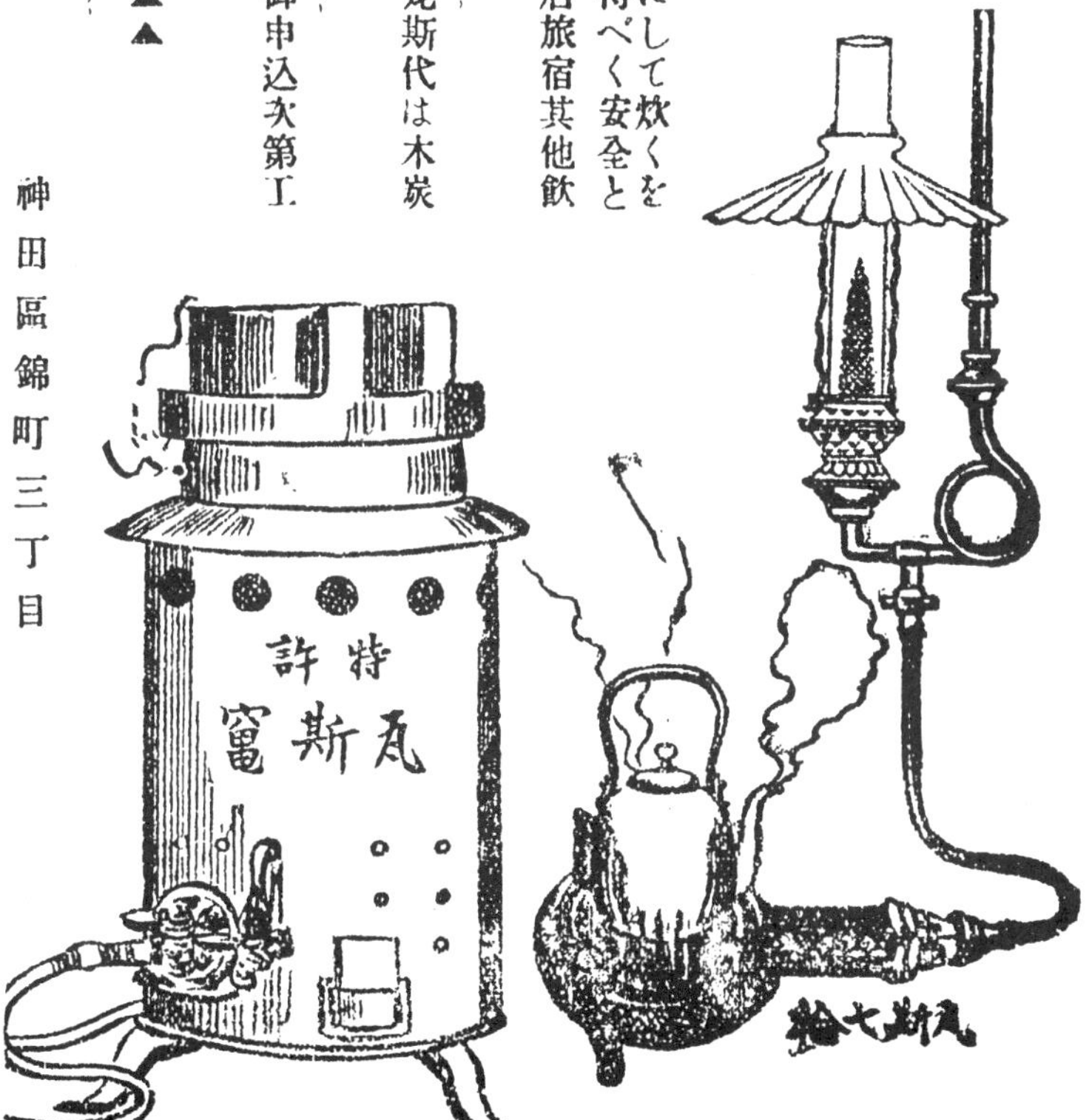

神田區錦町三丁目

東京瓦斯株式會社

電話本局　一三〇。五四八〇。五七〇。

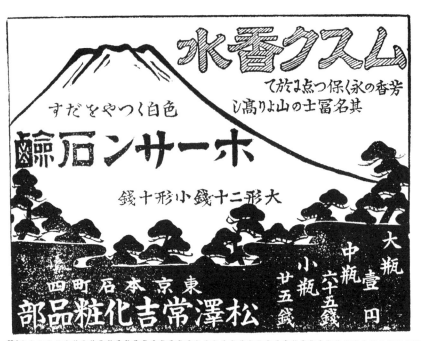

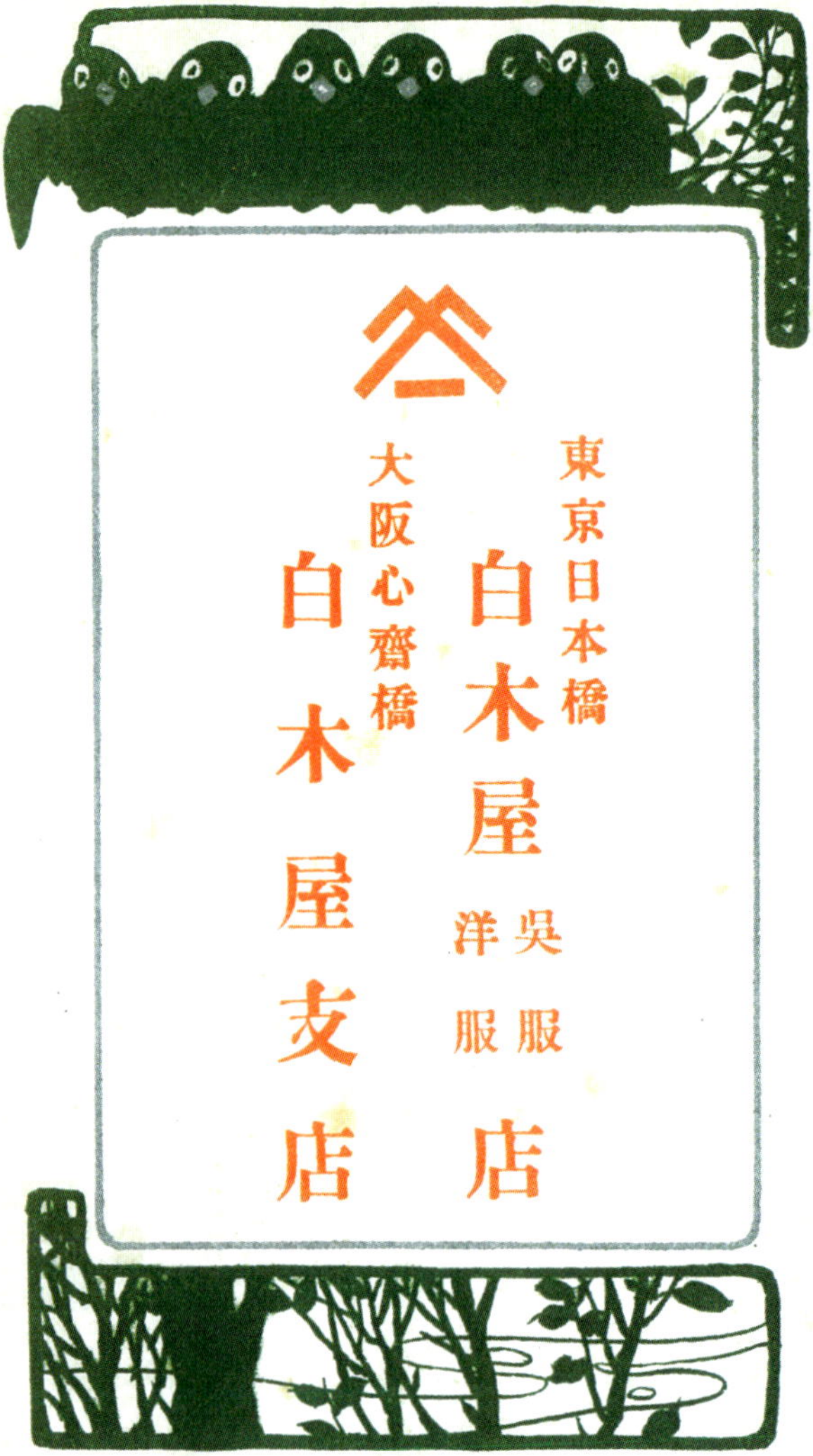

家庭のしるべ

第十四號

明治三十七年四月四日第三種郵便物認可
明治三十八年一月一日発行毎月一回一日発行

『家庭の志る遍』

第一五号（一九〇五〈明治三八〉年九月）

家庭乃志る遍
第十五号
明治三十七年七月四日第三種郵便物認可
明治三十八年九月一日発行毎月一回一日発行

家庭のしるべ目次

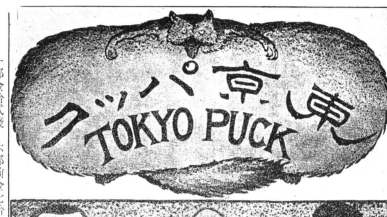

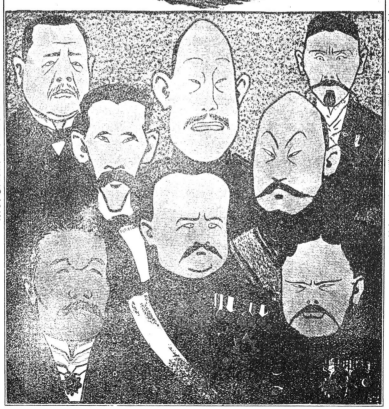

貴婦人令嬢和洋服裁縫家必要品

專賣特許 輕便湯熨斗器（一名蒸氣ごて）

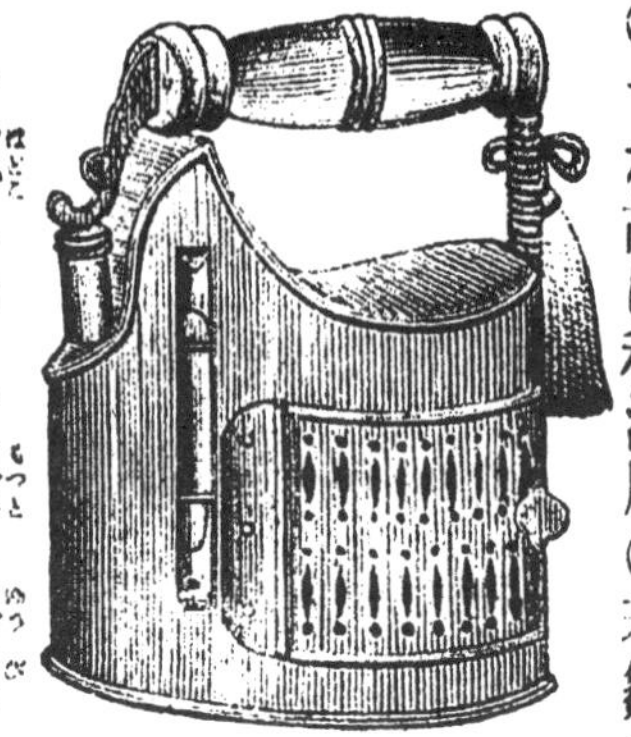

●本器は湯熨斗を爲すに簡便なる新發明器にして湯の熱度及び蒸氣を以てのすが故に和洋服の着皺を始め織物一切何品を問はず地質を損する事なく如何なる小皺又は折目と雖も少しも痕を止めず完全に熨斗事を得るのみならず張のし敷のし等の代用を辨し衣服にしみたる汗を蒸發せしめ惡臭を消す等種々の特効を有する器にして貴婦人令嬢及和洋服裁縫家の一日も座右を離すべからざる必要品なり

●本器は總て堅牢なる眞鍮製にニッケル鍍金を施しありて最も優美なる實用品なれば進物用として至極適當なり

●使用法及び説明は郵券二錢御送付あれば進呈仕候

定價

職業用大形（美麗絹房付）	金五圓	小包料	金參拾錢
家庭用中形（美麗絹房付）	金參圓八拾錢	仝	金貳拾錢
携帶用小形（美麗絹房付）	金參圓	仝	金拾五錢

但裝飾付桐箱入は金壹圓上り

特別上等製中形	金七圓	仝	金參拾錢
仝　上　小形	金六圓	仝	金貳拾錢

●地方御注文は小包料共前金御送付可被下説明書添付置候
●市内は端書にて仰越し次第持參可仕候

東京市日本橋區箱崎町三丁目二番地 特許堂

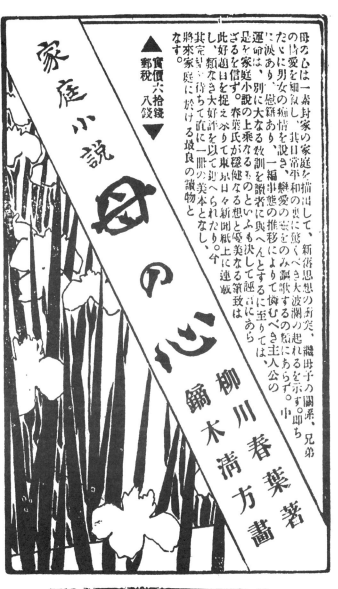

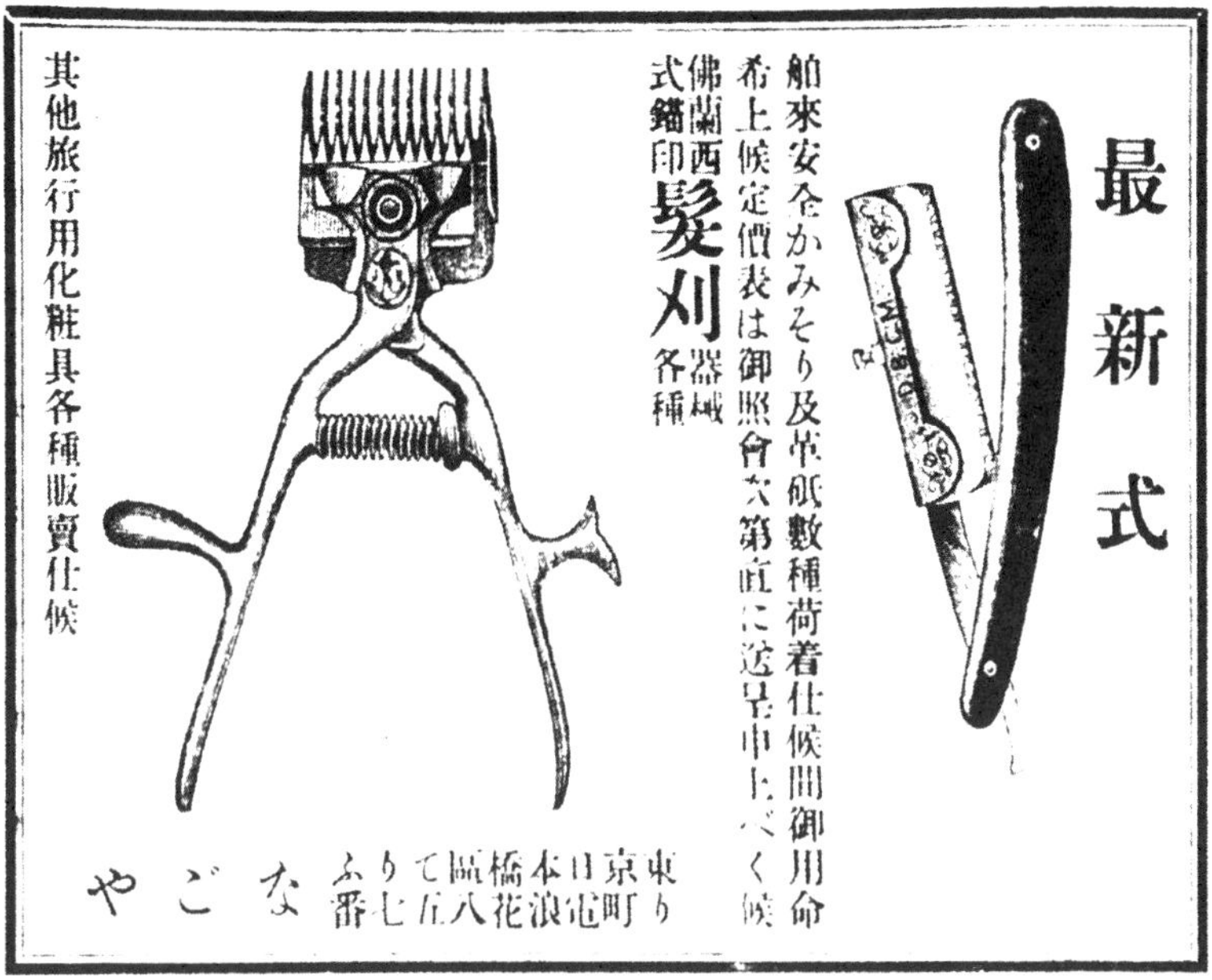
最新式
舶來安全かみそり及革砥數種荷着仕候間御用命希上候定價表は御照會次第直に送呈申上べく候
佛蘭西式錨印髪刈器械各種
其他旅行用化粧具各種販賣仕候
東京日本橋區てりふ
り町通浪花八丁七番
なごや

内外博覧會名譽大賞及金銀牌受領
家庭割烹好資料
旅行携帯最適品
ヒゲタ醤油壜詰
宮内省御用達
千葉縣銚子港
田中玄蕃醸造
元和二年創業
醤油製茶問屋
東京日本橋區伊勢町
中条商店發賣
電話本局九五番
一合二合三合四合及平瓶

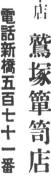

貴婦人用時計、鎖類新形着荷

金貳拾四圓也　拾四金片硝子中蓋附拾形石入シリン

金貳拾七圓也　同兩蓋中硝子拾參形石入シリンドル

金參拾貳圓也　拾八金兩蓋中蓋附拾參形石入シリン

金參拾八圓也　拾金兩蓋中蓋拾四形米國製アンクル

金四　拾圓也　同兩蓋中蓋附彫刻側拾四形米國製同

金四拾貳圓也　拾八金片硝子中蓋附爪石入アンクル

金四拾參圓也　同兩蓋中硝子本條石入向爪アンクル

金四拾八圓也　同兩蓋中蓋附本條石入向爪アンクル

金八圓六拾錢　九金製角喜平〆繩形貴婦人用鎖

金拾　貳圓也　同極細喜平形二本立石入緒〆附同上

金拾　六圓也　拾八金製喜平形、〆繩形貴婦人用鎖

金貳拾參圓也　同極細喜平形二本立石入緒〆附同上

金貳拾九圓也　同白金交二本立兩面石入緒〆附同上

金拾　九圓也　九金製喜平、サザイ形緒〆附頸掛鎖

金參拾貳圓也　拾八金製喜平形眞珠入緒〆附頸掛鎖

金參拾九圓也　同白金交喜平形兩面眞珠入緒〆附同

其他流行品各種●販賣品目●

各種、時計、同附屬品、雙眼鏡、金縁眼鏡類、寶玉入金指輪、貴金屬製美術品類一式

柳古堂

東京日本橋區通壹丁目角

岡野時計店

(電話本局貳八參壹番)

地方御注文は代金引換小包便にて御取扱可申上候(但三分の一前送金之事)商品案内御入用之方は送費四錢御送附を乞ふ

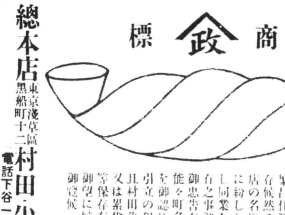

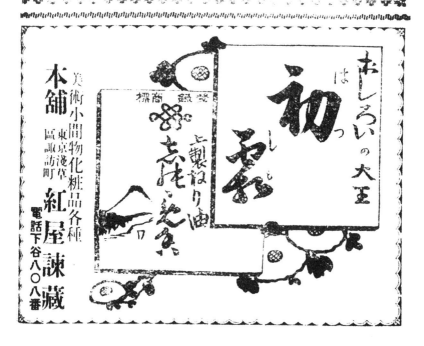

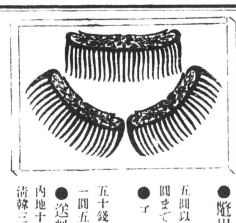

クイーン白粉
クイーン水
本品は我同盟國より輸入せる最新最優の原料に貴重なる芳香を加へ精製したる他に比類なき化粧品なり
本舗
東京日本橋新和泉町
三井花陽堂

御婚禮道具
蒔繪美術品各種
重箱、膳椀家具
一式、其他各種共
特別に注意調進
可仕候
御用の節ハ電話にて御申越被下候ハヾ店員相伺せ可申候
尚階上に陳列場の設け有之候間時々御来觀奉希上候
柏
東京市日本橋區通壹丁目
黒江屋漆器店
電話本局八百拾四番

衣服書畫軸等の保存に何日虫干し土用干しをなすも此次ぎ入用にて取出す時妙な匂ひ小さな虫が居て實に嫌なものです絶ず日の出龍腦を御入れ置きあれば必ず右の如き事無し（特に此際大必要）
日乃出龍腦
商標
和洋服書畫等の虫よけをよくす濕氣を拂ひ衣類の着心
高尚優美御進物用に適す
芳香馥郁
定價一個三錢五厘一ダース卅八錢
東京本町四丁目（電本一五三四）
藥種問屋 松本合資會社
藥店に無き時は本社へ一ダース以上郵券デヨロシイ送費無料
又匂ひ袋に兼用し芳香馥郁衣袂に薫る

清心丹
清心丹は四季欠くべからざる懐中要藥にして心神の鬱憂を散じ食物の消化を補ひ風土變更水あたり船車の不快等に卓効阿里
東京市元大坂町
高木與兵衛

二個の理想

戰爭終結後に來るべき我思想界の風潮は、想ふに必らず二派あるべし。曰く軍人熱、曰く實業熱。

我邦をして一朝地球の一角に崛起せしめ、遽かに世界一等國の班に列せしめたるは、實に軍人の賜ものなり、軍人なければ爰に帝國なからんとす、軍人なる哉、何ぞ其功勳の較著にして、其光榮の多大なるや。試みに兒童に向つて、其將來の希望如何を問へ、其黃口には必らず陸海軍の大將たらんのみ、東郷大將、黒木大將たらんのみと答ふるならん。然り、軍人は啻に我現代國民の理想たるのみならず、亦た將來國民の理想たるなり。

國民は又今回の戰爭によりて、一層切實に實業奬勵の必要を認めたるならん。資力の伴はざる武力は空拳のみ、資力ありて始めて軍隊最後の捷利あるなり、則ち今回の成功は、資力亦た與りて其半ばを分つの權利ありと謂ふべし。而かも戰捷の結果として、帝國は今後ます／＼富を作るの必要あり、從つて實業奬勵は、亦た國民の熱叫する所たらずんばあらず。

軍人と實業、その皮相の相反せる、猶ほ雪と墨とに似たらずや。軍人は曰く、必ず利慾に淡泊なれ、實業家は曰く、毫厘をも不生産的に費すなかれ、軍人は曰く、必らず義の前に討死せよ、實業家は曰く、汝の利益に向つて進めと。軍人は破壞的にして、實業家は建設的なり、軍人の襟度は豪壯にして、實業家の用意は愼密なり。性格既に異なりて、發程の點全く同じからざるに拘はらず、尚ほ此雪と墨とは、同時に我國民の理想たらんとす。其間よく互に衝突なきを得べきか、熱と熱と相食み相鬪ひて、兩つながら其發展を遂げ得ざるの虞はなきか。

否々、是れ皮相の觀察のみ。皮相の差は爾く雪と墨との如くなるも、其精神は未だ曾て其根底に於て相通じ相合するものなくんばあらず、切に言へば、軍人實業家その規一なり。蓋し我軍人をして今日の成功あらしめたるは、我國民の固有性たる所謂武士氣質に外ならず。武士氣質は高潔にして驕らず、任俠にして濫れず、品性を愼み然諾を重んじ、譎詐と卑怯とを視る猶ほ敵の如し。是れ我古への武士氣質にして、亦た今の軍人氣質なり。乞ひ問ふ、此氣質の何れの點が、商業家の性格に必要ならずとするぞ。

由來わが國民は、最も實業思想に乏しく、殊に封建制度が、實業家を侮蔑蹂躙したる餘弊として、爾來我實業家中、遠大の規摸を有する者甚だ稀なり。見よ、彼等の多くは唯だ眼前の小利に泥みて、將來の大利を忘れたるに非ずや、往々見本を以て華客を釣り、或は約束を變じ、時限を違へて、却て之れを商法の極意と心得るに非ずや。若し之れを以て實業家の氣質なりとせば、遠いかな其武士氣質と相去るや、而して二個の理想は永遠に相一致するの期なかるべし。

實業家の本來何ぞ此の如きものならんや。聞く英米の實業家は、品格高く、言語を愼み、平生モーニング、コートを着け、シルクハットを被り、啻に外見の美にして且つ儀容あるのみならず、內容また德義を重んじ、約束を嚴行し、苟くも信用の存する所は、證文を待たずして、喜んで金品を融通するが故に、資本及び物貨の流通最も敏活を極むと云ふ。モーニングの儀容は、やがて我武士の裃ならずや、然諾を重んじて相戻らず、最も譎詐を憎むの風は、また髣髴として我武士の俤ならずや。斯くの如くにして英米實業界の信用は成立せり、斯くの如くにして其實業は、日に月に振興しつゝあるなり。

我向上の實業界、また何時までか、封建壓制の餘弊を繰返へさんや。實業家の皮相は彼れが如きも、其精神は實に軍人氣質と相一致せるなり。相一致すべき精神を矯めて、恰も相一致せざるが如き皮相をなす、是れ我實業の久しく振はざる所以に非ずや。唯だ英米實業界の云爲に傚へ、否我國民の固有性に復へれ。

此氣質や、既に軍人をして曠古の大成功を奏せしめたり、彼れ豈獨り我實業家に少恩ならんや。

小説 **裁縫指南**（承前）

物外

飛電一閃驟雨珠を跳し、奔雷殷々恰も瓦を裂くが如き慘憺たる光景も、馬の脊をわけると謂ふ諺の如く、飯綱の神をもどしたやうに須臾にして靑藍の如き天空は雲の綻びから漏れるのであつた。

東の空に美くしい七色の輪を彩つて、宛がら天國の神在すかと疑はるゝあたりから、薫風冷かに爽氣洗ふが如く、纔かに殘る湍聲に和して、今まで沈默して居た蟬も勇ましく梢から聲をあげはじめた。

玆に萩園令孃壽子の部屋に今しも齋藤貞子と村松千枝子が裁縫の講習を爲しつゝある時に驀然として耳を掩ふに暇なき雷雨に妨げられて、只呆然と顏を凝視てばかり、霎時無言で有つたが、漸くに我に回つて。

『随分酷い雷でしたこと、何處か近所へ落下になつたでせう？』と千枝子が口を開いた。

『避雷針が有りますから大丈夫と思ひましても唯今のやうに近く鳴りますと今にも墮ちかかつて來るかと思はれまして、生たそらはありません』と壽子も溜息した。

『未だ動悸が收まりません、それはそうと、夫人は如何遊ばしましたか鳥渡お訪ね申して參りませう？』と貞子の尾について、

『私も御一緒に參りませう、村松さん誠に失禮ですが、少〻お待ち遊ばして……』と直に貞子と連れだつて夫人の居室へさして往つた。

暫時にして貞子は元の部屋へ回る、尋いて侍女が茶菓を運むで二人に侑めて引き退る、入れ違ひに壽子も回つて來た。

『村松さん失禮しました、先生、情願お稽古のお續きを遊ばして……、妾も伺ひますから』

『では村松さん伺ひませう、唯今の裁方積り方（前號參照）は彼れで宜しいとして、普通仕立上寸法と、縫ひ合せ、襞取り方の圖を御見せ成さい。』

『夫も認めて參りましたから御覽を願ひませう』と洋紙に鉛筆で書いた一片の紙を出した。洋紙の一面には縫ひ合せおよび襞取り圖と題して袴の斷面圖ともいふべき細圖が書いてあつて、一面は普通仕立上寸法書である。

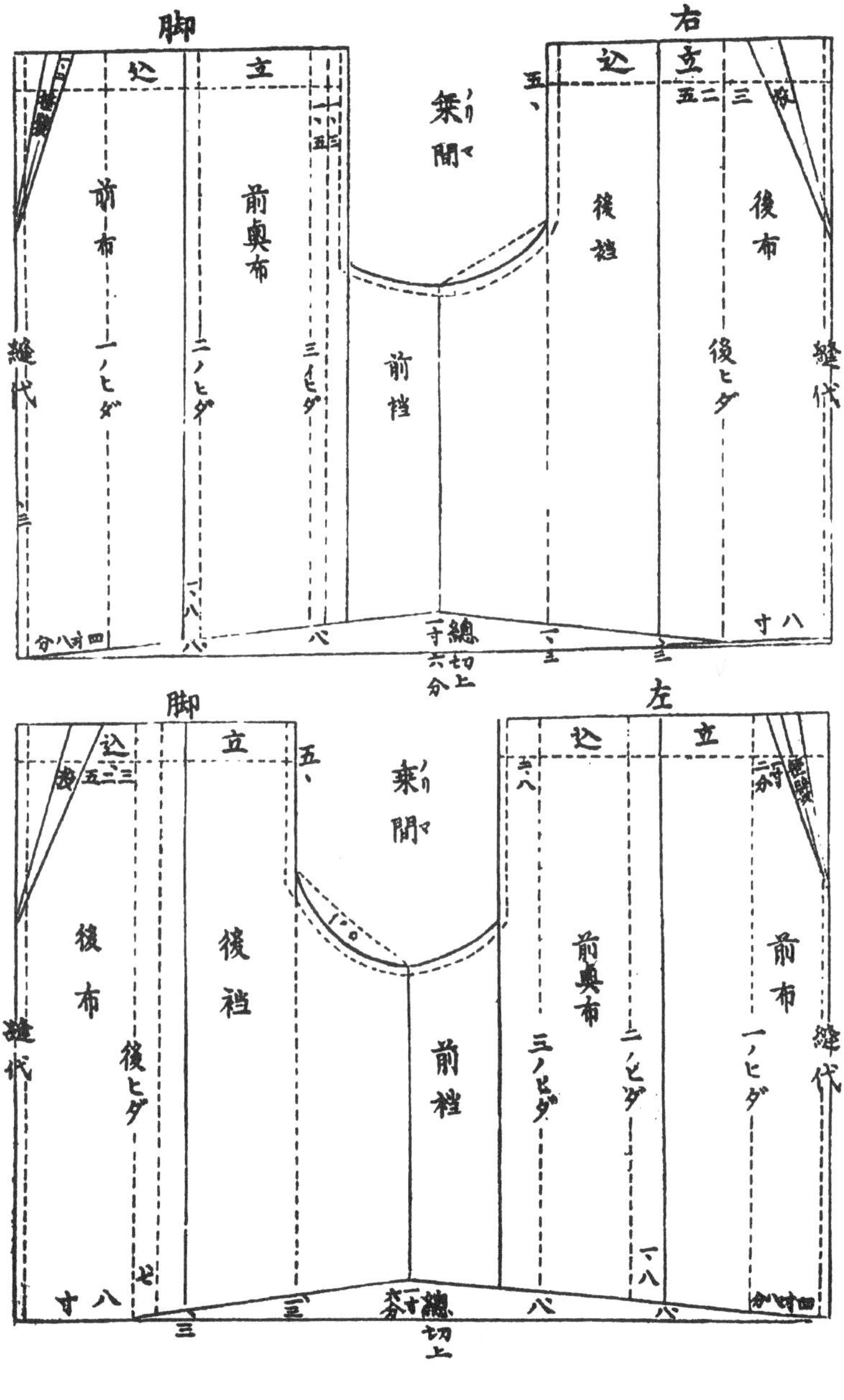

縫ひ合せ及び襞取り圖

普通仕立上寸法

紐下	貳尺貳寸	相引ノ高	一尺五寸
後幅	(上 六寸五分 下 一尺六寸	前幅	(上 八寸 下 一尺五寸六分
笹襞幅	一寸貳分	前寄襞	(上 八分 下 一寸五分
後重	七分		
腰板幅	(上 四寸三分 下 六寸五分	同高サ	貳寸三分
附菱幅	二寸三分	同高サ	一寸三分

貞子は仔細に一覧の上、

『是で結構です。夫から標の付け方は御承知ですか？』

『ハイ、一應申上て見ませう。

先袴の後布の表を中にして二枚揃へ、相引の方を手前に裾口を右にして下に置きまして丈と幅(縫代とも八寸三分)の標を付け、上の丈標の所から手前の方へ腰板の幅半分の寸法(即三寸二分五厘)に標を付けます、次に相引の標を付けて、此の標と腰板幅の標とに定木をあてゝ斜に標を付け裏の方へ返しまして、次にこれを二ツに折つて鏝をかけまして、折り目を正しくして置きます。

夫から前布も亦二枚表を中にして揃へまして、裾口を右にして下へ置いて、相引の標を付けます。』

『標の付け方はそれで結構です、其所で御注意して置きますが、其の用布が絹物のときは豫じめ用布の伸びを防ぐ必要が有ります、それには投げの折り目と、裾口の所に柔らかな紙を二分程の幅に切つて貼つて置くと可しうムいます。』

夫れから襞の取り方は圖に委しくお書きになりましたから解つて居りますが、縫方順序の説明を伺ひませう。先第一に何から縫ひ始めます？』

『ハイ、少し覺束ない所が有りますが申上て見ませう？。』

先投げを七分程の針目に絎けて、それから後布と後襠とを合せて縫ひます、て、その折り目は後襠の方に返します。次に前布に前奥布を合せまして縫目は……アノ……』

千枝子が躊躇したので、貞子が引取つて、

『折り付け方が分りませんか？』と問ふた。

『ハイ……』

『折り付け方は跡で纏めてお話し致ますから、順序だけを仰有い。』

『ハイ……、では續きを申上げませう。

アノ、前奥布に前襠を合せまして隱し躾をします。次には後襠に前襠を合せて縫ひましてこれにも隱し躾をします、爾して後前の相引を合せて縫ひ、裾口を五分の縫代にしまして、それを三ッ折り絎に乗間を袋縫にしまして、折り目は……、それから表を出して相引の上に縢り留をしまして、圖の通りに襞を取ります。』

『縫方の順序はそれで宜しいのです。て、お約束の折り目の付け方を私から申しませう。初めの後布と後襠とを縫合せたらば、後襠の方へ返すのです、前の方は前奥布の方へ返して、前奥布に前襠を合せたらば前襠の方へ返し、後襠と前襠を縫ひましたら前襠の方へ返して隠し躾を掛けるのです。

總て襠の方へ向けて折りを付けることゝ覺へて置くのが、一番迷ひの生じない手近の記臆法ですから、これを忘れないやうにするのが肝腎です。夫れから乗り間を袋縫ひにしたらば其の折りは右脚の方へ返します。

襞の取り方は圖で委しく分つて居りますが、實は皆さんに材料を揃へて頂いて實物なり雛形なり實地の練習が必要ですから秋季のお稽古始めには袴の實地練習を致しませうと思ひます』

『壽子さん、是非爾う願ひたうムいますねへ。』

『恰度滿江さんをお招ぎ申すときに諸嬢がお出席になりませうから、其のとき秋季のお稽古始のことや、唯今先生のお話しの袴の材料の事などを御打合せすることを爲ましたら如何でせう？』

『夫れは可うムいませう。何れ其の節に御話し申すと爲まして今日は御暇致しませう』

『マア御緩りとなさい、殊に寄つたら妾も御同行します』

マア先生御緩りと‥‥、妾は未だ寄り道もムいますから‥‥‥壽子さん誠に長坐致しまして失禮を……、皆樣へ宜敷……」

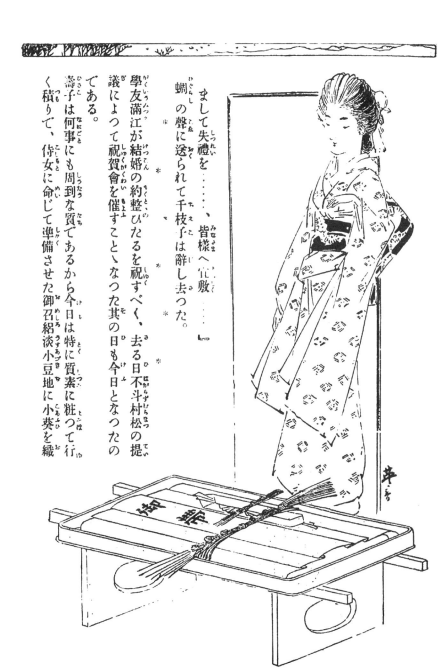

蜩の聲に送られて千枝子は辭し去つた。

* * * * * *

學友滿江が結婚の約整ひたるを祝すべく、去る日不斗村松の提議によつて祝賀會を催すことゝなつた其の日も今日となつたのである。

壽子は何事にも周到な質であるから今日は特に質素に粧つて行く積りて、侍女に命じて準備させた御召絽淡小豆地に小葵を織

り出した衣物にカシミヤの袴で有つた。流石に子爵夫人が彼れよ此れよと衣服の撰擇をせらるゝので有つたが、何日になく壽子は悉く排斥して遂に所思を貫いたので有る。豫て昨夕白木屋から納めた進物臺の帶は別に使で故と滿江の家へ屆けることゝして、支度もそこ／＼準備の俥を促して齋藤女史の家に催さるゝ祝賀會へ臨むだ。案内を請ふ車夫の聲に覺え有つて速くも玄關へ出迎に出たのは、豫て當日の手傳ひにと萩園家から疾く贈られた壽子が氣に入りの侍女であつた。

後れ先だつて此處に集つた同窓生は休校中歸省のものを除いて二十三名の在京生は悉く出席した。席次は到着順によつて定めの座に着くことゝして有るかち何の仔細もなく定まるのである。

貞子は人の揃つたのを見て改めて、

「今日はお暑いのにお招ぎしました所が、宜こそ御出下さいまして誠に難有う存じます、滿江さんも先刻から書齋にお控えで厶いますから唯今お連れ申ます」一齊に默禮すると何となく肅まつて衿を正すもの、袴の襞を折り直すものさま／＼であつた。程なく貞子の後に尾いて席に着いた滿江は、諸生の視線が一身に浴せかゝつたので、覺になく塲うての氣味であつた、蓋し自己の心に既に良人ありといふ觀念が、平常の稚氣を沒了したのであらう。貞子は機を察して徐に口を開いた、

「滿江さんに代つて御挨拶を致します。諸孃の厚い思召によりまして今日は祝賀會をお開

き下さいまして殊に暑氣のお厭もなく御出席の榮を賜りましたのは、此上もなく難有う存じます』此の尾について滿江は唯默禮して居るのであつた。村松千枝子は起て簡短に挨拶の辭を述べた。

『不束ながら今日滿江さんをお招ぎしました趣意を私から搔い摘むで申上ます。

先日ゆくりなくも今般御婚約のお整ひになりましたことを萩園さんのお宅で先生から伺ひまして、壽子さんから是非同窓者の交誼として祝賀會を催したいとのお說が出ましたので、直に御賛成致しまして終に今日の事に運びましたので……、元來諸學校にも同窓會の組織もムいますが今日の有様では、同窓會もほんの顏を出すだけのことで爾も配偶を得て後は俄に疎遠になるのが一般の傾向であります、退いて男子の側を見ますと、同窓の友の厚いこと兄弟も啻なりませんで、一生涯相互に助け合つて居りますのを見ますと。實に羨ましく思ひますが、女子の側には斯ういふことは皆無と言つて可い、約り社會の習慣が未だ女子に親類以外の交際を許さないので有りませうが、實に歎かはしいことゝ思ひます。で、爾來我々同窓の友は、同窓會のやうな形式丈の集會など致しまんで、より厚くお互の御交際を致したく、辛に滿江さんの御緣付きになりますのを機會に、諸孃のお集まりを願ひまして共に御祝賀を申し上ると同時に、爾後ます〳〵御交際を厚く致すやうに願い度いと存じます。』

此の辭には滿場同意と見えて語の了ると同時に拍手が起つた。是に尋いて談話は此處彼所に交換される間に茶菓も運ばれ、漸く日脚も西に傾いて涼風小簾を搖がす頃、萩園壽子が心入れに就つた手製の壓し鮨の饗應が有つて、此の會は極めて質素に爾も各歡を盡して散じたので有つた。

（以下次號）

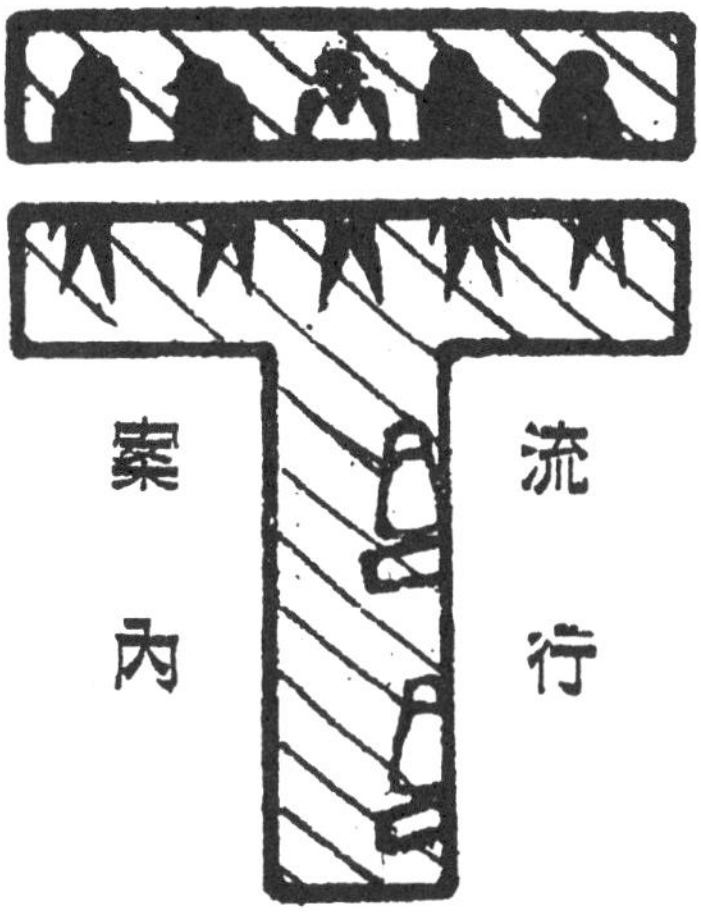

時世粧

時世粧のお話を致しまするに就て先一番に注目せんければなりませんのは時世美人といふことを觀察するのが必要で有らうと思ひます。

時世美人といふ語は甚だ奇なやうで有りますが、全く時世の推移に伴れまして美人にも亦流行のあるといふことは事實が證明して居ります、で、假に時世美人といふ名詞を私に冠らせたのであります。

試みに古書古畫を繙きまするど藤原氏時代の美人はその顔面が皆下膨に描かれて有ります、獨り繪畫にのみ然るものならば、畫者の筆癖とも見られませうが、現に文書にも亦其の事實が表はれて居ります。

○清少納言の枕草紙に

女は眼は縦様につき、眉は額におひかゝり、鼻は横さまにありとも、たゞ口つき愛敬づき、頤の下くびなどおかしげにて

云云

是は當時の美女を論じましたもので、又惡女の相貌を論じましたものには

○伊勢物語

髮を頭に巻上げて面長やかなる女の云々

枕草紙には美人を頤のしたくびなどおかしげにと、頬の膨よかに頤の下の二重に縊れ

目ある所謂二頤なるものを賛揚し、又伊勢物語には面長を惡女の相としてありますのを見ましても、當時丸顏の下膨を美貌としまして面長を醜婦としましたのが其の時代の繪畫と照應して明かであります。

更に近古の風は如何であるかと申しますと元祿時代

一代女　西鶴

當世顏は少し丸く、色は薄花櫻にして、面道具の四つ不足なく揃ひて、目は細きを好まず、眉あつく、鼻の間せはしからず、次第高に、口小く、歯並あらく〳〵として白く、耳長みあつて緣淺く身を離れて根まで見えすき、額はわざとならず、自然の生へどまり、首筋立のびてをくれなしの後髮、手の指はたよはく長みあつて、爪薄く、足は八文三分に定め、親指反てうらすきて、胴間つねの人より長く

云々

實に當時の繪畫を見ますと此の文字を洩す所なく描いて居ります。

猶又近代の流行は如何と申しますに、瓜實顏に色の淡黑い、細そりと柳腰を美女の粹としてありました深川藝者の餘波は、江戸末世の柳橋に跡を埋めまして、今は新橋南北に煉白粉の色を愛るやうになつたでは有りませんか。更にその一般の好みが細面の瘦せ形が明治となつて所謂丸膨に遷り變つたでは有りませんか。

此の實證に據りまして、美人にも亦流行のあるといふことを申すのであります。

偖これから時世粧といふことに就て考へました所を申しませう。

元來各人の裝飾といふものは、時の流行は

此圖は總て布幅として御覽を乞ふ

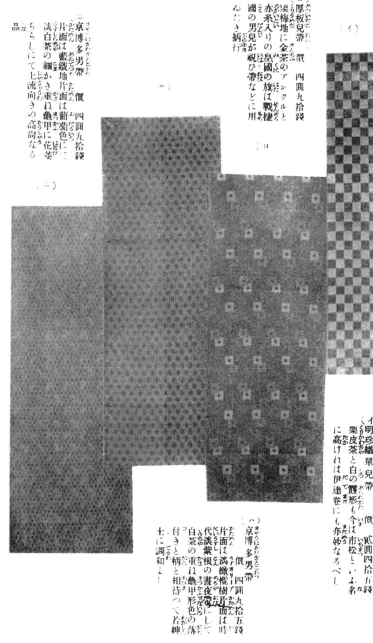

（ロ）厚板兒帶　價　四圓九拾錢
栗梅地に金茶のアンクルと赤糸入りの皇國の旗は戰捷國の男兒が祝ひ帶などに用ゐたき柄行

（ニ）京博多男帶　價　四圓九拾錢
片面は藍鐵地片面は樹蘭色にて淡白茶の細かき重れ龜甲に花菱ちらしにて上流向きの高尚なる品

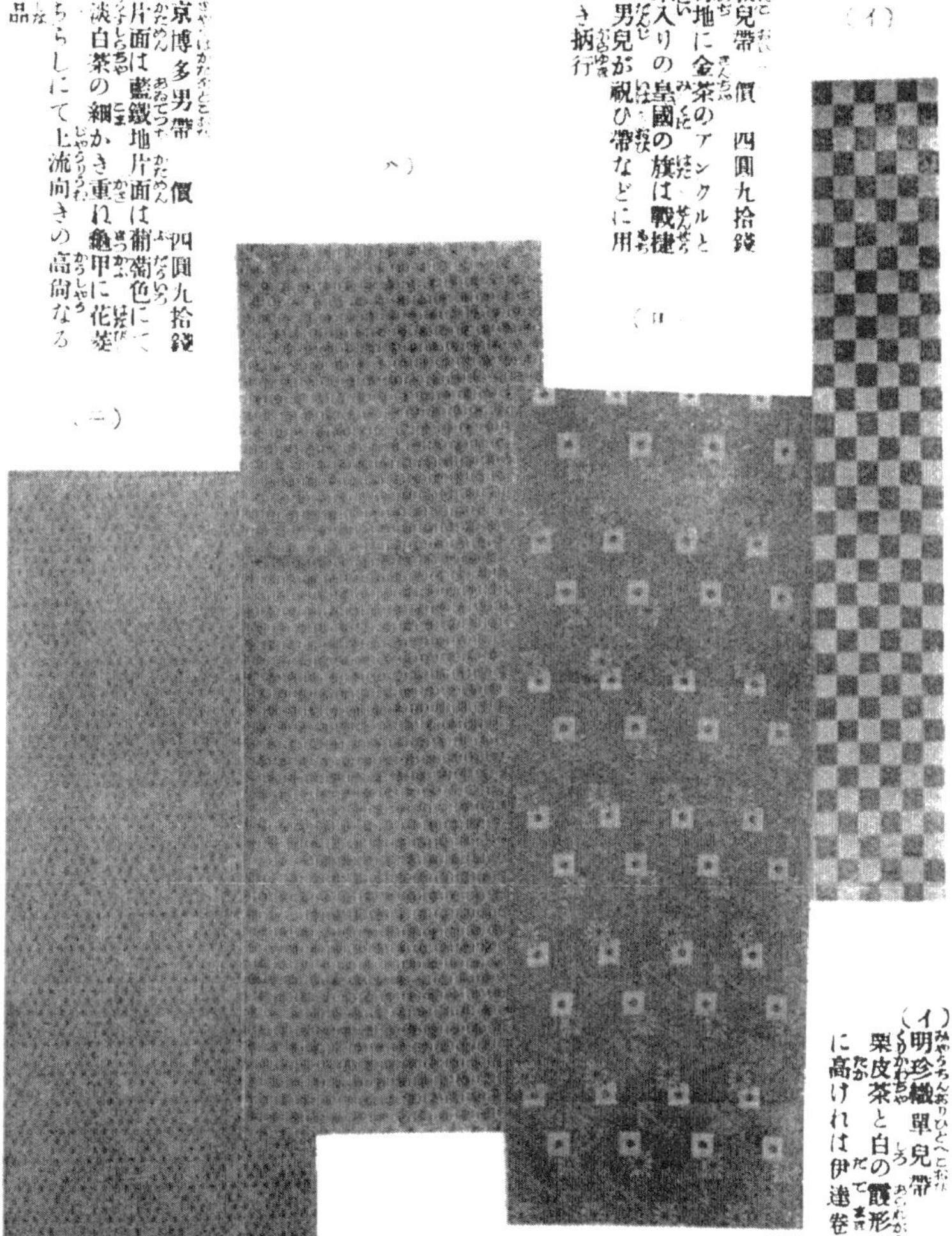

（イ）明珍織單兒帶　價　貳圓四拾五錢
栗皮茶と白の霰形も今は市松といふ名に高ければ伊達卷にも亦妙なるべし

（ハ）京博多男帶　價　四圓九拾五錢
片面は淡橄欖樹片面は時代淡紫根の晝夜帶にして白茶の重れ龜甲形色の落付きと柄と相待つて若紳士に調和よし

此圖は總て布幅として御覽を乞ふ

（一）

（二）

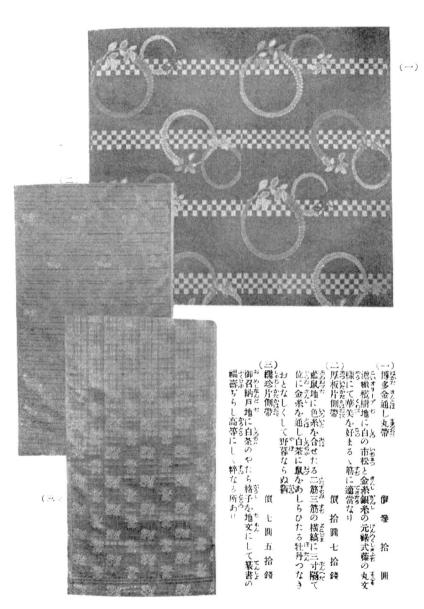

（三）

（一）博多金通し丸帯　價參拾圓

濃橄欖樹地に白の市松と金糸銀糸の元祿式藤の丸文樣にて華美を好まるゝ筋に適當なり

（二）厚板片側帯　價拾圓七拾錢

藍鼠地に色糸を合せたる二筋三筋の横縞に三寸隔て位に金糸を通し白茶に鼠をあしらひたる牡丹つなぎおとなしくして野暮ならぬ物

（三）繻珍片側帯　價七圓五拾錢

御召納戸地に白茶のやたら格子を地文にして篆書の福壽ちらし高等にして粋なる所あり

此圖は總て布幅として御覽を乞ふ

（い）

（い）小幅山繭入友禪縮緬　價 一反 拾參圓五拾錢 一尺 五拾參錢

橄欖樹色地に白ぬきの光琳式水に澤瀉にて其葉の半面を海老茶マゼンタ色にて書き鹿の子に彩りたるにて地の山繭を雨とも見るべし

（ろ）小幅友禪縮緬　價 一反 拾五圓五拾錢 一尺 六拾壹錢

濃栗梅と白とだんだらにしたるは水の流れと篝の煙り、鵜飼舟を茶、鼠、オリーブ等の淡さりしたる色にて出したる澁きものにて長襦袢は勿論淡泊を好まるゝ向には十二三の少女子が單衣として面白き拵えとなるべし

（ろ）

（は）小幅山繭入友禪縮緬　價 一反 拾七圓五拾錢 一尺 六拾九錢

生壁地に疎に山繭のやたら縞横にあつさりと金糸の霞文樣は白ぬきの竹にて澁き長襦袢又は帯側に妙なり

（は）

(一)

(二)

(三)

(四)

(五)

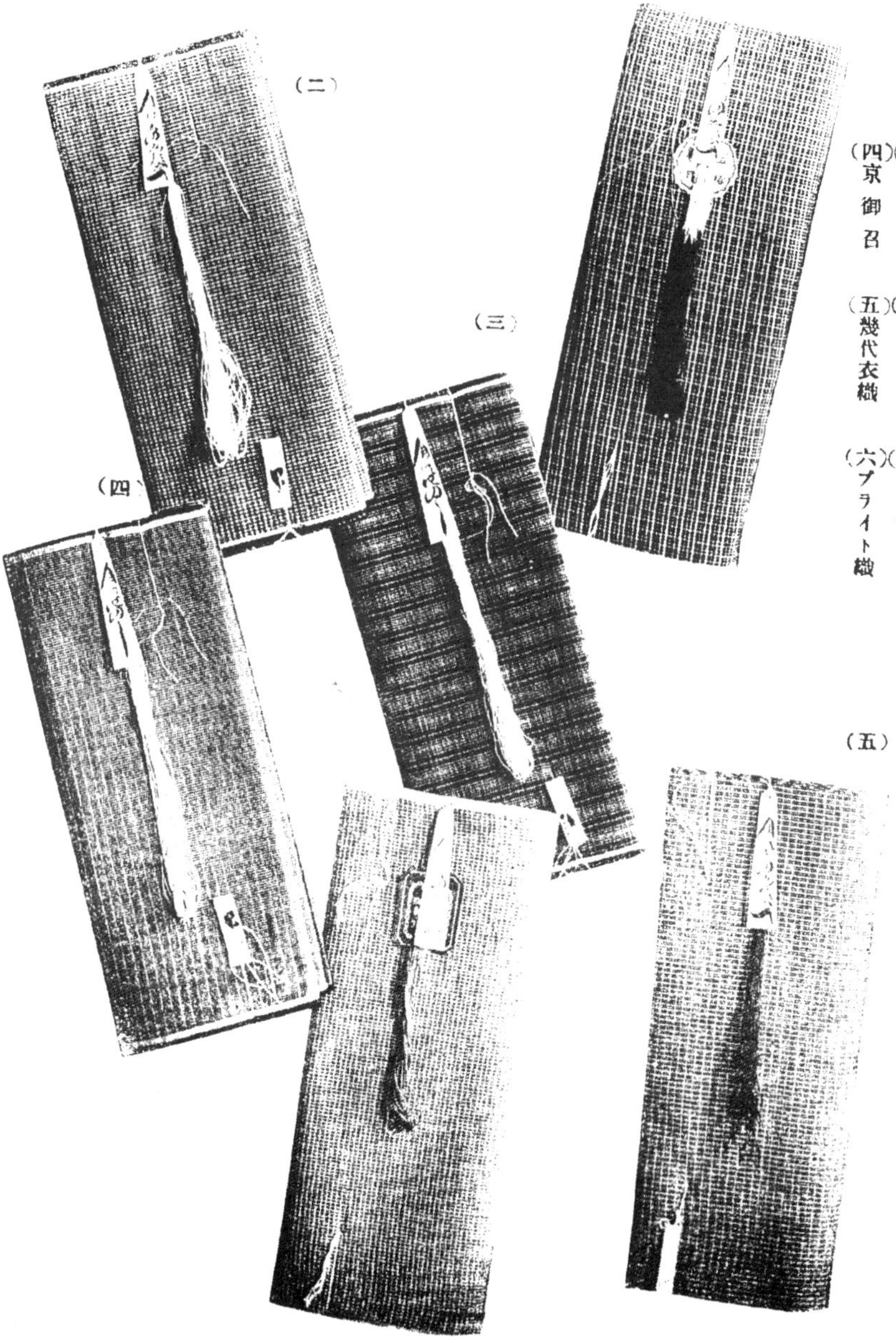

此圖は總て布幅として御覽を乞ふ

(一)富國織　(二)京御召　(三)京御召

(四)京御召　(五)幾代衣織　(六)ブライト織

此圖は總て布幅として御覽を乞ふ

（前頁の解說）

（一）富國織　價　拾貳圓參拾錢

濃い葡萄地に少し荒き太細の味噌漉縞

（二）京御召　價　拾參圓五拾錢

綠茶の淡色地に同じ濃い色の崩し小辨慶

（三）京御召　價　拾四圓

變り茶地に横竪の變り縞、袷下着向

（四）京御召　價　拾四圓

淡葡萄色に白の細かき大阪格子

（五）幾代衣織　價　拾壹圓五拾錢

ブライト織の稍縒り強き手障りあるものにて着能いの名に背かず色は淡藍鐵にて白の薩摩格子

（六）ブライト織　價　拾壹圓參拾錢

藍鼠地に白の縒りがらみ入格子縞

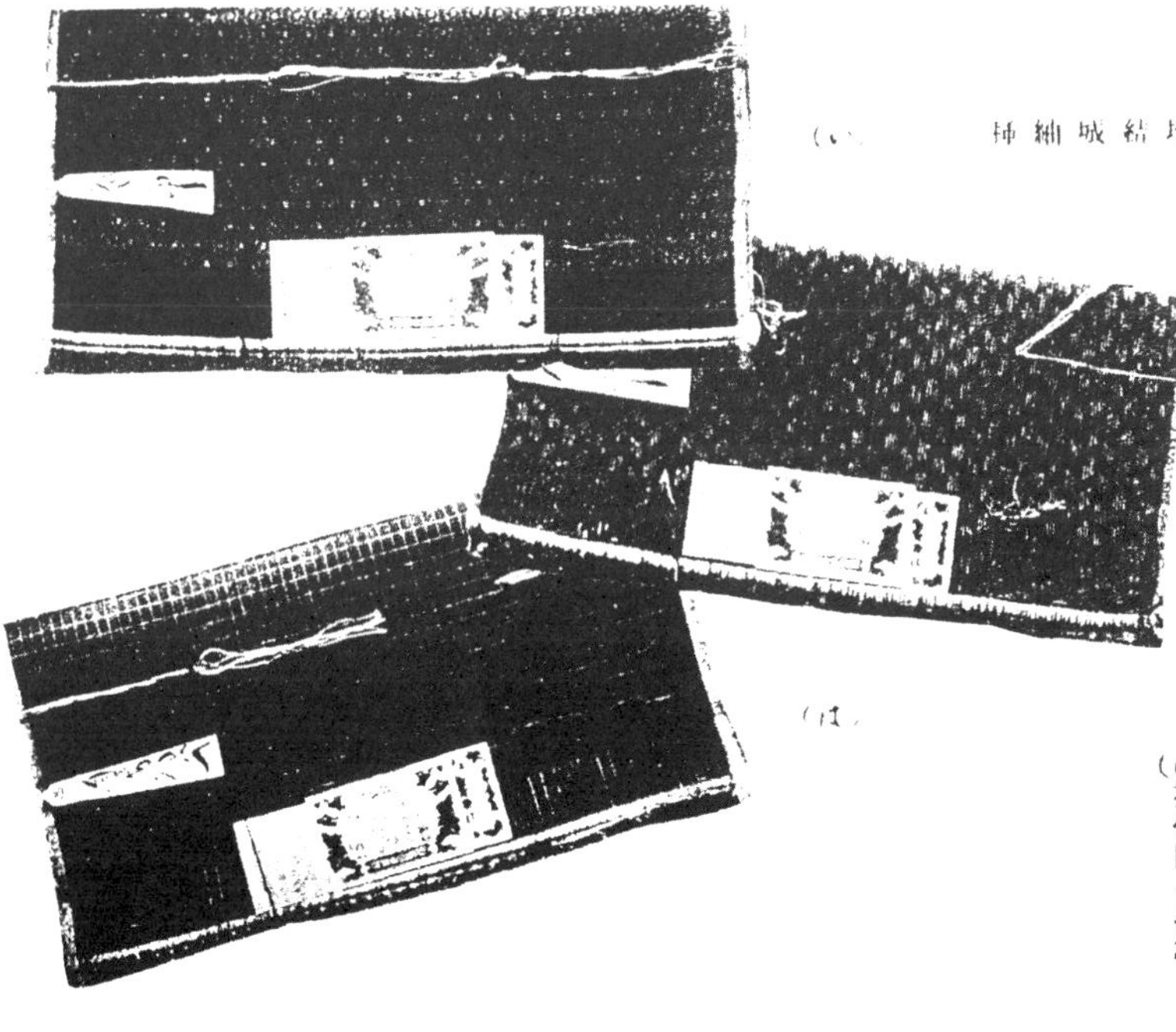

紺地結城紬柿

（い）　（ろ）　（は）

（い）貳拾九圓

（ろ）拾參圓

（は）拾壹圓八拾錢

此圖は總て布幅として御覧を乞ふ

（イ）

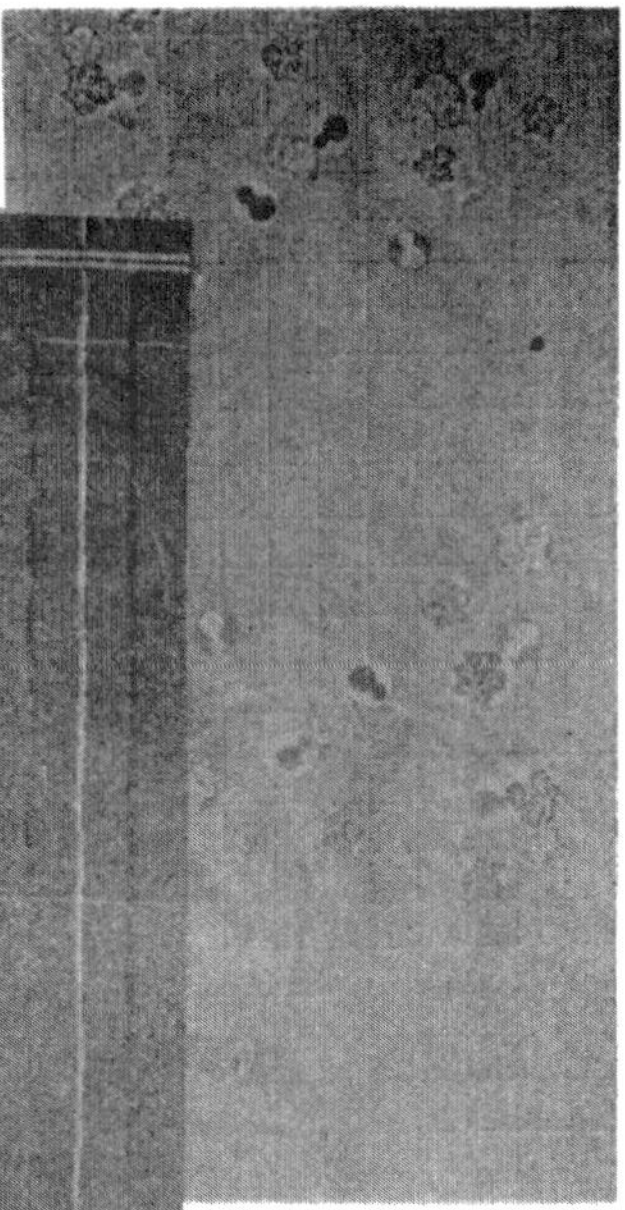

（ロ）

（ハ）

（イ）厚板織片側帶　價　拾圓五拾錢

茶の稍綠を帶びたる地色に竹の葉の段文樣にて海老茶、銀鼠、金鼠等にて織分けたる優美の品二十三四に能き所なるべし

（ロ）博多織片側帶　價　六圓九拾五錢

錆小豆地に紫、白、オリーブ色に地文ある變り竪縞に金、白、萌葱糸の霞織にて二十前後より愛用さるべき柄行

（ハ）都織片側帶　價　八圓參拾錢

櫻小豆地に白とオリーブの纖細なる二重格子これに白糸の蔓と丸紋の變りたる瓢文樣を金、紅、納戸等さま〲の色糸にて美事に織り出したるにて十七八の令孃がたに可かるべし

此圖は總て布幅として御覽なさふ

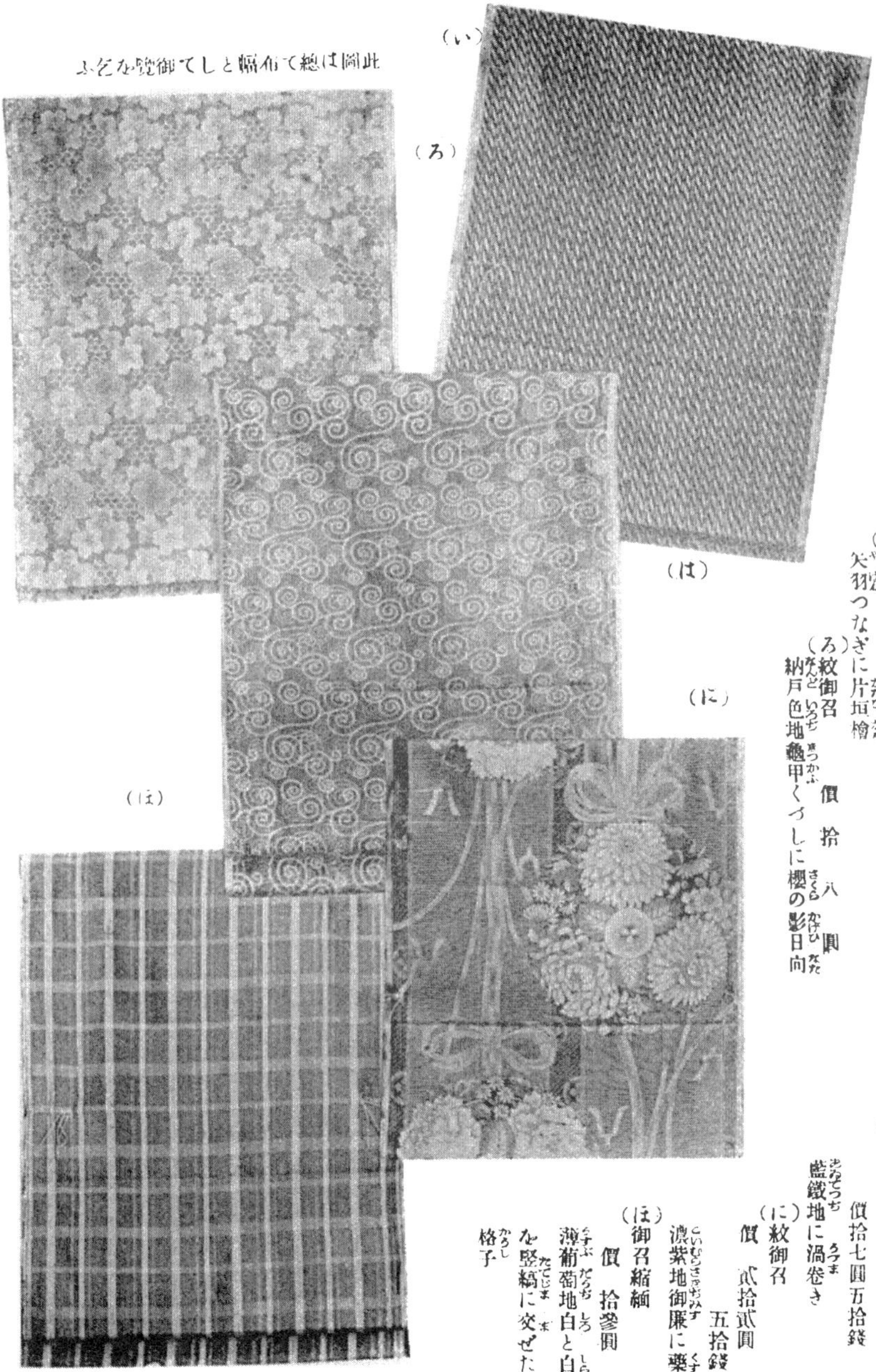

(い)御召風通　價拾六圓五拾錢
矢羽つなぎに片垣檜

(ろ)紋御召　價拾八圓
納戸色地龜甲くづしに櫻の影日向

(は)紋御召　價拾七圓五拾錢
藍鐵地に渦卷き

(に)紋御召　價貳拾貳圓五拾錢
濃紫地御簾に藥玉

(ほ)御召縮緬　價拾參圓
薄葡萄地白と白茶な竪縞に交ぜたる格子

（い）

（ろ）

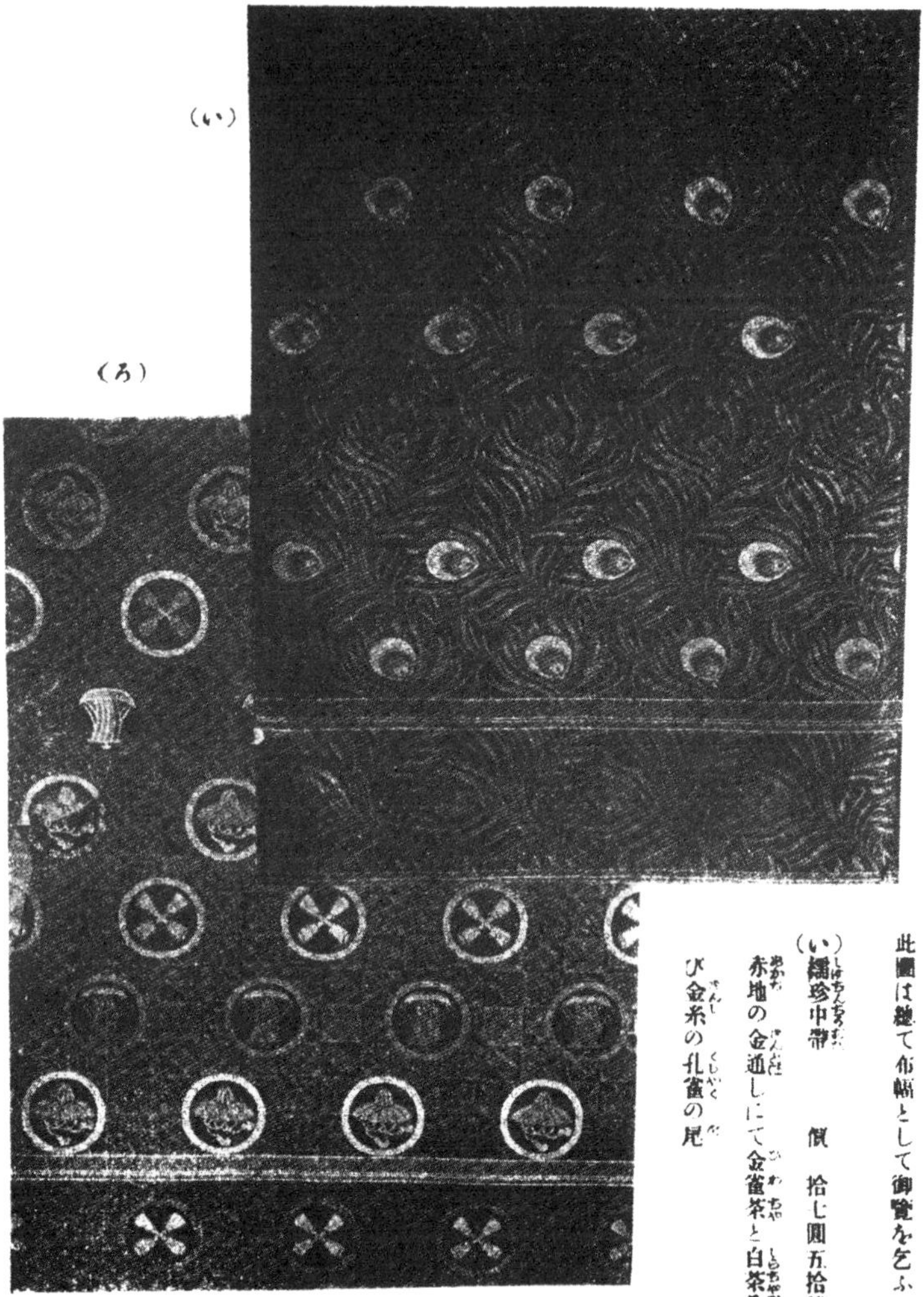

此圖は總て布幅として御覽を乞ふ

（い）繻珍中帯　價　拾七圓五拾錢
赤地の金通しにて金雀茶と白茶及び金糸の孔雀の尾

（ろ）同　價　拾八圓五拾錢
赤地金通しにて地文金雀茶の寶づくしに丸紋の鎌倉もやう

流行と致しまして、別に各人の天性に調和しなければなりません、又一つには裝飾は天性の美を幇け醜を蔽ふのが要點で有らうと思ひます。現に横縞のものは瘦を隱し、縱縞のものは丈を高く見するといふことは誰も知る所であります、昔名優松本幸四郎が千本櫻の「いがみの權太」の役を勤めました時に辨慶縞の浴衣を用ゐましたが、其の衣裳の辨慶縞は普通より稍細長く好んで織らせたといふことで、これを故人五代目菊五郎も此の型に法りまして、權太に扮するごとに竪長の辨慶縞を着たといふことは、寺島の直話に聞いた事實談であります。蓋しスラリと丈を高く凄味のある風彩を作るの用心であります。

却說今の流行は什麼なる方向に進んで居るかと申しますと、一部花柳界を除きましたら、大躰に於て束髮は島田丸髷を壓し、廂前髮や二百三高地髷を以て當世ハイカラの粹として居るやうで有ります、蓋しハイカラの稱は流行を逐ふといふことを意味して居るので、これも流行が歐化しつゝあるものと見て大差ないと思はれます。一寸した事が、造花の簪は彌眞を欺くやうの精巧なものが出來まして、縮緬つまみ細工に總角のふさ付き花簪などは鉦と太鼓で尋ねても見られません。

什麼此の流行の趨勢に伴ふ服裝が古代文樣や伊達風俗に調和するもので有りませうか別に考慮を煩はさんでも明かなことだと思ひます。

併しながら、此の歐化的流行の趨勢が喜ぶべき現象であるか否との問題に對しましては決して同意は致しかねます、が、又此の日進月歩の時に在て、徒に古風に戀々しまして一も昔二も昔と過去の時代ばかり慕ふて居ることも亦決して歡ぶべき現象ではないと考へます。

猶衣裳の事に付きましては多少考へたことも有りますが餘白が有りませんから、追々お話し致さうと思ひます。

外國の和俗流行

前號には口畵に米國貴女の和裝姿を寫眞版にして御覽に入れ猶その詳細を報導しましたが、同國の日本風流行は非常のもので、苟くも交際場裡に出入する女流にして、日本服を持たぬものは恥としてあるそふであります、又最初は服の仕立方も特に臀部から襠を入れた一種異樣の形で、又華やかな友禪染などが多く用ゐられたそうですが、今ではグッと日からになつて江戸裙文樣などで仕立も眞の日本風なのが注文されると申すことを白木屋洋服店で聞きました。又近頃はこの流行が澳國にも傳播しまして、同國上流社會に和服着用の流行盛んであるといふことであります。實に國の光り八宏に輝くと申すはこのことで厶りませう。

装飾品流行の趨勢

開戰の當初は金銀ものを未練なく日本銀行へ提供するなどの騒ぎで有りましたが、八月の遼陽陷落から漸く景氣づいて、彌波艦隊の全滅からは金製指環などの注文が一昨年に比して倍額以上あると申すことで、出征紀念或は決死の覺悟を物品に遺して後世の紀念にするなどのものも有りまして、現に波艦隊全滅の際などは、一艦悉く紀念品の注文が有つたと玉寶堂の咄しでありました。で、流行の趨勢は如何にと申しますと世の中が華奢に赴くに随ひまして指環なども單調に量目で誇るといふやうな非美術的のものは全く廢つて、先は纎巧瀟洒な佛蘭西式細環に寳石を鏤めたもので有りませんければ一顧にも價せぬやうになりまして、井戸側式鎚目のものや蛇巻きなどは徐々博物館の備品に爲りそうな有様です。

是と同時に懐中時計も小形になりまして、十六形十七形、大きくても十八形が止りで、殊に薄作の米國製が流行して居ります。御婦人持では八形などゝいふ極小のものが歡迎されます、爾して目下の所では兩蓋が需用が多いので有りますが、極ハイカラ向は片硝子を好まれる傾向がありますから、來るべき流行は片硝子に移るで有りませう。又新輸入の變り物として賣行きの多いのは山縣、大山の兩元帥、伊東軍令部長、東郷大將などの肖像を現はしたもので、これには銀側と白銅側の二種ありまして、價は十圓内外から十五六圓、婦人持で八圓三十錢位で得られます。鎖も細作りで、管繋ぎ、角長輪、角荒喜平、小判繋ぎ等にて、金と白金との組み分けが最も高評を博して居るやうであります。

育兒法

叢軒

牛乳の用ひ方（前號のつゞき）

前號に牛乳が朝晝夕の分泌に其の性分の差あることを表式を以て示せる如く、小兒分娩後一ヶ月間は朝搾りのものを稀薄くして與ふるを可とするも後には却て夕搾乳を撰ぶを可とするので有る。

玆に注意すべきは牛乳は人乳より腐敗し易く、且生乳中には不潔物、有機物、時としては病原菌など含むものあり、故に搾り立てのものと雖も必ず二三十分間沸騰せしめ其の乳脂を取り去つて清潔なる壜に入れ、堅く栓を施して蓄へ置き、用に臨んで必要の分量丈を出し、適度に稀薄して哺ませるのが可しい。

其處で、乳を煮沸るのに一法が有る、凡そ五勺入位で燗の出來る壜幾本を供へ、其の中へ牛乳を入れて、清潔な綿花（脫脂綿が最も良い）で栓をして、壜其儘に湯煎にするので有る。而して其の壜の栓を取らぬ間は決して腐敗することが無い。又壜ごとに五勺位づゝ小別して置くのは一個の終るまでは他の罎の栓を密封したまゝで置けるから甚だ便利で有る。而して外氣が罎の中へ入らぬやうにするのが緊要である、

又牛乳を稀薄くする割合は

生後三ヶ月間　牛乳一分水三分

四ヶ月より六ヶ月迄　牛乳一分水二分
七ヶ月より九ヶ月迄　牛乳一分水一分
十ヶ月より十二ヶ月迄　牛乳二分水一分

要するに此の割合は記臆し易い標準を立てたので、實は小兒發育の度に應じて多少の斟酌を要するは勿論で有る、故に發育の度に依ては始めの一月は少し薄めにして、三月頃からは牛乳と水と等分に、十月目頃から牛乳其の儘を用ゆる場合も有る。

概して牛乳を稀薄するときは其の甘味を減ずるから、白砂糖、乳糖、舍里別等を混ぜて與ふるが良い、又稀薄する爲めに混ぜる水は最初は清水で可いが、後には粥面を用ゆるが良い。爾してこれを調合するには、前に述べた通りの分量にして硝子壜に別け綿花栓を施し湯煎にして置いて、用に臨んで温め用ゆるので、其の温度は攝氏の三十五度位が良しい。

又小兒に哺ませる分量も其の小兒に應じて斟酌すべきで確定する譯にはゆかぬが、標準を取るために、西洋で用ゐて居る凡その極めを掲げれば、

時日	一回ノ量	晝夜數	晝夜飲量
第一日	一茶匙	十回	三食匙
第二日	一食匙	十回	十食匙
第三日	二食匙半	十回	凡一合四勺
自第四日 一週日	四食匙	十回	凡三合三勺
自第二週 至四週日	五食匙	九回	凡三合三勺
第二ヶ月	六食匙	七回	凡三合三勺
第三ヶ月	八食匙	七回	凡三合三勺
第四ヶ月	十食匙	七回	凡四合四勺
自第五ヶ月 至十二月	凡一合五勺	五回	凡八合

但食匙は洒猪口一杯なり勿論適度に稀薄したる乳の分量なり

笑門

丈人

毎號いろ／＼なお話しを御覽に入れまして前號には黄表紙風の洒落咄しを造りまして御機嫌を伺ひました所が、御意に適ひまして難有い仕合せに存じます。

扨今度は何がな面白いもので銷夏の時節、御午睡の御伽を致したいと存じますが、讀者諸君の御眼が肥えて在つしやいますから大抵な事では御意に叶ひません、で本號には全くの昔噺、元祿以後延寳以前の間に梓行になりましたものゝ中から、擇り出しまして御機嫌を伺ひます、當時世の中が樂天の有樣が目前見るやうに思はれます。

〇爺と媼

爺は山へ柴刈りに、婆は内で洗濯も何もせずに居たれば、程なく爺が歸つて來たを見たれば、二十四五の男になつて歸つた、婆肝をつ

ぶしこなた如何して其樣に若くはならしやつた、サレバ有難いとじや、アレ彼の山越えて此山越えて、あちらの／＼瀧の水を一

口飲と此やうに若やいだ、こなたも往て飲んでお來やれ、婆も喜んで、へこ〱して行かれたが、途方もなく暇が入るから、爺が跡から往て見たれば、婆は慾どしく飲んださうで瀧壺のはたでおぎやあ々々々々。

○梟

夜目の見える薬はあるまいかと人に聞いたれば、それは梟の目を黒燒にして目へ塗れといふからその通りしたれば、五六町さきまで晝のやうに見えたから、面白さに夜中歩行き夜が明ると眞闇。

○縮緬

緋縮緬寄り合ひ、お主は今度能い口があつて行くげな、イヤ出世とはいふもの〱、主とは雲泥の違ひで、大僧正の緋の衣、生臭氣はかゞず、堅い事ばかり聞いて氣のないものだといへば、末座から一と巻出て、各〱は羨しい、己等は切れになつて居れば、何樣な目に逢ふも知れぬ、蚊帳鈍帳の縁までは可いが、六尺ぎりにはうんざりだ。

記者曰、當時江戸に緋縮緬の褌大流行なりしより、六尺切り云云を咄しの主人公となせしなり。

化粧法

水藻君も都下の紅塵に愛相をつかして、化學的化粧法の原稿所の沙汰ではないと、東の都を跡足の砂烟りにして、ドロ〳〵とも何とも言はずに飄然として避暑と洒落こまれたれば、然らば記者もそう〳〵家來任せにも相成るまいと、岩永賓きに躍起となつて、東洋一流實地經驗の化粧法を或る人々に就いて探究した結果を茲に揭ぐること、とせり。是は都て實地に行つて効果著しいもの〻みを集めたるなれば、愛讀の淑女方は直に實驗して其の効の虛しからざるを知り給へといふと古風な賣藥の引札のやうだ。

〇鼻の低いのを隆く見する法

顏の品評にも目鼻立ちが良いとか惡いとか一番先に數へらるゝ、中にも顏の中央にあるだけ他目につき易い、其處で鼻筋の通つたのが無論美相の一に擧らるゝのであるが若し鼻の低い人が高く鼻筋の通つたやうに見せやうとするには、化粧の爲かたで出來るものである。

其の化粧法は、白粉をつけるときに、眉毛と目の間で鼻のとまりに當る邊から鼻柱へ通して、白粉を外の所より少し濃く塗り出して、鼻の兩わきへぼかして置くのである。鼻筋が通つて見ゆれば、低い鼻も自から高く見ゆるものである。

此の化粧法について記臆すべき要件は
○顏の惣躰は淡すりとつける事
○鼻の上は前にいふ通りの仕方に稍濃く塗りて左右とも頬へはきかけぼかしにする事
○眉は稍濃くつくる事
又近來隆鼻器とて鼻を隆くする器械が有る夫は夜中就寐の間彈機仕掛の或る器械で狹んで置くのである。

原來鼻は軟骨で出來て居るのであるから、或る操作に因つては高くすることも出來るので有る、先拇指と人さし指と中指とで、鼻の兩眉の中央の下から、鼻柱をはなのさきまで揉みあぐるやうに狹んで揉むことを心掛けて怠りなければ、鼻は自から高くなる、是には厠に上るときなどが良いと或る書に見えたから試して見べきである。

雜錄

人の感情ほど不思議なものはない、實に世の中には思ひの外の事が多いのである。

昨年征露の師を起されてから其の戰局は何れの方面に於ても勝て居る、其の度毎に提燈行列、旗行列、花電車、イルミチーション、假裝サーチライトと種々な設けに於て祝意を表して居る、殊に旅順陷落の際などは狂するばかりの騷ぎであつた。

所が遼陽の占領といひ旅順の陷落といふも

敵が隣邦の領土内に遮に構へて居たのを追つ拂つたゞけて、加ふるに國家の資財と同胞の生命とは多大に費やして居る。

所が彼の樺太占領は開戰以來始めて敵の領土を獲たので、爾も我れにさしたる損害もなく、殆ど刄に衂らずして得たのであるから是ほど歡ばしいことはない。此の快報が新聞號外に依て世上に傳へられたときは、沸きかへるほどの騷ぎて有らうと思ひの外僅かに電車に國旗を交叉した位のことで、毎戸の國旗も常の祭日ほどには出て居らなんだ。

那樣考へて見ても釣り合ひが取れない。

而て見ると世人は多くの日子と血と財とを拂つて買ひ得た、隣邦追つ拂ひと、容易に獲得した敵領土とは是れほど嬉しさが差ふものと見ゑる。


諸團隊の旗、樂隊、造花、生花の行列が數町に亘つて殆ど往來を遮斷するほどの盛んな會葬者に送られて、九尺二間の裏屋から砲車に載せた遺骨が練り出されるを見ると、如何にしても涙は禁じられぬのである。

退いて考へ見ると其の家には杖とも柱とも憑むで居た一子を失つて途方にくれて居る老母も有らう、頑是ない子を膝に抱いて悲哀に沈むで居る新孀婦も有らう。

嗟乎此の老母、此の未亡人、此の頑是ない子の行く末は什麼?。樂隊、造花、生花、放鳥其他花やかな行列は茶毘所に送る迄に散り失せる一朝の槿花にも如かざるもの、前途の永い遺族は是よりして日々に人の記臆に遠離るとは!!!。

婦人の歩行き振りが近頃餘程違つて來たのは、確に學校通ひに短い衣物に袴を裾短に穿つて、爾も伸々として快活に歩を運ぶのと、體操の稽古で姿勢を正しくする賜である。是からはおひ／＼足の不自然に曲つた内鰐といふ歩行き振は跡を斷つで有らう。併し病的函入娘を内輪ものとして歡ぶ天保老人や、花柳社會では内鰐足を尙ぶ風が急には脫しまい。

食物と音聲の關係に就て、肉類殊に魚肉を多く食する國民は美音の人が少い。伊太利人の中でもチーフルやゼノアの人には美聲が少ない、諾威人は最も多く魚肉を食するから從つて唱歌者が少い。瑞典人は穀類を多く食するので美音家が最も多い、現に鳥類でも肉食をするものは嗄聲を發し、穀類を食する鳥は音樂のやうな美聲を發するといふことが西洋の或る音樂家の研究によつて見出されたとのこと。』

◎寄　書

電車の中

宇賀の浦人

道中の長い汽車の中で見る人情風俗は、流石に人の數も澤山だし、諸國の人もさま／＼に乘つて居るので、話しぶり、風俗、慥かに十人寄れば十人丈けの特色があつて、夫れを耳に目にする程愉快な事がなければ、自分はいつも汽車道中を好んで三等に乘つて、此の面白味をあぢはつて居るが、近來電車の中で、人數も汽車に比べて尠なし、距離も短かい爲に、汽車程の興味はないが併し此の中で十五區の人情風俗、さてはポツト出の田舍人、學生、兵士、官吏、商人打交りの雜觀が面白く感じられるのだ、婦人方にはシツヽコイとの嘲りを受けやうがマア書いてみやう。

▲ツイ此間の事だつたが、芝の山門から尾張町へ出やうと、例の街鐵へ飛乘つてみると、兩側共に客はいつぱいで、釣皮にブラ下つて居た人も四五人ある、自分も釣皮に手をのべて、額の汗を拭つて居る前に海老茶袴の女學生が四五人、始め何とかさゝやいて居たのだが、軈て自分の着て居た仕立おろしの帷子、ト云へば躰裁はいゝが、實は死んだ親父の古を縫ひ直したので、帶の上に少し計りの疵のあるのを、いつか女學生が認めたらしい、密々耳打を動靜に、自分は夫れと氣づいて「成程女は目ばしこい」と思つて、よく〳〵女學生の何處に通つて居るかを見たら、中に裁縫のブックなどを披いて居たのもあつて、シカモ裁縫學校の生徒なので、遉がに蛇の道はヘビ豪い〳〵と密かに感服したのだ。

▲いつ頃から始まつたと云ふでもないが、殊に女教師の出勤時間と退校時間の電車の中では、キット書籍を讀む、編物をする、少しも油斷のない事を見て感心するか、夫れを女生徒も眞似るのか、但しは教えられたのか、少しの暇も無益にせず、よし座すものにせよ、餘念なく進行時間の手を使つて居るが、夫れが段々に世間の小娘、裏店向きの妻君に迄傳播して居るのを見受けるが、誠に結構なことだ。

▲併し、それ丈時間の貴重な事、油斷のない事を知つて居ながら、車掌が目の前へ來て、切符を切りますと云ふのに、平氣で居るもあれば、隨分暢氣に構へて、悠々蟇口や小袋を帶の間から出す內、次の停車場が來る爲、人ごみの中を車掌が上り口の臺迄戾るのがある、又甚だしいのは、停車場へ

來て、人がドン／＼下車するのに、誰さんへよろしくだの、今度は何時逢はうのと云ふ、長饒しい口上を云つて、車掌に氣を揉ませて居る婦人も往々あるが、之れでは肝心のお芋が煮えたもご存じなして、良夫にうまくもない物を喰はせさうだ。

▲田舍者の入口に立はだかつたり、禁止の煙草をのんだりするは仕方がないとして、隨分都會の人にもブマをやつて居る者が多い、第一乘客が込み合つて居るのに、斜めに腰をかけたものや、大きな包を傍らに置いて平氣なもの、又大股に腰をかけたもの洋服扮裝の立派な紳士が、錢を出した以上は客だ、よし女でも、老人でも、席を讓るに及ばぬと云ひたげなのがあるが、公德心と云ふものは稀なものだ、偶にありとすれば、若い、縹致のいゝ女が入つた時で、身なりの惡い者、子供を連れて居ても男だと見ぬ振りをする者が多い。

▲衣物の着こなしで、田舍の人か、都會の人か、但しは黑人であるかと云ふ事は、男でも女でも直ぐに知れるが、中で下町の妻君、山の手の妻君も知れる、夫れから野暮な陸軍將校の妻君、粋な海軍將校の妻君も電車の中で見て、一と目で判斷が出來る。

▲電車の中では、隨分美人もみる、不美人もみる、ソノ樣々な丈けに衣物の好みも十人十色で、自分などは始終それを見て、ソノ人の良夫の事、兩親の事、家庭の有狀は何うかと云ふ觀察もして居るがそりやア却々面白い、昨今は大分調和と云ふ事を知つて來て、餘り不釣合な風俗はみぬやうだが、矢張ある、何か流行出すと、猫も杓子も夫れになるので、評判の二百三高地は無

論だが、併し腰から上が上手に出來て居ながら、下駄の汚ないの、白粉を塗つた他所行きの顔に似合はない、足袋の鼠色となつたのを、平氣で穿いて居る美人もあるが、實にブチ壞しの頂上と云つてもよからう。』此他にまだ〳〵種々とある、ケレド、重箱の隅を楊枝で穿るでもなからうと思ふ。

（をはり）

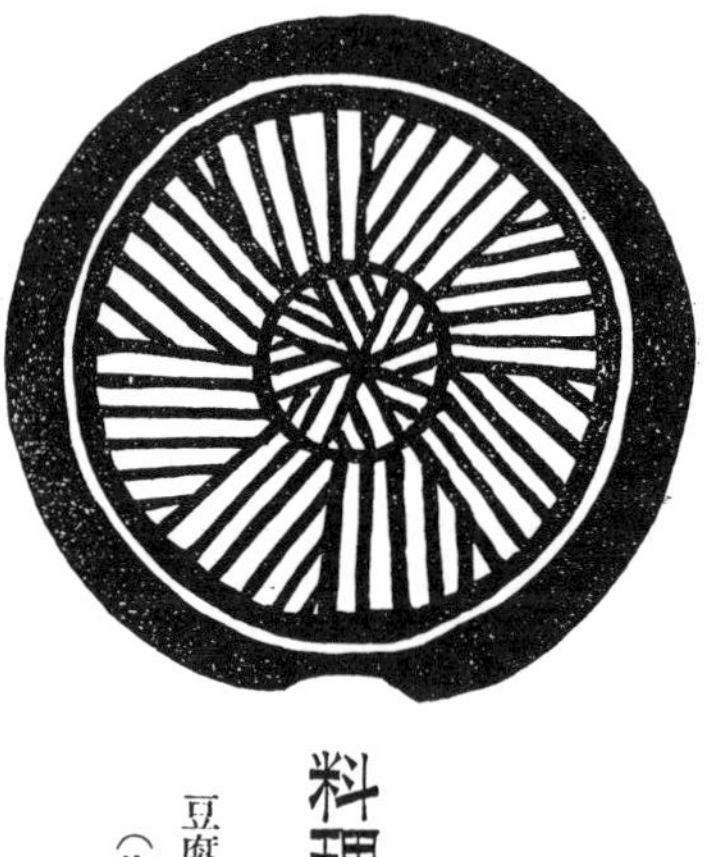

料理法

豆腐料理（佳品の續）

雲かけ豆腐

豆腐を能きほどに切て寒曝しの糯の粉にまぶし、蒸て山葵味噌をかくる。

但山葵味噌を製するには、味噌に白胡麻と胡桃をよくすり合せ置き、用ゆるときおろし山葵を入るゝなり

線麪とうふ

よくすり濾して鷄卵の白身をつなぎに入れ美濃紙を板の上に敷き、前の濾したる豆腐

を庖刀にてうすくむらなきやうに伸べ敷き湯玉のたつほど沸えたる湯をかけとほすなり、扨水に漬け取り出していかにも細かく切るなり。

右の豆腐を焼き鍋にて轉ばし焼きて食するも佳し、これを稽豆腐といふ。

薯蕷かけ豆腐

山のいもを山葵おろしにて摺りおろし、よくすり置き、鰹節の煮出しに醬油を少し鹽からめにしてぐら〳〵と沸たせ、大金杓子にて前の摺り芋を拯ひ入れ、ふうはりと膨れあがる所をよそひ椀に盛るなり。

青海苔の細末をふりかけて最もよし。

備後とうふ 草の織部豆納ともいふ

豆腐をざつと焼きて酒ばかりにて烹、出すとき醬油の調和し、花鰹脯におろし大根を置く、

小笹とうふ

焼たての豆腐を摑みくづし、醬油かげんよく鷄卵とぢにして、すり山椒ふる。

引ずり豆腐

豆腐を能きほどに切り、葛湯にて烹て網杓子にて拯ひ椀に盛り、山葵味噌を少しかたく作りて其の椀の蓋に塗りつけて出すなり若し知らぬ人は蓋を取りて豆腐ばかりかと思ふなど一興あり、但喰するときは豆腐を味噌に引ずり食するなり、味噌の濃き淡き加減が此の料理の大事なり。

釋迦とうふ

中骰の目に切り笊にてふりまはし角をとり葛を粗く米粉ほどに碎きて豆腐にまぶしつけ、其のまゝ油にて煠るなり。

沙金豆腐

金油煠にして一方を切りそぎ、中をくりぬ

き、内へ鳧肉、鯛の切身、木耳、銀杏等を入れ、これに鶏卵をよく解かしたるを七分目になるほど入れ、口を昆布か干瓢にて括り、酒煮にしてすり山椒を置く。

　叩きとうふ

燒豆腐とふくさ味噌七分三分の分量にして菜刀にてひとつに能くたゝき、能きほどにとりて油にてさつと揚るなり。調味好みに隨ふ。

　次號よりはいよ〳〵奇品と稱する豆腐料理を掲げ一餐に供すべし。

文苑

俳句

夏と秋

雨六選

宮島の月夜なりけりほとゝぎす　下谷　一路

蚊帳つりて女房の隣り歩きかな　深川　晃波

松虫の小窓に月はのぼりけり　横濱　可夢

蜻蛉や荷船つなぎし柳河岸　高橋　木寶

旅籠屋の浴衣を借りて涼みかな　同　涙孤

蜻蛉の吹かれ顔なり竿の先　神田　江月

葛水や女さゝやく椽の端　日本橋　薫

順禮の口そゝぎ居る清水かな　下總　東垣

糸瓜みゆる厠の窓や五日月　埼玉　四在

怪しげなる川柳を詠まんよりは
穿ち俳句の滑稽なるも面白し　雨六生

秋風のそろりと吹くや馬の顔　同
大男のヤツトマカセと踊り凫　同
秋の蚊の喰ひそこねや啼て行　同
徳利に目も鼻もなき案山子哉　同
名月や豆盗人のしのび寄る　同
蜻蛉や日本一の大眼玉　同

雨六大人の穿ち俳句に浮かされて
斯うもあらうか　物外

秋雨に質屋の庫も出水かな
裙とらぬ藝者姿や秋の夕

百花園
立札の文字もくねりて女郎花

室内装飾法

松浦伯直傳

社會の階級を通じて日一日と歐化しつゝあることは爭はれぬ事實で、就中中流以上に在ては書齋若くは應接間に於て、造作の大より器物の小に至るまで多少歐州趣味を交えぬものは無い。

斯の如くの趨勢であるにも拘はらず、編者が松浦伯に懇請して眞の日本式室内装飾法を本誌に掲載するのは抑故あることで、开は初號に其の梗概を述べたとふり、一には己れを知つて後彼れを知るべく二には此優雅にして趣味ある日本式室内装飾法が廢滅

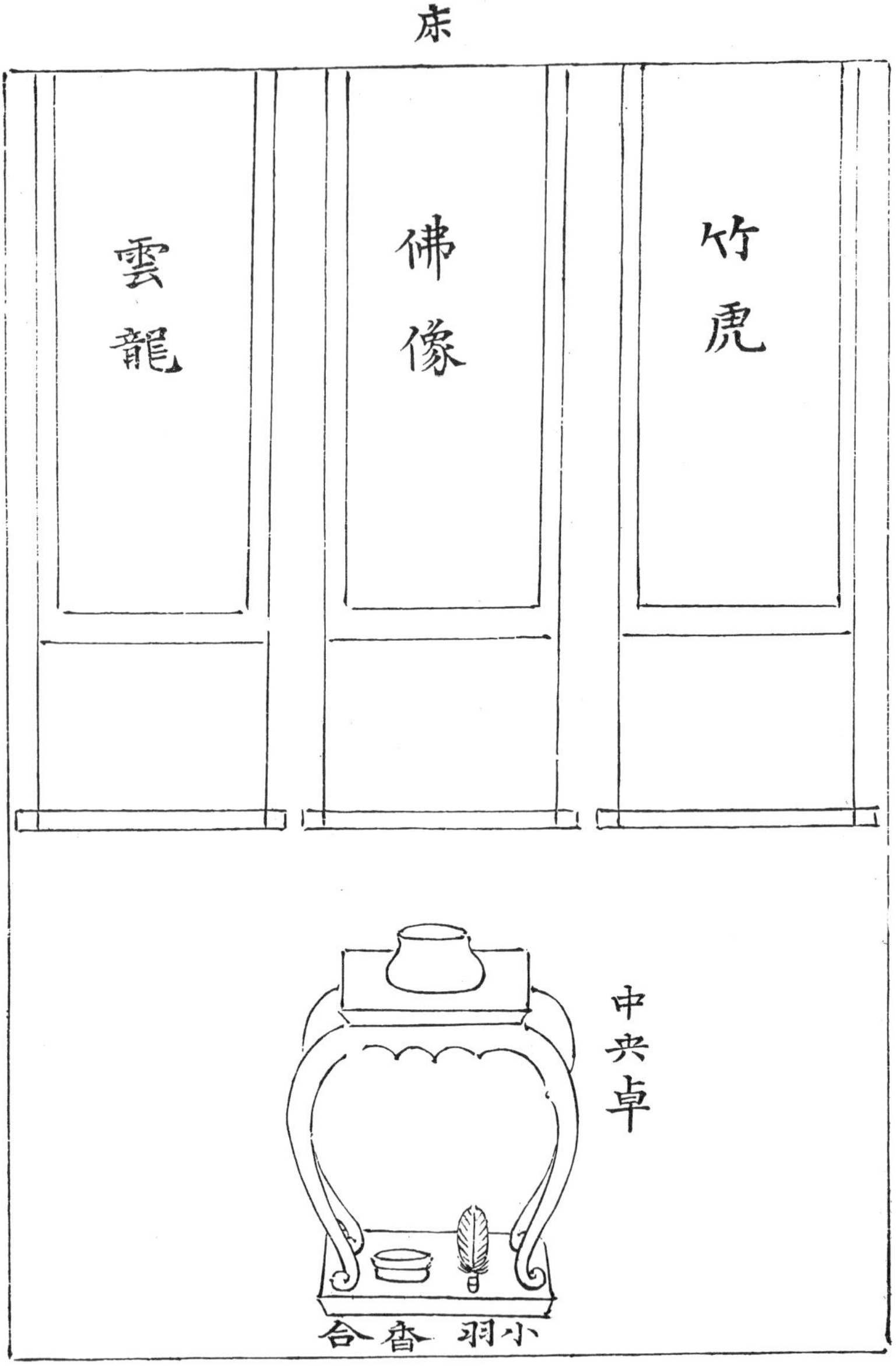
床
雲龍
佛像
竹虎
中央卓
香合
小羽

棚

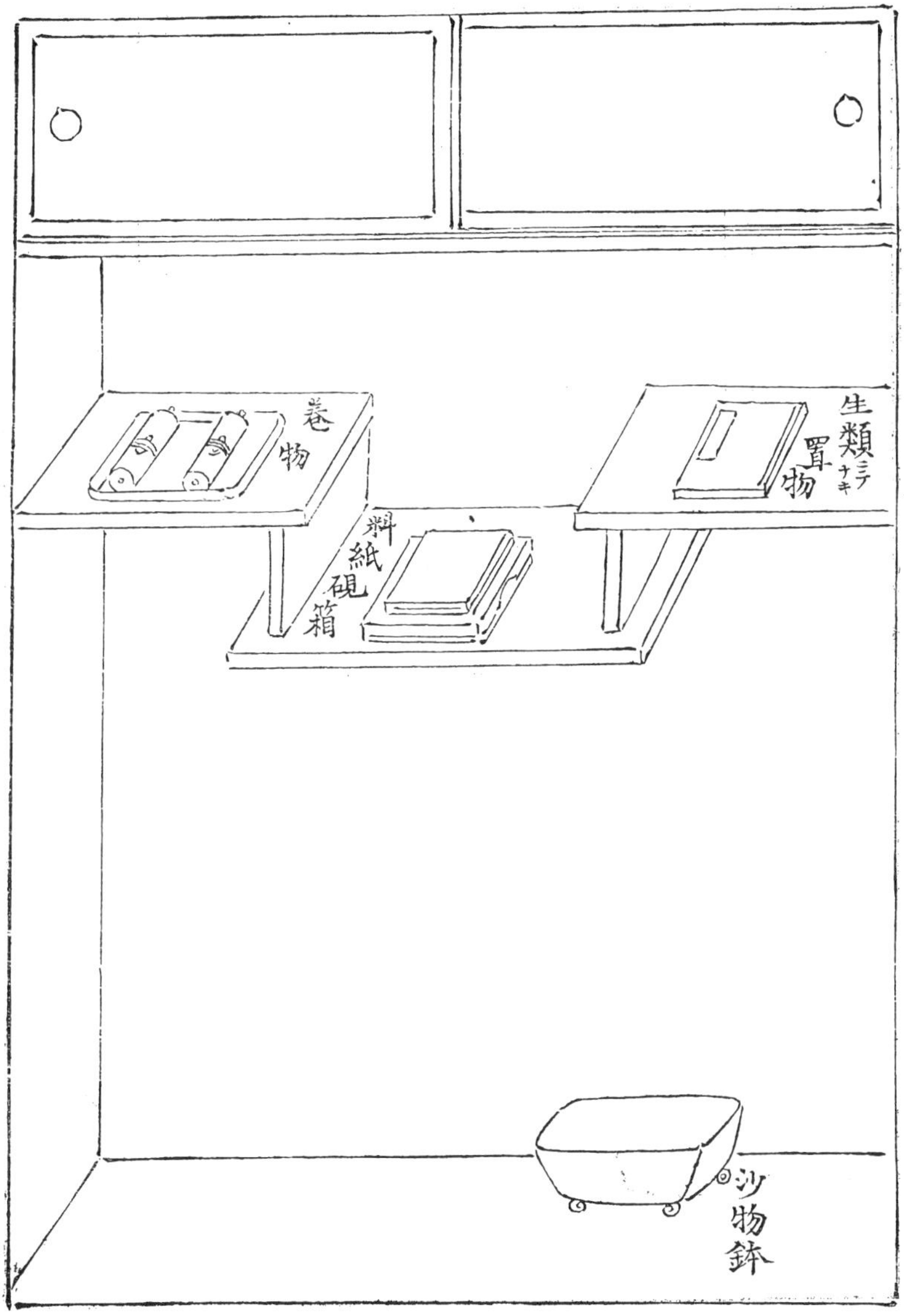

床

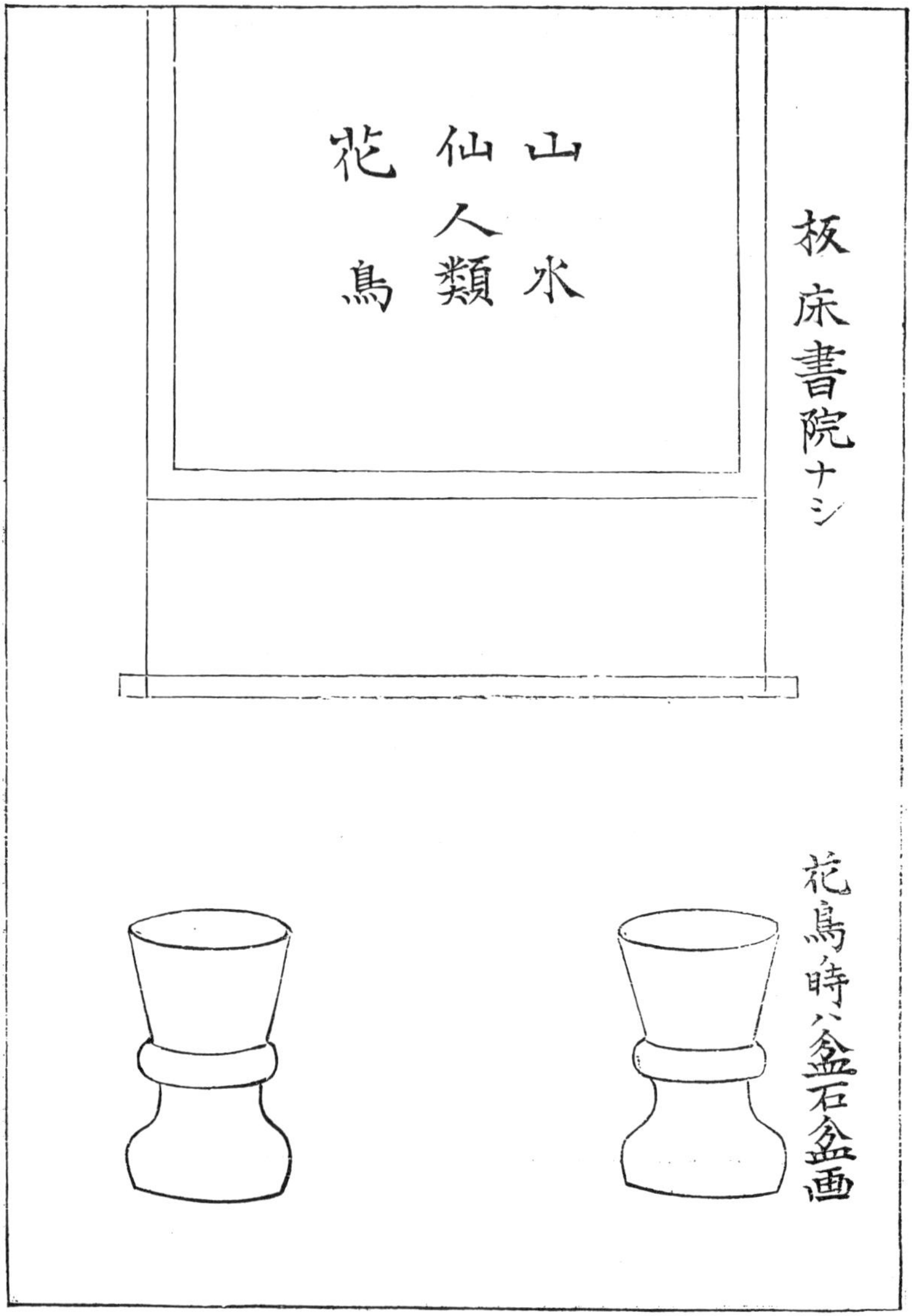

棚

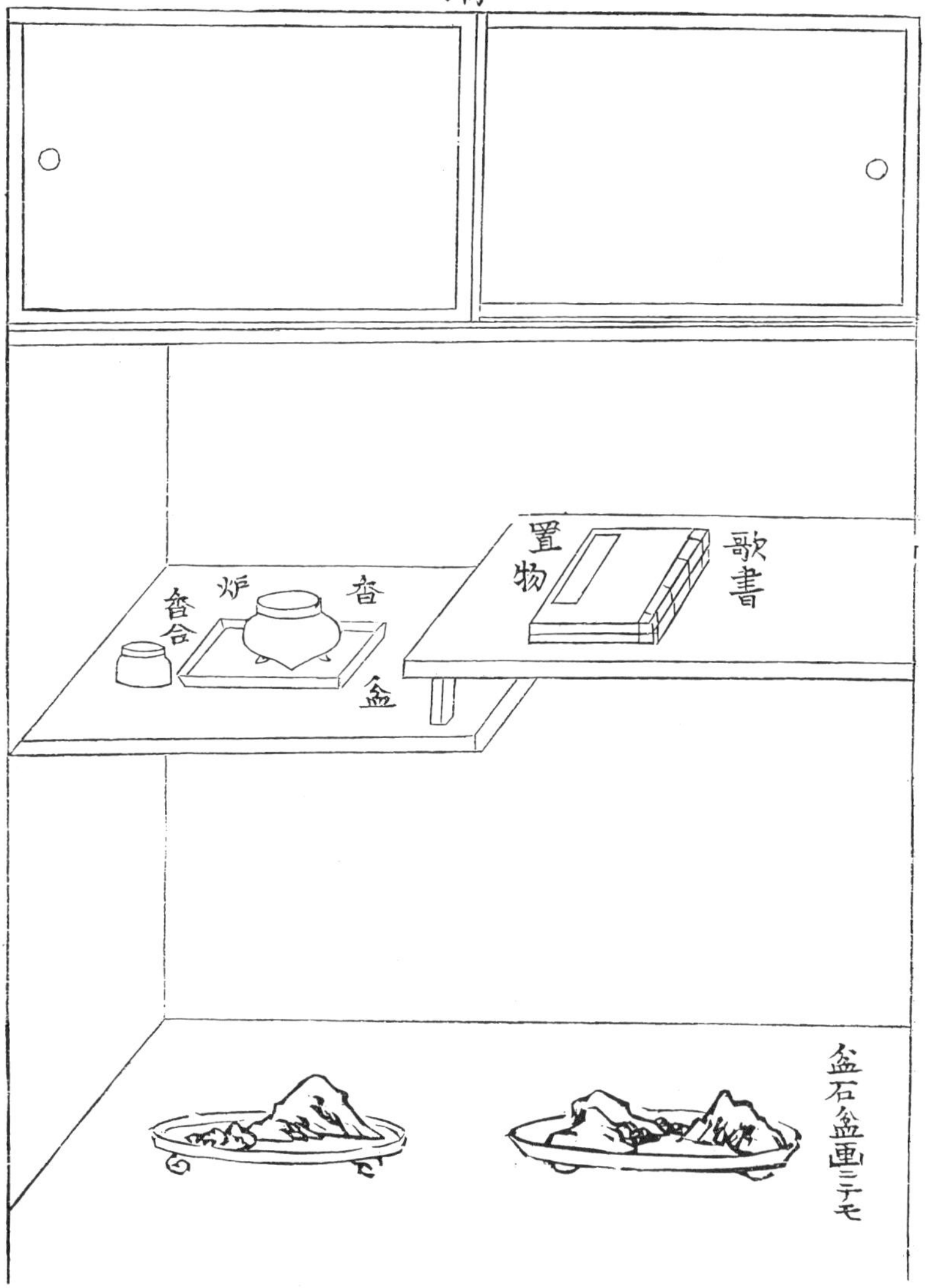

せんことを悲しむの餘り、汎く天下に傳へて後年に遺すの一助に供せんとするの微志に外ならないのである。で本欄も漸く終りに近くなつたのであるから、引き續いて更に眞の西洋式室内裝飾法を連載するの準備も整つて居るのである。蓋し編者は日本式は眞の日本式たるべく、西洋式は正しく西洋式なれといふにあるので、恠しげなる折衷、厭ふ可き鵺的を忌むの主張を茲に顯はしたのである。讀者幸に編者の微志を察せよ

素人醫者

暑さ寒さも彼岸までといふ俗諺の通り漸く朝夕は涼風が吹くやうになつた、毎年の例に依つて此の時候の代り目が醫者の玄關の賑やかに成るときで、殊に恐れ入るのは傳染病、毎年赤痢などの何と言つてもよい時節であるから御用心が肝要である。

近來醫術は長足の進歩をして居るにも拘らず、此赤痢といふ病の原は未だに不明であるのは如何にも遺憾極りないことで有る。併し是等は黑人醫者の研究すべき問題で有

るから、素人は從來の經驗に依つて其の病狀を知り、速かに醫士の治療を受るが肝腎ある。

赤痢とは頻回に出血性、粘液性、膿性の便を排泄する傳染病で、醫者の術語で裏急後重と云つて大層便が通じそうな氣持ちばかりして、唯ピチ〳〵と澁るばかり、誠に心持ちの惡い特性の病である。

爾して此の病氣は突然に發するか又は二三日食物が進まず、全身何處となく平日のやうでなく、大便の樣子も異つて、夫から腹痛下痢を發し、通例は惡寒、戰慄、全身に彼處此處と痛みを覺えて熱も高くなる、又便は初め水の樣なのが多量に出るが、直に少量の粘液狀になつて屢々血液を混ずるものである。

次に胃の惡くなるは一般のことで、食物は進まず、惡心、嘔吐を催ほすのであるが、外に左の三件の特徵には大に注意を要す。

〔第一〕頻回便所に通ふこと一晝夜の間に二十度乃至二十七度、雷鳴、疝痛の樣な疼みがあつて努責が立つて矢鱈に便が出たくなる、而して初め一兩日は多量に出るが急に減じて小匙一杯位の量になつて了ふ、常に血が混り或は血ばかりの紅い流動性の暗色に凝つた壞疽性となる、實は腸の内部の瓣が壞れて出るので厚大な塊まりの暗紅褐色或は灰白色黑色に變じて烈しい汚敗臭氣を放ち、便の中には些の黃色もなくなる。

「第二」腹痛は續いて劇烈に起り、或は便通前に來る、多くは臍部、左の下腹部に有るものだが、時に右腸骨窩に限つて疼むことが有るので盲腸炎と誤ることがある疼痛は強くて全く安靜に半臥するのを快とするので手で壓すと通例多少の劇痛を誘ひ出すもので、大重症には痲痛は無い。

〔第三〕彼の裏急後重は初めの內は壓迫收縮の際に劇痛を感じ、漸々進むに從つて劇しく便の排そうになる感を起して、實際は僅の糞便、粘液、瓦斯を泄して鳥渡輕快を覺ゆるも、餘りに頻回襲ひ來られるので肛門に疼痛を起し、甚しいのは小便は止り痙攣を起す等で、實に患者は見るに耐えぬほど悲哀な容貌になつて、努責の烈しいときは苦悶して神を失ふこともある。

療法　藥物には種々特効有るものもあるが吐根や阿片末甘汞の類で有るから猥りに素人療治をすることは危險である。で患者及び看護者の心得べきとは、先成たけ清潔な空氣の流通の良い室に靜に蓐に就いて、食物は牛乳、大麥煎汁、スープ、卵、蛋白水、茶及び最も可いのは水飴を火に掛けて卵を交ぜ、これに食鹽少し入れて味を付け湯を加へて飲料とするのは特効がある。

而して腹痛を緩やかにするため下腹を溫める。それは少し強い粥を煮て布に包んで當て、冷さらぬうちに代謝るのが良い、又腰湯で溫めるも可いが此の病には芥子を入れた湯は惡い、鹽を入るのは至極宜しい。更に藥物としては素人が用ゐて毫も危險がなく、且最も此の症に適合する特効藥は、牻牛兒といふ草で是は漢法藥舖にあるからこれを一匁、五勺の沸湯に投じて煮沸てその煎汁を數回に飲み且浣腸すると重症者でなければ大抵一二回で治癒る。

船世帯（承前）

青濤

（下）

蚊帳から抱き出して電車を與ると、徳坊は悄然して、眼を擦り〳〵、母の膝の上に起き直つたが、よく〳〵眠いと見えて、やがて再び美しい寐顔になつて了つたのを、お光はいと惜しさうに覗き込みながら、

『眞個にこの子が可哀想でならないよ』

『何故〳〵。』と浪藏は思ひ寄らぬ態で女房を視た。

『何故つてお前さん、考へても御覧よ。他家の小供は家の内で、好き自由に飛び廻るとが出來るぢやないかね。家が狹けりやア庭もある、庭がなけりやア戶外の道もある、山もある、野原もある、そりやア何處へ行つても陸續きの、足で踏んで、寐轉んで、それで別段危いとも何にもあるんぢやなし、其處にや又草もある、花も咲く、小供の好きな蝶々も飛んで居やうといふもんだから、何んのお前さん、玩具も何にも要つたもんぢやない、抑放なしてさへ置きやテ、一日でも二日でも、手が懸らずに能く遊んで、それ危いの、やれ險呑だのと、一々小言を言はれない丈けでも、何んなにか小供が伸び〳〵と大きく育つよだらうと、私いつも思ふのよ。それだのに自家の德坊なんざ、その廣い〳〵土も踏めずに、眞の二間か三間の板の間の外は、もう鱗族の領分といふのだもの、お隣りはなし、遊び友達はなし、小供心にだつて、是れが心細くなくつて何うするものかね。同じ人間の子と生れた甲斐には、切めて人並みの土の上丈へは住はせてやりたいものだと。そればかり私心配して居るのさ。それも是れも全く此子が可哀想と思へばこそ、こんな厭な事も言ふのだからね、お前さん、決して惡く取つてお呉れてないよ。』

『何んで腹なんか立つもんか。』と浪藏も吻として、取りかけた盃の手を控へ、『左ういはれると、俺等全く面目がねえのだ。德坊ばかりぢやねえ、お前といふものまで、斯樣窮屈な處へ押籠め同樣に住はせてよ、それも未だお前の言ふ通り、人間の住む土の上なら、都々逸の文句ぢやねえが、貝の柱に茅の屋根だ、假しんばどんな裏長屋でも、少とは俺等も顏が立たうといふもんだがな。ア丶何んたら因果で、自分の可愛い女房子に、家鴨見てえな眞似をさせて、明けても暮れても水の上に浮せてばかり居るんだらう。斯う思ふと情けなくなつて、俺等全く穴の中へでも……ハ丶ハ丶、穴ぢやなかつた、水の中へ入つて了ひてえやうな氣がするのだ。斯樣甲斐性のねえのを亭主に持つたお前も因果だ、親に持つた德坊も因果だ、お光堪忍して呉んねえ、德坊も不性しろ、な。』と鼻を詰らせながら、幾度か寐た子の頭を撫でるのであつた。

『アラ、何にもそんな心算で、私言つたんぢやないわ、だから氣を惡くしないでね、サ、もつと飲んでお呉れよ。心細いことを言はれると、私だつて悲しくなるぢやないか。何うして又今夜に限つて、あんな事を言ひ出したんだらう。私謝るから、機嫌を直して、…………。』

『實はなお光、俺だつて何にも好き好んで、斯樣浮城に住みたくはねえや。で、何うか普通に潮の差し引きのねえ處へ世帶を持つてよ、お前にだつて、德坊にだつて、切めては人間の活計丈けはさせてえと、そりやアもう始終考へてるんだ。だけどお光、こゝが俺等が油斷だつたかも知れねえ、といふのは、お前といふ柔しい親切な女房はある、可愛い小供は出來る、斯樣處に居ても、ついぞ惡い顏を見せて呉れたこともなけれりやア、それ其可愛い手で此膝へ取付いて、父さん〳〵と慕つて呉れやうといふんだから、俺等はそれが嬉しくつて、疲れも忘れりやア、苦勞もなかつた。何んでも俺等程世に幸福なものはあるめえと思ふとな、全くだ。この窮屈な淺ましい、みじめな世帶が、俺等にやア檜造りの御殿より立派に見えたんだ。で、別に今日迄は是れと不足に思ふことのねえばかりぢやねえ、住めば都で、此位面白く樂しい處はねえと思つたが間違えよ、その柔しい親切な女房や可愛い小供を、斯様處に押籠めて、お前のいひ事ぢやアねえが、何時迄家鴨の眞似をさせる了簡だつたか、自分で自分の心が解らなくなつて來たのだ。イヤ斯樣事ぢやア全く可けねえ、お光、これから俺等も一番發してよ、屹度お前の望み通りにして見るからな、もう少との辛棒だ、我慢して見んねえ、可いか。」

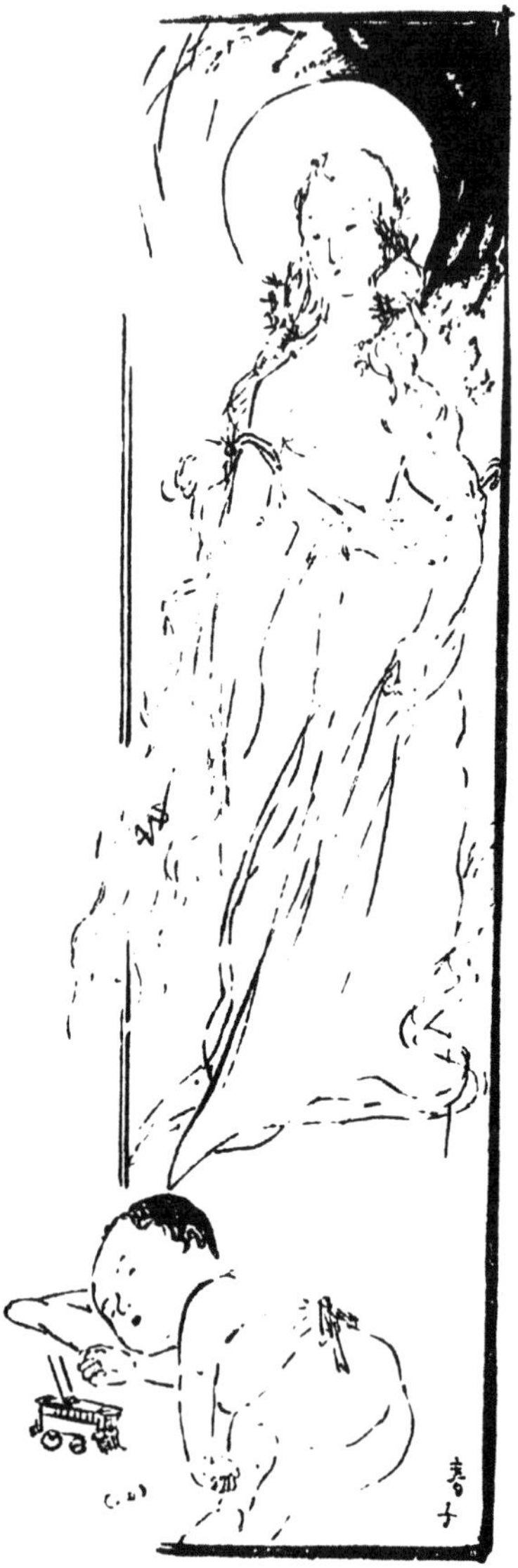

痿れ返つた浪の顔が輝くばかり、活々しくなると、お光は窃と眼を拭いた。嬉し涙であらう。

『私もお前さんと一緒なら、こゝで一生朽ち果てたつて、少つとも不足なんかありやアしないのだけれど、唯だこれが、德坊が……。」と俯目になると、

『全くだ。』と浪も一緒にお光の膝の上の寝顔を覗いた。

もう一時過ぎでもあらう。月は大分傾いて、待合の二階に戸を繰る音が立つと、鬚の生へた蛸入道のよろ〳〵踊が見えなくなつた。

『頼む、御免なさい。』

不意に男の訪づれる聲が聞えたので。夫婦は話しを歇めて、均しく棧橋の方を振向くのであつた。

『お寢みかね、頼まう。』

同時に下手に戸を敲く音がしたので

『下手に敲くと壞れるんだ、オイ、誰れだえ、今時分。』と浪藏は立上つた。

『浪藏さんといふのは、此方ですか。』

『ハア、何誰てえ。』

戸を開けると眼の前に、先刻の書生と先刻の老女が立つて、涼し過ぎる月に青白く面を晒した。

『ア、、貴客方ですかえ。』

『先刻は失禮いたしました。』と老女は威勢のない聲で、『一寸御禮かた〳〵、こんな遲くに上りまして。』

『ア、左うですかえ、御念の入つたことで。』と浪藏は笑つた。惡い心持でもないらしい。

『こゝでは、話しも出來んでせうから、甚だ失敬だが、一寸御座敷を……。』と書生はいつた。

『ハヽヽ、御覽の通りの世帶で、座敷なんぞ……。』

『何處の隅でも好うございますから。』と老女も他事なく賴むので、浪藏は思ひ切つて酒の座敷に通すと、お光は不時の珍客に慜いたが、何處と隱れ場所のあらうではなし、餘儀なく膝を搔繕ひ、抱いて居る小供を枷に使つて、兎も角も挨拶丈けを濟まし得たのである。

『先刻は有り難うございました。』と老女は叮嚀に辭儀をして、『お蔭で人一人の生命が助かりましてございます。主人も彼の事を聞きまして、出先きから飛んで歸りました。實は餘り遊び過ぎますので、自然嫁もそれを氣に病んで、彼樣取り詰めた眞似を……もう何んとも、お話しにはならないのでございます。生命長ければ耻多しとか申しますが、私なんぞもその……。』

老の涙を見せられて、浪藏もお光も、顏を上げ得ぬのであつた。老女は心付いて吾れに返へり、

『ホヽヽ、お禮が飛んだ愚痴になつて。』と淋しげに笑ひながら、德坊の寐顏に眼を移して、

『坊ちやんですね、マア肥つて、何んといふ可愛らしい。』

『ヘエ、私が自慢の悴でね。』

『お止しよ。』とお光は低く制したが、その途端に夫婦の顏が礚り出合ふと、人前ながら滿

腹の笑みが溢れるのであつた。老女は又た吻と溜息して、

『可いてせうねえ、斯うしてお仲を好く、お生計になつたら、これでこそ人は生きて居る甲斐もあらうと申すものです。私、眞個にお羨ましう存じます。』

『御笑談を仰有つちやア可けません、何んでこんな船世帯が。』と浪藏が勃然になると、老女は始めて心から微笑んで、

『左うでございませんよ。近い例しが手前どもです。そりやア此方よりは、少しは大きく派出に暮らしても居りませうがね。』

『少しどころかえ、お月さまと泥鼈だんべい。』と浪藏は槍を入れた。

『主人がそれだものでございますから、そりやアもう絶えず風も吹く、波も立ちます。餘所樣からは、よく土臺は堅いの、柱が動かないのと申されますけれど、それが貴方、半時でも搖れて居ないとはないのでございます。とう／＼今度のやうな大暴風が起つて、私なぞ、お蔭で斯樣眞夜中まで、安々寐るとも出來ず、老いさらばえた身躰を引摺つて、人樣の前へ耻を晒しに廻るのでございます。何樣に地面が厚からうが、邸宅の搆へが立派であらうが、住む人が和合しないとには、失禮ですが、此お船よりか危險で、一寸の間だつて、安心といふものはございません。』

『言つて見れば、マア左ういふ理窟ですな。』と書生も側から合槌を打つた。

『しかし、今度の事で、主人も大分後悔した樣子ですから、これからは何とかして、日和

の續くやうにと思つて居ります。これも皆貴方の御恩で、もう決して忘れは致しません、といつてお金は取つて下さらないし、若しかお差支へがなかつたら、私の邸内に引移つては下さいませんか。充分とは參りませんけれど、もう皆樣に御不自由はおさせ申さない心算でございますから。」と老女は思ひ入つて勸めたのである。

『先刻此方が金を突戻したらう。その潔白な正直な處へ、此御隱居樣も非常に御感心なされたです。幸ひ……幸ひといつちやア、語弊があるか知らんが、……此方が船の住居だといふ、それなら寧そ邸内へ移つて貰つたら何うだらう、船よりか少しは住み好いか知らんといふのでね、それで御隱居さまがお禮かた〳〵、態々相談に參られた次第だよ。』

他を貧乏人と見縊つて、これも矢張り金の傳だ。出世の綱を造らう爲め、人の生命を助けたかと思ふか馬鹿め、と浪藏一度は嚇となつたが、家鴨見たいな眞似を女房子にさせる、それが差當つて何によりも愁い。現にお光も子供可愛さの、それを歎いて居たではないか。といつて、其邸へ引移つたが最後、受けぬと何程力んで見ても、何にかにつけて人の助力を受けるやうにならう。此浪藏も男だ、筋違ひの人の助けは受けたくない、と胸はそれに極めて居るもの〻、扨ていぢらしいのは女房のお光。

『オイ、折角の御相談だ、お前御厄介になつて見る氣があるか。』と振り向くと、老女の手前面羞さうに顏を擧げ、身躰を少し傾けて浪藏の肩のあたり、人には洩れぬ程の微かな聲で、

「私、こゝの方が靜かで可いわ。また暴風が來てお邸が搖れやうもんなら、お陰で私等までが船暈つて了ふだらうから。」

「ハツハツハ、左うか、よく言つた。」と唐突に浪は高笑ひして、傍の飲みさしの杯を快くグツと乾した。嬉しさに前後を忘れたのであらう。

本誌定價表

一冊	金十二錢	郵税一錢
六冊	金六十五錢	郵税六錢
十二冊	金一圓二十五錢	郵税十二錢

本誌廣告料

一頁	半頁	四半頁
金二十圓	金十二圓	金七圓

○郵劵を以て購讀料の代用を希望せらるゝ向は其料金に一割を加へて申受べし（但郵劵代用は一錢切手に限る）

○本誌廣告扱所　京橋區南佐柄木町二番地　日本廣告株式會社

明治三十八年八月廿八日印刷
明治三十八年九月一日發行

編輯兼發行者　東京市下谷區西黒門町四番地　山口笑昨

印刷者　東京市京橋區西紺屋町廿六七番地　太田音次郎

印刷所　東京市京橋區西紺屋町廿六七番地　株式會社秀英舍

大賣捌所　東京市神田區表神保町　東京堂

大賣捌所　京都市上京區寺町通御池北入上本能寺前町卅七番戸　太田雲錦堂

白木屋呉服店御注文の栞り

白木屋呉服店は　寛文二年江戸日本橋通一丁目へ開店以來連錦たる老舗にして呉服太物一切を營業とし傍ら洋服部を設け歐米各國にまで手廣く御得意様の御愛顧を蒙り居り候

白木屋呉服店は　呉服太物各產地に仕入店又は出張所を設け精良の品新意匠の柄等澤山仕入有之又價格の低廉なるは他に比類なき事と常に御賞讃を蒙る所に御座候故に益勉強販賣仕居候且洋服部は海外各織物產地へ注文し新柄織立させ輸入致候間嶄新なる物品不斷仕入有之是等は本店の特色に御座候

白木屋呉服店は　數百年間正札附にて營業致居候間遠隔地方より御書面にて御注文被下候とも値段に高下は無之候

白木屋呉服店は　店内に意匠部を設け圖案家畫工等執務致居候に付御模様物等は御好に從ひ嶄新の圖案調進の御需めに應じ可申候

白木屋呉服店は　御紋付用御着尺物御羽織地御裾模様物等急場の御用に差支無之樣石持にて染上置候に付何時にても御紋章書入れ迅速御間に合せ調進可仕候

白木屋呉服店へ　染物仕立物等御注文の節は御注文書に見積代金の凡半金を添へ御申越可被下候

白木屋呉服店は　前金御送り被下候御注文品の外は御注文品を代金引換小包郵便にて御

送附可仕候

但し郵便規則外の重量品は通常運送便にて御届け可申候

△白木屋呉服店は當分の内絹物の運賃は負擔仕候但し清國韓國臺灣は半額申受候

△白木屋呉服店へ爲換にて御送金の節は日本橋區萬町第百銀行又は東京中央郵便局へ御振込み可被下候

△白木屋呉服店へ電信爲換にて御送金の節は同時に電信にて御通知被下候樣奉願上候

△白木屋呉服店へ御通信の節は御宿所御姓名等可成明瞭に御認め被下度奉願上候

東京日本橋通一丁目

白木屋呉服洋服店

電話本局（八十一 八十二 八十三 特四七五）

大阪心齋橋筋二丁目

白木屋支店

電話特東五四四

京都堺町通二條上

白木屋仕入店

電話特六六四

白木屋呉服店販賣
呉服物代價表

●白地類

- 白大幅縮緬（正物）　四十円より　八十円位
- 白中幅縮緬　十三円より　二十円位
- 白小幅縮緬　十円より　二十円位
- 白山繭縮緬　十四円より　二十円位
- 白蘿縮緬　十九円より　廿一円位
- 金紗縮緬　十七円より　廿一円位
- 段縮緬　十二円より　十七円位
- 鶉縮緬　十二円より　十八円位
- 白紋縮緬　十二円より　十六円位
- 白鹽瀬　十五円より　廿円位
- 白羽二重　八円より　十五円位
- 白駝羽二重　十二円より　十六円位
- 白紋羽二重　九円より　十三円位
- 白奉書紬　五円より　七円位

- 白八ッ橋織　八円より　十円位
- 白絹縮　十円より　十八円位
- 白市樂織　十二円より　十六円位
- 白本斜子　十二円より　廿円位
- 白京斜子　十四円より　廿円位
- 白川越斜子　八円より　十五円位
- 白御召　十三円より　十五円位
- 白龜綾　六円より　八円位
- 白浮織　六円より　八円位
- 白綸子　九円より　十三円位
- 白本綸子　十三円より　廿円位
- 白絹　三円五十銭ゟ　六円位
- 白紬　三円より　五円位

●御袴地類

- 茶苧袴地　十六円より　廿円位
- 附面織袴地　二十円より　廿七円位
- 八千代平　十四円より　十八円位
- 博多平　十三円より　廿円位
- 仙臺平　十円より　十八円位

- 五泉平　九円より　十一円位
- 節糸織平　五円より　七円位
- 嘉平治平　三円より　四円位
- 仙臺兒袴地　五円より　七円位

●御婦人御袴地類

- 海老茶紺紫色琥珀　十三円より　十五円位
- 同博多平　十三円より　十七円位
- 海老色繻子袴　五円より　八円位

- 色九重平袴地　十一円より　十二円位
- カシミヤ　四円五十銭ゟ　六円位
- 色毛繻子袴地　五円位

●男子御帯地類

- 綴錦織　十七円より　二十五円位
- 繻珍織　八円より　十五円位
- 博多織　四円より　十円位
- 紋織博多　六円五十銭ゟ　十円位
- 明珍織　七円より　九円位

- 厚板織　七円より　十円位
- 博多兒帯　二円より　三円位
- 風通兒帯　四円より　六円位
- 繻珍兒帯　三円より　四円位

●御婦人帯地類

- 綴錦丸帯　百円より　二百円位
- 繻珍丸帯　下品四十五円位より三百円位迄有之候

- 綴錦片側　三十円より　四十円位
- 繻珍片側　六円より　十二円位

厚板丸帶	十五圓より六十圓位
博多丸帶	十二圓より廿圓位
紋博多丸帶	十五圓より廿五圓位
幽谷織丸帶	廿五圓より百圓位
紬錦丸帶	二十圓より百圓位
黒繻子丸帶	五圓より十七圓位
黒小柳繻子丸帶	十五圓より廿圓位
色繻子丸帶	十圓より十六圓位
鹽瀬丸帶	廿圓より卅五圓位
國光織丸帶	廿圓より廿二圓位
幸織丸帶	十七圓より廿五圓位
黒本唐繻子丸帶	十二圓より十八圓位
唐繻子丸帶	十圓より十[illegible]圓位
綿繻珍丸帶	五圓より十圓位
山吹織中帶	四圓より七圓位
繻珍中帶	八圓より廿五圓位
博多中帶	七圓より十圓位

厚板片側	六圓より十二圓位
博多片側	五圓より八圓位
紋博多片側	六圓より九圓位
幽谷織片側	八圓より十二圓位
紬錦片側	八圓より十二圓位
黒繻子片側	三圓より四圓位
黒小柳繻子片側	五圓より七圓位
色繻子片側	三圓より四圓位
色紋繻子片側	五圓より六圓位
國光織片側	六圓より七圓位
日進織片側	六圓より七圓位
黒本唐繻子片側	六圓より八圓位
唐繻子片側	五圓より五圓五十錢位
綿繻珍片側	三圓五十錢ゟ四圓位
縞綿繻子片側	二圓五十錢ゟ三圓位
山吹織片側	三圓より四圓位
色小柳片側	六圓より七圓位

●縞着尺地及御羽織地類

風通御召	十六圓より廿圓位
光輝織	十二圓より十五圓位
風通四丈五尺物	廿四圓より廿八圓位
縞御召	十二圓より十五圓位
同四丈五尺物	十八圓より廿二圓位
吉野入紋御召	十七圓より十九圓位
吉野御召	十四圓より十六圓位
無地御召	十圓より十九圓位
扶桑御召	十二圓より十五圓位
大島紬	十二圓より廿五圓位
大島風通	十圓より十三圓位
風通糸織	十二圓より十五圓位
繻珍織	十四圓より廿圓位
桑都織	十三圓より廿圓位
京糸織	十二圓より十六圓位
米澤糸織	七圓より九圓位
縞斜子織	十二圓より十五圓位
縞市樂織	十三圓より廿圓位
繋糸織	十二圓より十八圓位
元龜織	十四圓より十六圓位
結城紬	九圓より十二圓位
信州紬	六圓より八圓位
上田紬	六圓より八圓位
米澤琉球	五圓より八圓位
吉野織	八圓より十圓位
富國織	十一圓より十五圓位
八端織	十二圓より十六圓位
京華織	十二圓より十五圓位
清綾織	十四圓より十六圓位
唐糸織	七圓より十六圓位
高風織	十二圓より十[illegible]圓位
プライト織	十二圓より十五圓位
伊勢崎銘仙	五圓より八圓位
秩父銘仙	四圓より六圓位
節糸織	五圓より八圓位
本八丈	六圓より八圓位
縞八丈	五圓より六圓位
飛八丈	二圓位

●友禪及染地類

中幅友禪縮緬	十三円より廿円位
小幅友禪縮緬	十三円より十八円位
玉糊縮緬	九円より十二円位
玉糊紋縮緬	十円より十五円位
板締縮緬	九円より十二円位
更紗縮緬	九円より十三円位
小紋縮緬	十円より十四円位
絞り縮緬	十円より十四円位
友禪紋羽二重	十一円より十五円位
下糊紋羽二重	九円より十三円位
色鹿子絞り	八円より十五円位
更紗羽二重	十円より十五円位
更紗斜子	八円より十二円位
更紗琫書	六円より七円位
更紗絽	三円五十錢方五円位
更紗紬	三円より四円五十錢位
更紗絹紬	四円位
更紗太織	三円より四円位
中形絽	三円より五円位
中形太織	三円五十錢方四円位
中形紬	四円より五円位
色絞り絽	三円五十錢方五円位

●色物類

紅紋駝羽二重	十円五十錢方十二円位
紅紋羽二重	十円より十二円位
色紋羽二重	八円より十円位
色絹縮	九円五十錢方十円位
紅縮緬大幅一尺	八十五錢方一円五十錢位
同中幅同	五十錢より八十錢位
同小幅同	四十五錢方六十錢位
色縮緬大巾尺	八十錢より一円卅錢位
同中幅同	四十五錢方八十錢位
同小幅同	四十錢より六十錢位
紅紋縮緬	十二円五十錢方十五円位
色紋縮緬	十円より十四円位
色絹	三円五十錢方五円位
色紬	三円五十錢方五円位

●裏地類

花色、正花、薄花、絹	三円五十錢方七円位
同秩父	三円五十錢方六円位
鼠羽二重	七円より十円位
紅羽二重	六円より十円位
木紅絹	三円五十錢方六円位
紅秩父	二円五十錢方五円位
糸好紅絹	三円より五円位
緋珍縮付胴裏	六円より十円位
時代緞子	六円より十円位
遠州緞子	五円より六円位
綾綸子胴裏	三円より四円位
織綾胴裏	三円五十錢方五円位
色甲斐絹一尺	廿錢より廿五錢位
縞甲斐絹同	二十錢より廿五錢位
給甲斐絹同	二十錢より二十八錢位
紅緞子胴裏	五円より八円位

●帛紗類

綴錦	十五円より廿五円位
御殿織	九円より十円位
九重織	八円より九円位
縮緬大帛紗	四円より五円位
紋鹽瀬裏地	三円より四円位
同中幅	一円五十錢方二円五十錢位
壁千代呂友禪	四円より五円位
鹽瀬友禪縫入	六円より八円位
袷無雙	十円より十六円位
郡内縞	一円五十錢方三円位
鹽瀬茶帛紗	一円より一円五十錢位
千歳帛紗	九十錢より一円四十錢位

●夜具地類

御納戸大形縮緬	十円より十三円位
節糸織	四円より六円位

綿綾八丈　八圓より十圓位
本八丈　六圓五十錢方八圓五十錢位
綿八丈　七圓より八圓位
郡內絹　六圓より八圓位
糸織　七圓より九圓位

銘仙　五圓より六圓位
秩父縞　四圓より六圓位
御納戸大形秩父　四圓より五圓位
岸縞　三圓より四圓位

●座蒲團地類

本緞子一枚　三圓五十錢方七圓五十錢位
大形縮緬同　三圓五十錢方四圓位
更紗縮緬同　九十錢より一圓十錢位
本八丈同　一圓五十錢方二圓位
紬染座布團同　八十錢より一圓十錢位

綾八端一枚　一圓五十錢方二圓廿錢位
綾八丈同　一圓五十錢方二圓位
銘仙同　九十錢より一圓卅錢位
秩父同　八十錢より九十錢位

●染合模樣物類

△振袖總模樣
　留袖總模樣
縮緬地　三十圓より四十圓位
紋羽二重地　三十圓より四十圓位
綸子地　廿五圓より三十五圓位
△振袖袖下模樣八掛付
縮緬地　三十圓より四十圓位

△九重染石持羽織又は着尺地
羽二重地　十五圓より十九圓位
斜子地　十三圓より十八圓位
△紺下本檳榔子染石持八掛付
縮緬地　十六圓五十錢方廿三圓位
斜子地　十四圓より十九圓位

紋羽二重地　廿五圓より卅五圓位
羽二重地　廿三圓より卅五圓位
斜子地　十九圓より三十五圓位
△留袖裾模樣八掛付
縮緬地　廿圓より卅五圓位
△男兒一ッ身腰熨斗目模樣付但し共紐付
縮緬地　十二圓より十八圓位
羽二重地　十三圓より十八圓位
斜子地　十圓より十二圓位
八ッ橋地　十圓より十三圓位
海黄地　七圓より九圓位
△女兒向一ッ身袖下模樣八掛付但し共紐付
縮緬地　十二圓より十八圓位
紋羽二重地　十圓より十五圓位
斜子地　十圓より十三圓位
海黄地　八圓より十圓位

紋羽二重地　十五圓より十八圓位
羽二重地　十五圓より廿圓位
海黄地　九圓より十圓位
△紺下本檳榔子染石持羽織又は着尺
縮緬地　十三圓より十八圓位
紋羽二重地　十圓より十三圓位
斜子地　十圓より十六圓位
羽二重地　十圓より十七圓位
△小紋染石持
縮緬八掛付　十五圓より廿二圓位
縮緬地　羽織又は着尺　十圓より十六圓位
羽二重地　羽織又は着尺　十一圓より十六圓位

●男女向長襦袢地

濱縮緬（給羽友禪）染　廿圓より廿八圓位
絹縮小幡入（給羽友禪）染　十九圓より廿五圓位

絹縮ミ（給羽友禪）染　十八圓より廿三圓位
絹縮ミ（紋り）染　廿圓より廿五圓位

●吾妻コート地類

紋御召	十六円より十九円位
無地御召	十四円より十六円位
吉野御召	十三円より十四円位
ブリイト織	十二円より十五円位
色紋紗	九円仐銭方十三円位
色綾紗	九円方十五円位

●いろ〳〵

縮緬頭巾	三円より五円位
縮緬友禅無地	五円より七円位
縮緬半襟	九十銭より二円位
縮緬帯揚	一円半銭方四円位
縮緬蹴出	四円より五円位
縮緬シゴキ地	四円より五円位
紋羽二重帯揚	一円より二円半銭位
絹縮帯揚	一円卅銭方二円位
絹縮縮緬下絲	一円半銭方二円半銭位
絞り羽二重兵兒帯	二円半銭方四円位
同縮緬兵兒帯	四円より七円位
白大幅縮緬兵兒帯	七円より十五円位
白中幅縮緬兵兒帯	五円より八円位
縮珍伊達巻	二円より四円位
博多伊達巻	一円半銭方二円仐銭位
袋物品々	

●肩掛類

縮緬縫模様	四円半銭方七円半銭位
雲井シオール	四円半銭方七円位

●絹綿交織木綿物並に毛織物類
着尺縞物類

九重御召	三円より六円位
新秩父縞	一円半銭方三円位
瓦斯御召	二円より三円位
風通瓦斯御召	五円より八円位
縺織	三円廿銭位
下登世結城	三円位
朝日紬	三円九十銭位
木場結城	一円仐銭方三円半銭位
糸入結城	二円より二円位
結城木綿	一円より一円卆銭位
武藏紬	九十五銭位
紡績縞	一円より一円仐銭位
同絣	一円半銭方二円仐銭位
新大島絣	三円より四円位
本瓦斯雙子	一円仐銭方三円半銭位
細雙子	一円卅銭方一円仐銭位
雙子織	一円より一円廿銭位
伊豫絣	一円半銭方二円位
久留米絣	二円廿銭方四円半銭位
松阪縞	九十銭より一円廿銭位

●夜具地類

熨斗横織	一円仐銭方二円半銭位
紡績夜具地	一円廿銭方一円仐銭位
松阪夜具地	六十五銭方一円廿銭位
唐草眞岡	八十銭より九十五銭位
更紗眞岡	八十銭より一円卅銭位

●座蒲團地

熨斗糸座蒲團地一枚	三四十銭位
紡績座蒲團地同	二三十銭位
絹緞子座蒲團一枚	一円より一円五十銭
絹紋綾座蒲團地同	二三十銭位

●裏地類

瓦斯甲斐絹一尺	三銭より九銭位
色眞岡	八十銭より九十銭位

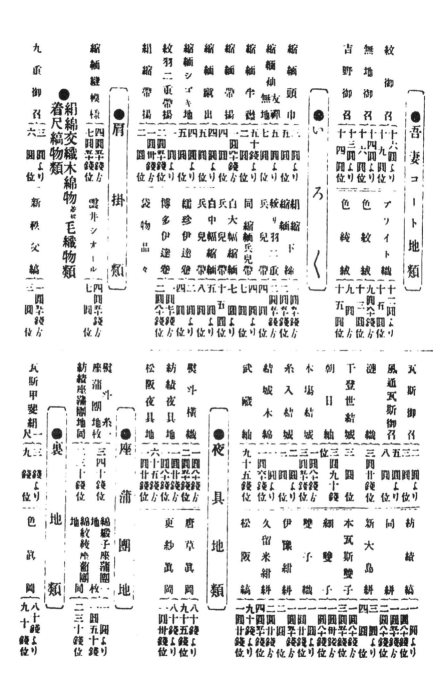

花色、正花、薄花	一圓卆錢方
新絹緞裏地	一圓仝錢位
仝羽二重金巾	八十五錢方／一圓卆錢位
瓦斯紅	九十錢より／一圓卅錢位
花色木綿	七十五錢方／九十錢位
花色金巾	七十五錢位

●袴地類

小倉袴地	一圓より／一圓卆錢位
瓦斯小倉袴地	一圓卆錢方／二圓位

●帶地類

小倉男帶	八十錢より／一圓卆錢位
風通男帶	一圓卆錢位
綿風通片側	九十五錢位

●形染物類

更紗瓦斯	一圓卆錢方／一圓卆錢位
更紗眞岡	九十錢より／一圓卅錢位
黒瓦斯斜子	一圓卅錢方
袖下模様四ツ身	一圓仝錢位
黒瓦斯斜子石持	二圓二十錢位
黒眞岡石持	一圓廿錢位

●雜類

黒綿八丈尺	十二錢より／十九錢位
白瓦斯斜子	一圓七十錢位
目倉縞	一圓卅錢方／二圓位
桃色木綿	五十錢より／七十五錢位
鬱金木綿	五十錢より／七十錢位
染手拭	五十錢位

淺黄木綿	四十五錢方／六十錢位
萌黄木綿	七十五錢方／九十錢位
白木晒	五錢より／廿錢位

●算盤珠三尺

柿色、淺黄	一重十錢位／一重十六錢位
紺	一重十二錢位／一重十七錢位

●毛織物類

木ネル（大巾・反）	五圓より／五圓卆錢位
縞セル（大巾・反）	六圓卆錢方／七圓廿錢位
唐更紗（大巾・尺）	十・錢位
新毛更紗（大巾・尺）	十八錢位
友禪モスリン（大巾・尺）	十八錢より／三十錢位
色モスリン（大巾・尺）	十六錢位
白生モスリン（大巾・尺）	十七錢位
友禪絹モスリン（大巾・尺）	三十錢位
色絹モスリン（大巾・尺）	二十五錢位
色ネル（大巾・尺）	四五十位
色カシミヤ（大巾一ヤール）	一圓四十錢位
白赤色綿ネル（大巾一尺）	十二錢位
捺染綿ネル（大巾一尺）	十四錢位
縞（紀州）綿ネル（大巾・尺）	十二錢位

西洋人向服地並に室内裝飾品

一美術製作品

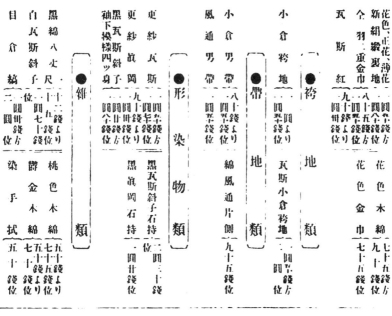

天鵞絨友禪、刺繡、綴錦、緞子製其他の扁額

屏風、衝立、窓掛、卓被及敷物類等
一婦人洋服地
緞子、紋琥珀、紅梅絹、色甲斐絹、縞甲斐絹、繻入縮緬、色羽二重等
一西洋人向特別仕立和服（男物女物共）

肩掛（白縮緬白紋壁縫入）大幅中形木綿縮窓掛地
同椅子被地、皿敷、ハンカチーフ、絹靴下
絹及皮手袋、レース男物襟巻、其他和洋服附屬品並小間物類等數限りなく取揃有之其他は御注文の際詳しく申上ぐべし

白木屋洋服店洋服目録

品名	地質	製式	價格
勅任官御大禮服	表、最上等黑無地絨 裏、白綾絹	銀鍍金消モールにて御制規の通、袴、帽子、劍、劍釣、正緒共	金二百七十圓
奏任官御大禮服	表、同上 裏、同上	同	金百八十圓
爵位御大禮服	表、同上 裏、同上	同上外に肩章付	金二百圓
陸軍御正服	表、上等濃紺無地絨 裏、黑毛朱子	御制規の通 將官 佐官 尉官	 金八十圓 金五十五圓 金四十圓
同略服	表、同上 裏、同上	同 將官 佐官 尉官	 金三十圓 金二十七圓 金二十三圓
同外套	表、同上 裏、同上（但將官ハ紅絨）	同 將官 佐官 尉官	 金三十五圓 自金二十三圓 至金二十五圓
海軍御正服	表、濃紺無地絨 裏、黑佛蘭西絹及綾絹	同 將官 佐官 尉官	 金八十五圓 金七十五圓 金六十五圓

同軍服	表、同上 裏、黒毛朱子	同 將官 佐官 尉官	金六十圓 金五十圓 金四十五圓
同上通常軍服	表、同上 裏、同上	同 將官 佐官 尉官	自金二十三圓 至金二十八圓
同外套	表、同上 裏、同上	同 將官 佐官 尉官	自金二十三圓 至金三十圓
燕尾服	表、上等黒無地絨 裏、黒佛蘭西絹	三ツ揃琥珀見返付	自金四十五圓 至金六十五圓
トキシード	表、黒朱子絨及無地絨 裏、黒佛蘭西絹	三ツ揃琥珀見返付	自金四十圓 至金四十五圓
フロックコート	表、黒無地絨或は朱子目綾絨 裏、綾絹	同	自金三十五圓 至金六十五圓
モーニングコート	表、黒、紺、斜綾絨或はメルトン、裏付朱子及ビ綾絹 裏、黒毛朱子及綾	上衣、チョキ、黒及紺ヅボン立縞	自金二十八圓 至金四十五圓
片前背廣	表、相鼠、濃鼠、霜降メルトン、スコチ或は綾絨 裏、同色毛朱子或はアルバカ	三ツ揃	自金十八圓 至金三十三圓
兩前背廣	表、黒、紺、綾メルトン或は玉ヘル及霜降太綾絨 裏、縞サーヂ	三ツ揃	自金二十圓 至金三十五圓
チーバコート	表、鼠、茶、霜降絨、同斜子綾絨 裏、共色綾絹	カクシ釦絹天鵞絨衿付	自金二十八圓 至金三十五圓
同中等	表、同上 裏、共色毛朱子及綾アルバカ	カクシ釦共ゑり	自金十八圓 至金二十五圓
ロングコート	表、ラクダ玉絨、厚地綾メルトン 裏、佛蘭西絹	ゑり及見返し袖先獺毛皮付裏綿入菱形さし縫	自金八十圓 至金百十圓
同中等	表、玉絨、厚地スコッチ 裏、縞サーヂ	頭巾付兩前	自金三十圓 至金四十五圓

インバチス	表、茶鼠霜降綾絨 裏、共色毛朱子、或は甲斐絹	和洋兼用脇釦掛	自金十八圓 至金三十圓
銃獵服	表、枯葉色スコッチ 裏、共色毛朱子	半ヅボン脚胖付三ツ揃	自金十八圓 至金三十圓
小裁海軍形	表、紺天鵞絨及紺絨 裏、毛朱子	五才位より八才迄錨縫箔付	自金六圓 至金九圓
和服用外套	表、黒、紺綾絨及霜降 裏、緞子及綾絹	英形（一名ダルマ形）（帯ヒダなし）頭巾付	自金三十五圓 至金四十八圓
同中等	表、同上 裏、甲斐絹及毛朱子	同上	自金二十圓 至金三十五圓
同角袖外套	表、同上 裏、甲斐絹	頭巾付	自金十八圓 至金二十五圓
吾妻コート	表、紺、黒紋織綾絨 裏、緞子及繻珍	被布ゑり及道行ゑり共色糸飾紐付	自金二十圓 至金三十圓
同	表、同上 裏、甲斐絹及綸子	同上	自金十五圓 至金二十圓
同	表、風通紋織、綾絲織 裏、綾綸子、紋羽二重	同上	自金二十三圓 至金三十圓
判、検、辯護士法服	表、黒絹セル、及琥珀 裏、黒甲斐絹スベリ	正帽付制規の縫箔	自金十六圓 至金二十八圓
學校用御袴	表、海老色カシミヤ、セル	單仕立太白糸腰紐	自金三圓五十錢 至金五圓五十錢

夏服

フロックコート	表、黒絹絨薄綾絨メルトン、ヅボン縞絨 裏、佛蘭西絹、綾絹	上衣チヨッキ黒（但シ脊抜キ）ヅボン立縞	從金三十五圓 至金四十二圓
仝中等	表、黒薄綾絨仝絹セルメルトン、ヅボン縞セル 裏、アルパカ	仝	從金二十五圓 至金三十圓

モーニングコート	表、黒紺絹絨仝薄綾絨メルトン 裏、佛蘭西絹、綾絹	仝	從金三十三圓 至金三十八圓
仝中等	表、黒絹薄綾絨仝絹セル、メルトン 裏、アルパカ	仝	從金二十五圓 至金三十圓
脊廣	表、茶鼠霜降薄綾絨縞綾絨、色綾メルトン 裏、共色アルパカ	三ッ揃	從金二十二圓 至金二十五圓
仝中等	表、茶鼠霜降セル、仝縞セル 裏、共色アルパカ	仝	從金十七圓 至金二十圓
チーバコート	表、茶鼠霜降メルトン仝薄綾絨セル 裏、絹アルパカ	カクシ釦脊拔キ	從金十四圓 至金二十圓
仝單	表、茶鼠アルパカ白獻純	カクシ釦	從金十圓 至金十三圓
雨具外套	ゴム絨頭巾付		從金十九圓 至金二十六圓
白チョッキ	表、紋リン子ル	貝釦取ハズシ付	從金三圓 至金四圓
單脊廣上衣	表、黒紺鼠絹絨仝アルパカ白獻純	上衣一枚	從金七圓五十錢 至金十五圓
インバネス	表、鼠茶霜降綾絨縞セル仝アルパカ スベリ絹かいき	和洋服兼用	從金十一圓 至金二十三圓
半チョッキ	表、黒琥珀、白羽二重		從金二圓五十錢 至金五圓
和服外套	表、茶鼠霜降及ビ縞薄絨、セルアルパカ、 裏、スベリかいき	無頭巾折エリ立エリ	從金十二圓 至金二十圓
仝角袖外套	仝上	無頭巾カクシ釦	從金十一圓 至金十七圓
東コート	表、淡色絹絨仝セル及縞アルパカ 裏、スベリかいき		從金十圓 至金二十圓

單羽織	表、縞セル霜降セル 裏、スベリかいき		從金七圓五十錢 至金十一圓
和服單衣	表、縞絹セル絽セル共		從金七圓八十錢 至金九圓
仝	表、縞英フラ子ル		從金四圓六十錢 至金六圓五十錢
判、檢、辯護士法服	表、黑紋絽仝紋紗絹セル、アルパカ	正帽付制規の縫箔	從金十四圓 至金二十五圓
學校用御袴	表、海老茶紫其他淡色各種	單仕立太白糸腰紐	從金四圓 至金五圓五十錢
女兒服	表、グレナヂン、キャンブリック、アートマスリン等	二才ゟ五才迄	從金二圓五十錢 至金四圓五十錢
		六才ゟ十才迄	從金四圓 至金八圓

右之外陸海軍各學校御制服等御好ニ應シ入念御調製可仕候

◎白木屋呉服店　大阪支店ハ當分呉服類而已取扱居リ候間洋服御用ノ際ハ東京本店洋服部へ御注文願上候

◎白木屋呉服店　大阪支店へ爲替ニテ御送金ノ際ハ大阪今橋貳丁目鴻池銀行又ハ大阪心齋橋局へ御振込願上候

白木屋洋服店販賣

小間物目錄

●ズボン釣、胴締メ

並物	一本に付	自八十五錢 至一圓廿錢
ゴム引	一本に付	自一圓 至三圓五十錢
絹製	一本に付	自一圓八十錢 至三圓
革製胴〆	一本に付	自一圓五十錢 至貳圓四十錢

●メリヤス類

鼠毛メリヤスシヤツ	一枚に付	自一圓三十錢 至貳圓七十錢
全ズボン下	一足に付	同斷
白毛メリヤスシヤツ	一枚に付	自一圓七十錢 至三圓二十錢
全ズボン下	一足に付	同斷
白綿メリヤスシヤツ	一枚に付	自一圓 至一圓三十錢
全ズボン下	一足に付	同斷
白麻メリヤスシヤツ	一枚に付	自一圓七十錢 至二圓
全ズボン下	一足に付	同斷
縞メリヤスシヤツ	一枚に付	自一圓二十五錢 至一圓五十錢
網目メリヤスシヤツ	一枚に付	自一圓二十錢 至二圓三十錢
全ズボン下	一足に付	同斷
クレープシヤツ	一枚に付	自二圓 至二圓五十錢
全ズボン下	一足に付	自二圓五十錢 至二圓九十錢
全婦人用	一枚に付	自一圓九十錢 至二圓四十錢
婦人海水浴着	一枚に付	自一圓二十五錢 至一圓六十錢
メリヤスサルマタ	一足に付	自一圓十錢 至一圓三十錢

●手袋類

女物絹製	一組に付	自九十錢 至二圓三十錢
同半手	一組に付	自七十五錢 至一圓五十錢
同綿製	一組に付	自四十三錢 至九十五錢
女物半手	一組に付	自二十八錢 至三十八錢
男物	一組に付	自四十八錢 至一圓五十錢

●ハンカチーフ類

麻製	一ダース	自二圓三十錢 至五圓
キヤンブリツク製	一ダース	自八十錢 至一圓五十錢
同大判物	一ダース	自三圓三十錢 至四圓八十錢
同婦人物	一ダース	自一圓十錢 至一圓三十五錢
同模樣付	一ダース	自一圓三十錢 至一圓五十錢
姓頭文字入	一ダース	二圓九十錢
洋羽二重色物	一ダース	自一圓十錢 至一圓三十錢
同美人寫眞入	一ダース	一圓四十錢
體育模樣	一ダース	七十五錢
舞踊模樣	一ダース	七十五錢
絹製	一枚に付	自四十五錢 至八十錢
同大判物	一枚に付	自一圓 至一圓八十五錢
縫模樣	一枚に付	自一圓 至一圓五十錢
戰捷紀念	一枚に付	四十五錢

●タヲール（入浴用）

和製	一枚に付	自十四錢 至三十三錢
舶來模樣入	一枚に付	八十三錢
舶來物	一枚に付	自三十三錢 至九十錢

●レース類

細物	一ヤード	自十錢 至三十錢
巾廣	一ヤード	自十錢 至一圓十錢
縫テツプ	一ヤード	自二錢五厘 至七錢

●毛布類

白毛布	二枚續き	自十三圓五十錢 至十七圓五十錢
鼠毛布	二枚續き	十一圓

●ホワイトシヤツ

並物	一枚に付	一圓八十錢
上等物	一枚に付	二圓八十錢

總麻 一枚ニ付（自六圓 至九圓）
縞物 一枚ニ付（二圓五十錢）

●膝掛類

縞格子セル製（自八圓五十錢 至十二圓）

●ショール類

綿物 一枚ニ付（自一圓四十錢 至一圓八十錢）
絹製 一枚ニ付（自二圓三十錢 至三圓五十錢）

●櫛、簪、造花、類

ゴム製 一個ニ付（自八錢 至九十錢）
櫛其他 一個ニ付（自十二錢 至八十錢）
造花簪
製花帽子飾 一個ニ付（自四十五錢 至二圓）

●化粧品類

香水 一個ニ付（自四十七錢 至五圓）
香油 一個ニ付（自四十五錢 至一圓三十五錢）
ブリランチン（油ニ香水ヲ交ゼシモノ） 一個ニ付（自三十五錢 至一圓十錢）
石鹸 一個ニ付（自十二錢 至一圓廿錢）
歯磨 一個ニ付（自二十五錢 至五十三錢）
コスメチツク 一本ニ付（自二十錢 至八十五錢）
バンドリン及リスリン 一個ニ付（自二十錢 至三十二錢）
楊枝 一本ニ付（自十三錢 至三十八錢）
洗面香水 一個ニ付（自五十八錢 至一圓三十錢）
水白粉 一個ニ付（自三十九錢 至四十五錢）
練白粉 一個ニ付（十二錢）
紙白粉 一個ニ付（三、八錢）
粉白粉 一個ニ付（自二十五錢 至八十八錢）
洗粉 一個ニ付（三十三錢）
ポツト 一個ニ付（自三十八錢 至五十錢）
櫛 一枚ニ付（自十八錢 至三十五錢）

●女兒服、飾帽子

キヤンブリツク製 一枚ニ付（二三才より十才迄）（自二圓五十錢 至四圓）
アートマスリン製 一枚ニ付（二三才より十才迄）（自三圓八十錢 至五圓五十錢）
生地モスリン製 一枚ニ付（二三才より十才迄）（自三圓三十錢 至五圓）
飾帽子 一個ニ付（自三圓九十錢 至五圓五十錢）

●雜品之部

空氣枕 一個ニ付（自二圓三十錢 至三圓廿錢）
小兒涎掛 一枚ニ付（自三十五錢 至二圓十錢）
國旗 一枚ニ付（自四十八錢 至三圓）
モスリン製（巾ハ一布、一布半、二布）
木綿縮シヤツ上下 一組ニ付（自二圓三十錢 至四圓八十錢）
半チヨツキ 一枚ニ付（自二圓七十錢 至五圓）
インバネス 一枚ニ付（自十二圓五十錢 至十二圓）

●襟飾

舶來結び下げ 一本ニ付（自一圓三十錢 至二圓）
同蝶形 一本ニ付（自一圓三十錢 至一圓八十錢）
ダービー（フオーアインハンド） 一本ニ付（自一圓五十錢 至三圓五十錢）
縮緬製ダービー 一本ニ付（自九十錢 至一圓三十錢）
和製結び下げ 一本ニ付（自五十錢 至八十錢）
同蝶形 一本ニ付（自三十五錢 至六十錢）
同ダービー（フオーアインハンド） 一本ニ付（自六十錢 至九十錢）

●鉛、飾ピン類

カフス釦（リンク） 一組（自六十錢 至二圓八十錢）
同金、及ビ白金製 一組（自十圓 至二十五圓）
飾ピン 一本ニ付（自五十錢 至五圓）
胸釦 一組（自五十錢 至一圓八十錢）
カラ釦 一個ニ付（自十錢 至四十五錢）

●靴下類

メリヤス長物（自八十錢 至一圓五十錢）
並物（自三十五錢 至七十錢）
麻製（自五十錢 至一圓）
絹製（自一圓九十錢 至二圓五十錢）
小兒物（自三十錢 至九十錢）

●リボン類

一吋半巾模様物 一ヤード（自三十錢 至五十錢）
同水波 一ヤード（自三十五錢 至五十五錢）
細目各種 一ヤード（自八錢 至二十錢）
一吋巾模様物 一ヤード（自二十錢 至三十五錢）
同水波 一ヤード（自二十錢 至三十五錢）

御注文用箋

白木屋洋服店

明治卅　　年　　月　　日

御宿所貴名	服名	地質見本番號	見積金額

摘要

御注意

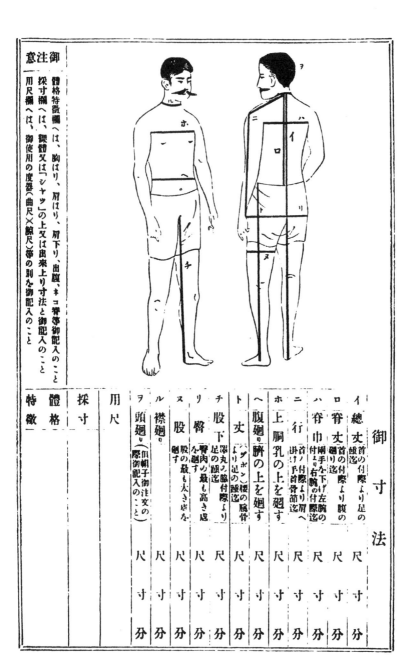

一　體格特徴欄へは、胸はり、肩はり、肩下り、出腹、ネコ背等御記入のこと
一　採寸欄へは、裸體又は「シャツ」の上又は出來上り寸法と御記入のこと
一　用尺欄へは、御使用の度器（曲尺）（鯨尺）等の別を御記入のこと

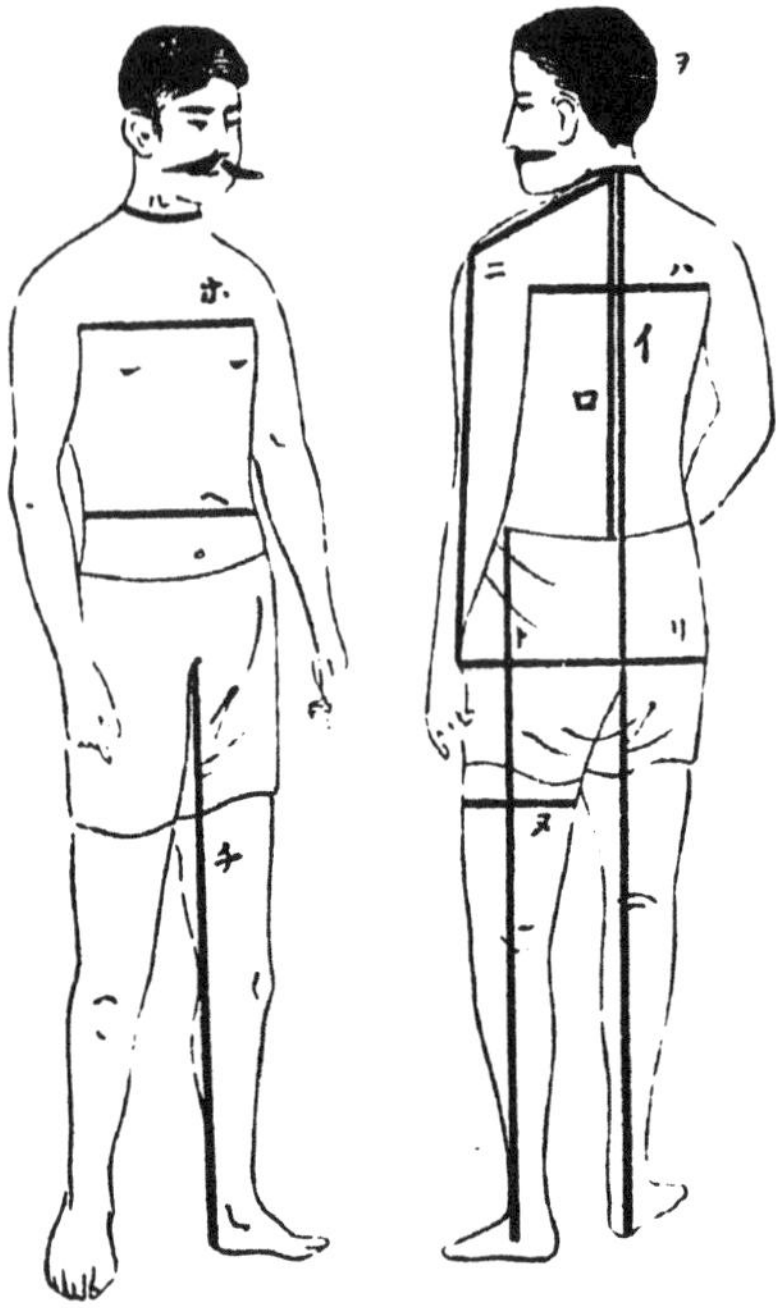

御寸法

イ	總丈	首の付際より足の踵迄	尺	寸	分
ロ	脊丈	首の付際より腹の廻り迄	尺	寸	分
ハ	脊巾	兩手を下げ左腕の付より右腕の付際迄	尺	寸	分
ニ	行	首ノ付際より肩へ掛け手首骨節迄	尺	寸	分
ホ	上胴	乳の上を廻す	尺	寸	分
ヘ	腹廻り	臍の上を廻す	尺	寸	分
ト	丈	（ヅボン）腰の腕骨より足の踵迄	尺	寸	分
チ	股下	睾丸の脇付際より足の踵迄	尺	寸	分
リ	臀	臀肉の最も高き處を廻す	尺	寸	分
ヌ	股	股の最も太き處を廻す	尺	寸	分
ル	襟廻り		尺	寸	分
ヲ	頭廻り	（但帽子御注文の際御記入のこと）	尺	寸	分

用尺	
採寸	
體格特徴	

注文書

男子
女子 用衣裳又は羽織等

年齢

用途

品柄

好みの色

好みの柄

紋章幷大さ及び數

好みの模樣

惣模樣

腰模樣

裾模樣

江戸褄模樣

奴褄模樣

袘模樣

仕立寸法

丈

袖

ゆき

口明

袖幅

袖付

前幅

後幅

衽幅

衽下り

衿幅

褄下

袘の厚さ

人形

紐付

前下り

紐下

備考

右注文候也

住所

明治　年　月　日

姓名

白木屋呉服店地方係中

註文書

注意

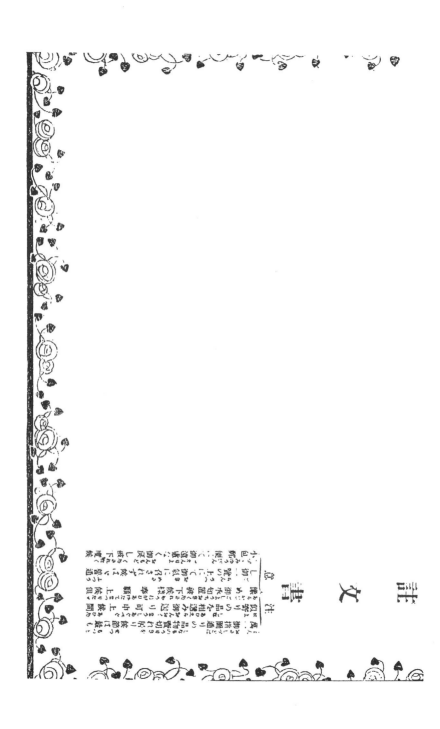

萬一御指圖通りの品物賣切れ居り候節は最も似寄りの品を相選み御送り可申上候間豫め御承知置被下候樣　奉願上候但し御一覽の上にて御氣に召されず候はゞ普通小包郵便にて御遠慮なく御戻し被下度候

右注文候也

住所

姓名

白木屋呉服店地方係中

北辰社牛乳は最も滋養に富む
明治十九年二月十四日
一等賞を受く
蒸熱殺菌
牛乳
一合金五錢
麴町區飯田町
北辰社
電話番町三五四
明治十九年二月十四日
一等鑑定狀を受く
北辰社精製のバタは味佳良

高等香油
チヱリーオイル
紳士貴婦人令孃用
此香油は無色透明にてさらくとして水の如し、故に紳士は勿論、貴婦人令孃間に目下大いに流行せる彼の束髪用としては最も高評を博しつゝあり
定價 大一本六十五錢 中一本四十五錢 小一本二十五錢 ○郵税十錢
賣捌所は全國到る處の賣藥店小間物化粧品店にあり
發賣元 東京市日本橋區本町二丁目 芳香藥種問屋
高橋初次郎商店
特電本局四一三番
OIL

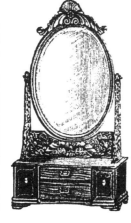

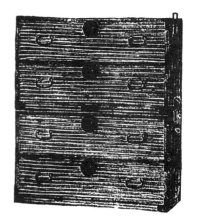

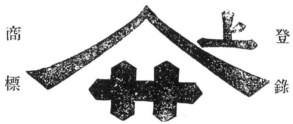

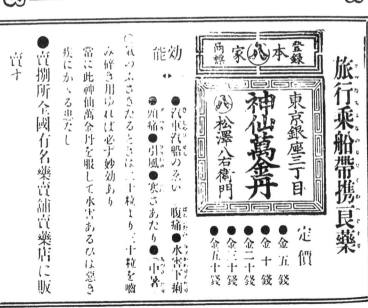

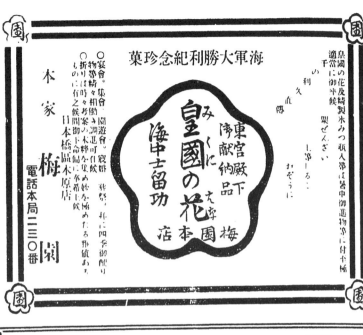

白熱瓦斯燈は光力五十燭光以上を有し瓦斯代は**一時間九厘餘**に過ぎず石油ランプよりも費用は遥に低廉なり

瓦斯竈は本社の發明品にして專賣特許を得二升の米は瓦斯代僅かに**一錢三厘**時間は**十八分**にして炊くを得べく安全と人手を省き瓦斯と水道は家庭は勿論料理店旅宿其他飲食店の必用缺くべからざるものとなれり

瓦斯七輪、燒物器、西洋料理器も使用輕便瓦斯代は木炭よりも遥に低廉なり

燈火及炊事器工事費は極めて低廉にして御申込次第工事費見積書御送付可申上候

▲▲▲瓦斯器陳列所　縱覽御隨意▲▲

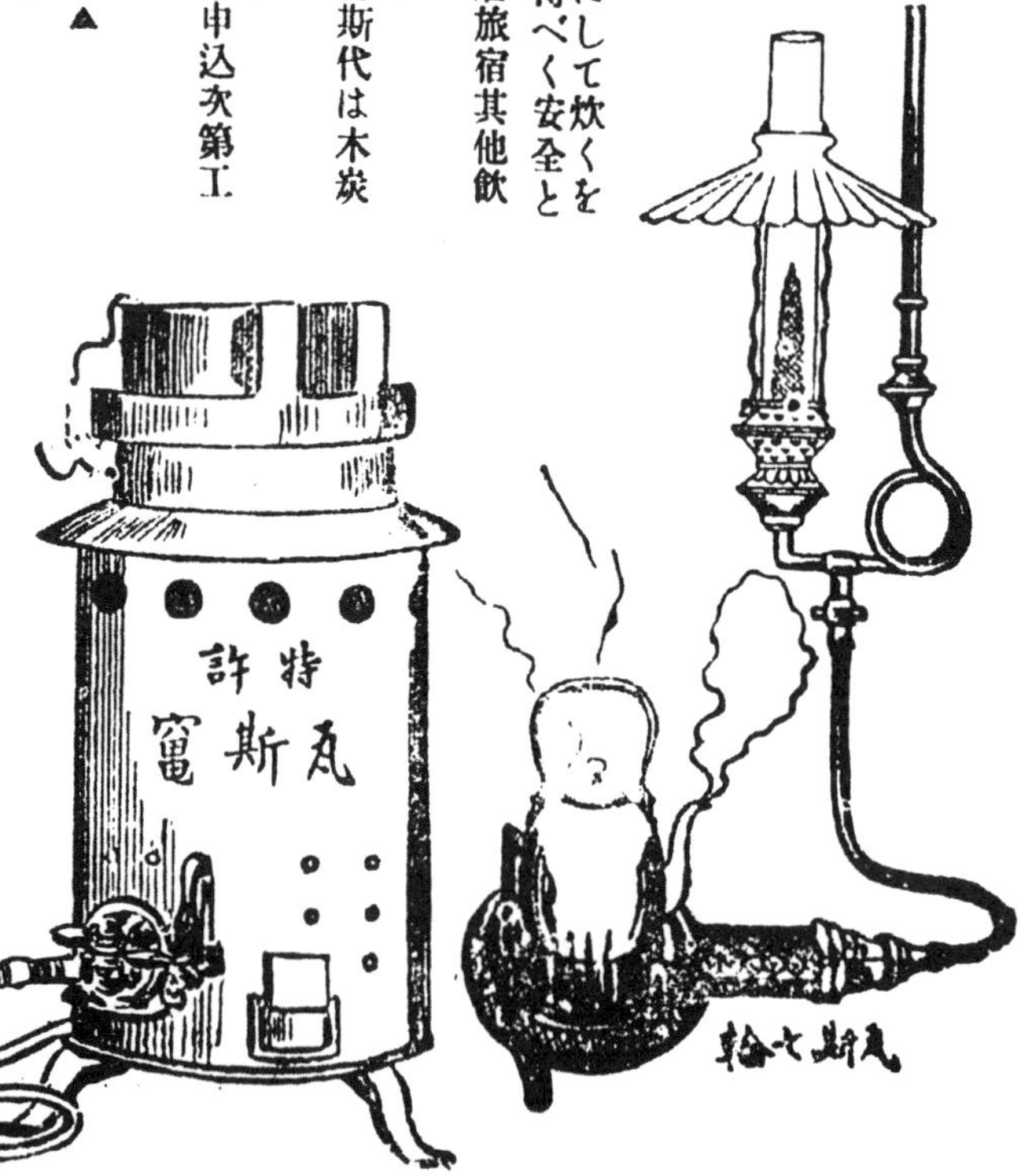

神田區錦町三丁目

東京瓦斯株式會社

電話本局 一三〇 五四八〇 五七〇

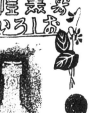

ムスク香水
芳香の永く保つ点に於て
其名冨士の山より高し
色白くつやをだす
ホーサン石鹸
大形二十錢小形十錢
大瓶壹円
中瓶六十五錢
小瓶廿五錢
東京本石町四
松澤常吉化粧品部

御菓子司
玉うさぎ
一斤五十錢
三笠山
一個二錢
たそがれ
五個一錢
あゆ
一斤五十錢
日本橋區通旅籠町
梅花亭森田
電話浪花七五壹

● 福原有信 歯磨石鹸

煉製大廿五錢 同小十五錢 粉製十五錢 袋入三錢

● 新製 旅行携帯用衛生歯磨 ゴム器入一個三十錢

● 新製 洗浴化粧液（エリノイン）（花の露）一瓶八十錢

本品は高尚なる芳香薬及び軟和剤の配伍し有れば朝夕盥嗽及び洗浴に際し此液を用ゆれば如何なる水と雖も皮膚をあらし肌色を損ずるとなく色を白くし天性よりも麗はしき色つやを生ず殊に殺菌消毒の効力を有せば當季衛生上缺く可からざる逸品也

● ひげ油（プロチミン）（住の江）三個箱入九十錢

髯毛に用ひ給へば適當の粘力を生じ随意の形狀を保ち且在來の品とは異り洗去ること容易なり

● ふけとり香水（ラウリン）（花たちばな）三個箱入一圓八十錢

本品を常に御用ひたまわらば第一剛き毛髪を柔軟たらしめ且つ汚れを淨め永く清潔の狀を保たしむ

● あかとり香油（アチモシン）（春風油）三個箱入一圓二十錢

頭髪の汚れを容易に梳き去るが故に髪を洗ふの煩勞なし故に病中病後御使用には至極好適の良品也

高等化粧水 フイテルミン

三個箱入七十五錢

本品は高等化粧料中の化粧品なれば貴婦人令孃方の御常用に適し皮膚を艶美滑澤ならしむる効あり

● うがひ水（エオソン）（しのゝめ）三個箱入九十錢

第一口腔を清潔にし粘液を去り臭氣を防止し一名水はみがきとも云ふ

● 改良水油（オイトリキシン）（花かづら）三個箱入一圓二十錢

在來の香油の如く髪にねばりを生ぜず毛髪の光澤を艶美ならしむ

● 凡て美麗なる箱入としたれば御進物用には至極適當の良品なり

● 取次販賣店は全國化粧品店小物店藥店に販賣致居候

處方調劑・藥品器械・衛生材料・化粧品問屋

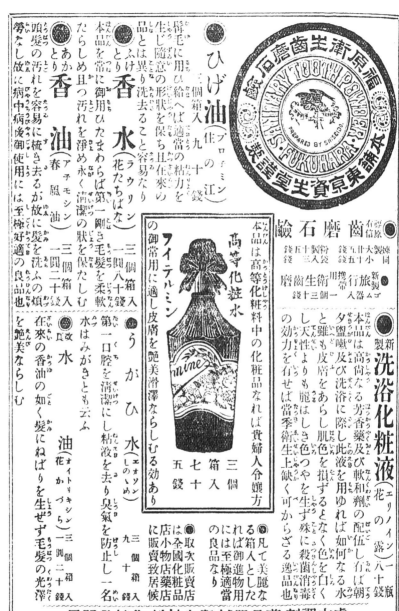

本舗 東京市新橋出雲町角 電話新橋三二四番 資生堂 福原有信

家庭のしるべ

第十五號

明治三十七年七月四日第三種郵便物認可
明治三十八年九月一日發行（毎月一回一日發行）

『家庭の志る遍』第一六号（一九〇五〈明治三八〉年一〇月）

家庭乃志るべ
第十六号

目　次

裁縫指南は本月休掲し次號には必ず掲載す

本誌定價表

一冊	金十二錢	郵税一錢
六冊	金六十五錢	郵税六錢
十二冊	金一圓二十五錢	郵税十二錢

本誌廣告料

一頁	金二十圓
半頁	金十二圓
四半頁	金七圓

○郵券を以て購讀料の代用を希望せらるゝ向は其料金は一割を加へて申受べし（但郵券代用は一錢切手に限る）

○本誌廣告扱所　京橋區南柄木町二番地　日本廣告株式會社

明治三十八年十月八日印刷
明治三十八年十月十日發行

編輯兼發行者　東京市下谷區西黒門町四番地　山口笑昨
印刷者　東京市京橋區西紺屋町廿六七番地　太田音次郎
印刷所　東京市京橋區西紺屋町廿六七番地　株式會社秀英舍
大賣捌所　東京市神田區表神保町　東京堂
大賣捌所　京都市上京區寺町通御池北入上本能寺前町卅七番戸　本田錦雲堂

五等　京都　池垣專助君

三等　京都　大西竹之進君

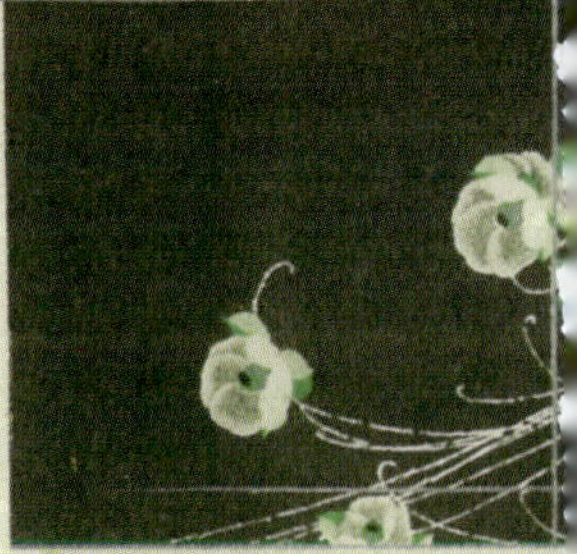

京　木村春甫君

一等　京都　藤原清親君

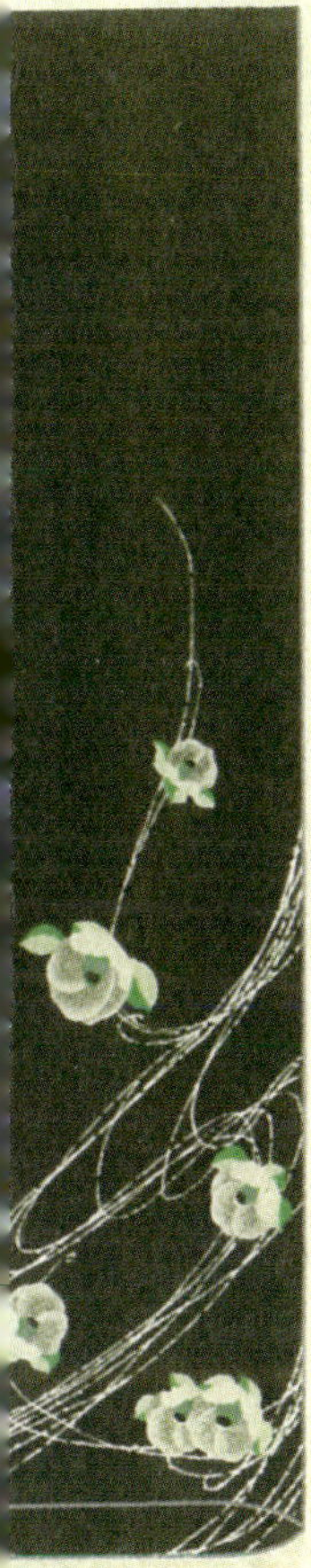

二等　東

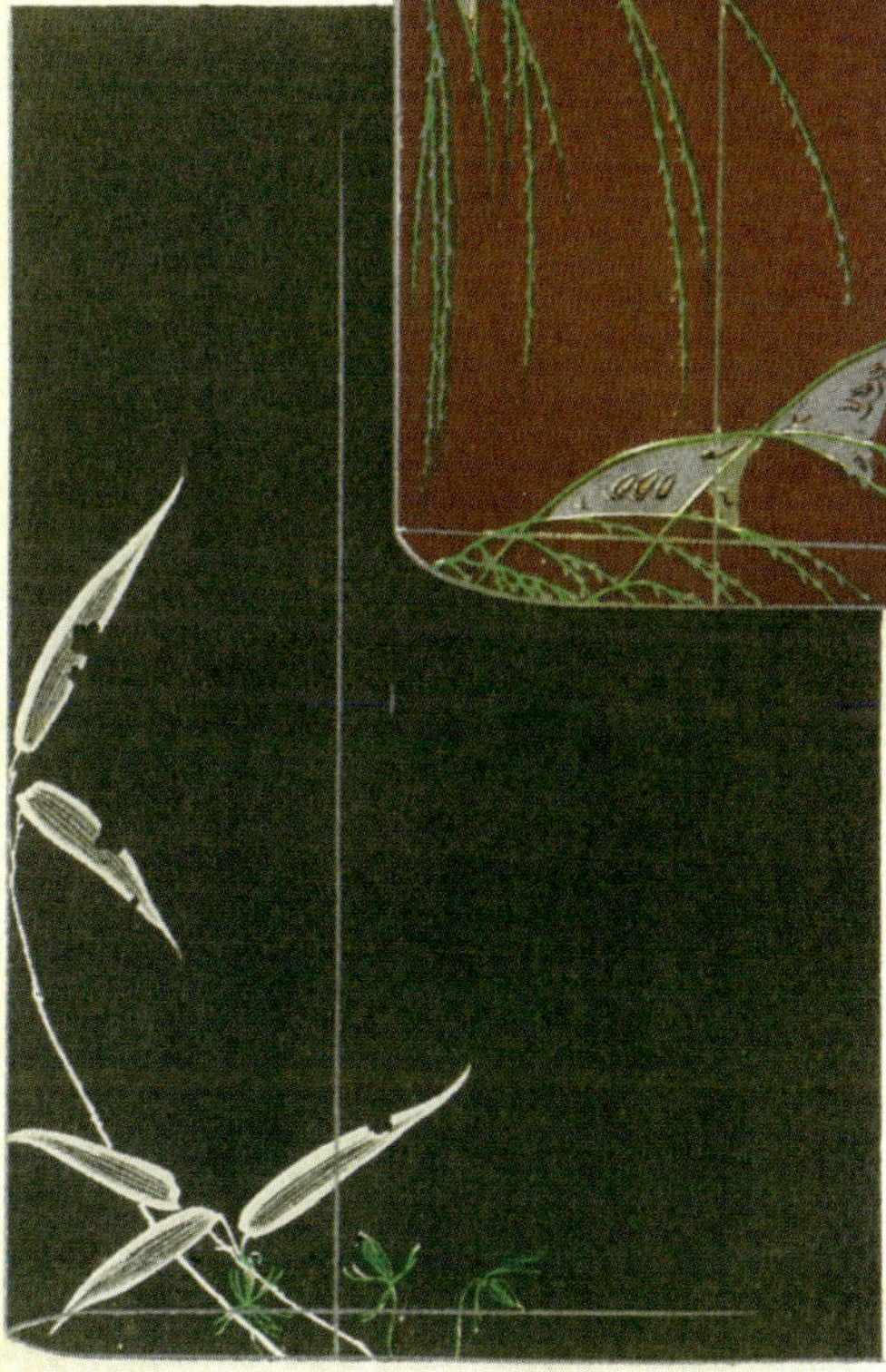

四等　京都　福井榮太郎君

第六

[illegible]原[illegible][illegible]君

第七

池田專助君

第八

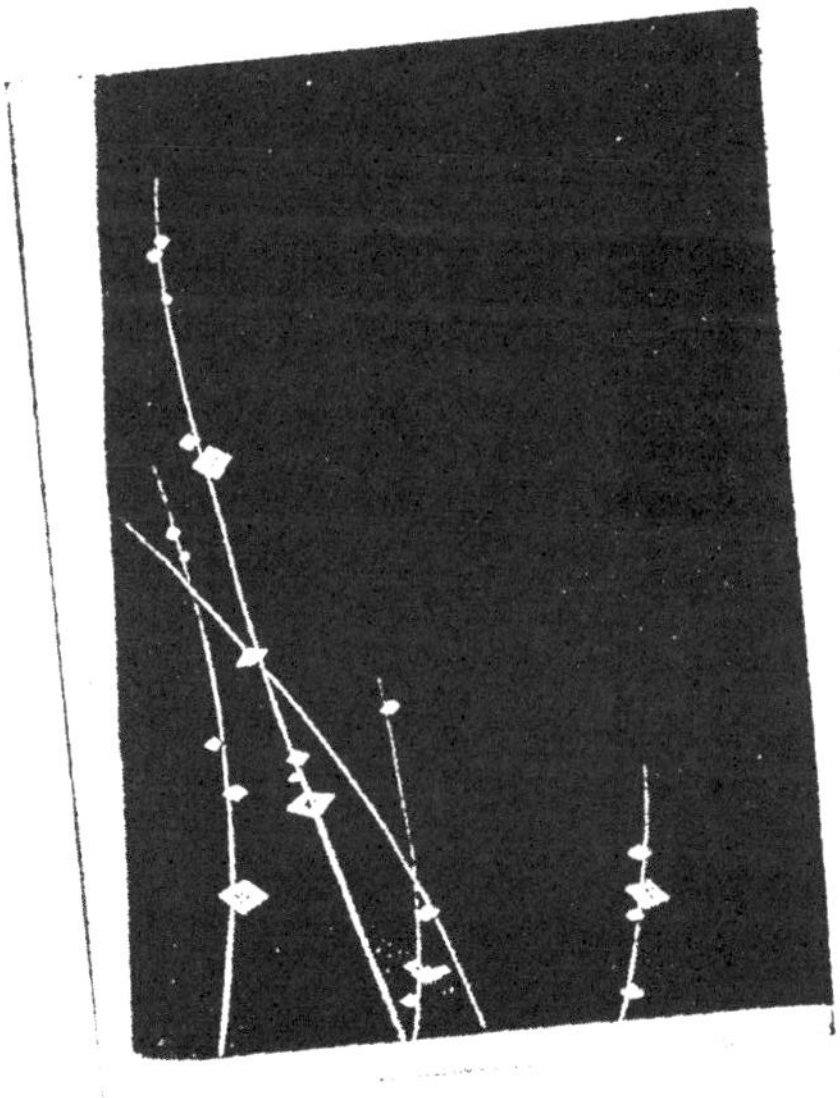

[illegible]山文英君

第九

池田專助君

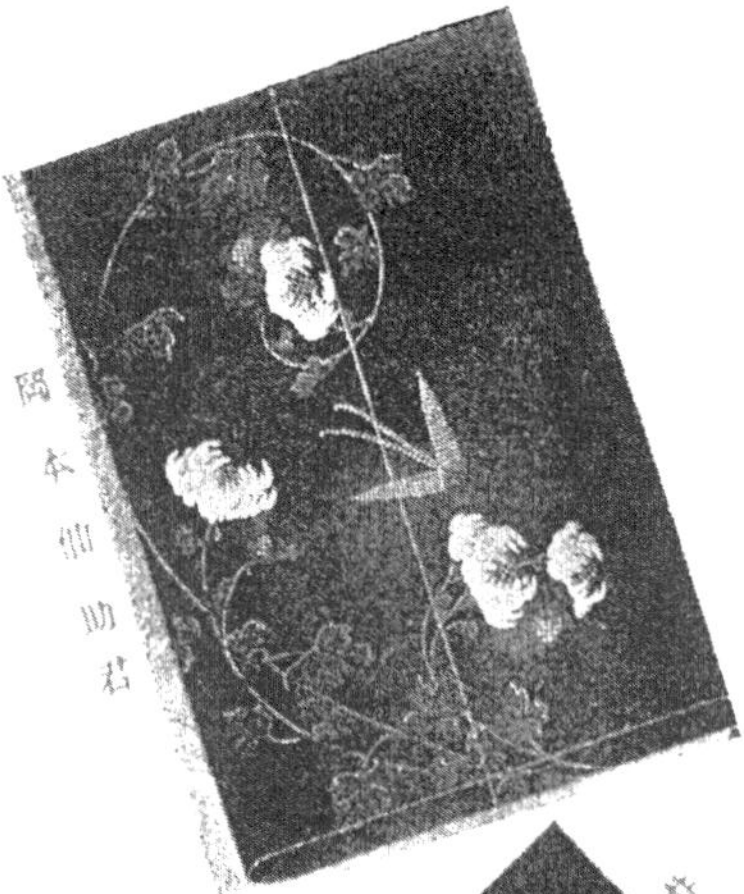
岡本仙助君

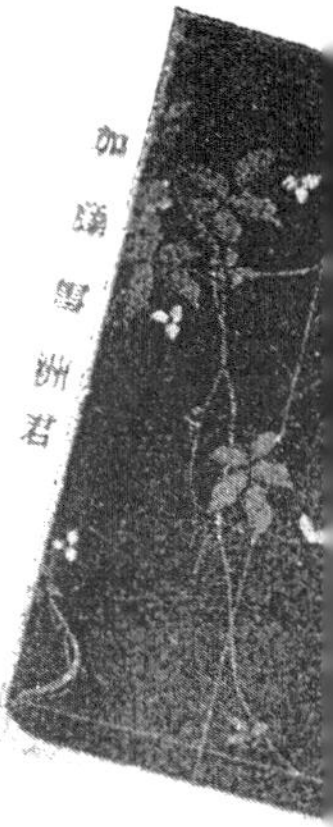
加須雪洲君

井上文九郎君

田中益栄君

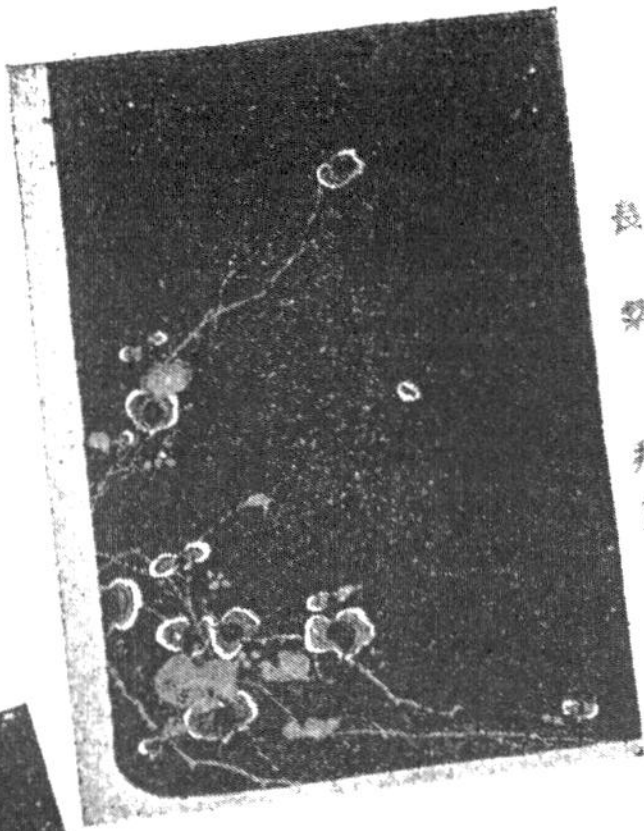

長榮邦君

岡本信助君

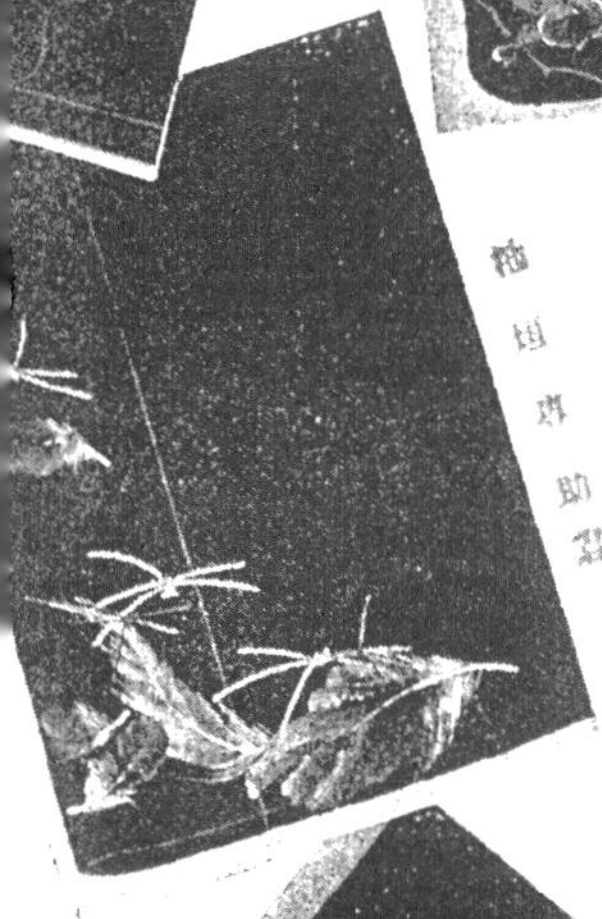

梅田卓助君

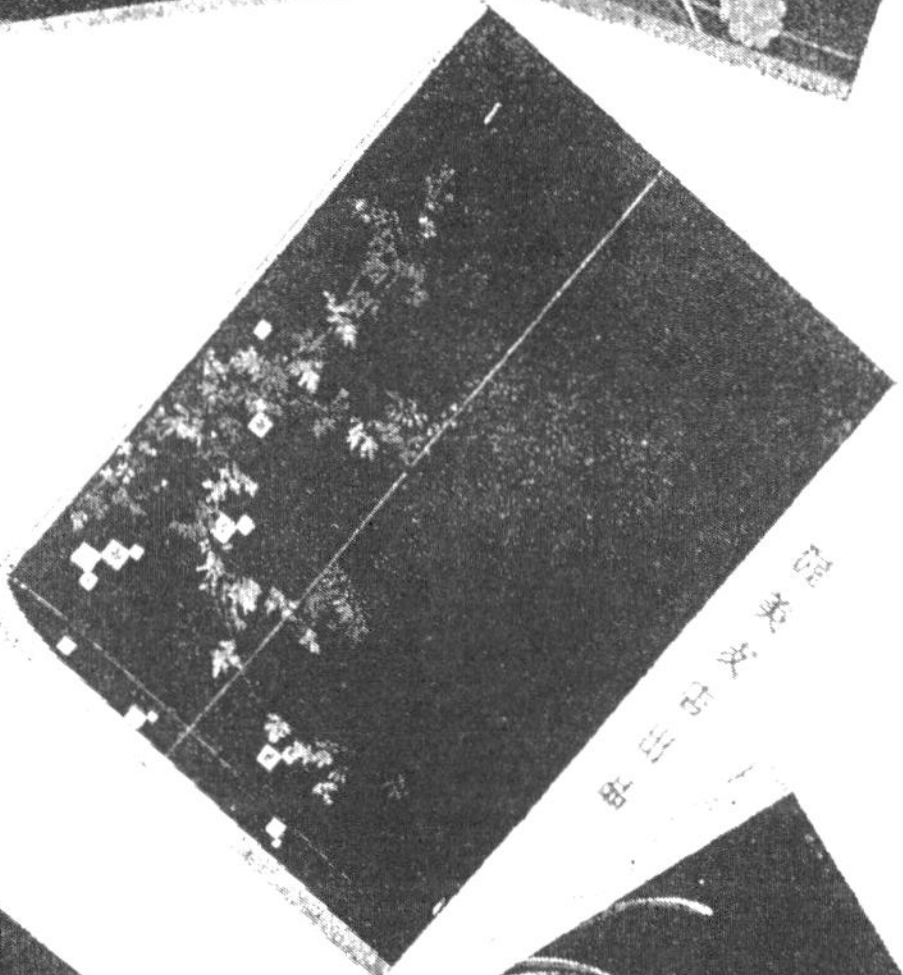

信美文吉三君

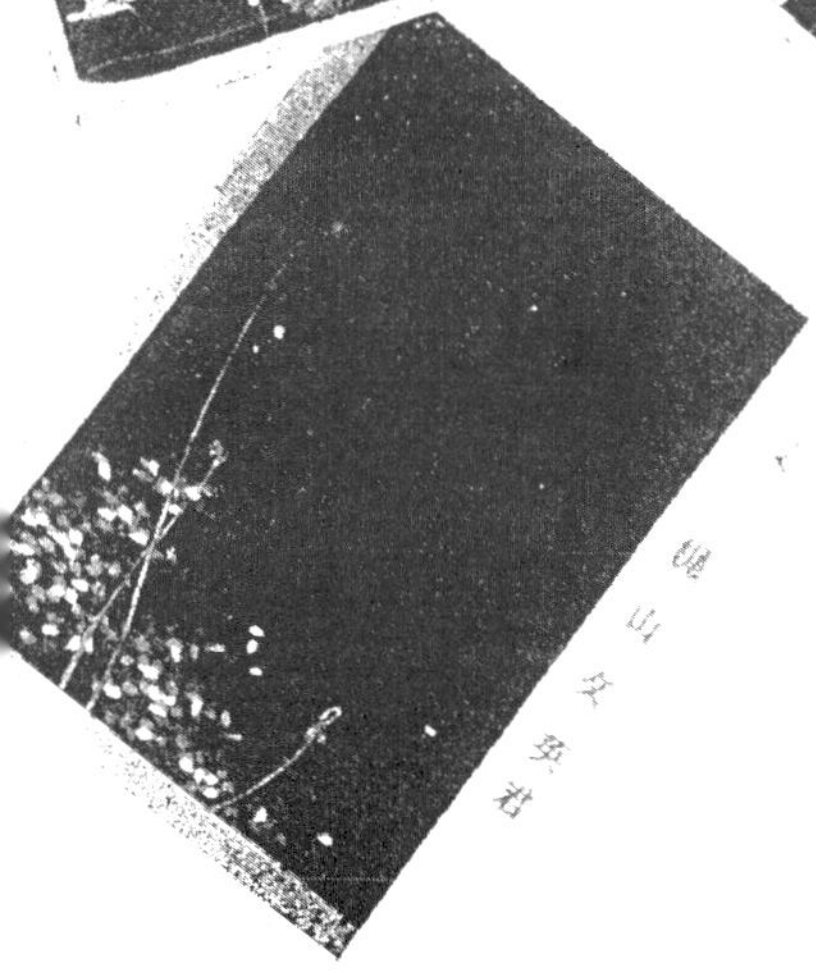

堀山又夾君

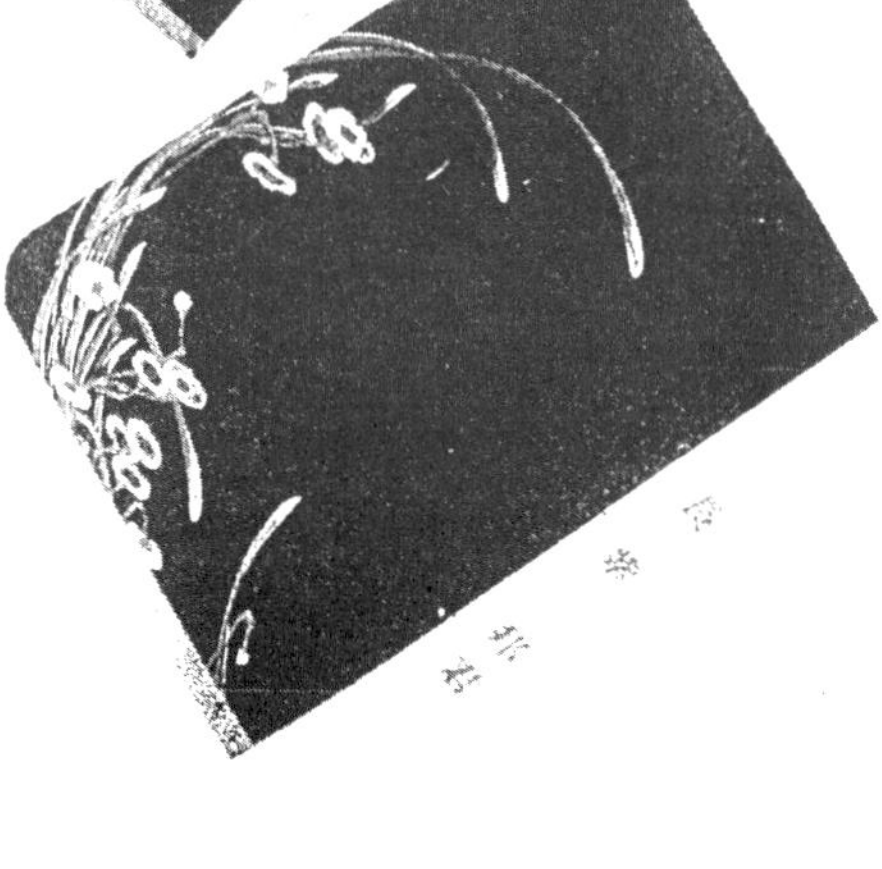

長榮邦君

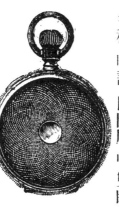

福原衛生歯磨石鹸

FUKUHARA'S SANITARY TOOTH POWDER

PREPARED BY SHISEIDO

本舗東京資生堂謹製

● 福原有信 歯磨石鹸

煉製大廿五錢 同小十五錢 粉製十五錢 袋入三錢

● 新製 携帯用 旅行 衛生歯磨

ゴム器入 一個三十錢

● 新製 洗浴化粧液（エリノイン）（花の露） 一瓶八十錢

本品は高尚なる芳香薬及び軟和劑の配伍し有ば朝夕盥嗽及び洗浴に際し此液を用ゆれば如何なる水と雖も皮膚をあらし肌色を損ずるとなく色を白くし天性よりも麗はしき色つやを生ず殊に殺菌消毒の効力を有せば當季衛生上缺く可からざる逸品也

● ひげ油（プロチミン）（住の江） 三個箱入九十錢

髭毛に用ひ給へば適當の粘力を生じ随意の形状を保ち且在來の品とは異り洗去ること容易なり

● ふけとり香水（ラウリン）（花たちばな） 三個箱入一圓八十錢

本品を常に御用ひたまわらば第一剛き毛髪を柔軟たらしめ且つ汚れを淨め永く清潔の狀を保たしむ

● あかとり香油（アチモシン）（春風油） 三個箱入一圓二十錢

頭髪の汚れを容易に梳き去るが故に髪を洗ふの煩勞なし故に病中病後御使用には至極好適の良品也

● 高等化粧水 ツイテルミン 三個箱入七十五錢

本品は高等化粧料中の化粧品なれば貴婦人令嬢方の御常用に適し皮膚を艶美滑澤ならしむる効あり

● うがひ水（エオソン）（しのゝめ） 三個箱入九十錢

第一口腔を清潔にし粘液を去り臭氣を防止し一名水はみがきとも云ふ

● 改良水油（オイトリキシン）（花かづら） 三個箱入一圓二十錢

在來の香油の如く髪にねばりを生ぜず毛髪の光澤を艶美ならしむ

● 凡て美麗なる箱入としたれば御進物用には至極適當の良品なり

● 取次販賣店は全國化粧品店小物店薬店に販賣致居候

處方調劑・薬品器械・衛生材料・化粧品問屋

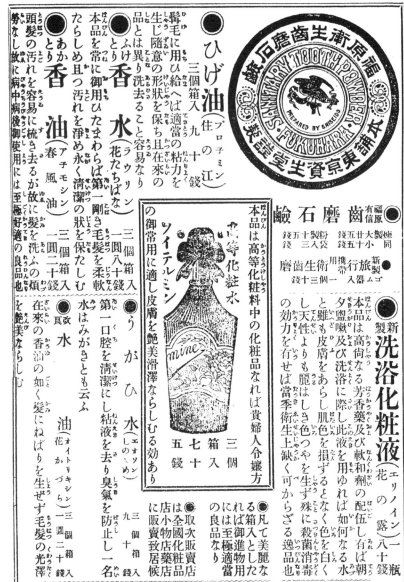

本舗 東京市新橋出雲町角 電話新橋三二四番 資生堂 福原有信

二十世紀
シューズ形
七五三御祝物各種澤山取揃有之候
歩行輕妙粋ニシテ更ニ下卑ズ高尚優美之御履物ナリ
男女 特製ゴム入
天金弐圓也
表附 地金壹圓八十錢
人金壹圓五十錢
十一月一日ヨリ五日間紀念
發賣大賣出し
淺草茅町二丁目
香
香取屋本店
電話下谷一一九二
市内ハ御一報次第店員直ニ相伺可申候地方ハ御注文次第引換小包ニテ御送附可申候

○高等たんす問屋

弊店家屋ハ三階建ニテ階上數十坪ノ**簞笥陳列場**設置有之候間御随意御來觀ノ上多少ニ不拘御用命ノ程奉希上候敬白

簞笥長持 **御婚禮用道具**一式

猶御注文ノ御思召アル御方樣ニハ御申越次第た**んす目錄**呈上仕候

（但シ郵劵二錢封入御申越ノ事）

東京市京橋區金六町角

清

越中屋本店 **鷲塚簞笥店**

電話新橋五百七十一番

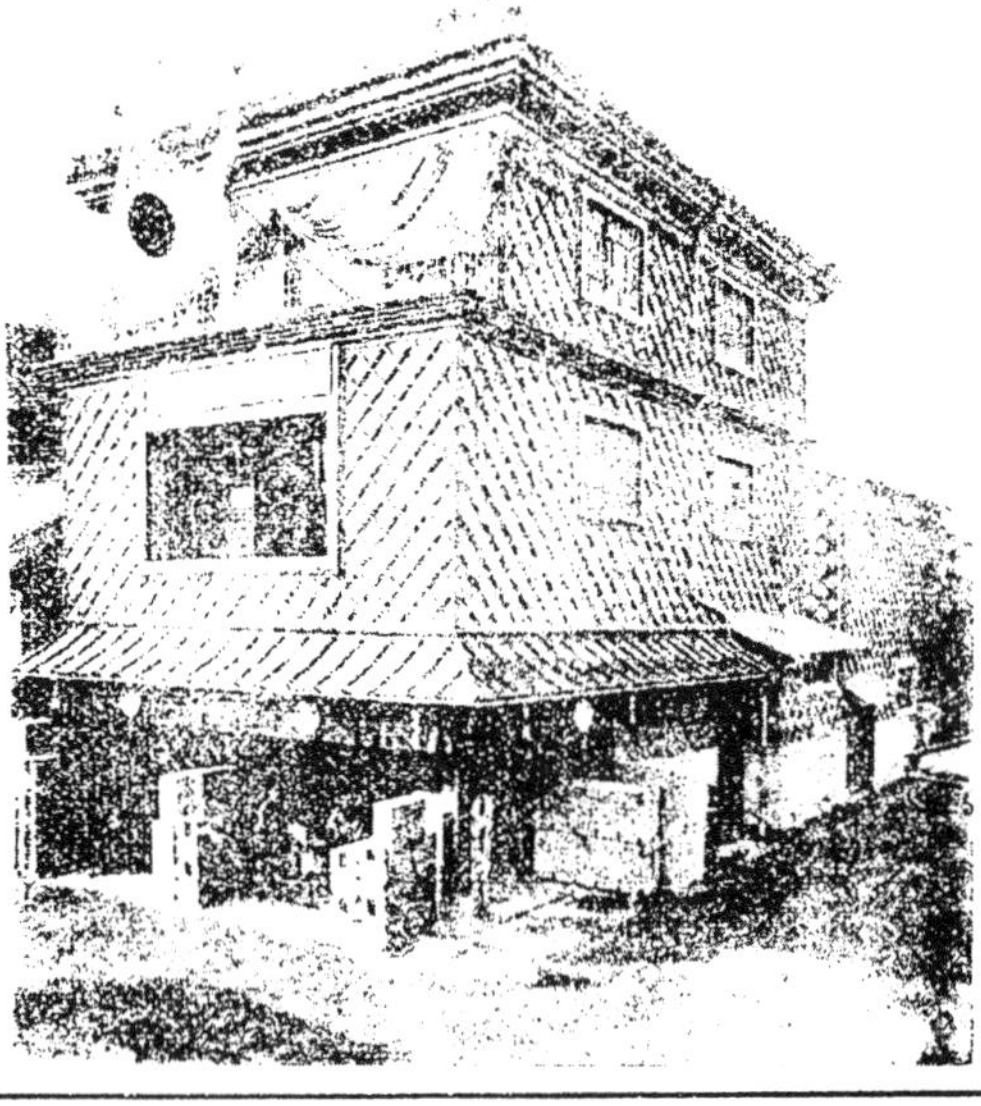

鷲塚大阪代理店

中

中原簞笥店

大阪市東區南本町井池角

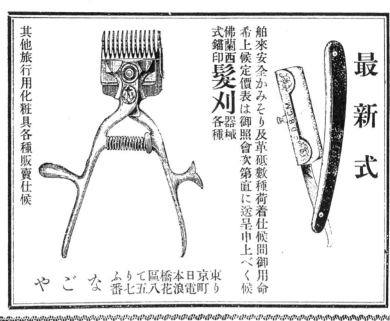

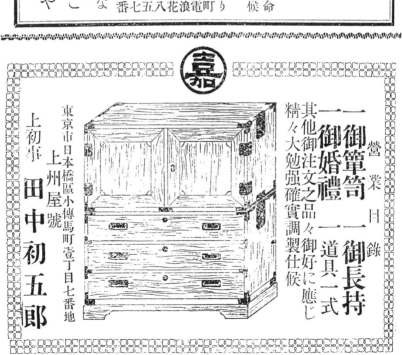

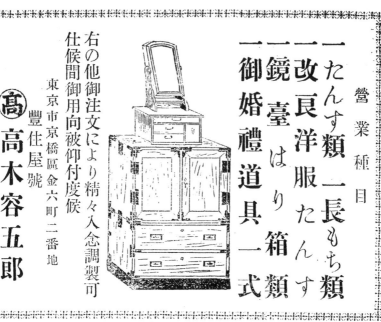

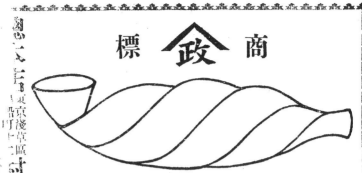

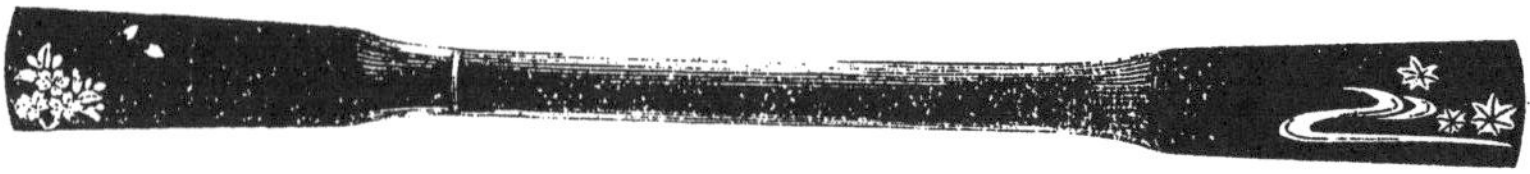

戰後の家庭

日露の戰爭は、講和の物言ひに立會へる年寄の不覺によりて、勝つた相撲を見事負かされて了ひぬ、と人は噂す。

この噂の果して事相に中れるや否やは知らず、吾輩は唯だ我家庭將來の爲めに、此抑損の必らずしも深く悲しむに足らず、寧ろ或は喜ぶべきを信ぜんと欲す。

初め開戰の名告擧げらるゝや、人は勝負を危みて、私かに片唾を呑みたりしに、頓て第一着の戰況我れに利ありしを觀て、僅かにホッと息を吐き、次で連戰の報に接して、その意外に狂喜すると共に、當局將士の細心終始一なるに反して、國民先づ勝つて兜の戒を破り漸く慢氣を生じて、早くも戰勝後の幸福を夢想し、忽ち華奢淫靡の端を發きて、繪葉書となり、元祿姿となり、學生の墮落となり、其極敎育界に於ける警察權の干涉となり、風潮日に其勢を逞うして、心ある者の顰蹙を買ひたること幾許ぞや。爲政者は戰捷後の光を夢み、實業家は戰捷後の富に夢み、藝術家は戰捷後の花を夢み、邸宅の下圖は引かれ、國有劇場の設置は唱へられ、花柳狹斜の巷は淸められ、詩人の筆は呵せられ、音樂師の譜は架に上せられ、均しく外師凱旋の日を待つて、倶に此樂園に會し、永久未央の樂みを樂まんと期したりき。

この夢想をして夢想の如くならしめば、社會は忽ち元祿以上の盛觀を現ずるならん、色彩は都市を飾り、音樂は天地を籠めて、人は其間に歌ひつゝ舞ひつゝ、この島帝國を化して一大歡樂の塲となしたるならん。而かも思へ、その歡樂は、優柔淫靡懦弱怠慢虛僞、その他有らゆる墮落分子の假裝會たるに過ぎざることを。

斯して國民は文弱の擒となり、家庭は健全の空氣を缺きて、怨嗟不平牢騷の聲、夫婦親子兄弟の間に滿ち、表面の陽氣なる丈けに、陰欝の氣裏面を領して、人に進取活動の勇なく、戰捷の名を完うしたる其瞬間に於て、國は早くも滅亡の途に旅立ちせんのみ。

今の人、口を開けば平和を說く、今回の戰爭も其目的また平和に在り、然り平和は人間究竟の大目的なり、然るに若し戰捷に對する十二分の結果を得て、今日の成行上、爲めに反つて一國の風儀を亂し、家庭の平和を害せんか、是れをしも猶ほ人間の目的に副へりと爲すべきか。世界の平和は得たり、戰捷國民の家庭は平和を失へりといはゞ、寧ろ頗る滑稽の觀なからずや。況んや家庭の不和は、一國の亂階なり、元氣消耗の兆なるをや。是に於てか吾輩は、今度の十分ならざる結果を以て、家庭の平和に資し、國家の隆運を永遠に保障するものなることを信ぜんと欲す。

昔しは人の類燒を賀して、灰燼の裡名德生ずと爲せる哲人ありき。吾輩も亦た言はんとす。活氣の原子は常に抑損の園に存すと。

家庭の罪

墮落の學生が、强盜掻拂ひの罪を犯して、其筋の撿擧する所となりたるは、我敎育史上に大汚點を印せるもの。

敎育家の罪、抑も亦た家庭の罪。

忌むべき遊戲

近頃兒童の遊戲に於て、恐るべき一新事實を見たり。曰く、君油をかけ給へ、僕が火を放けると。斯て一童泥溝の水を把つて塀に注げば、他童は棒切れを以てドシ／＼と打敲き、忽ち萬歳を叫んで曰く、交番の燒討ちだと。

是れ何んの物眞似ぞ。無心の遊戲とはいひながら、父兄の匆々に看過すべからざる所。

公園音樂

日比谷公園に音樂堂の設立ありて以來、演奏の夜毎、聽衆雲の如し。假し其實際は物珍らしき中の野次馬たるに過ぎずとするも亦た佳からずや。音樂の趣味は必らず聽き馴れたる耳より生ず。

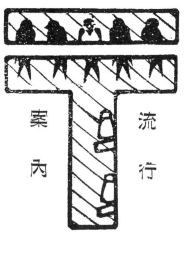

流行案内

桐の一葉は婆娑として地に舞ひ、百舌鳥の囀り朝霧を破つて、其聲金を斫るかのやう、秋氣天地に滿つる今日此頃。小袖御新調の準備に都門の流行を御報らせするも贅にはあらざるべしと、試に見立ますれば

○御婦人用小袖二枚襲

△三十歳前後

壽織紋御召共下衣にして、地色は專齋茶、柳茶、消炭色、素鼠などよろしく、紋は陰の五所紋。

裾廻しは勝色か淡茶の羽二重。胴は絞り絹が辷りもよし輕目ゆゑ着重りもしません、裏は白絹か淡鼠絹などが宜しうムいます。

此出來上り代價　四十圓以上五十圓

二十二三歳より廿五歳位までは

山繭又は菫縮緬の八掛付二枚襲。

地色は御召納戸、淡葡萄、濃櫻鼠。

模樣は江戸褄にして、レース式、ヌーボー式、光琳式等の外、近來流行の微ある深山幽谷の花卉を寫生に顯はしたるなど一入面白く見られます。紋は、やはり五所、大きさは鯨で九分が相當致します。

裏は本紅絹なれば通例でムいますが、是も鼠絹など凝た向きに賞用されて居ります、胴は、やはり絞り絹にしまして

此出來上り代價　五十五圓より六十圓位

△袷羽織

無地御召、紋織共模樣、ブライト織等の內を御撰みになりまして、御紋は脊に一ケ所縫紋に遊ばすのが持て囃されて居ります、縞物なれば、近頃八割格子と唱へまして、約り緯經の線がダンダラに紆行つて居りますので、一見分銅繋ぎのやうに見えます織方のもの、木目入間明き大明、又は三筋の類など時好に適して居ります。

胴裏には、中形羽二重が最も需用の多い所でムいまして、其他は緞子、繻珍の類

此出來上り代價　十八九圓より二十五圓位

△丸　帶

聚錦織、縱綴、幽谷織

此種の織物は、歲々年々進歩しつゝありますので、當季も實に嶄新の柄ものが織り出されました。

此一筋の代價　三十五圓以上六十圓位

厚板、ゴフラン織、博多縫模樣

ます／＼優美なものが出來ます。

此一筋の代價　十五圓より三十圓位

△腹合帶になりますと

厚板、繻珍の地色は、鼠、挽茶色などの無地に刺繡を施したものや、ゴフラン織、倭錦などの片側に、中形羽二重、絹縮、絞り縮緬又は羽二重、綫り花繻子等を合せましたなどは、いつも廢りのない所でムいます。

此出來上り代價　十圓より十七八圓位

先此邊の所で御新調になりますれば、決して不の字はない所でムります。

偖最早來月は御祝ひ月、戰捷國の日本として、ます／＼世界に雄飛すべき、未來の英雄や、未來の烈婦となるべき、御兒樣方を祝ひたまふ晴れの御召物はいかゞといふに

○七歳女子祝衣　二枚がさね

地質は縮緬、紋羽二重、壁羽二重等のうちを選びまして、地色は、江戸紫、櫻鼠、小豆葡萄などが品位と云ひ、流行の點におきまして、申分のない所でムいませう。

模様は、時候がらと云ひ、菊は詩にも歌にも、御目出度いものとなつて居りますから、七五三の御祝ひ着には、相應しい景物でムいませう。で、模様の式は、御殿模様など最も高尚で、其他お勸め申したいのは、千代田模様と稱しまして、後は裾から一尺二寸位まで、前は裙から衽先へ通しまして、衿に及ぼすやうに、模様を配置致しますので、誠に品よくして、爾も華美を衒ふやうな質のものではありません。

此の式にして、染模様のうちへ、刺繍をあしらふなどは、猶更高尚で有らうと存ぜられます。

此出來上り代價　七拾圓以上八拾圓位

○五歳女子祝衣　二枚がさね

地質は紋壁羽二重として、色は前者と別に變りのない所で有りませう。

模様は曙染にして、裾と袖下へまで模様を顯はしますのですが、殊に織り出されて有る地紋を利用して、これに調和する模様を撰びますのは、氣の利いた趣向でムいます。

下衣は、洗ひ朱色、淡小豆色などの、友禪縮緬か、友禪羽二重としまして、裏は本紅絹、胴は板〆絹で、

此出來上り代價 四拾圓より五拾圓位

帶は相變らず、繻珍か糸錦の類で、柄は御望みに任せ、いろ〳〵目新らしい品が澤山集まつて居ります。

此一筋の代價

六寸以上七寸まで 拾五六圓より四拾圓位

五寸五分以上六寸まで 七八圓より二拾圓位

又鹽瀬の中帶なれば 廿五圓より三拾圓位

博多なれば 七八圓より拾五圓位

○七歳男兒祝衣 二枚がさね

地質は羽二重、紋羽二重のうちにて、黑の五所紋付を熨斗目模樣に染めますのが上品でもあり、武張つて見ゆるだけ好評を博して居ります。其の模樣は鎌倉文樣、翁格子、其他撥菊に菱形の桐を取合はして、高臺寺文樣に擬したものなどは、從來有り觸れたものと違つて、至極目新らしく、高尙でムります。

下着も地質は同樣にして、白茶、淡納戶、鼠等品よく、凝つた向きには、上着と同じ模樣を染出すの類で、是等は行渡つた趣向でムいますが、猶白無垢に致しますれば、品格の上に於て此上なきもので有らうと思はれます。で、裏は白絹か鼠絹を付けるのが多數の歡迎を受けて居ります。

此出來上り代價 三拾圓より三拾五圓位

下着も共模樣とすれば四十圓位

羽織の地質は、羽二重にしまして、無論黑の五所紋、裏には、友禪羽二重か、更紗羽二重などが、御兒樣方にも着こなしに可しうムいます。

此出來上り代價十二三圓

次に、地質を奉書紬にして甲斐絹裏にしますれば

此出來上り代價　八圓より九圓位

袴中裁物

山邊里平は越後産の謂はゞ仙臺平で厶います、目下は皆樣の御高評で多く御用ひになります、代價は五圓から八圓まで、其ほか八王子製の熨斗目織なども近年大分用ゐられます、代價はやはり同樣ぐらゐ。

帶

繻珍か風通で六七圓、博多か厚板織なれば三四圓。

長襦袢

地質は紋羽二重か絹縮みの絞り、又は紅なし友禪にしまして、何れも袖は夢想のこと裏は白絹か本紅絹が可しう厶いませう。

此出來上り代價　二拾八圓より三拾圓位

又綸羽ものなれば二十圓から廿五圓位で出來ます。

先此邊で御新調なれば、損墜は厶いません。

◎白木屋呉服店懸賞裾文樣圖案

審査の結果

豫て同店が賞を懸けて募集した裾文樣圖案は、相變らず盛況で有つて、更に前會に比して、進歩の痕が歴々見えた。

本誌は、同店が募集の檄を飛ばした時の約束であるから、茲に其の結果を披露すると同時に、卷首に石版色刷にして、一等から五等までに當撰した優等品と、四等以下十等までの佳作を寫眞版にして挿入したのである。蓋し、漸く頻繁ならんとする交際場裡に活動せんとする淑女が、新流行の服裝を新調せらるゝに、頗る參考に資すること

尠からんことで有らうと信ずるので、特に本誌の口繪に掲げることとしたので有る。尚記者が該圖案に就て、偶感じたことも有るから、試に書いて見やう。

審査の詰果當選者の人名

一等	京都	藤原清親氏
二等	東京	木村春甫氏
三等	京都	大西竹之進氏
四等	京都	福井榮太郎氏
五等	京都	池垣專助氏
六等	京都	藤原清親氏
七等	京都	池垣專助氏
八等	東京	梶山文英氏
九等	京都	池垣專助氏
十等		
京都	渥美新助氏	仝 梶山 文英氏
仝	加藤雪洲氏	仝 井上又九郎氏
仝	長 紫邦氏	仝 同上
仝	岡本仙助氏	仝 同上
仝	田中黄雲氏	仝 池垣 專助氏

裾文樣圖案を見て

記者の偶々感じたことは、圖案の進歩について、偶然でない事柄がある。

今から數年前までは、文樣圖案などゝ言ふものは、職人のすることゝして、賤しめて居つた。近く譬へて見やうなら、或る年代までは、工學に志ざしたものを賤しんで、同じ學科を專攻するとしても、文科、法科の類でなければ、高尚の學問で無いやうに誤解されて居つた時代も有つた。夫れと同じ傾向で有つたのが、近來は圖案といふ科學の位地が上つたと同時に、有爲の人々が圖案に貢献するやうになつたのが一因であらう。

又寶庫の開放といふことも一般の上に於て非常の後援となつて居る。即ち各展覽會に於ける參考品に、諸家秘藏の書畫器物を縱覽せしむる如き、其他博物館、動物園、植物園等の設けあるが如きは、美術工藝に資する所尠少でない。

彼の松竹梅の範圍を脱して、前人未だ曾て、裾文樣等に用ゐた事のない、花卉などの用ゐられて來たのは、約り眼界が廣くなつた賜物で、殊に近來植物の研究が一の流行となつて、學者以外の好事家までが、深山幽谷を漁つて、珍奇の花卉を獲て世間に誇る、一種の數奇者が有る、是等も亦文樣の材料を多くした原因に與かつて力あるので有らうと思はれる。併し此の新材料によつて出來た圖案を見ると、專ぱら寫生の一方に傾向いて居つて、毫も文樣化して居らぬ、唯寫眞畫を位置よく、裾文樣的に描寫したと言ふに過ぎないのは、記者の最も遺憾とする所である。蓋し、寫生から充分咀嚼して、終に文樣に化するまでには、自づから順序も有るであらうから、記者は敢て多きを望まぬ、新材料を文樣界に拉し來るの一事に於ては、最も感謝する所である。

◎千代田文樣

近頃白木屋呉服店が唱道して居る、千代田文樣といふは、文樣其の物に命名したものではなく、約り文樣の配置についていふもので、幕府盛世の頃、千代田の大奥で常用されたと噂のあるものを、同店が發見したので、裾文樣を衿から胸部にかけて、位置よく顯はした、頗る優美高尚なものである。一躰從來の裾文樣、江戸褄の類は、凡てが小座敷に適する趣向で、夜會、園遊會等の如き、廣濶な場所に、多人數集合する場合には、肝腎の意匠を凝した裾文樣は、視線の下に埋もれて、毫も人目を惹かぬのであるが、此の千代田文樣は、衿から胸部にかけて、文樣が顯はれて居るから、視線の中心となるので、西洋式會食の場合などは、殊に卓上にまで美彩を放つて有らう。要するに、總文樣と裾文樣の中間に位するもので、彼の千代田の大奧で、總文樣をぐつと世話に摧いた意匠から來たものであらうと思はれるが、至極高尚で且多く其の美を發輝するのである。其の實際を知らんには、目下白木屋吳服店が、裝飾窓の美人木偶に着せて、其標本が裝られてあるから、これを見るに如くはない。序に、此文樣は、圖案に斟酌さへすれば、老若の別は何樣ともなるから、廣く需用せらるゝで有らう。

化粧法

水藻

▲化粧の本義

化粧といふことにつきましては、毎日のやうに化粧をする御當人でも、何が何やら、譯が判らぬといふ方が多いやうでありますす恐らく化粧の本義を誤解して居るではないかと、思ふやうな人も見受けられます、學者でも、實際家でも、化粧界のことには、極めて冷淡でありますが、私などは科學の立場から論じても、化粧法は立派に發達して、行かねばならぬものと考へて居ります、諸嬢は、化粧と申すと、すぐに容色を衒ふことのやうに、お考へになるか知りませんが、婦人と化粧とは、影の形に添ふよりももつと、密接な關係を、持つて居ると云ふても宜しいもので、昔から婦人のたしなみすなはち、禮義の一ッとして婦女たるものは「朝はとく起出で、髮上げ化粧して寢亂顏を夫に見する勿かれ」と迄、いましめて居ります、夫から化粧の精神上に及ぼす快感も、少くはありませぬ、清少納言も、かういふことを書いてあります「頭洗ひ化粧して、香にしみたる衣着たる、殊に見る人なき所にても、心のうちは、なほをかし」これは、心ときめくもの、といふうちの一句である、かやうに、化粧には、心の琴線を搖がす一種の力があるから、自然、精神の衛生に適つて、常に春風の匂ふやうな、爽快の感が湧いて、長命延壽の効を、全ふすることが出來ます、諸嬢も、化粧の本義を、お忘れにならぬやうに、益々化粧界の進歩發達を望まねばなりませぬ。

▲手の化粧

手の化粧を述べる前に、顏面美容法を、お話し致すのは順序であるが、諸嬢は單に化粧といふと、顏面の化粧といふ程に、顏にのみ重きを置いて、手の方は、殆んど輕蔑して居るやうに思はれます、然るに、手は顏面に次いで、尤も人目に觸れ易く、いかなる貴人の前でも、現はすのであるから、この手ほど、化粧して置かねばならぬものは、ないと思ひます、また、美術家が、曲線の美といつて、一番美しい線抔が、この手に於て、見ることが出來ると申して居ります、昔から、手を形容して、玉の腕と云ひ、白魚のやうな指と申して、女性の繊な手を、稱揚して居ります、夫から、婦人が洋裝で、夜會へ望むときは、嫌でも腕を現すのが、西洋の禮であります、また、握手の禮といふことも、彼國の慣習であります、それ故に、交際場裡に立つ淑女方が、社交上の必要から云つても、手の化粧は、瞬時も忽がせにしてはなりませぬ、また、手は絶えず働くために、不潔な物や、傳染質に觸れる場合が多いのであるから、衛生といふ點から見ても、手の化粧は、甚だ必要のことゝ思ひます、もう一ツは爪は成るべく、短く切り取つて、爪と指先の間は勿論、綺麗に掃除せねばなりませぬ。

さて手の化粧といつても、格別難ケしいことはないのである、顔面と違つて、皮膚の色艶が惡くなり易いから「化學的化粧法」の條下に述べた方法を勵行すること、すなはち、成るべく、雨水か、河水(水道の水)を用ゐるやうにし、いかなる場合でも、溫湯を使はぬが宜しいのであります、水を使つた後は、乾いた手拭で、綺麗に拭ひ取るといふことを、忘れてはなりませぬ、次には粗製の石鹼は宜しくない、皮膚には「グリスリン」を含有ものが、餘り害がありませぬ、石鹼は少くとも、一個の價五六十錢以上の品でなければ、皮膚を害する恐れがあります、尤も有効な藥液は、硼砂末と「リスリン」と、薔薇水とを混ぜたものを塗るのであります、(本誌十四號參照)夫から、牛乳は化粧界では、中々貴重品で、肌を美しくする効能のあることは、既に述べてありますが、彼の有名な那翁一世の皇后「ジヨセフヒン」は、菫を牛乳で煮て、此液を塗けたさうであります、又、佛國の或る女優は、毎日牛乳を煮て、それで顔や腕などを洗ひましたが、大層艶が善くなつたさうであります、私の知つて居るある婦人は、米の泔汁の濃いものへ、牛乳を混ぜて用ゐましたが、實際効があつたと申して居ります、終りに鉛製白粉と、無毒白粉について今少てく申上げたいと思ひます。

これ迄の實驗では、藝人のやうに、全身に白粉を塗らなければ、鉛毒に罹る人は、滅多にありませんから、顔とか、襟首位なら鉛毒は恐るゝに足りませんが、俳優などのやうに、手や腕は申に及ばず、脛から足の先迄も塗るといふことは、甚だ危險であるから、今日では、藝人社會でも、無毒白粉を、用ゐるやうになりました、素人は平常手や腕にまでも、白粉を施す必要はありませぬが、前に述べた、化粧法の外、湯水を使つた後で、無害な「汗をさへ」のやうな、粉のものを、打粉にするのが宜しくあります、玆で御注意致して置きますことは、全身に廣く白粉を塗る場合には、無毒白粉を用ゐることを、忘れてはなりませぬ。

尚ほ手の化粧については、申上げたきことは、澤山ありますが、今日は此位にして、聊か諸嬢の注意までに、かくの通りであります。

笑門

丈八

夢美酒

世の中に酒呑ほど勝手三昧なことをいふものは有りません。

酒は憂ひの玉箒。

酒は百藥の長。

下戸の建てたる藏はなし。

斯ういふ心持で世の中を浮々と消光すのも又一德とでも申しませうか。併しアルコホル中毒で手脚が震つて、酒肥にデブ／＼とした體を荷厄介にして、竹の二本杖で濘り路に向かつて莞爾／＼と頻に愛嬌を振り撒いて居る容などは、餘まり百藥の長とも思へませんが、濘路を見てにこ／＼する所などは、憂ひを掃ふ玉箒が利き過ぎたのかもしれません。

『甚麼も難有い、銀釜正宗二合入五本、近頃不景氣で、濁り酒も碌々咽へはいりません所へ、一本生の正宗と來ては咽がグビ／＼為ます。へー、早速頂戴いたします／＼。』

急に湯を沸かして燗をしやうといふ所で、

『モシお前さん、お前さんてば……、何を唸されて居るのだねー、氣味のわるいちよいと……、お起きよ――。』

山の神に搖り起されて。

『ム、ム……、ア、夢か。』

『夢かじやアないやね、不景氣な聲を出して唸されたり何かして、』

『トンでもねへ所で起すじやアねへか、久

(イ)繻珍丸帯　價　參拾六圓五拾錢
專齋茶の地色に、白、海老色、金茶の色糸にて線描きの葉蘭を散らしたる斬新模樣

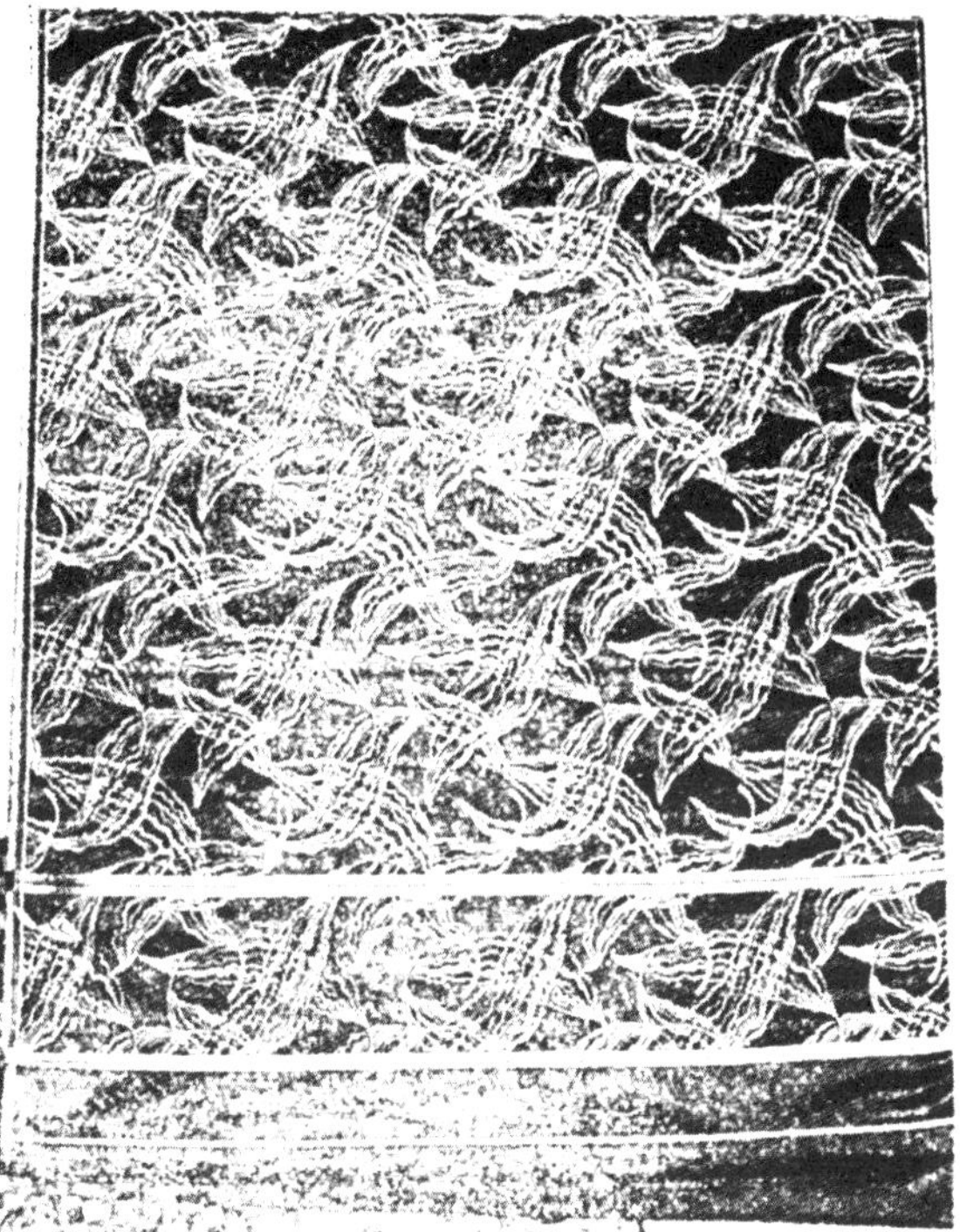

(ロ)

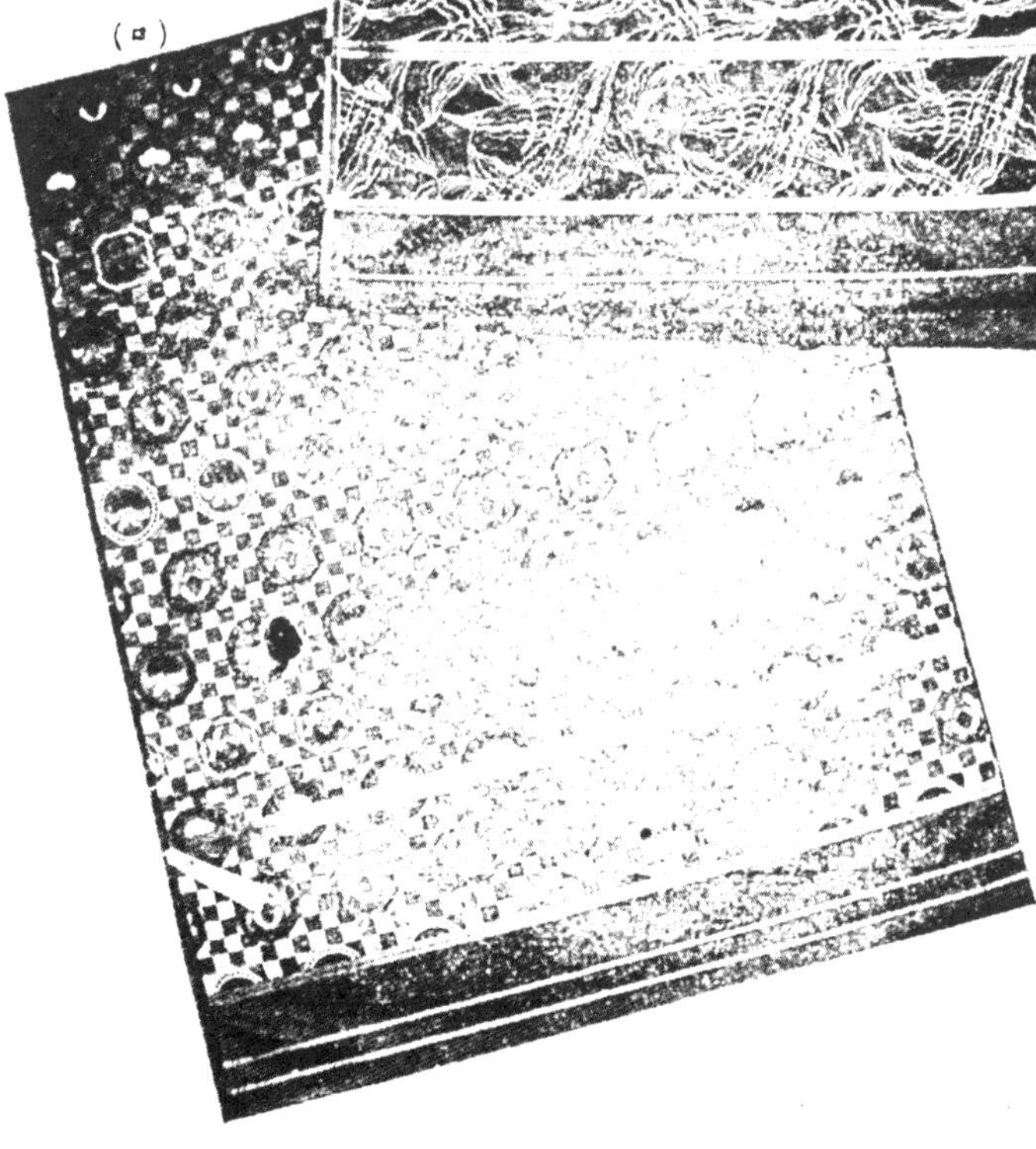

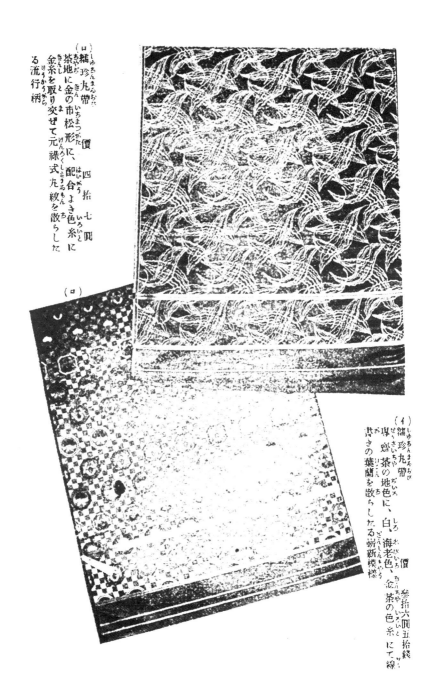

(ロ)繻珍丸帯　價　四拾七圓
茶地に金の市松形に、配合よき色糸に金糸を取り交ぜて元祿式丸紋を散らしたる流行柄

絣銘仙

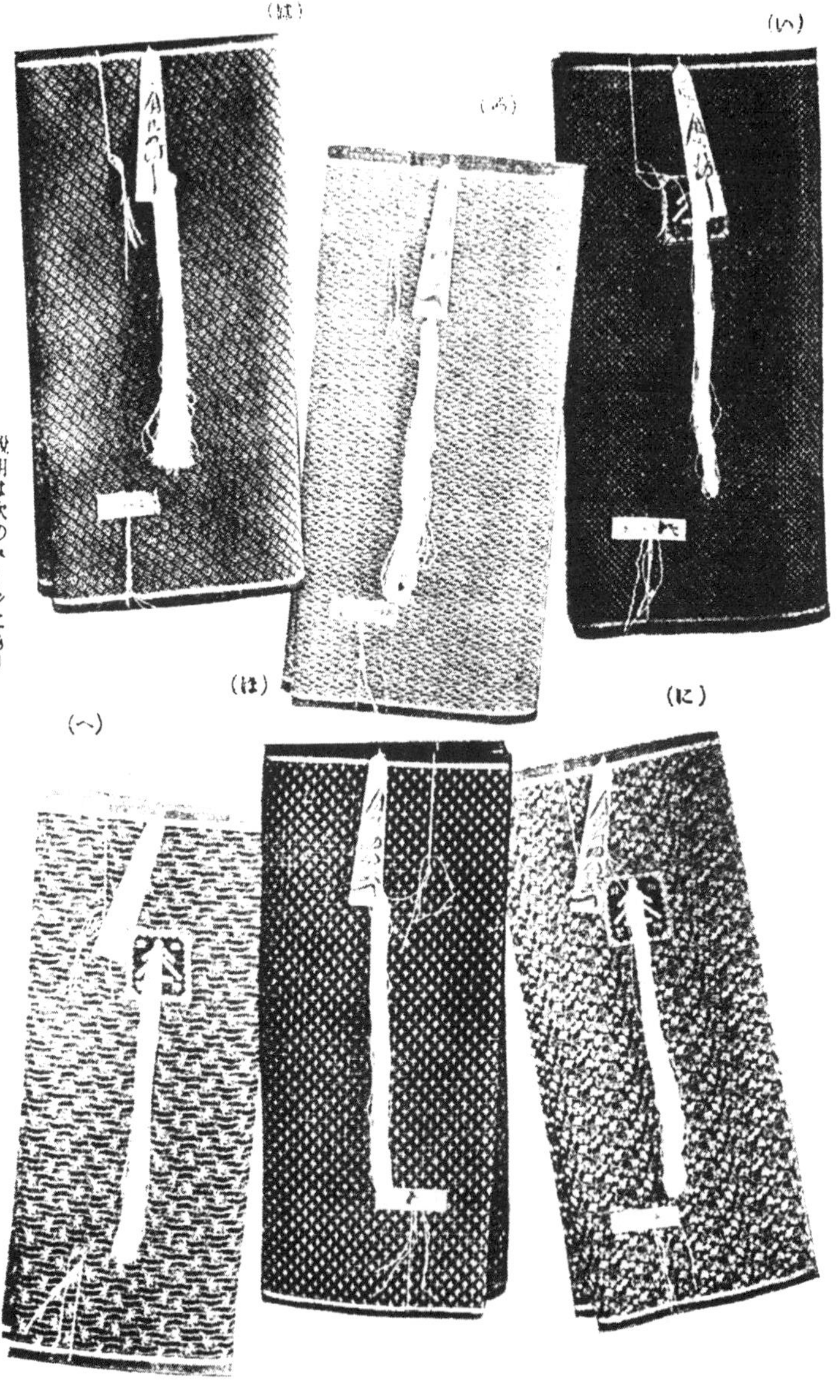

説明は次のページにあり

前頁の說明

(い)落付たる茶地に鶴の羽重ねを小紋のごとく織り出したる[illegible]に向き　四丈六尺もの　價參拾圓

(ろ)御納戸地に柳を立枠やうに小紋のごとく織り出したるゆかしき柄　四丈五尺もの　價廿九圓五拾錢

(は)御納戸鼠地に雲形を斜めに織り出したる品よきもの　四丈五尺もの　價廿九圓也

(に)變り御納戸色に銀杏の葉を面白く織り出したる高尚の新柄　一反價　貳拾圓八拾錢

(ほ)栗御納戸地に米の字形の粋むき　三丈六尺もの　價拾七圓八拾錢

(へ)專齋茶地によろけ縞に竹を顯はしたる洒落の柄　一反價　貳拾圓五拾錢

濃鼠色地に白茶の形

焦茶色に白茶の形

博多織座蒲團地五枚分の價貳拾六圓五拾錢

小幅友禪縮緬

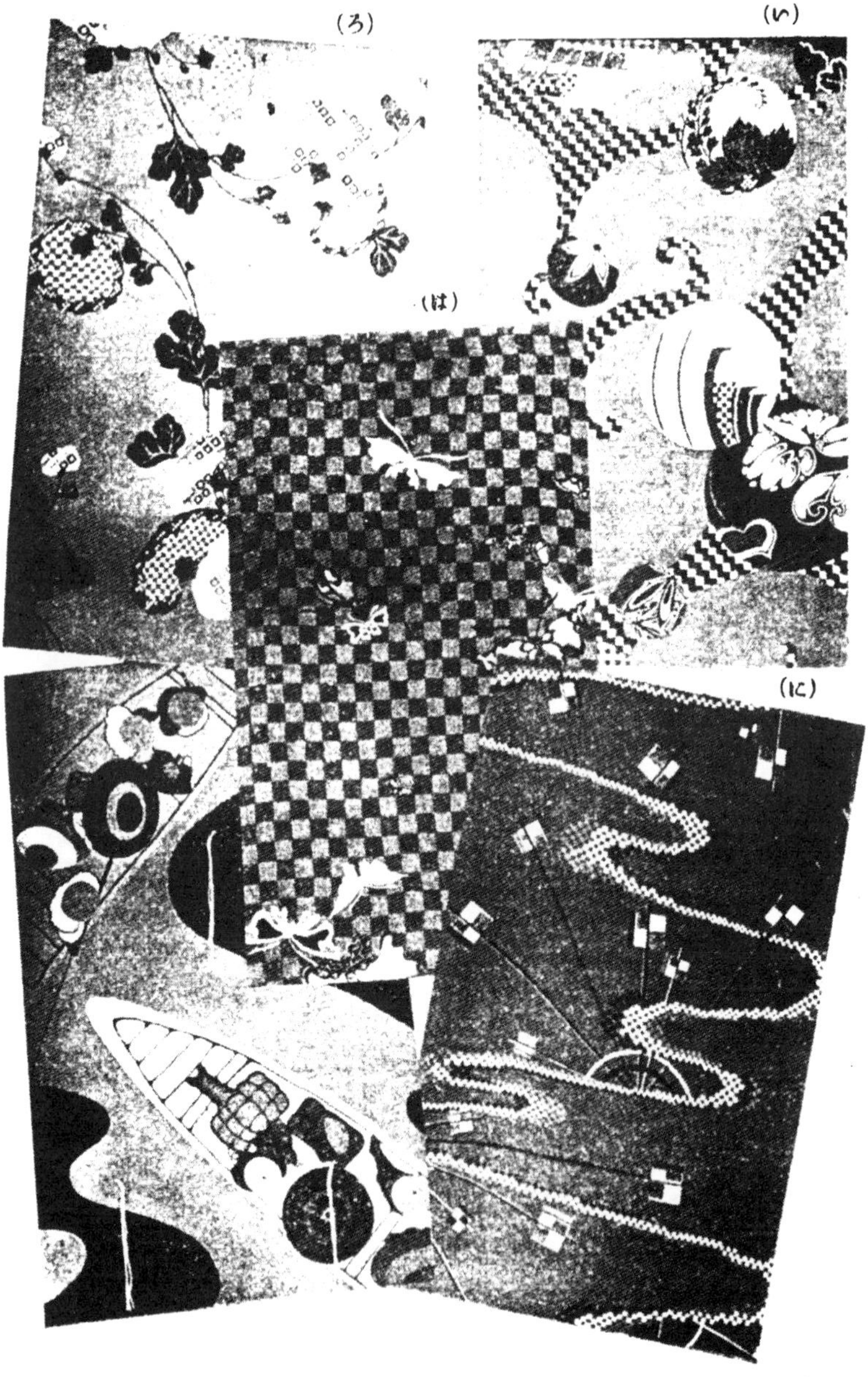

前頁の說明

（い）小豆色地に挽茶色と媚茶の市松形の波に、大小の丸紋を散らしたるにて、其丸紋には美くしく紅入りの色彩をもて古今の模樣を顯はせり

價　一反　拾五圓八拾錢
　　一尺　六拾二錢

（ろ）葡萄色に光悅式の菊花を紅の大小染絣、葉は綠に色の配合美くし

價　一反　拾六圓五拾錢
　　一尺　六拾五錢

（は）葡萄色と薄茶の市松形に、紅入り美くしき藤原式の蝶模樣

價　一反　拾六圓三拾錢
　　一尺　六拾四錢

（に）葡萄色地に古代槌車を、[illegible]式に[illegible]附としてしかも市松を利用したる手腕面白し。色彩は紅、鶸茶色、黒等配置最も可し

價　一反　拾七圓
　　一尺　六拾七錢

（ほ）淡葡萄と紅にて水の流れを顯はしたるに、乘合船の圖樣珍らしく、專齋茶、金茶、栗梅其他の配置よく染出せる珍奇の柄

價　一反　拾八圓五拾錢
　　一尺　七拾三錢

三　二　一

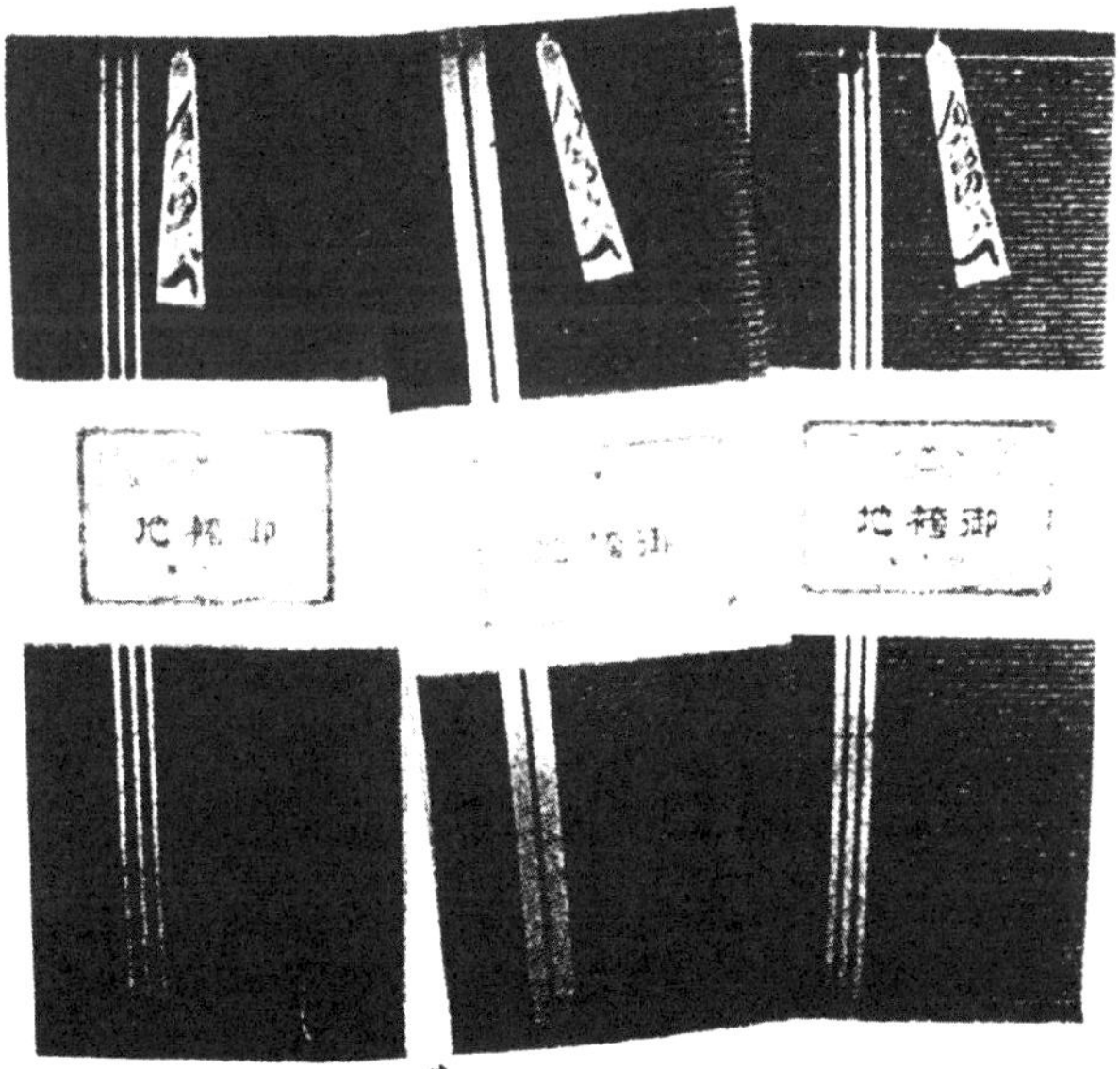

一　焦茶地に鼠の西川縞　拾四圓拾錢
二　紺地に御召鼠の亂立縞　拾六圓參拾錢
三　紺地に鼠の暦手縞　拾七圓七拾錢

山邊里平袴地

都織片側帯

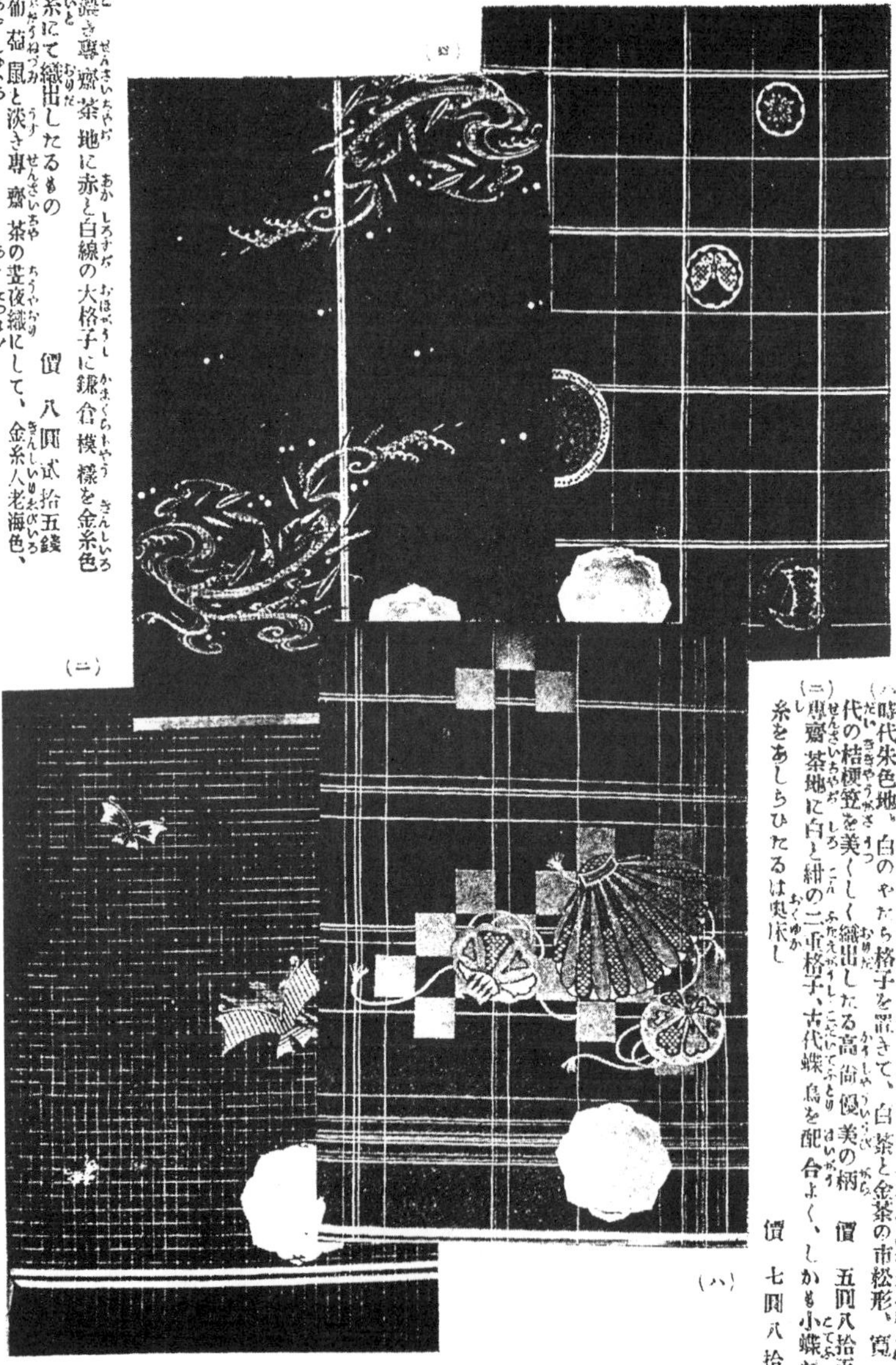

（イ）濃き專齋茶地に赤と白線の大格子に鎌倉模樣を金糸色糸にて織出したるもの　價　八圓貳拾五錢

（ロ）稻荷鼠と淡き專齋茶の晝夜織にして、金糸入老海色、洗ひ朱色をあしらひたる芦に立浪　價　八圓〇五錢

（ハ）時代朱色地に、白のやたら格子を置きて、白茶と金茶の市松形、寛永時代の桔梗笠を美くしく織出したる高尚優美の柄　價　五圓八拾五錢

（ニ）專齋茶地に白と紺の二重格子、古代蝶鳥を配合よく、しかも小蝶だけ金糸をあしらひたるは奥床し　價　七圓八拾錢

（イ）

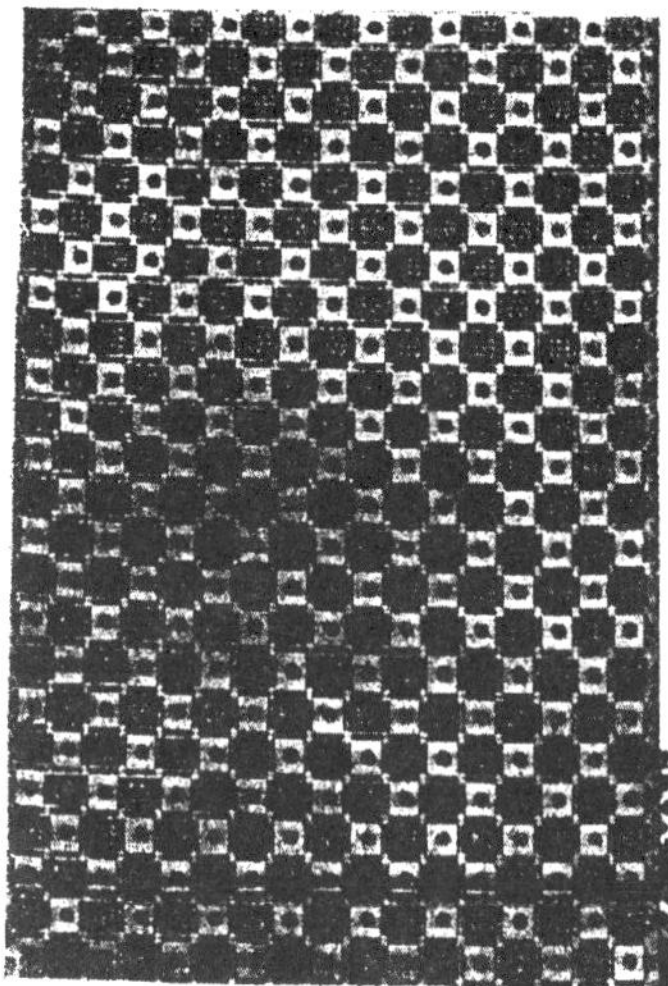

繻珍丸帯　價　三拾三圓五拾錢

地色は珍らしき朱土色にて、疋田入元禄式の立浪に鎌倉模様を金茶にて織り出したる伊達なる柄

（ロ）

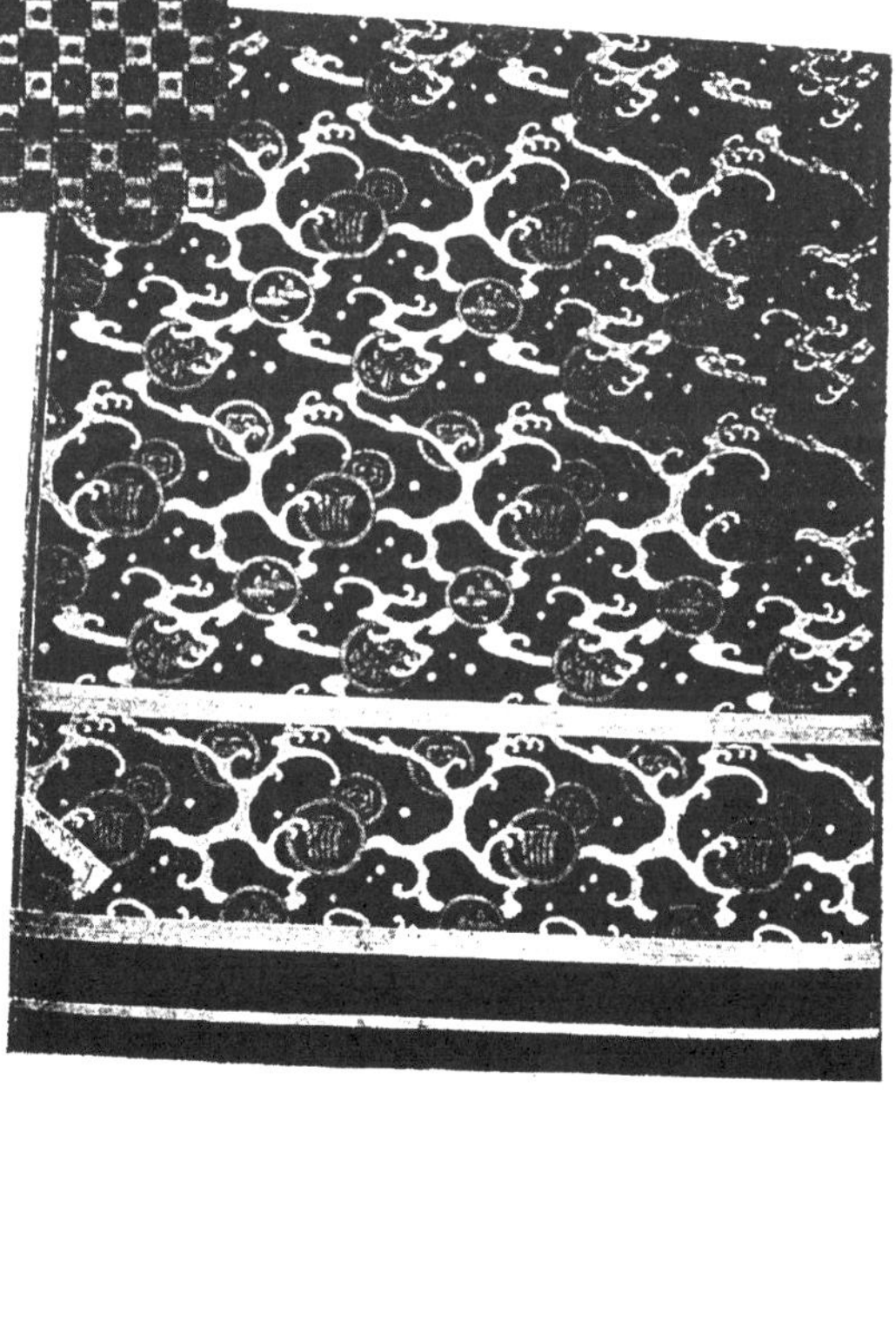

（イ）厚板織片側帯地　價　七圓九拾五錢

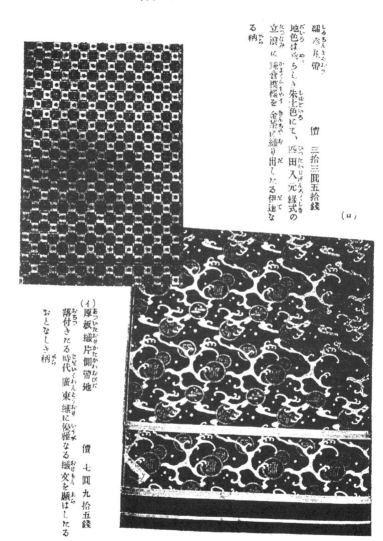

落付きたる時代廣東織に優雅なる織文を顯はしたるおとなしき柄

（イ）唐綾織丸帯　價　三拾九圓五拾錢
濃き焦茶と茶の市松形に鼠、紺葡萄、金糸等にて地文入りの色紙形

（ロ）繻珍片側帯地　價　九圓六拾五錢
挽茶色地に白の菱格子を地文にして、竹に丸紋の松梅を金茶葡萄色等にて織り出したる高尚の柄

（イ）

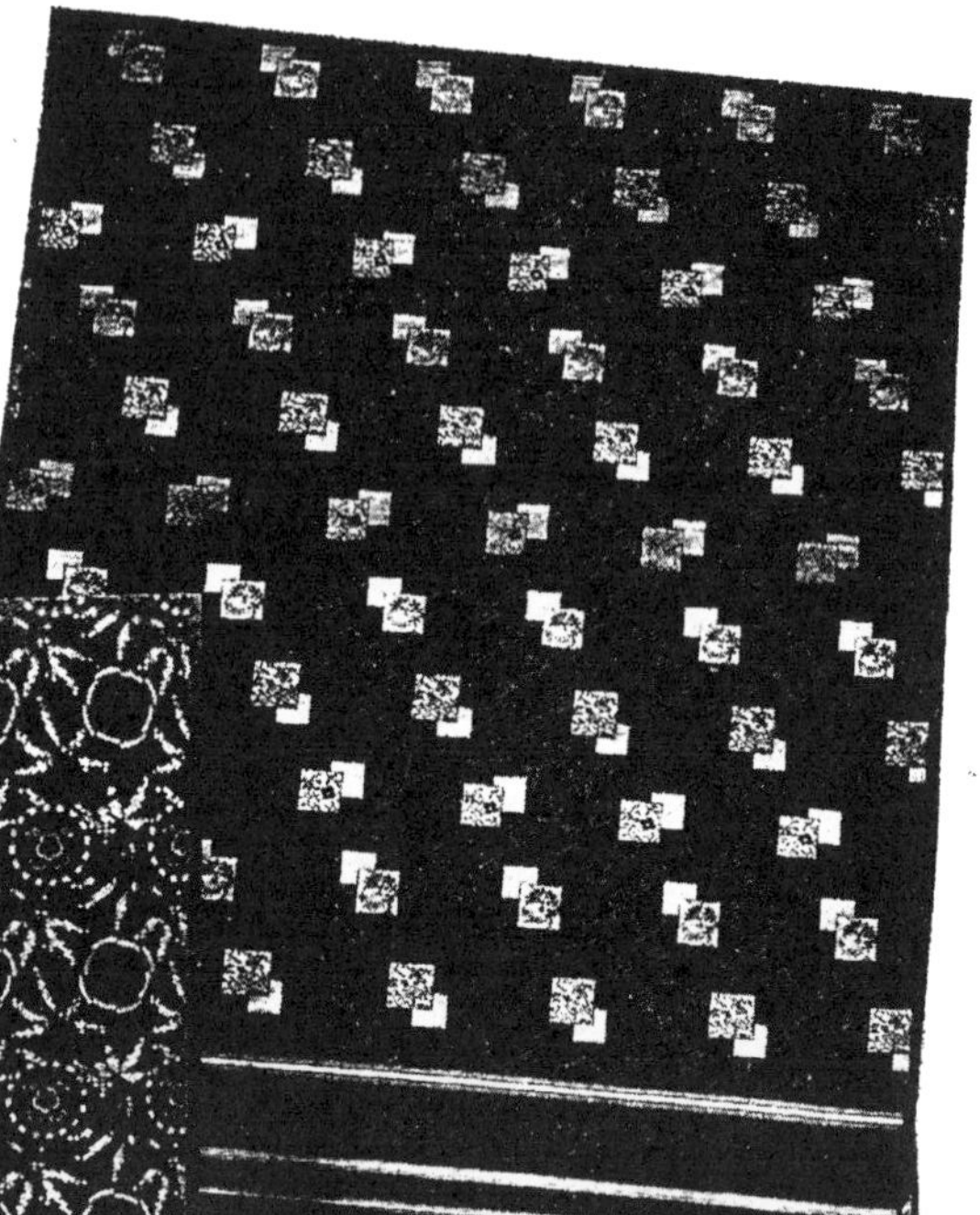

（ロ）

（ハ）

（ハ）厚板織片側帯地　價　拾圓三拾錢
錆茶地に白の細かき斜格子、格子、落付きたる色糸にて胡蝶散らし

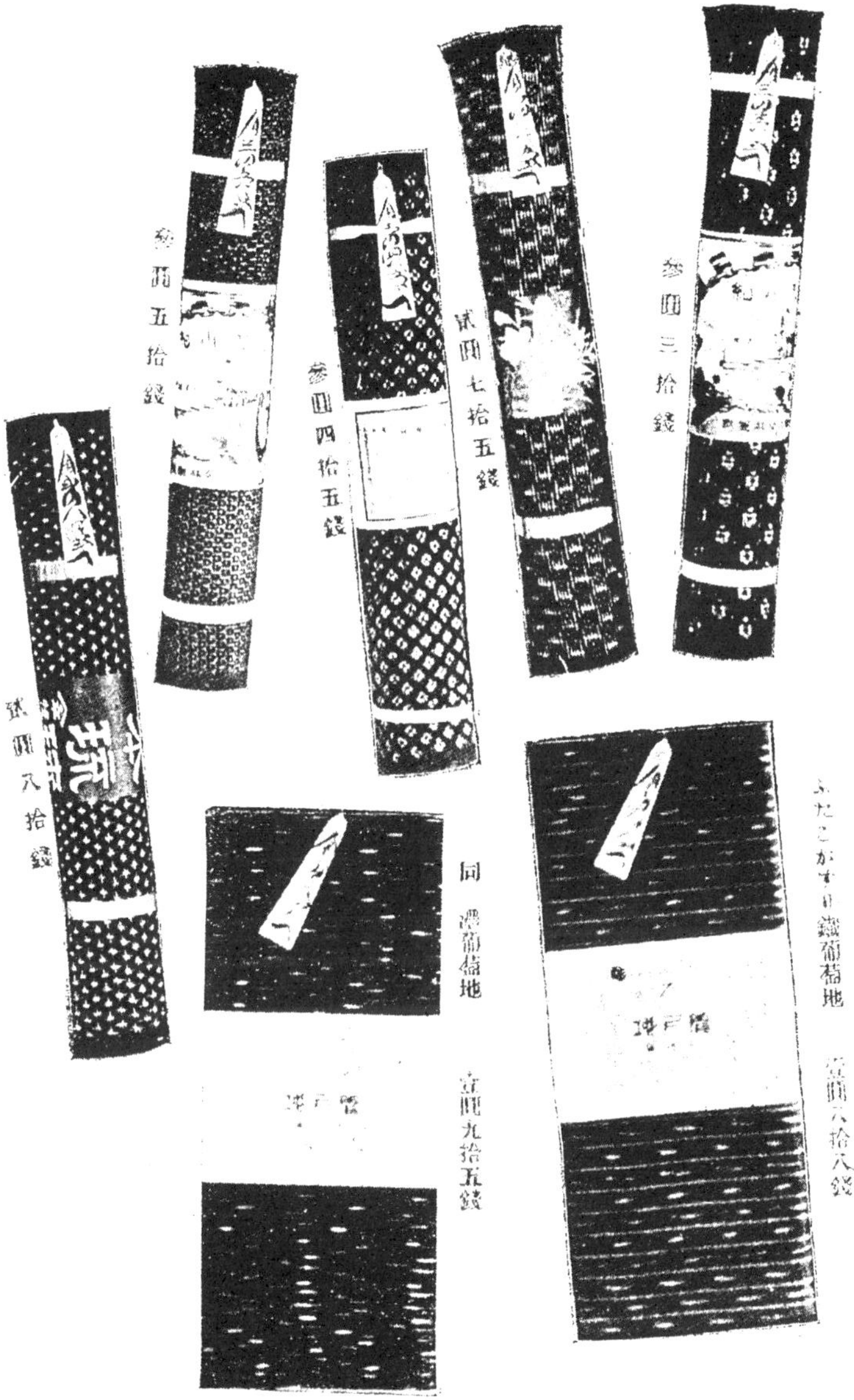

ふたこがすり鐵葡萄地　壹圓六拾八錢

同　濃葡萄地　壹圓九拾五錢

參圓三拾錢

貳圓七拾五錢

參圓四拾五錢

參圓五拾錢

貳圓八拾錢

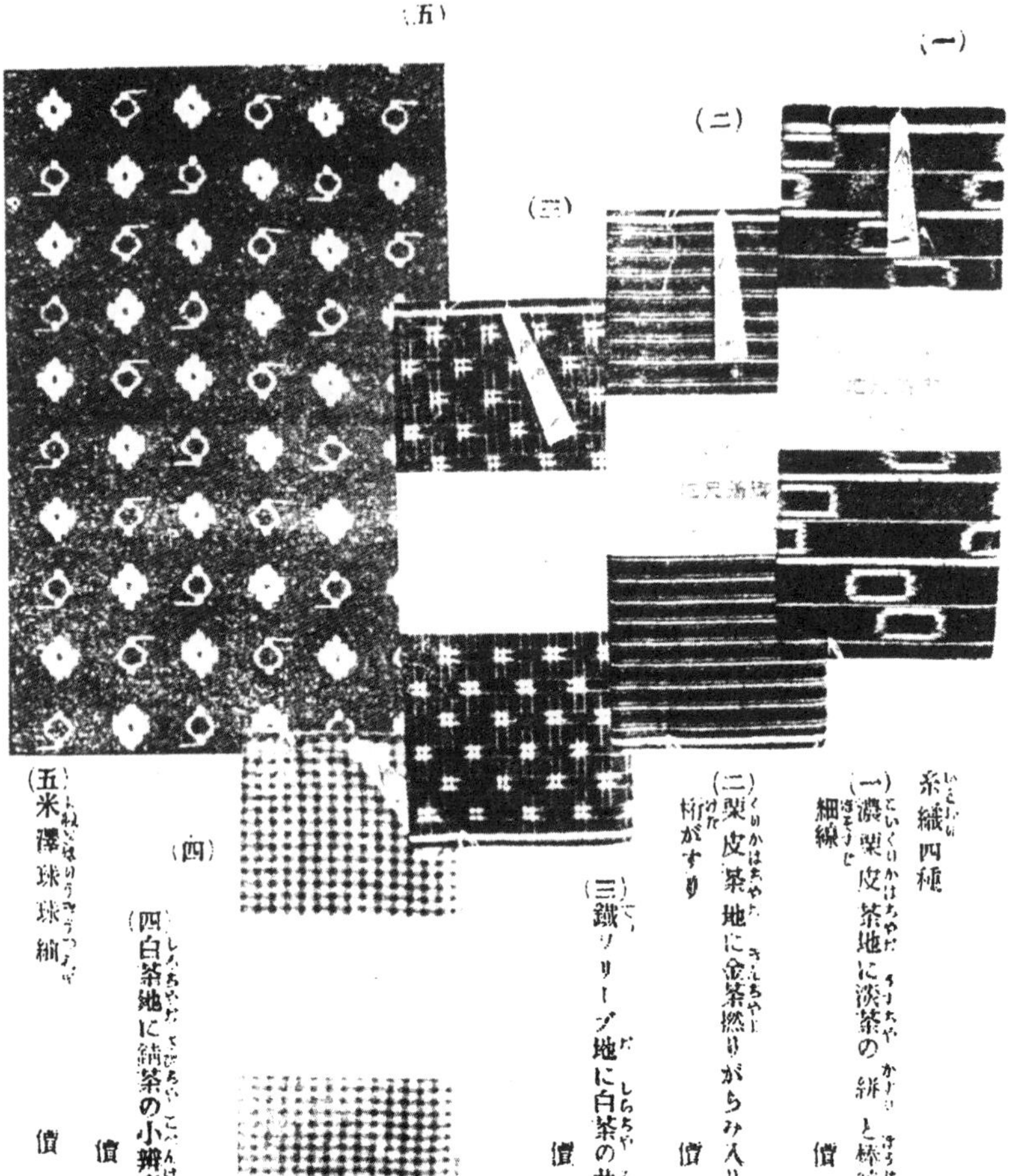

糸織四種

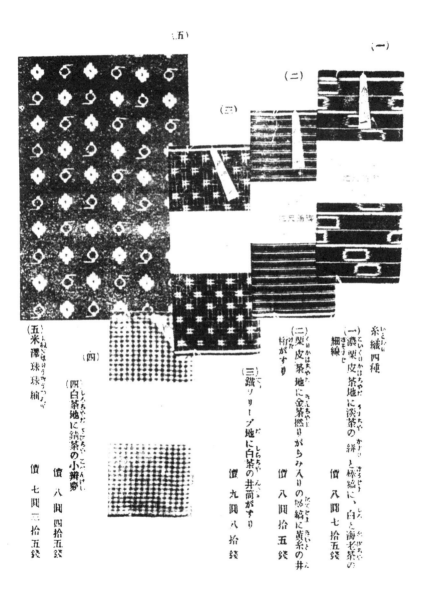

(一)濃栗皮茶地に淡茶の絣と棒縞に、白と海老茶の細線　價 八圓七拾五錢

(二)栗皮茶地に金茶撚りがらみ入りの竪縞に黄糸の井桁がすり　價 八圓拾五錢

(三)鐵オリーブ地に白茶の井筒がすり　價 九圓八拾錢

(四)白茶地に錆茶の小辨慶　價 八圓四拾五錢

(五)米澤琉球紬　價 七圓三拾五錢

（イ）

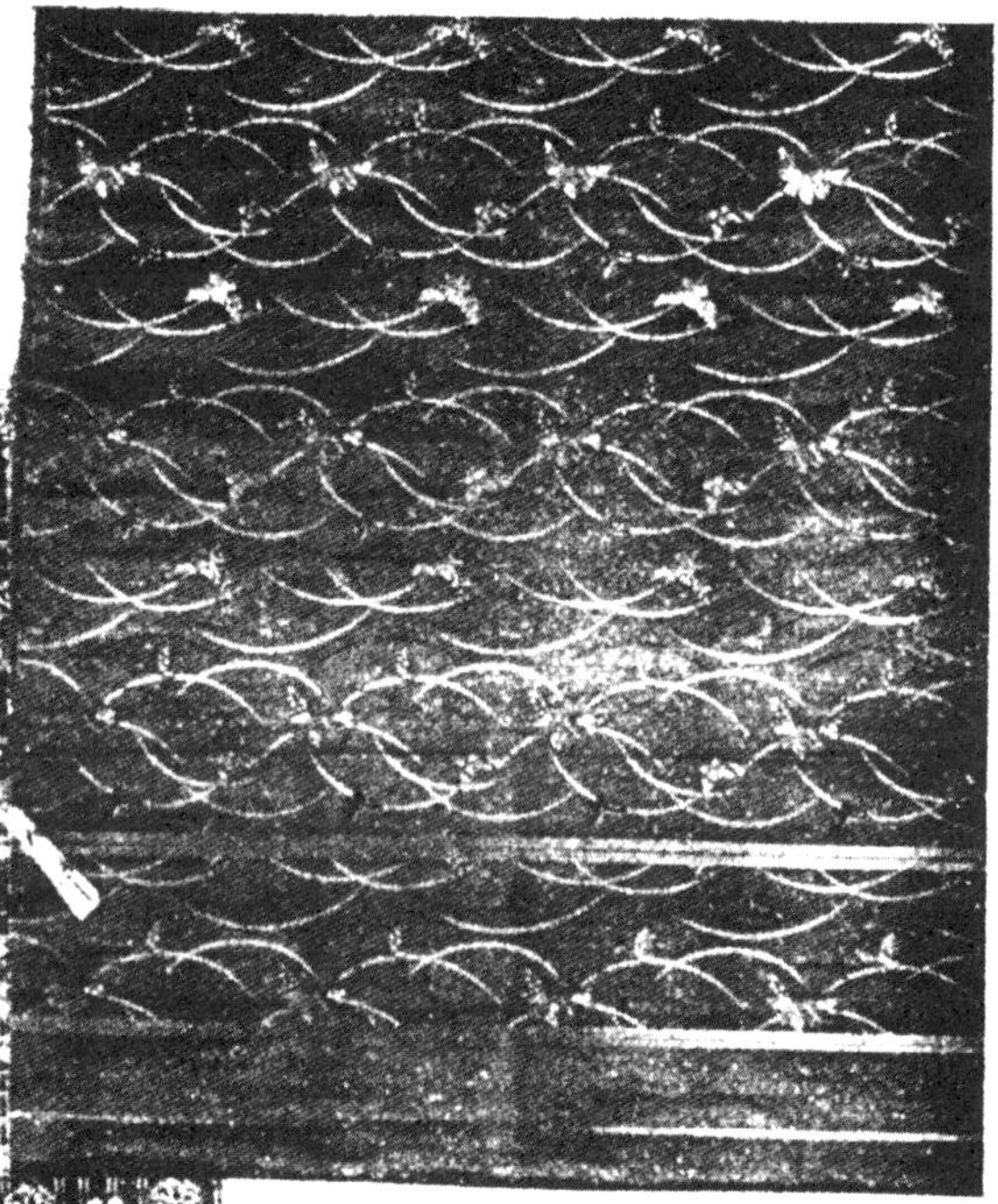

（イ）繻珍丸帯　價三拾五圓也

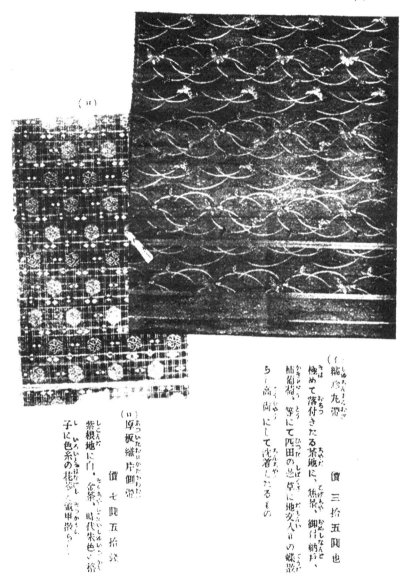

極めて落付きたる茶地に、焦茶、御召納戸、柿葡萄等にて匹田の芝草に地交入りの蝶散らし高尚にして沈着したるもの

（ロ）

（ロ）厚板織片側帯　價七圓五拾錢

紫根地に白・黄茶、時代朱色の格子に色糸の花菱の亀甲散らし

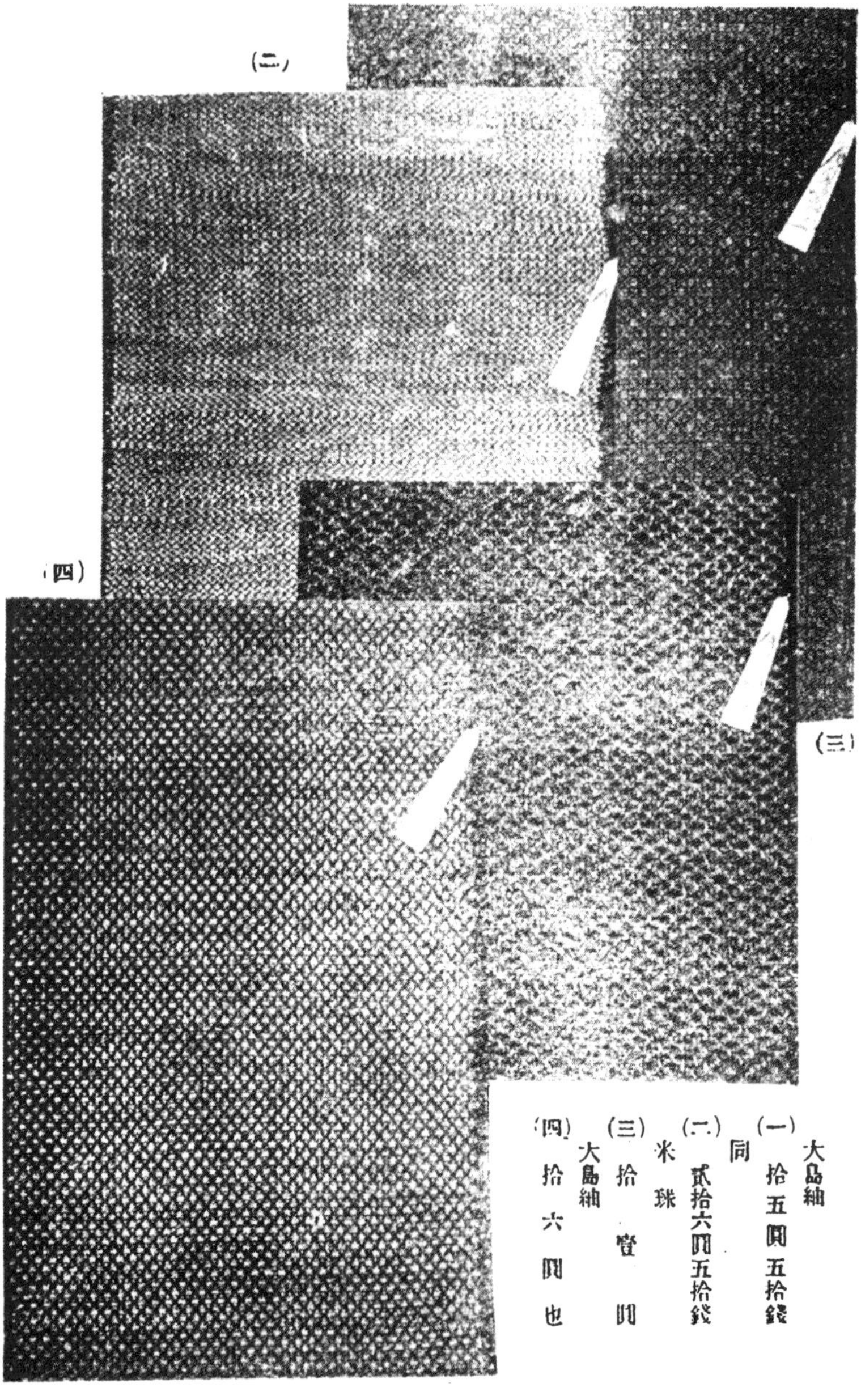

大島紬
(一) 拾五圓五拾錢
同
(二) 貮拾六圓五拾錢
米琉
(三) 拾壹圓
大島紬
(四) 拾六圓也

しぶりの銀釜正宗、チヨツ、恁う知つたら早く冷で飲みや一可かつた』

原文

一好ㇾ飲者、夢得ニ美酒一、將ニ熱而飲ㇾ之、忽被ニ驚醒一、乃大悔曰、早知ㇾ如ㇾ此、恨不ニ冷吃一、

○相　稱

電車の軋る音郵便馬車のガランく＼と來ると實に東京も俗中の俗でありますが、橋場今戸の朝煙りといふ昔のすがたこそ有り

ませんが、眞崎、庵崎などゝ少し市街を放れますと風流な所もあります。

近來此の眞崎の里に善美を盡した別荘が出來まして、御主人は成穂紳兵衛さんといふ名うての金滿家。

御當人は一向風流のお嗜みも有りませんが、黄白にあかして古畫や古器物をお集めになつてこれを宮殿造りの御座敷へ陳列して、御客さへあれば何日で

も大自慢で。

『イヤ碌な物件も有りません、唯揃へるまでの苦心が面白いので、併しあとから良い品が手に入ると前のが厭になるので、だん／＼筋が通つて來るやうなもの、是も諸君の御鑑識によつて惡いものは除けるやうな譯でハヽヽヽ、何か不鈎合ひなものがありましたら御遠慮なくお示しを願ひたいハヽハヽヽヽ。』

主人の大得意思ふべして、此の家、此の畫幅、此の古器物、何一つとして惡いものが有るものかと言はぬばかりの顔つき。

『イヤ恐縮々々、これほどお蒐めになるには山澄や黒川の金庫へ隨分お運びになつたことでせう。先一點の打ち所も有りませんな。
『イヤ先生、其の先が少し穏やかならんやうですが、何かお目觸りのものが有りますかナ。』
『お座敷といひお道具といひ風流ずくめで批難は少しも有りませんが強てお問ひになれば一つ不調和な俗なものが

有りますて』
『ソヽ其れは何です？』
『貴大人サ』

原文

一俗漢造二一精室一、室中羅二列古玩書畫一、無二一不一レ備、客至問曰、此中若有下不二相稱一者上、幸指敎當レ二去一レ之、客曰、件件俱精、只有二一物可一レ去、主人問是何物、客曰就是足下

育兒法

叢軒

原より小兒は常識を持つて居るものでもなし、況て乳で育つ間などは育てる人次第である、で小兒にも大食もあれば小食もあるし、滿腹の時もあれば空腹のときもあるから結局乳を哺ませる加減は母親の經驗に依るより方法がない。先哺乳器を與へて置く時間は大抵十分から十五分位を程度としてあるが、其の内にも飽く樣子があつたらば直に離すやうにせねば不可ぬ。

又最も注意を要することは、一度哺ませかけたら、假令罎の底に乳が殘つて居やうとも、惜むことなく捨るのである、爾して幾度でも其の度毎に罎を洗つて清淨にして置いて、必要に應じて更に新しい乳を入れて哺ませることである。

往々衞生志操のない物惜みの愚物が、殘つた乳を勿躰ないと捨ずに再び哺ませて、小兒が病氣にでもなつたときに、非常な心配や多くの散財をする連中が世の中には未だ少なくない。僅か罎の底に殘つた乳と、可愛い小兒の健康と何方が勿躰ないであらうか積りにも知れさうなものだ。

爰に又衞生といふことの誤解から善良の乳牛を一頭乳屋に托して其の牛の乳ばかり哺ませる人がある、一寸素人考へには宜さそうに思へるが大きな間違ひである。

元來牛も生物であるから不斷相變らず同じ成分の乳を出し得るものではない、又病に罹ることもある、若し疾に罹つたとしても其處は預かりもの丶乳屋は一切お搆ひなしで乳さへ配達すれば里扶持が取れるといふ筆法でやられたらば、其の乳を哺む小兒こそ災難ではないか、若し又乳屋が、お預りの牛は病氣に罹りましたから外の乳を持て參りましたといふやうなことが有りとしても、從來腸胃に馴れた乳と急に異るから、其小兒は忽ち嘔吐或は下痢を來すものである、で實は不斷から市乳と云つて數頭の牛乳を混合した賣物の乳を哺ませるのが善良の策で、平均の上から毎日餘り變りがなく又病牛のは牛が大切だから乳を搾らないので、最も危險の恐れが尠ない。又市乳は前にも言ふとふり混合してあるのだから、若し轉地などして外の乳屋の乳を用ゐても甚しい異ひがない、で、歐洲諸國では專ら市乳を賞用して居る。而して牛乳屋は學識のある衞生家の檢査を受けて一週間に兩三度の試驗を怠らぬといふ此の點に信の措ける乳屋のものを撰擇するのが肝要である。彼の牛乳屋が共進會の褒賞や分析表などを廣告文に揭げるのは、曾て不良の乳を販賣したこともあるといふ悔悟の廣告のやうなものと見て宜しい。

牛乳の腐敗せざるやう保存する方法

前回にも述べたる如く、牛乳は脫脂綿の栓をした壜に入れて湯煎にするのに限る、然もないと腐敗し易いから夏季は特に注意しなければならぬ、且牛乳は人乳より腐敗の度が速であるから朝乳を夕まで保つことは出來ないが、一度二三十分時間沸騰させて硝子壜に入れ、堅く栓をして井の中か又は新らしい冷水に浸して時々水を代へて置けば一日位は保てる。

牛乳の腐敗した證據は、靑色試驗紙（ラクムス紙）が紅く變ずるのは酸敗した驗で、唯見た所でも凝固つたものが乳の中にふわ〳〵浮いて一ぱいに雲のやうになつて居る、又顯で見ると酸ばい臭ひを放つのでわかる、又これを煮沸てると葛のやうに凝まるので腐敗といふことが直に解る。

次回には牛乳壜のこと及び混合物を發見する法を詳說すべし　（以下次號）

料理法

家庭雑誌ムラサキの第三號家庭欄に、女子の肥瘠といふ題で東洋内科醫院長高田畊安君の所論を掲げてあつた。其の末段に豆腐の滋養に富んで居るとを說かれて居るが、實に金玉の言であるから玆に摘載して彌記者が用心の周到な事を證據立てやう。

『序だから云ふが、廉價にして、滋養質中最必要なる蛋白質に富んでゐるのは豆であります。元來身躰は重に蛋白質等窒素含有物を食すると云ふ事は必要である。そして其蛋白質は重に、肉、鷄卵にあるが、穀物には少ない。ところが幸に豆の中には此蛋白質が多量に含まれてゐるから、豆を盛んに食すれば廉價で且つ充分なる滋養が取れる。殊に豆腐は、あまり甘く無いから、世の中の人は多く好まんが、其價も甚だ廉く、しかも最も消化し易き滋養物である。そして牛乳に較べて左程劣らない、だからあれを世間で澤山に用ゐさせたい事と思ひます。

此の家庭の知方に料理法の欄を設けて、第一號から掲げ續けてゐるのが豆腐料理である。で、既にその種類も五十種に上つた。爾して高田醫學士も云はれたやうに世間では豆腐をあまり美味く無いものと誤解されて居るやうだが、これは調理法を知らないからである。記者は茲に見る所あつて、豆腐料理の世間に知られないものを掲げて、廉價にして且美味く、爾も滋養食餌を多く讀者に侑めたい素志に出たのである。曾て畫家の橋本正素君が先考の佛事の爲め鄕里へ下られたときに、尾の道の習慣で五十日間は精進潔齋をされるとの事であつたから當時此の豆腐料理法を傳授したが、歸京されてから非常に歡ばれて、大に豆腐好きになつたとの咄であつた。

偖あまり味噌をあげると豆腐が田樂になるから、本文に取り掛らう。

豆腐料理　つゞき

奇品

賽蜆　豆腐を全ながら水氣なしに能き加減の火にかけて烹、水の出るを金匙ですくひ去り、又水出れば幾回もすくひて烹固まり、ぼろ／＼と蜆の身の如くになるを、油にてさつと揚げ、稀醬油で烹て靑山椒をおくなり。

玲瓏豆腐　干凝菜を煮ぬき、其湯にて豆腐を烹しめ冷してつかふ、調味好み次第。

淨饌の海膽でんがく　麴、味噌、醬油の三品を等分に合せ、蕃椒の粉を加へ貯へおき、能く熟れたるとき摺りて雲丹田樂の製の如く豆腐につけて燒くなり。

繭でんがく　搗きたての餅をいかにも薄くのばして少し炙り、田樂の秦椒味噌のつけ燒にしたるを右の餅にてくるりと包む

簑田樂　辣料をよきほどに加へて味噌をよく摺り味をつけ、田樂のごとくして、花がつをのよく奇麗にそろいたるを、味噌のうへに密とかくるなり。

（以下次號）

雜録

流石は戰捷國

犬うつ童までも自ら豪傑とか大將とか稱して、爭鬪に勝てば兩手を擧げて萬歳を唱ふる世の中、お前は何になるへ？との問ひに對して、俺ア軍人になると答へる封建時代からの氣性が塊つて國を爲して居る日本で有るから、戰爭にかけて他國に後れをとるべき道理はない。

爰に身は深窓の裡に傅かるべき樺山伯爵令孫泰子の君は僅に九歳、又倫敦駐在總領事荒川巳次氏の令嬢清子の君は僅に十三歳といふ幼年の加之も嫋き女性でありながら、富士登山を思ひたゝれ、遂に去八月十六日附添人と共に御殿塲驛を發して辿り辿つて其の日に七合目まで達した、折しも暴風雨の爲め進退に窮して同所の岩窟中に三晝夜を滯泊して漸く靜穩に歸するを待つて無事に目的を遂げて下山されたといふことである。本年は女子の登山者が多かつたなかにも特に其の勇氣眞に軍國の子女たるに恥ずと謂ふべきである。

○女子の特性として柔順、勤勉、綿密等の長所が有る爲め諸會社銀行等に女子の計算員を採用する向益多きを加へつゝあるが、近頃は女子の料理番を望む家庭多く、現に大日本割烹學會に宛て伊勢、尾張地方から要求し來つたとのこと、目下東京で女子の料理番を使用して居る重なる家庭は、王子の澁澤男爵の別邸位なれど、追々需用增加の傾向なりと。

○本年度日本女子大學國文科の卒業生田中友枝氏(二十三)は去八月廿四日單身韓國へ渡航し、京城に於て日本語學校創立に一身を委ぬる筈。

○東京留學中の清國女學生は追々我が文明の空氣が浸染してから自國の蠻風を厭ふやうになり、遂に不纏足會なるものを組織し、又白話會といふ演說會を設けて壇上に立つて纏足非認論を演べ、尙ほ雜誌白話に此の演說筆記を揭載して本國に贈る等却々の氣焰で、既に渡來このかた纏足を廢したものもありとは、遉に奮勵一番して外國へ留學する女子の氣性を顯はして居る。

○一躰女子は內氣がちで肝腎の事も心に有るだけを十分に吐露することも出來ない傾向きが有るが、溫順も過ぎては缺點と謂はねばならぬ、玆に島根縣女子師範學校では如上の缺點を補ふため日常雄辯術養成ともいふべき方針で同學校の卒業式其他公開の席で紋切り形の艸案朗讀代りに當座に相應した言辭を艸案なしに演述することを練習させた結果、本年の四月卒業式の時から實行させた所が非常に成蹟が良くて、縣知事其他來賓の祝辭に答ふるに生徒總代某子の即席答辭がなか〳〵旨く出來たので、一同が奇異の思ひをした位で有つたと。

如何に女子は內輪が可いからとて自己の思想を明晰に淀みなく發表することも出來ないのも困るし、又雄辯滔々四莚を驚かすも尙困るから、其の中庸が取れゝば實に妙。

○兎も角も先戰局はおさまつた。國民の覺悟は一層鞏固で無けらねばならぬ、能く勤めて能く遊ぶ男子の遊戯としては朔風を侵して山野の間を跋渉する銃獵に超したことは無からうと思ふ、で獵者の心得ともなることを語らふ。

普通鳥の飛ぶ速力は平均一時間に四十哩としてある、で、獵者が、これに銃を擬して狙をつけるまでには少くとも鳥はもと認めた位置より十二吋を飛び過ぎて居る割合だそうだ、それに狙を定むるまでに費す時間が一秒の百分の二十五、引鐵を引く時間と火が點いて發射する時間が一秒の二百分の一づゝ、彈丸の飛んで行くこと一ヤード毎に鳥は二吋づゝ飛び過ぐる割合であるから此の間に鳥は十呎六吋を飛び過ぐることになる。だから恰度鳥の前方十呎六吋が命中點でなければならない。

此の割合で鳥の前方を打つが銃獵家の秘訣だそうだが、當の敵たる鳥を見てドッコイ二一天作の五と胸算をして居るうちに、左樣ならとも何とも言はずに遠慮なく鳥は飛んで行くから、熟練を積むに越したことはないから、其の心得で跡は活用に任せる。

○銃獵に次で御勸めするのは旅行の習慣である、少しでも暇が得られたら平民旅行を試むるのが身躰の爲にもよし、觀察も廣くなる。都人士の癖として得手田舍の食ひ物に不自由を口にするが、彼等の所謂る食ひ物は一度か二度のことで、終日清潔な空氣を御馳走になることは頓と御氣が付かれないやうだ。瀧の川の紅葉や向島の枯野に滿足して居るのは、恰も鑵詰ものを味はつて舌皷を打つと同じことである。

寄書

妻君の事

宇賀の浦之助

十人十色、人さま〴〵が面白い。

◎陸軍將校の妻君と云ふものは至つて無愛想なやうだが、併し良人の事を思ふと、いかに家庭に飾りなく、ソシテ武骨一遍、平素の生活の無邪氣であるかゞ窺ひ知られる

◎海軍將校の妻君になると、前者とは丸で正反對、いかな時に來客があつても反らすと云ふ事はない、誠に世話のいゝ、とりなしも如才ないのだ、之れが何に起因するかと云へば、其良人が陸軍の方と違つて、波の上遠く海外に出て、總ての交際術を味はつて來た爲と、其良人が偶々上陸するを慰さめる術に富んで居るらしい。

斯うなると、銀行家の妻君、政治家の妻君などにも夫々特點があるだらうと云へば、慥かに際立つたものがあるのだ。去年自分が出征軍人家族慰問婦人會を各區に訪ふた時、面白い實例を認めた。

◎四谷の某所に住んで居る銀行頭取の夫人は、流石に勘定高い‥‥‥ト云つてはおかしく聞こえ樣が、さうでない、目の附け所が違ふと云ふのは、慰問の事に就いて斯う云つた「左樣――、此區には鮫ヶ橋と云ふ有名な貧民町はあるけれど、併し妾の考へでは、鮫ヶ橋の貧民は貧と云ふものによく馴れて居て、食料も兵營の殘飯、其他種々に廉なるを求むる道も知つて居やうが、夫れに引代へ、廿圓以下の給料を取つて居た者は、俄かに内職もなし、有る物を賣喰ひにするやうな者は一時救ふてやつて、更に職業を與へねばなりません」と、此の奇警

の着眼あるは、豪い〳〵、ヤッパリ銀行家の夫人だと思はれた。

◎夫れから京橋の某政治家の妻君を訪ふて見た、スルト、此區は他に比較して貧民は尠くない、ツマリ周圍の生活が高い爲、勢ひ貧民の無いのだけれど、夫れでも路次に入ると多少は厶います、が、他の區と違つて救助金を受けながら髪もきれいに結ふ、化粧もすると云ふので、何うやら同情は薄いが、結局周圍の生活に據るので仕方が厶いません、兎に角職業を授けやうと、子供の保育所を設けました」と、成程政治家の夫人だけに計畫が多少ある。

◎モウ一つ慰問會に就いておかしいのは、神田方面で、此區の世話を主にやつて居た婦人連は不思議にお醫者の妻君斗りであつたが、丁度僕の行つた時は夏のあつい眞つ盛りで、段々質問をする內に「此の一二ケ月は訪問を休むつもりで厶います、あつい上に、不潔な所へ行つて、萬々一惡疫に罹るやうな事があつては閉口で厶います」と、お醫者の妻君はお醫者の妻君、多少衞生を主んずるのは妙だ。

マア此位の所で、妻君と云ふもの丶十人十色の內容も知れるのだが、更に世の多くの妻君に注意を促がして見たい事が二つ三つある。

◎日本ではまだ一般に時計をおろそかにして、人と約束の時間も、會合の時間もナーニ三十分や一時間遲れても差支はないと云つた風であるが、官吏乃至會社員などの妻君は、朝早く良人を起し、出勤させやうがため、時計の針を三十分、又は一時間餘りす丶ませて居るが、之れは注意より欺く方が主となつて、、、アテにならぬ時計を近所へ吹聽するの惡弊を往々見受けるが、誠によろしくない、矢張時間は正直なものにして置いて欲しい。

◎男は外交家だ、敷居を外に踏み出せば七人の敵があると云ふ位だから、何時他人と爭ひを生じ、從つて不愉快で歸へつて來ると云ふ事も多い、夫れに家に居る妻君がツノ顔色を見て取る事も出來ず、無愛想な挨拶で出迎はれては、御亭主愈々面白からずで、遂には不圓滿な家庭となり、しめつぽい月日を送るやうになるのだが、妻君は良人の出入りに頗る注意が肝要である、但し女郎や藝者のお世辭を受賣りするのとは、雲泥の相違ある事も覺悟していたゞきたい

◎ビスマークの夫人は、一種の野菜で百十幾種の料理法をやつたと云ふが、之れも今の妻君達の研究すべき事で、骨を使ふ人と、頭を使ふ人に據つて、勢ひ食物も口で喰ふのと、頭で味はふのとの區別がある、又た其人の性質に據つては、何でもいゝがあり人が見てつまらん樣でも、乙だと云つて箸をとる人もあり、其處をよく考へて、巧みに調理法をやらぬと、遂には宅のものは喰はれないと、不經濟な飲食店這入り、夫れか嵩じて酒にタバコと洒落たがるのだが、シカモ頭の忙はしくなつた時代に於ゐては、縫物は呉服屋に托してよし、先づ日々の食物については研究を主とすべき事だ。

まだ／＼妻君に對する注意も澤山あるけれど、餘り云ふと「オヤ／＼いけすかない人──、御自分はドンナに注意家だらう？」と來るかも知れねば、大抵の所で一服だ。

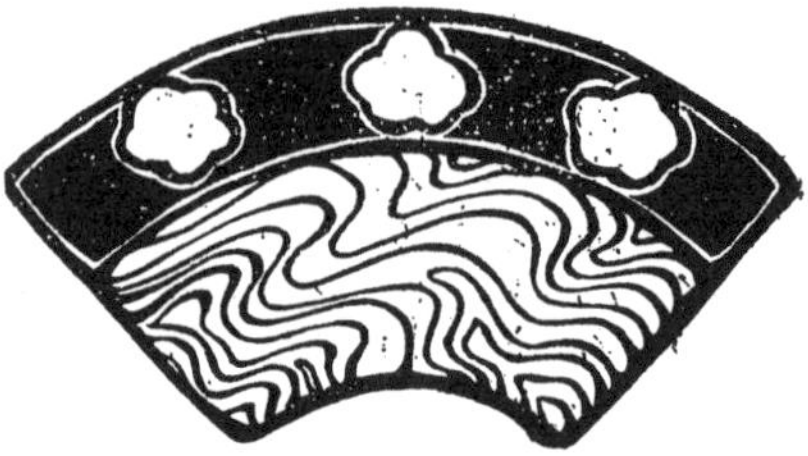

文苑

俳句

模樣づくし

雨六生

朝ぎりや馬の尻より晴れ渡る
あさがほの蕾のうへや三日の月
月今宵光琳の松なつかしき
今日の月糸瓜の棚にかゝりけり
唐黍の穗に出てそれも秋の風
城跡に松の一と木の野分哉
紫の筑波根たかしあきの雲
馬あらふ利根の川邊や秋の雨

秋すゞし船のともしのさゞら波
五七人月下に更けておどり哉
椽側に線香花火やむつまじき
鹿二つ行くや徑の蓼の雨
初雁や寐覺めがちなる老となり
色鳥やくれなゐの海渡り來る
田舟漕げば鴫立つ芦の夕べ哉
雨晴れの柿の畠や百舌の聲
水に富める山裾村や稲雀
船端に月のほりけり鱸釣り
鯊つりや夕日に近き安房上總
初鮭やアイヌ漕寄る丸木舟
加茂川の月夜となりぬ啼く河鹿
朝がほの垣にくゝりしとんぼ哉
蜩や寺の鐘つく杉ばやし
垣ひくき隣同志や虫の聲
柿くらふ猿の顔に夕日かな

茶道

勇猛精進菴

本誌初號から茶道の一欄を設けて、利休居士の畧歴から筆を起し、茶道手續きの事に及んで、未だ其の半にも達しないので有るが、熟々思ふに、此の手さへ手續きのことは迚も一通りの書物に就いて習ひ得るものではない、到底師傳によつて練磨しなければ得道するもので無い。で、本號からは、此の茶道に係る趣味ある話を掲げて諸彥が修養の一助に供しやうと思ふ。

抑此の茶道を獨り茶を點じて喫むに就ての禮式とのみ狹義に解釋せられては頗る記者の憾みとする所である。

精神の修養を主幹とし、次に主客の心得、行儀等の枝葉に至るまで、此の茶道の益することは尠くない。近刊の女鑑にも大に記者の意を得たことが書いて有つた、これを約めて言はふなら

　昔から日本の茶人には、客ぶり、主人ぶりといふことが有る。客は主人の心を心とし、主人は客の心を心とするといふことで、實に之は獨り茶會のみでなく、一般の交際に對して慥に一種の福音であると思ふ云々。

實に記者の主張する所の一班を顯はしたものである。

前にも云ふとふり爾後本欄には此の趣味あ

る話しを掲げ、更に茶道の手前及び茶會に就ての事柄は讀者の質問に應じてお答へすることゝした。で、御質義が有るなら御遠慮なく、本誌發行所へ御申出を乞ふのである。

武士道と茶道

細川三齋公は有名な茶人で、名物の茶道具を多く所持された人である。

當時老中で飛ぶ鳥も落すほどの勢であつた堀田加賀守正盛も茶を好まれたので、或時人を介して三齋公に道具を一覧したいと所望した。三齋公快よく諾されて、其の日には丁寧に馳走してから、後に數十種の道具を出されたが、皆武具ばかりで有つた。

後日に彼の取次の人が、堀田殿は茶道具を御覧ありたき御所望で有つたのに、何とて出されなかつたと云つたときに、三齋公は最初貴殿、正盛が道具を見たがると云はれたから、凡そ武士が何の道具とも指さずに唯道具とばかり云はれゝば、武具の外に道具はない筈であるから武具を見せたので有る。茶道具所望なら、茶道具と云はれゝば能きにと云はれたそうな。

大鉢に梅一枝

秀吉公が或る時利休を困らせるつもりで、金の大鉢に水なみ〳〵と注ぎ入れて、僅に紅梅一枝を出されて、是をいけよと命ぜられた。利休何の躊躇する所もなく、彼の紅梅の枝を逆に持つて、四五輪の梅花を水面に扱き落した。金の大鉢に水晶のやうな水がなみ〳〵と有るうへに、紅梅の四五輪浮かんで居る光景は、得も云はれぬ趣味であつたので、豐公はじめ、一座驚嘆したといふことがある。

是と較趣きの似て居る話は、先頃某伯爵が英國の貴賓を午餐の饗宴に招かれた事が有つた、其の客設けに廣口の花瓶に河骨を挿して置かれたが、盛暑の折であつたから、憐れ食事の了る頃には瓶中の河骨が水を下げて了つた。偖會食が濟めば客が此の座敷へ來るべく時尅が迫つて居る。

丁度其處へ見廻りに來られた伯爵夫人が之を見て、取り敢へず、伯の書齋に金魚を飼養して飾られてあつた銀製水盤を取り寄せて、萎れた河骨の花ばかり剪て、盤中に浮べて床に飾られた所が、銀盤中の水に黄色の花が點々浮動して居る躰は、謂はれぬ美觀であつたので、日本人の意匠に優秀なるは世界に冠たりとの激賞を受られたとのこと、蓋し伯爵夫人は利休の故事に倣はれたのて有らうかと思ふ。

生別

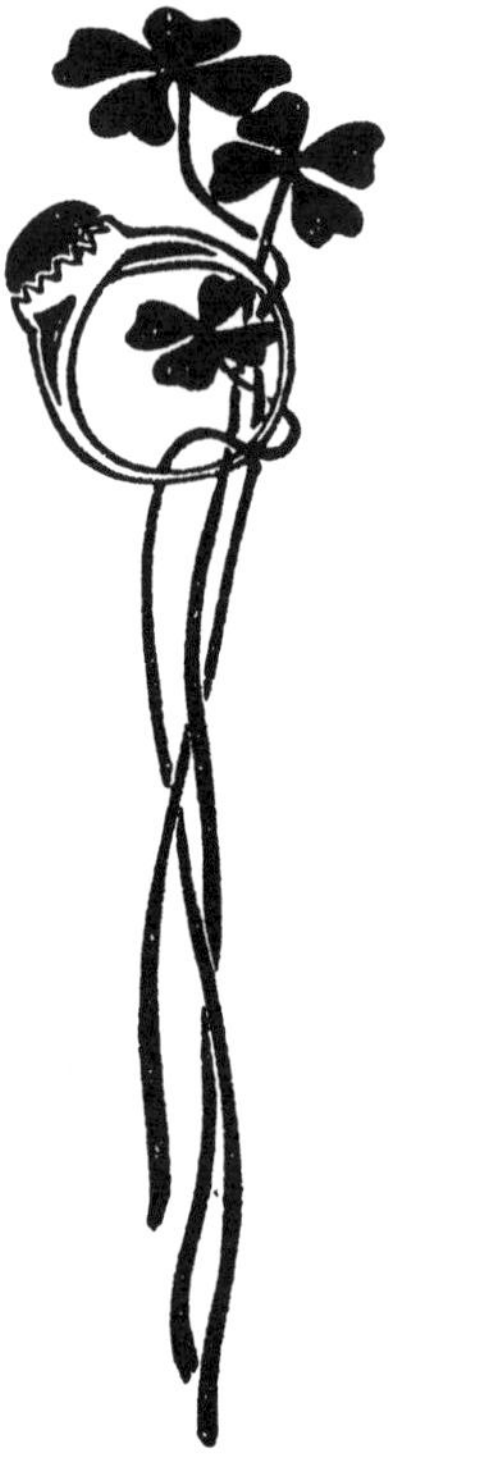

青濤

（上）

家に着く三町ばかり先きの四角に來た時、不圖背後に人の迫る氣配がしたので、何心なく振向くと、今通つて來た角邸の門のあたり、星闇の空に狂女の髮を振亂した一株柳青々と軒燈籠の光を受けて、その下に映し出された男がある。角袖の手に洋杖を曳き、鳥打帽子を被つたとまでは見えたが、慌てゝ柳の蔭に隱れたので、素より何者とも知り得なかつた。

既うやがて十二時にもならう、仕舞うた家、乃至は勤人向きの多い裏町通りは、宵の程から戸を鎖して、秋も彼岸過ぎのいとゞ物淋しい夜を、今し夜學から歸つて來た和田卓郎は中學校の制服の肩を悚めて、思はず露冷えの身を戰はしたが、俄かに靴音忙しく、逃げるやうに五步六步、怖々ながら復た振向くと、男の影も尾いて來る。

入口の雨戸を窃と開けて、毬のやうに飛込むが早いか、今度は荒々と建付けて、錠をさへ緊と下した途端に、

『卓郎かえ。』と奥から老女の聲が聞えたので、始めて吻と一息して、

『ハア唯今。』と聲を低く、捥取るやうに靴を脱いで、沓脱ぎへはおかず手に提げて、玄關に突立つかと思ふと、また一寸後ろを視た

『大層遲いぢやないか、何うかお爲なのかえ。』といふ聲につれて、行手の襖が開くと、洋燈片手に母のお富が出迎へた。今年六十一の鬢には霜が亂れて、殊更冷氣を厭ふ喘息持ちの身に帶をも解かず、この夜闌まで吾子の歸りを待ち詫びて居たのである。

『今夜は課業時間が多かつたんです、それに……。』と辯疏らしく卓郎はいつて、燈光の前を恐るゝ如く顏を反向けた。親の丹精で、スラリと伸びた五尺餘りの、制服の姿勢の極めて好い、眉目の優れて秀でた、あはれ有望の一靑年、一昨年小學を卒へて、今年は十八だといふ。

『第一、夕飯にも歸らないでさ、お前、中學校から直ぐにお廻りだつたのかえ。』

『別に少し用事があつたので……。』と尚ほ落着かぬ躰で立つて居る。

『何んの用か知らないけれど、お父樣や私の今日の心配といつたら、それは／＼、お前。』と母の眼には涙が浮いた。氣が付いて、又た更めて吾子の顏を凝と視て『そ、その、慌てやうは、何うしたの？靴なんぞ提込んで、お前……。』

『犬に咬え出されると可けないと思つて。』

云ひながら又振向くと、恰も戸外の方に人の足音が停つたので、卓郎は色を變へた。

『感冒を引て、頭痛がして……阿母さん失敬します。』

そわ〳〵と自分の書齋に退くなり、展べてあつた布團の上へ、服をも脱がず、倒れ臥して物も視じ、音も聽かじとやうに、頭から夜具引被つた。

が、それは全く無益で、彼は間もなく戸を敲く音を聽いた。加もその音は今自分が建付けて來た入口の雨戸なので、宛然水を浴びせられた如く、慄然と身の毛を逆竪てながら、眼を瞑り、息を殺して、もう生きた心地もないのだ。

『何誰さま?。』と沈んだ母の聲がして、續て戸外の方に男の物言ひが聞える。と、その瞬間に卓郎の眼の前には、再び彼の鳥打帽子、角袖の怪しい姿が歴々と現はれた。

忽ち襖の開く音、戸を開ける音がして、男は既う上框の前に立つのであらう。引返へした母の足音が、書齋に沿うた廊下の上に消魂しく運ばれると、やがて壁を隔てた臥戸の方に父の造酒彌の聲が聞えて、又も廊下に足音の亂れたのは、老夫婦が連立つて、改めて玄關へと出るのであつた。

さては此深夜に何事の起つたのか。

父と客の間には、頻りに對話の取りやりが續いて居る。客の調子は權柄づくの、嵩にかゝつた鋭い氣勢のあるに引換へて、父は何處までも辭を卑く、言はゞ對手の袖に縋つて、只管頼み入るやうな樣子がある。聲が低いので、素より聞取れやう筈もないが、尙ほ卓郎の鼓膜には、その聞取れぬ語の筋が一々明晰と響くやうに感じたので、果ては寐ても居られぬ身を起して見たり、復た寐て見たり、人知れず書齋の闇を藻搔きに藻搔いた。

少時して、不圖男の聲が甲走つた。

『では、間違はんやうに、……、貴夫婦方の心を察して、……信用して、兎に角引取るとにする。……成るべく早く……。』

言葉の末が戸の締る音になつて、男は紛れもなく立去つた樣子なので、卓郎はやう〳〵蘇つたやうに吻として、胸の動悸の堪へ難さを兩手に緊と抑へながら、今度は父に我名を呼ばれるを恐るゝが如く、再び夜具を引被ると、廊下に足音か近づいて、それが書齋の前まで來ると、俄かに咳入る母の苦痛が手に取るやう。

『エヽ、諦めの惡い、今更泣いたとて仕樣もないわ。子供一人、な、亡くしたと思や、喃私も左う思つて居る。』

勵ますやうな父の聲も、矢張り血に咽んで居るのだ。

『お、起して、よく言つて聞かせてやつて……。』と咳嗽の間を、母がやう〳〵言續けたのを、一も二もなく打消して、

『今更私が言つて聽かせんでも、是れから先き寬りと身を沁めて、何れ改悟の機が來るだらうわさ。此家に居るのも旣う三四時の間だ、切めて夜の明ける迄、布團の上で暖かに寐

かしてやれ。』

『二人しかない子供だのに、姉は彼の通りの重病だし、弟は斯様始末になる、眞個に、私眞個に、神も佛も……。』と母は又激しく咳入るのであつた。

『もう何んにも言ふがものはないのだ。兎に角、彼方へ行かう、卓郎が目を覺すと可けないて、喃。』
夜具の中で卓郎も泣いて居る。老夫婦が去つて了ふと、暫らく經つて、書齋の障子が、忍

びやかにズル〳〵と開いて、飄然と風に吹込まれたやうな寢衣姿、裾をば長く曳きながら疊に衣摺れの音も立たぬのである。年齒は二十前後の、今が盛りの花の顏無殘に褪せて、肉の落ちた蒼白い頰の上に、鬢の亂れの二絲三絲振りかゝつたのが、持つて居る雪洞の薄光に照されて、哀れとよりは淺ましく、更に此世のものとしも思へぬ程に物凄く、室內の闇を拔いて居た。

息切れの左も切なげに、やう〳〵枕下に膝を下して、

『卓ちやん、寐て居るの？』

思ひも掛けぬ姉のお雪が聲なので、卓郎は顏を突出して、

『姉さん、何んに來たの？』

『何んにつて、お別れに來たのよ、この世の見納めに來たんだわ。』

斯ういつて潛々と泣伏したので、卓郎は遂に布團の上に起き直つた。

『見納め?!何にを？』

『卓ちやんをさ。』と淚を拭いて、『この世に二人しかない姉弟ぢやないか、そのお前が、お前が今度……。』

『姉さんは直ぐ泣くから、それが病氣に障るんだ。』と卓郎も瞼を拂つた。

『私なんざ、何うせもう死、死んで行くんだわ。』と又泣いて、『それよりか卓ちやん、お前又何うしてこんな淺ましい事を仕て呉れたの？』

『死なんて、そんな、そんな氣の弱いことを。姉さん、お願ひだから氣を丈夫に持つて下さい。』

『でも肺なんだもの、御覧、こんなに痩せて了つて。』と雪洞の上に青白く透徹る纖い〳〵手を翳して、『もう私は仕様がないの。唯跡にね、卓ちやんが居ると思つて、そればかり賴みにして居たんだのに、その卓ちやんが、お前が。』

『姉さん、もう知つてるんですね。先刻のは矢張警察の人なんでせう？』と卓郎は身を顫はしながら、面目なげに俯向くのであつた。

『左うなのよ、夕方にも一度來てね、阿父さんや阿母さんに卓ちやんの事を訊いたんだつて、而して今夜卓ちやんが歸つたら、決して外へ出すなつて……。』

『アヽもう駄目だ。』と卓郎は失望の聲を放つたが、やゝあつて、實はね、今夜約束があつて、或處で曾根の來るのを待つてたんです。何程待つても來ないから、變だと思つて、下宿の方へ行かうとすると、途中で或る人に逢つて、曾根も大塚も、今日の夕方、警察へ引かれたといふぢやありませんか。驚いて、直ぐ歸る途中で、變な奴が僕の後を尾けたんです。』

『それ御覧、あんな人と交際つて居ると、何うせ碌なとはないと、私あんなに言つたぢやないかね。』と雪子は痛恨に堪へぬらしく、稍や上氣の顏を擧げて、睨むやうに弟を視ると、

『惡いんです、僕が惡いんです。アヽ僕も監獄とやらへ行くのかなア。』と流石に悲しく心

細けに呻き出すと、

『眞個にねえ、何うか仕樣はないものか知ら。』と雪子もやる瀬なき苦痛の胸を緊と抱いて口に手帕を啣へたまゝ、滑るやうに俯伏しの額を疊に摺付けたので、卓郎は驚いて、其背を撫でゝやりながら、

『姉さん惡いんぢやないの？もう彼方へ行つて、寐て下さい。よ、斯樣夜中に起きて居ちやア好くないから。』

『有り難う、もう快いのよ。』と起き直つたが、此瞬間、雪子は又も顏の窶れを增して居るのだ。力なげに雪洞の燈を指して、

『蠟燭がまだ一寸ばかし殘つて居るわ。私、到底もう起きて居られる身躰ぢやアないのだけれど、今夜は一生懸命なのよ。だから、これで又寐込んで了ふと、私、もう一生卓ちやんと、緩り話す時がありやアしないわ。左うぢやないか、お前は夜の明けない中に去つて了ふのだもの、眞個にこれが姉弟の見、見納めになるかも知れやしない。だから、切めてこの蠟燭の燈えて居る中丈けでも、卓ちやんと話して居たいわ。』

『夜の明けない中に？僕が？』

『アヽ、左うなの。實は私立聽きしたの。先刻の人は今夜直に卓ちやんを連れて行くつて左う言つたんだけれど、阿父さんが、種々とお願ひ申して、何うぞ親の心になつて見て下さい、又當人も性根から惡いのぢやないといふことを察して下さい。決して他所へ逃がす

やうなことはしないから、切めては私共に自訴させて下さい、夜の明け方には屹度伴れて參りますつて、左う仰有つたので、男の方も納得して、ぢや特別に左うしてやるといつて居たのよ。』

『阿父さんが、僕を伴れて、自訴させるつて?!』

『親程有難いものは眞個にありやアしないよ、卓ちやん、お前改心しないと、罰が當りますよ。卓ちやんの歸らない先きに、私、もう屹度お墓になつて居るんだから。私の遺言だと思つてね、何うぞ卓ちやん。』

『濟まないなア、姉さん、僕何うしたら可いでせう。』

『何んといつても、今更取返へしが付くのぢやなし、是れが一生の別れだといふのに、もう厭な事なんぞ言ひつこなしにしやう。』と雪子は又咽返つて、『もう蠟燭が五分しかないよこの五分がお前と私の、……此世に姉弟と生れて來たお前と私の、一生の顔の見納め、話しの仕納めよ。ア、もう三分しかない。』

『そんな悲しい事をいふと、僕はもう何うして好いか。』と卓郎も泣き出した。

『もう一分しかない。左樣なら卓ちやん、隨分身躰を厭つてね、歸つたら阿父さんや阿母さんに孝行するんですよ、今迄の取返へしをするんですよ。姉さんは、〱……。ア、もう消えさうになつて來た。左樣なら、卓ちやん。』

姉弟手と手を取交して、闇の中に尚ほ盡きぬ名殘を惜むのであつた。　（次號完結）

白木屋呉服店御注文の栞り

△白木屋呉服店は　寛文二年江戸日本橋通一丁目へ開店以來連錦たる老舗にして呉服太物一切を營業とし傍ら洋服部を設け歐米各國にまで手廣く御得意樣の御愛顧を蒙り居り候

△白木屋呉服店は　呉服太物各產地に仕入店又は出張所を設け精良の品新意匠の柄等澤山仕入有之又價格の低廉なるは他に比類なき事と常に御賞讃を蒙る所に御座候故に益勉強販賣仕居候且洋服部は海外各織物產地へ注文し新柄織立させ輸入致候間嶄新なる物品不斷仕入有之是等は本店の特色に御座候

△白木屋呉服店は　數百年間正札附にて營業致居候間遠隔地方より御書面にて御注文被下候とも値段に高下は無之候

△白木屋呉服店は　店內に意匠部を設け圖案家畫工等執務致居候に付御模樣物等は御好に從ひ嶄新の圖案調進の御需めに應じ可申候

△白木屋呉服店は　御紋付用御着尺物御羽織地御裾模樣物等急場の御用に差支無之樣石持にて染上置候に付何時にても御紋章書入れ迅速御間に合せ調進可仕候

△白木屋呉服店へ　染物仕立物等御注文の節は御注文書に見積代金の凡半金を添へ御申越可被下候

△白木屋呉服店は　前金御送り被下候御注文品の外は御注文品を代金引換小包郵便にて御

送附可仕候

但し郵便規則外の重量品は通常運送便にて御届け可申候

△白木屋呉服店は 當分の内絹物の運賃は負擔仕候 但清國韓國臺灣は半額申受候

△白木屋呉服店へ 爲換にて御送金の節は日本橋區萬町第百銀行又は東京中央郵便局へ御振込み可被下候

△白木屋呉服店へ 電信爲換にて御送金の節は同時に電信にて御通知被下候樣奉願上候

△白木屋呉服店へ 御通信の節は御宿所御姓名等可成明瞭に御認め被下度奉願上候

東京日本橋通一丁目

白木屋 呉服 洋服 店

電話本局（八十一 八十二 八十三 特四七五）

大阪心齋橋筋二丁目

白木屋支店

電話特東五四四

京都堺町通二條上

白木屋仕入店

電話特六六四

白木屋吳服店販賣吳服物代價表

●白地類

白大幅縮緬（正物）	四十圓より八十圓位
白中幅縮緬	十三圓より二十圓位
白小幅縮緬	十圓より二十圓位
白山繭縮緬	十四圓より二十圓位
白菫縮緬	十九圓より廿一圓位
金紗縮緬	十七圓より廿二圓位
段縮緬	十二圓より十七圓位
鶉縮緬	十二圓より十八圓位
白紋縮緬	十二圓より十六圓位
白鹽瀬	十五圓より廿圓位
白羽二重	八圓より十五圓位
白壁羽二重	十一圓より十六圓位
白紋羽二重	九圓より十三圓位
白奉書紬	五圓より七圓位
白八ッ橋織	八圓より十圓位
白絹縮	十圓より十八圓位
白市樂織	十二圓より十六圓位
白本斜子	十二圓より廿圓位
白京斜子	十四圓より廿圓位
白川越斜子	八圓より十五圓位
白御召	十三圓より十五圓位
白龜綾	六圓より八圓位
白浮織	六圓より八圓位
白綸子	九圓より十三圓位
白本綸子	十三圓より廿圓位
白絹	三圓五十錢方六圓位
白紬	三圓より五圓位

●御袴地類

茶苧袴地	十六圓より廿圓位
兩面織袴地	二十圓より廿七圓位
八千代平	十四圓より十八圓位
博多平	十三圓より廿圓位
仙臺平	十圓より十八圓位
五泉平	九圓より十一圓位
節糸織平	五圓より七圓位
嘉平治平	三圓より四圓位
仙臺兒袴地	五圓より七圓位

●婦人御袴地類

海老茶紺紫色琥珀	十三圓より十五圓位
同博多平	十三圓より十七圓位
海老色繻子袴	五圓より八圓位
色九重平袴地	十一圓より十二圓位
カシミヤ	四圓五十錢方六圓位
色毛繻子袴地	五圓位

●男子御帯地類

綴錦織	十七圓より二十五圓位
繻珍織	八圓より十五圓位
博多織	四圓より十圓位
紋織博多	六圓五十錢方十圓位
明珍織	七圓より九圓位
厚板織	七圓より十圓位
博多兒帯	二圓より三圓位
風通兒帯	四圓より六圓位
繻珍兒帯	三圓より四圓位

●御婦人帯地類

綴錦丸帯	百圓より二百圓位
繻珍丸帯	本品ハ十五円位より二三百円位迄有之候
綴錦片側	三十圓より四十圓位
繻珍片側	六圓より十二圓位

厚板丸帶	十五圓より六十圓位
博多丸帶	十三圓より廿圓位
紋博多丸帶	十五圓より廿五圓位
幽谷織丸帶	廿五圓より百圓位
紬錦丸帶	三十圓より百圓位
黑繻子丸帶	五圓より十七圓位
黑小柳繻子丸帶	十五圓より廿圓位
色繻子丸帶	十圓より十六圓位
鹽瀬丸帶	廿圓より卅五圓位
國光織丸帶	廿圓より廿二圓位
幸織丸帶	十七圓より廿五圓位
黑本唐繻子丸帶	十三圓より十八圓位
唐緞子丸帶	十圓より十一圓位
綿繻珍丸帶	五圓より十圓位
山吹織中帶	四圓より七圓位
繻珍中帶	八圓より廿五圓位
博多中帶	七圓より十圓位

厚板片側	六圓より十一圓位
博多片側	五圓より八圓位
紋博多片側	六圓より九圓位
幽谷織片側	八圓より十二圓位
紬錦片側	八圓より十二圓位
黑繻子片側	二圓より四圓位
黑小柳繻子片側	五圓より七圓位
色繻子片側	三圓より四圓位
色紋繻子片側	三圓より六圓位
國光織片側	六圓より七圓位
日進織片側	六圓より七圓位
黑本唐繻子片側	六圓より八圓位
唐緞子片側	五圓より五圓五十錢位
綿繻珍片側	一圓五十錢ゟ四圓位
縞綿繻子片側	一圓十錢ゟ二圓位
山吹織片側	三圓より四圓位
色小柳片側	六圓より七圓位

●縞着尺地及御羽織地類

風通御召	十六圓より廿圓位
光輝織	十二圓より十五圓位

風通四丈五尺物	廿四圓より廿八圓位
縞御召	十二圓より十五圓位
同四丈五尺物	十八圓より廿三圓位
吉野入紋御召	十七圓より十九圓位
吉野御召	十四圓より十六圓位
無地御召	十三圓より十五圓位
扶桑御召	十二圓より十五圓位
大島紬	十三圓より廿五圓位
大島風通	十圓より十三圓位
風通糸織	十二圓より十五圓位
繻珍織	十四圓より廿圓位
桑都織	十三圓より廿圓位
京糸織	十二圓より十六圓位
米澤糸織	七圓より九圓位
縞斜子織	十二圓より十五圓位
縞市樂織	十三圓より廿圓位
繋糸織	十二圓より十八圓位
元龜織	十四圓より十六圓位

結城紬	九圓より十二圓位
信州紬	六圓より八圓位
上田紬	六圓より八圓位
米澤琉球	五圓より八圓位
吉野織	八圓より十圓位
富國織	十一圓より十五圓位
八端織	十一圓より十六圓位
京華織	十二圓より十五圓位
清綾織	十四圓より十六圓位
唐糸織	七圓より十六圓位
高風織	十圓より十三圓位
プライト織	十圓より十五圓位
伊勢崎銘仙	五圓より八圓位
秩父銘仙	四圓より六圓位
節糸織	五圓より八圓位
本八丈	六圓より八圓位
縞八丈	五圓より六圓位
飛八丈	二圓位

●友禪及染地類

中幅友禪縮緬	十三圓より廿圓位
小幅友禪縮緬	十三圓より十[illegible]圓位
玉糊縮緬	九圓より十二圓位
玉糊紋縮緬	十圓より十五圓位
板締縮緬	九圓より十二圓位
更紗縮緬	九圓より十三圓位
小紋縮緬	十圓より十四圓位
絞り縮緬	十圓より十四圓位
友禪紋羽二重	十二圓より十五圓位
玉糊紋羽二重	九圓より十三圓位
色鹿子絞り	八圓より十五圓位
更紗羽二重	十圓より十五圓位
更紗斜子	八圓より十二圓位
更紗奉書	六圓より七圓位
更紗絹	三圓卆錢ゟ五圓位
更紗紬	三圓より四圓卆錢位
更紗絹紬	四圓位
更紗太織	三圓より四圓位
中形絹	三圓より五圓位
中形太織	三圓卆錢ゟ四圓位
中形紬	四圓より五圓位
色絞り絹	三圓卆錢ゟ五圓位

●色物類

紅紋壁羽二重	[illegible]圓卆錢ゟ十二圓位
紅紋羽二重	十圓より十二圓位
色紋羽二重	九圓より十圓位
色絹縮	九圓卆錢ゟ十二圓位
紅縮緬大幅一尺	八十五錢ゟ一圓卆錢位
同 中幅同	五十錢より八十錢位
同 小幅同	四十五錢ゟ六十錢位
色縮緬大巾一尺	八十錢より一圓卅錢位
同 中幅同	四十五錢ゟ八十錢位
同 小幅同	四十錢より六十錢位
紅紋縮緬	十一圓卆錢ゟ十五圓位
色紋縮緬	十一圓より十四圓位
色絹	三圓卆錢ゟ五圓位
色紬	三圓卆錢ゟ五圓位

●裏地類

花色、正花、薄花、絹	三圓卆錢ゟ七圓位
同 秩父	三圓卆錢ゟ六圓位
鼠羽二重	七圓より十圓位
紅羽二重	六圓より十圓位
本紅絹	三圓卆錢ゟ六圓位
紅秩父	二圓卆錢ゟ五圓位
糸好紅絹	三圓より五圓位
繻珍額付胴裏	六圓より十圓位
時代緞子	六圓より十圓位
遠州緞子	五圓より六圓位
綾綸子胴裏	三圓より四圓位
織綾胴裏	三圓卆錢ゟ五圓位
色甲斐絹一尺	廿錢より廿五錢位
縞甲斐絹同	二十錢より廿五錢位
絵甲斐絹同	二十錢より二十八錢位
紅緞子胴裏	五圓より八圓位

●帛紗類

綴錦	十五圓より廿五圓位
御殿織	九圓より十圓位
九重織	八圓より九圓位
縮緬大帛紗	四圓より五圓位
紋鹽瀬裏地	三圓より四圓位
同 中幅	一圓卆錢ゟ二圓卆錢位
壁千代呂友禪	四圓より五圓位
鹽瀬友禪縫入	六圓より八圓位
袷無雙	十圓より十六圓位
郡内縞	一圓卆錢ゟ三圓位
鹽瀬茶帛紗	一圓より一圓卆錢位
千歳帛紗	九十錢より一圓卆錢位

●夜具地類

御納戸大形縮緬	十圓より十三圓位
節糸織	四圓より六圓位

●座蒲團地類

縞綾八丈　八圓より十圓位
本八丈　六圓五十錢ゟ八圓八十錢位
縞八丈　七圓より八圓位
郡内絹　六圓より八圓位
糸織　七圓より九圓位

銘仙　五圓より六圓位
秩父縞　四圓より六圓位
御納月大形秩父　四圓より五圓位
岸縞　三圓より四圓位

本緞子一枚　三圓五十錢ゟ七圓八十錢位
大形縮緬同　三圓五十錢ゟ四圓位
更紗紬同　九十錢より一圓十錢位
本八丈同　一圓四十錢ゟ二圓位
紬染座布團同　八十錢より一圓十錢位

綾八端一枚　一圓八十錢ゟ二圓廿錢位
綾八丈同　一圓四十錢ゟ二圓位
銘仙同　九十錢より一圓卅錢位
秩父同　八十錢より九十錢位

●染合模樣物類

△振袖總模樣　留袖總模樣
縮緬地　三十圓より四十圓位
紋羽二重地　三十圓より四十圓位
綸子地　廿五圓より三十五圓位
△振袖袖下模樣八掛付
縮緬地　三十圓より四十圓位

△九重染石持羽織又は着尺地
羽二重地　十五圓より十九圓位
斜子地　十三圓より十八圓位
△紺下本檳榔子染石持八掛付
縮緬地　十六圓五十錢ゟ廿三圓位
斜子地　十四圓より十九圓位

紋羽二重地　廿五圓より卅五圓位
羽二重地　廿三圓より卅五圓位
斜子地　十九圓より三十五圓位
△留袖裾模樣八掛付
縮緬地　廿圓より卅五圓位
△男兒一ツ身熨斗目模樣付但し共紐付
縮緬地　十二圓より十八圓位
羽二重地　十三圓より十八圓位
斜子地　十圓より十二圓位
八ツ橋地　十圓より十二圓位
奉書地　七圓より九圓位
△女兒向一ツ身袖下模樣八掛付但し共紐付
縮緬地　十二圓より十八圓位
紋羽二重地　十一圓より十五圓位
斜子地　十圓より十三圓位
奉書地　八圓より十圓位

紋羽二重地　十五圓より十八圓位
羽二重地　十五圓より廿圓位
奉書地　九圓より十一圓位
△紺下本檳榔子染石持羽織又は着尺
縮緬地　十三圓より十八圓位
紋羽二重地　十圓より十三圓位
斜子地　十圓より十六圓位
羽二重地　十圓より十七圓位
△小紋染石持
縮緬八掛付　十五圓より廿二圓位
縮緬地羽織又は着尺　十一圓より十六圓位
羽二重地羽織又は着尺　十一圓より十六圓位

●男女向長襦袢地

濱縮緬（給羽友禪）染　廿圓より廿八圓位
山繭入絹縮（給羽友禪）染　十九圓より廿五圓位

絹縮ミ（給羽友禪）染　十八圓より廿三圓位
絹縮ミ（給羽絞り）染　廿圓より廿五圓位

●吾妻コート地類

- 紋御召　十六圓より十九圓位
- 無地御召　十四圓より十六圓位
- 吉野御召　十三圓より十四圓位
- ブライト織　十二圓より十五圓位
- 色紋絨　九圓六十錢方十三圓位
- 色綾絨　九圓方十五圓位

●いろく

- 縮緬頭巾　三圓より五圓位
- 縮緬袖友禪無地　五圓より七圓位
- 縮緬半襟　五十錢より二圓位
- 縮緬帶揚　一圓八十錢方四圓位
- 縮緬蹴出　四圓より五圓位
- 縮緬シゴキ地　四圓より五圓位
- 紋羽二重帶揚　一圓より二圓五十錢位
- 絹縮帶揚　一圓卅錢方二圓位
- 絹縮縮緬下締　一圓五十錢方二圓五十錢位
- 絞り羽二重兵兒帶　二圓五十錢方四圓位
- 同縮緬兵兒帶　四圓より七圓位
- 白大幅縮緬兵兒帶　七圓より十五圓位
- 白中幅縮緬兵兒帶　五圓より八圓位
- 縐珍伊達卷　二圓より四圓位
- 博多伊達卷　一圓七十錢方二圓八十錢位
- 袋物品々

●肩掛類

- 縮緬縫模樣　四圓五十錢方七圓五十錢位
- 雲井シオール　四圓五十錢方七圓位

●絹綿交織木綿物並に毛織物類着尺縞物類

- 九重御召　三圓より六圓位
- 新秩父縞　一圓五十錢方三圓位
- 瓦斯御召　二圓より三圓位
- 風通瓦斯御召　五圓より八圓位
- 縺織　三圓廿錢位
- 千登世結城　三圓位
- 朝日紬　三圓九十錢位
- 木場結城　一圓八十錢方三圓五十錢位
- 糸入結城　二圓より三圓位
- 結城木綿　一圓より一圓六十錢位
- 武藏紬　九十五錢位
- 紡績縞　一圓より一圓八十錢位
- 同絣　一圓五十錢方二圓八十錢位
- 新大島絣　三圓より四圓位
- 本瓦斯雙子　一圓八十錢方三圓五十錢位
- 細雙子　一圓卅錢方一圓八十錢位
- 雙子織　一圓より一圓廿錢位
- 伊豫紺絣　一圓五十錢方二圓位
- 久留米紺絣　二圓廿錢方四圓五十錢位
- 松阪縞　九十錢より一圓廿錢位

●夜具地類

- 熨斗横織　一圓八十錢方二圓五十錢位
- 紡績夜具地　一圓廿錢方一圓八十錢位
- 松阪夜具地　六十五錢方一圓廿錢位
- 唐草眞岡　八十錢より九十五錢位
- 更紗眞岡　八十錢より一圓卅錢位

●座蒲團地

- 熨斗糸座蒲團地一枚　三四十錢位
- 紡績座蒲團地同　二三十錢位
- 綿緞子座蒲團地一枚　一圓より一圓五十錢
- 綿紋綾座蒲團地同　二三十錢位

●裏地類

- 瓦斯甲斐絹一尺　三錢より九錢位
- 色眞岡　八十錢より九十錢位

花色、正花、薄花新絹緞裏地　一圓五十錢方　一圓八十錢位

仝　羽二重金巾　八十五錢方　一圓五十錢位

瓦斯紅　九十錢より　一圓卅錢位

花色木綿　七十五錢方　九十錢位

花色金巾　七十五錢位

●袴地類

小倉袴地　一圓より　一圓五十錢位

瓦斯小倉袴地　一圓五十錢方　二圓位

●帶地類

小倉男帶　八十錢より　一圓五十錢位

風通男帶　一圓五十錢位

綿風通片側　九十五錢位

●形染物類

更紗瓦斯　一圓五十錢方　一圓七十錢位

更紗眞岡　九十錢より　一圓卅錢位

黒瓦斯斜子袖下模樣四ツ身　一圓廿錢方　一圓八十錢位

黒瓦斯斜子石持　二圓三十錢位

黒眞岡石持　一圓廿錢位

●雜類

黒綿八丈一尺　十二錢より　十五錢位

白瓦斯斜子　一圓七十錢位

日傘縞　一圓卅錢方　二圓位

桃色木綿　五十錢より　七十五錢位

鬱金木綿　五十錢より　七十錢位

染手拭　五十錢位

淺黄木綿　四十五錢方　六十錢位

萠黄木綿　七十五錢方　九十錢位

白木墨　五錢より　廿錢位

●算盤珠三尺

柿色、淺黄　一重　十一錢位　二重　十六錢位

紺　一重　十二錢位　二重　十七錢位

●毛織物類

本ネル（大巾一反）　五圓より　五圓五十錢位

縞セル（大巾一反）　六圓五十錢方　七圓廿錢位

唐更紗（大巾一尺）　十一錢位

新毛更紗（大巾一尺）　十八錢位

友禪モスリン（大巾一尺）　十八錢より　三十錢位

色モスリン（大巾一尺）　十六錢位

白生モスリン（大巾一尺）　十七錢位

友禪絹モスリン（大巾一尺）　三十錢位

色絹モスリシ（大巾一尺）　二十五錢位

色ネル（大巾一尺）　四十五錢位

色カシミヤ（大巾一ヤール）　一圓四十錢位

白赤色綿ネル（大巾一尺）　十二錢位

捺染綿ネル（大巾一尺）　十四錢位

縞（紀州）綿ネル（大巾一尺）　十二錢位

御婚儀並ニ吉事用御衣裳仕立上リ見積表

	上ノ部	中ノ部	並ノ部
繻珍織御振袖紅羽二重付總裏 二端 一枚	百七十圓	百十圓	六十六圓

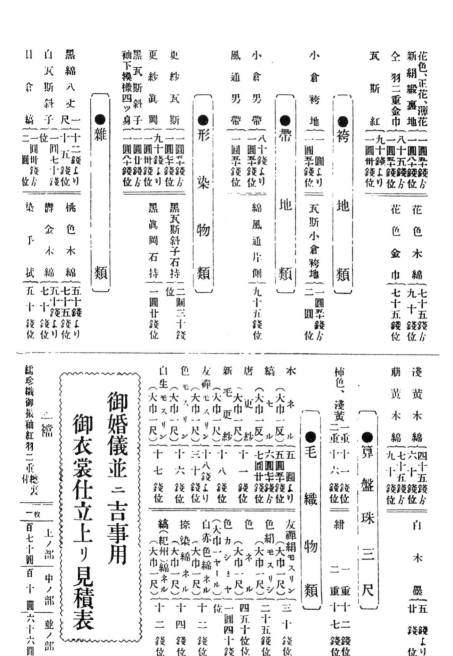

地白綸子振袖總模樣	一枚	五十五圓	四十一圓	三十五圓
同　地赤	一	六十圓	四十四圓	三十六圓
同　地黑	一	六十圓	四十四圓	三十八圓
地白綸子留袖總模樣	一	五十圓	三十八圓	三十三圓
同　地赤	一	五十五圓	四十圓	三十七圓
白綸子留袖總模樣地黑	一	五十五圓	四十圓	三十七圓
色縮緬振袖總模樣	一	六十五圓	四十四圓	三十五圓
同　留袖	一	六十圓	三十八圓	三十三圓
色縮緬振袖模樣	一	六十圓	三十九圓	三十五圓
同　留袖	一	五十八圓	三十八圓	三十三圓
色縮緬御紋付振袖腰模樣	一	五十八圓	三十八圓	三十五圓
同　留袖	一	五十圓	三十七圓	三十三圓
色縮緬御紋付振袖裾模樣	一	五十圓	三十七圓	三十三圓
同　留袖	一	四十四圓	三十五圓	三十圓

△間着

本紅疋田絞り上紋入綸子振袖	一枚	百圓		
紅縮緬振袖無垢	一	二十七圓	二十三圓	二十一圓
同　留袖	一	二十五圓	二十一圓	十九圓
紅紋縮緬振袖無垢	一	三十圓	二十三圓	二十一圓
同　留袖	一	二十七圓	二十一圓	十九圓
白綸子振袖無垢	一枚	五十圓	三十六圓	三十三圓
白綸子留袖	二	四十五圓	三十三圓	三十圓
白紋羽二重振袖無垢	二	五十圓	四十四圓	
同　留袖無垢	二	四十八圓	四十圓	
白羽二重振袖無垢	二	五十圓	三十六圓	二十七圓
同　比翼	一		二十八圓	二十五圓
白羽二重留袖無垢	二	五十圓	三十圓	二十三圓
同　比翼	一	三十八圓	二十五圓	二十圓

△長襦袢

紅縮緬振袖長襦袢	一枚	二十五圓	二十圓半	
同　留袖	一	二十三圓	十九圓半	十[illegible]圓
紅紋縮緬振袖長襦袢	一	二十五圓	二十圓	
同　留袖	一	二十三圓	十八圓	十二圓
白羽二重振袖長襦袢	一	二十圓	十三圓	十一圓
同　留袖	一	十八圓	十二圓	八圓
白紋縮緬振袖長襦袢	一	二十五圓	二十圓	
同　留袖	一	二十三圓	十八圓半	
白紋羽二重振袖長襦袢	一	二十圓	十五圓	十四圓
同　留袖	一	十七圓	十三圓半	十二圓
友禪縮緬長襦袢	一	二十五圓	二十圓	

△小袖

色縮緬留袖引返付裾模様三枚重	一組	九十圓	八十圓	六十六圓
小紋縮緬引返付三枚重	一	七十圓	六十五圓	六十圓
板〆絹胴抜更紗縮緬廻無垢下着	二枚		四十圓	三十五圓
風通御召綿入小袖	一	三十圓	二十七圓	二十五圓
御召縮緬綿入小袖	一	二十二圓	二十圓	十七圓半
糸織小袖	一	十八圓	十四圓	十三圓
八丈小袖	一		十三圓	十圓

△羽織

黒縮緬御羽織	一枚	三十三圓	二十五圓	十八圓半
鼠縮緬御羽織	一	三十圓	二十二圓	十六圓
小紋縮緬御羽織	一	二十五圓	二十圓	十六圓
風通織御羽織	一	二十四圓	二十二圓	十八圓
糸織御羽織	一	二十二圓	十四圓	十二圓

△帯

襠下帯	一筋	七十五圓	四十圓	三十圓
綴錦丸帯	一	二百五十圓位	百五十圓より二百圓位	
繻珍丸帯	一	五十圓以上 百五十圓位	廿五圓以上 五十圓位	十五圓以上 廿五圓位
黒繻子丸帯	一筋	三十圓	十七圓半	八圓
博多織丸帯	一	三十圓	二十圓	十五圓
厚板織丸帯	一	六十五圓	二十三圓	十九圓
はら合帯	一	二十圓	十六圓	八圓
こし帯	一	四圓半	三圓	一圓七十錢
しごき	一	六圓半	五圓	四圓
帯揚	一	三圓卅錢	二圓廿錢	一圓五十錢
つゝれ帛紗	一	三十圓	廿圓	
帛紗	一	二十二圓	十三圓	七圓

△夜具蒲團

緞子 夜具一 搔巻一 蒲團二	一組	百七十圓	百五十圓	
縮緬 夜具一 搔巻一 蒲團二	一	百廿圓	百圓	
八丈、郡内、銘仙、同同上	一	七十五圓方八十五圓位	六十圓より七十圓位	
木綿類	一	二十五圓	二十圓	十七圓
飾枕	一對	廿圓	十一圓	
座蒲團	一枚	五圓半	二圓卅錢方三圓卅錢位	九十錢
裾除け	一		四圓半	三圓卅錢

頭巾	一	五圓半	四圓半	三圓卅錢
練帽子（俗名ツノカクシ）	一			四十錢
綿帽子	一			十七錢
挾箱油單	一	十四圓	八圓	三圓卅錢

△油單

萠黃地總唐草木綿御定紋付	一枚	三圓七十錢	二圓八十錢	二圓五十錢
萠黃木綿御定紋付	一	三圓	二圓三十錢	二圓
萠黃唐草木綿紋無し	一	一圓八十錢	一圓三十錢	一圓卅錢

△男物

黒羽二重御紋付男物小袖一 白羽二重御下着二 白羽二重胴着一 同襦袢一	一組	百圓	七十五圓	
黒羽二重御紋付替裾一 鼠羽二重御下着二 鼠羽二重胴着一 同襦袢一	一	百圓	七十七圓	
黒斜子御紋付小袖	一枚	二十二圓	十八圓	十五圓
黒奉書御紋付小袖	一		十三圓	十一圓
小紋斜子御下着	二	三十八圓	三十圓	
風通織御下着	二	四十七圓	三十一圓	

糸織 市樂織 小袖	一	二十五圓	十八圓	十五圓
八丈小袖	一	十五圓	十四圓	十二圓
黒鹽瀬羽二重無雙羽織	一	五十圓	三十八圓	
黒羽二重袷羽織	一	二十七圓	二十一圓	十七圓
黒斜子袷羽織	一	二十七圓	十八圓	十四圓
黒奉書袷羽織	一		十三圓	十圓

△袴及外套類

茶宇袷袴	一具	三十圓	二十五圓	
仙臺平單袴	一	二十圓	十五圓	十圓
同袷袴	一	二十五圓	二十二圓	十七圓
節糸織單袴	一	九圓	七圓	四圓半
男帯	一	十二圓方 十七圓位	九圓	五圓半
絨外套	一枚	五十五圓	三十三圓	二十八圓
絨東コート	一	四十圓	二十二圓	十六圓

△夏御紋付

色縮緬振袖模樣白羽二重重付	一枚	四十四圓	三十八圓	三十圓
色縮緬振袖模樣白羽二重重付留袖	一	四十圓	三十五圓	二十七圓

色絽振袖模樣練重付	一枚	三十圓	二十七圓	二十四圓
同　留袖	一	二十八圓	二十五圓	二十二圓
鼠絽紋付白絽重付	一	三十三圓	二十四圓	十八圓
鼠明石御紋付白練白麻紋付	一	二十圓	十七圓	

△男夏物

黑絽御紋付御羽織	一枚	十八圓	十三圓	十圓
水浅黄越後帷子	一	十五圓	十二圓	
鼠麻御紋付帷子	一		七圓	三圓半

白木屋洋服店洋服目録

品名	地質	製式	價格
勅任官御大禮服	表、最上等黑無地絨 裏、白綾絹	銀臺金消モールにて御制規の通、繡、帽子、劍、劍釣、正緒共	金二百七十圓
奏任官御大禮服	表、同上 裏、同上	同	金百八十圓
爵位御大禮服	表、同上 裏、同上	同上外に肩章付	金二百圓
陸軍御正服	表、上等濃紺無地絨 裏、黑毛朱子	御制規の通 將官 佐官 尉官	金八十圓 金五十五圓 金四十圓
同　略服	表、同上 裏、同上	同 將官 佐官 尉官	金三十圓 金二十七圓 金二十三圓
同　外套	表、同上 裏、同上（但將官ハ紅絨）	同 將官 佐官 尉官	金三十五圓 自金二十三圓 至金二十五圓
海軍御正服	表、濃紺無地絨 裏、黑佛蘭西絹及綾絹	同 將官 佐官 尉官	金八十五圓 金七十五圓 金六十五圓

同軍服	表、同上 裏、黒毛朱子	同 將官 佐官 尉官	 金六十圓 金五十圓 金四十五圓
同上通常軍服	表、同上 裏、同上	同 將官 佐官 尉官	自金二十三圓 至金二十八圓
同外套	表、同上 裏、同上	同 將官 佐官 尉官	自金二十三圓 至金三十圓
燕尾服	表、上等黒無地絨 裏、黒佛蘭西絹	三ツ揃琥珀見返付	自金四十五圓 至金六十五圓
トキシード	表、黒朱子絨及無地絨 裏、黒佛蘭西絹	三ツ揃琥珀見返付	自金四十圓 至金四十五圓
フロツコート	表、黒無地絨或は朱子目綾絨 裏、綾絹	同	自金三十五圓 至金六十五圓
モーニングコート	表、黒、紺、斜綾絨或はメルトン、裏付朱子及ピ綾絹 裏、黒毛朱子及綾	上衣、チヨキ、黒及紺ヅボン立縞	自金二十八圓 至金四十五圓
片前背廣	表、相鼠、濃鼠、霜降メルトン、スコチ或は綾絨 裏、同色毛朱子或はアルパカ	三ツ揃	自金十八圓 至金三十三圓
兩前背廣	表、黒、紺、綾メルトン或は玉ヘル及霜降太綾絨 裏、縞サージ	三ツ揃	自金二十圓 至金三十五圓
チーパコート	表、鼠、茶、霜降絨、同斜子綾絨 裏、共色綾絹	カクシ釦絹天鵞絨衿付	自金二十八圓 至金三十五圓
同中等	表、同上 裏、共色毛朱子及綾アルパカ	カクシ釦共ゑり	自金十八圓 至金二十五圓
ロングコート	表、ラクダ玉絨、厚地綾メルトン 裏、佛蘭西絹	ゑり及見返し袖先獺毛皮付裏綿入菱形さし縫	自金八十圓 至金百十圓
同中等	表、玉絨、厚地スコッチ 裏、縞サージ	頭巾付兩前	自金三十圓 至金四十五圓

インバチス	表、茶鼠霜降綾絨 裏、共色毛朱子、或は甲斐絹	和洋兼用脇釦掛	自金十八圓 至金三十圓
銃猟服	表、枯葉色スコッチ 裏、共色毛朱子	半ヅボン脚胖付三ツ揃	自金十八圓 至金三十圓
小裁海軍形	表、紺天鵞絨及紺絨 裏、毛朱子	五才位より八才迄錨縫箔付	自金六圓 至金九圓
和服用外套	表、黑、紺綾絨及霜降 裏、緞子及綾絹	英形（一名ダルマ形）（帶ヒダなし）頭巾付	自金三十五圓 至金四十八圓
同中等	表、同上 裏、甲斐絹及毛朱子	同上	自金二十圓 至金三十五圓
同角袖外套	表、同上 裏、甲斐絹	頭巾付	自金十八圓 至金二十五圓
吾妻コート	表、紺、黑紋織綾絨 裏、緞子及繻珍	裓布ゑり及道行ゑり共色糸飾紐付	自金二十圓 至金三十圓
同	表、同上 裏、甲斐絹及綸子	同上	自金十五圓 至金二十圓
同	表、風通紋織、綾絲織 裏、綾綸子、紋羽二重	同上	自金二十三圓 至金三十圓
判、檢、辯護士法服	表、黑絹セル、及琥珀 裏、黑甲斐絹スベリ	正帽付制規の縫箔	自金十六圓 至金二十八圓
學校用御袴	表、海老色カシミヤ、セル	單仕立太白糸腰紐	自金三圓五十錢 至金五圓五十錢

夏服

フロックコート	表、黑絹絨薄綾絨メルトン、ヅボン縞絨 裏、佛蘭西絹、綾絹	上衣チヨツキ黑（但シ脊抜キ）ヅボン立縞	從金三十五圓 至金四十二圓
仝中等	表、黑薄綾絨仝絹セルメルトン、ヅボン縞セル 裏、アルパカ	仝	從金二十五圓 至金三十圓

モーニングコート	表、黒紺絹絨仝薄綾絨メルトン 裏、佛蘭西絹、綾絹	仝	従金三十三圓 至金三十八圓
仝中等	表、黒絹薄綾絨仝絹セル、メルトン 裏、アルパカ	仝	従金二十五圓 至金三十圓
脊廣	表、茶鼠霜降薄綾絨縞綾絨、色綾メルトン 裏、共色アルパカ	三ツ揃	従金二十二圓 至金二十五圓
仝中等	表、茶鼠霜降セル、仝縞セル 裏、共色アルパカ	仝	従金十七圓 至金二十圓
チーバコート	表、茶鼠霜降メルトン仝薄綾絨セル 裏、絹アルパカ	カクシ釦脊抜キ	従金十四圓 至金二十圓
仝單	表、茶鼠アルパカ白獻純	カクシ釦	従金十圓 至金十三圓
雨具外套	ゴム絨頭巾付		従金十九圓 至金二十六圓
白チョッキ	表、紋リンネル	貝釦取ハズシ付	従金三圓 至金四圓
單脊廣上衣	表、黒紺鼠絹絨仝アルパカ白獻純	上衣一枚	従金七圓五十錢 至金十五圓
インバネス	表、鼠茶霜降綾絨縞セル仝アルパカ スベリ絹かいき	和洋服兼用	従金十一圓 至金二十三圓
半チョッキ	表、黒琥珀、白羽二重		従金二圓 至金五圓五十錢
和服外套	表、茶鼠霜降及ビ縞薄絨、セルアルパカ、 裏、スベリかいき	無頭巾折エリ立エリ	従金十二圓 至金二十圓
仝角袖外套	仝上	無頭巾カクシ釦	従金十一圓 至金十七圓
東コート	表、淡色絹絨仝セル及縞アルパカ 裏、スベリかいき		従金十圓 至金二十圓

單羽織	表、縞セル霜降セル 裏、スベリかいき		從金七圓五十錢 至金十一圓
和服單衣	表、縞絹セル絽セル共		從金七圓八十錢 至金九圓
仝	表、縞英フラ子ル		從金四圓六十錢 至金六圓五十錢
判、檢、辯護士法服	表、黑紋絽仝紋紗絹セル、アルパカ	正帽付制規の縫箔	從金十四圓 至金二十五圓
學校川御袴	表、海老茶紫其他淡色各種	單仕立太白糸腰紐	從金四圓 至金五圓五十錢
女兒服	表、グレナヂン、キヤンブリツク、アートマスリン等	二才ゟ五才迄	從金二圓五十錢 至金四圓五十錢
		六才ゟ十才迄	從金四圓 至金八圓

右之外陸海軍各學校御制服等御好ニ應シ入念御調製可仕候

◎白木屋呉服店　大阪支店ハ當分呉服類而已取扱居リ候間

洋服御用ノ際ハ東京本店洋服部ヘ御注文願上候

◎白木屋呉服店　大阪支店ヘ爲替ニテ御送金ノ際ハ大阪今

橋貳丁目鴻池銀行又ハ大阪心齋橋局ヘ御振込願上候

白木屋洋服店販賣
小間物目錄

●ズボン釣、胴締メ

並物	一本に付	自八十五錢 至一圓廿錢
ゴム引	一本に付	自一圓 至一圓五十錢
絹製	一本に付	自一圓八十錢 至三圓
革製胴メ	一本に付	自一圓五十錢 至貳圓四十錢

●メリヤス類

鼠毛メリヤスシャツ	一枚に付	自一圓三十錢 至貳圓七十錢
仝ズボン下	一足に付	同斷
白毛メリヤスシャツ	一枚に付	自一圓七十錢 至三圓三十錢
仝ズボン下	一足に付	同斷
白綿メリヤスシャツ	一枚に付	自一圓 至一圓三十錢
仝ズボン下	一足に付	同斷
白麻メリヤスシャツ	一枚に付	自一圓七十錢 至二圓
仝ズボン下	一足に付	同斷
縞メリヤスシャツ	一枚に付	自一圓二十五錢 至一圓五十錢
網目メリヤスシャツ	一枚に付	自一圓二十錢 至二圓三十錢
仝ズボン下	一足に付	同斷
クレープシャツ	一枚に付	自二圓 至二圓五十錢
仝ズボン下	一足に付	自二圓五十錢 至二圓九十錢
仝婦人用	一枚に付	自一圓九十錢 至二圓四十錢
婦人海水浴着	一枚に付	自一圓三十五錢 至一圓六十錢
メリヤスサルマタ	一足に付	自一圓十錢 至一圓三十錢

●手袋類

女物絹製	一組に付	自九十錢 至二圓三十錢
同半手	一組に付	自七十五錢 至一圓五十錢
同綿製	一組に付	自四十三錢 至九十五錢
女物半手	一組に付	自二十八錢 至三十八錢
男物	一組に付	自四十八錢 至一圓五十錢

●ハンカチーフ類

麻製	一ダース	自二圓三十錢 至五圓
キヤンブリツク製	一ダース	自八十錢 至一圓五十錢
同大判物	一ダース	自三圓三十錢 至四圓八十錢
同婦人物	一ダース	自一圓十錢 至一圓二十五錢
同模様付	一ダース	自一圓三十錢 至一圓五十錢
姓頭文字入	一ダース	二圓九十錢
洋羽二重色物	一ダース	自一圓十錢 至一圓三十錢
同美人寫眞入	一ダース	一圓四十錢
體育模様	一ダース	七十五錢
舞踏模様	一ダース	七十五錢
絹製	一枚に付	自四十五錢 至八十錢
同大判物	一枚に付	自一圓 至一圓八十五錢
縫模様	一枚に付	自一圓 至一圓五十錢
戰捷紀念	一枚に付	四十五錢

●タヲール(入浴用)

和製	一枚に付	自十四錢 至三十三錢
舶來模様入	一枚に付	八十三錢
舶來物	一枚に付	自三十三錢 至九十錢

●レース類

細物	一ヤード	自十錢 至三十錢
巾廣	一ヤード	自十錢 至一圓十錢
縫テツプ	一ヤード	自二錢五厘 至七錢

●毛布類

白毛布	二枚續き	自十三圓五十錢 至十七圓五十錢
鼠毛布	二枚續き	十一圓

●ホワイトシャツ

並物	一枚に付	一圓八十錢
上等物	一枚に付	二圓八十錢

總麻物に一枚ニ付（自六圓至九圓）
縞物に一枚ニ付（二圓五十錢）

●膝掛類

縞格子セル製（自八圓五十錢至十二圓）

●ショール類

綿物に一枚ニ付（自一圓四十錢至一圓八十錢）
絹製に一枚ニ付（自二圓三十錢至三圓五十錢）

●櫛、簪、造花、類

ゴム製櫛其他一個ニ付（自八錢至九十錢）
造花簪一個ニ付（自十二錢至八十錢）
製花帽子飾一個ニ付（自四十五錢至二圓）

●化粧品類

香水一個ニ付（自四十七錢至五圓）
香油一個ニ付（自四十五錢至三圓三十五錢）
ブリランチン（油ニ香水ヲ交ゼシモノ）一個ニ付（自三十五錢至一圓十錢）
石鹸一個ニ付（自十一錢至一圓廿錢）
齒磨一個ニ付（自二十五錢至五十三錢）
コスメチック一本ニ付（自二十錢至八十五錢）
バンドリン及リスリン一個ニ付（自二十錢至三十二錢）
楊枝一本ニ付（自十三錢至三十八錢）
洗面香水一個ニ付（自五十八錢至一圓三十錢）
水白粉一個ニ付（自三十九錢至四十五錢）
練白粉一個ニ付（十二錢）
紙白粉一個ニ付（三十八錢）
粉白粉一個ニ付（自二十五錢至八十八錢）
洗粉一個ニ付（三十三錢）
ポット一個ニ付（自三十八錢至五十錢）
櫛一枚ニ付（自十八錢至三十五錢）

●女兒服、飾帽子

キャンブリック製 二三才より十才迄 一枚ニ付（自二圓五十錢至四圓）
アートマスリン製 二三才より十才迄 一枚ニ付（自三圓八十錢至五圓五十錢）
生地モスリン製 二三才より十才迄 一枚ニ付（自三圓三十錢至五圓）
飾帽子一個ニ付（自三圓九十錢至五圓五十錢）

●雜品之部

空氣枕一個ニ付（自二圓三十錢至三圓廿錢）
小兒涎掛一枚ニ付（自三十五錢至二圓十錢）
國旗モスリン製（巾ハ一布、一布半、二布）一枚ニ付（自四十八錢至三圓）
木綿縮シャツ上下一組ニ付（自二圓三十錢至四圓八十錢）
半チョッキ一枚ニ付（自二圓七十錢至五圓）
インバネス一枚ニ付（自十一圓五十錢至十二圓）

●襟飾

舶來結び下げ一本ニ付（自一圓三十錢至二圓）
同蝶形一本ニ付（自一圓三十錢至一圓八十錢）
ダビー（フォーアインハンド）一本ニ付（自一圓五十錢至三圓五十錢）
縮緬製ダビー一本ニ付（自九十錢至一圓三十錢）
和製結び下げ一本ニ付（自五十錢至八十錢）
同蝶形一本ニ付（自三十五錢至六十錢）
同ダビー（フォーアインハンド）一本ニ付（自六十錢至九十錢）

●鈕、飾ピン類

カフス鈕（リンク）一組（自六十錢至二圓八十錢）
同金、及ビ白金製一組（自十圓至二十五圓）
飾ピン一本ニ付（自五十錢至五圓）
胸鈕一組（自五十錢至一圓八十錢）
カラ鈕一個ニ付（自十錢至四十五錢）

●靴下類

メリヤス長物（自八十錢至一圓五十錢）
並物（自三十五錢至七十錢）
麻製（自五十錢至一圓）
絹製（自一圓八十錢至二圓五十錢）
小兒物（自三十錢至九十錢）

●リボン類

一吋半巾模樣物一ヤード（自三十錢至五十錢）
同水波一ヤード（自三十五錢至五十五錢）
細日各種一ヤード（自八錢至二十錢）
一吋巾模樣物一ヤード（自二十錢至三十五錢）
同水波一ヤード（自二十錢至三十五錢）

注文書

男子/女子用衣裳又は羽織等	袖
年齢	ゆき
用途	口明
品柄	袖幅
好みの色	袖付
好みの柄	前幅
紋章幷大さ及び數	後幅
好みの模樣	衽幅
惣模樣	衽下り
腰模樣	衿幅
裾模樣	褄下
江戸褄模樣	袘の厚さ
奴褄模樣	人形
袘模樣	紐付
仕立寸法	前下り
丈	紐下

備考

右注文候也

住所

明治　年　月　日

姓名

白木屋呉服店地方係中

明治卅　　年　　月　　日

御注文用箋

御宿所貴名	服名	地質見本番號	見積金額

摘要

![白木屋 mark]

白木屋洋服店

御寸法

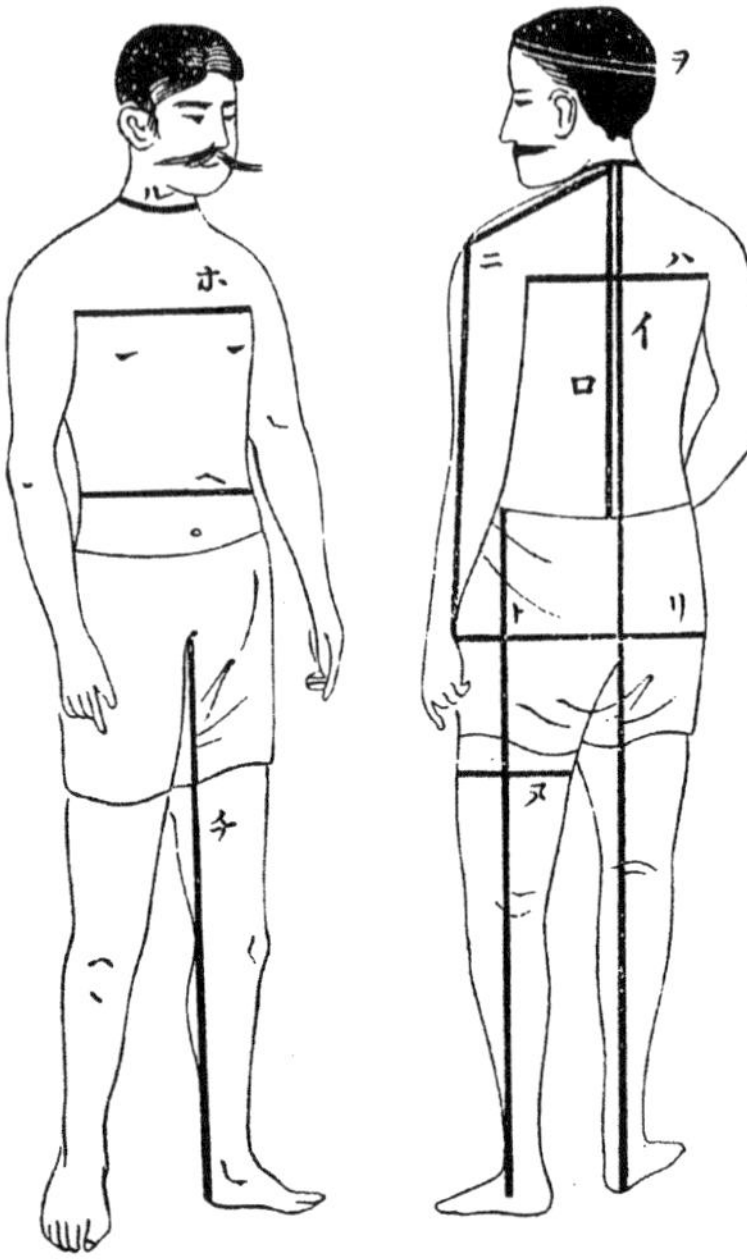

イ	總丈	首の付際より足の踵迄	尺　寸　分
ロ	脊丈	首の付際より腹の廻り迄	尺　寸　分
ハ	脊巾	兩手を下げ左腕の付より右腕の付際迄	尺　寸　分
ニ	行	首の付際より肩へ掛け手首骨筋迄	尺　寸　分
ホ	上胴	乳の上を廻す	尺　寸　分
へ	腹廻り	臍の上を廻す	尺　寸　分
ト	丈	（ヅボン）腰の腕骨より足の踵迄	尺　寸　分
チ	股下	睾丸の脇付際より足の踵迄	尺　寸　分
リ	臀	臀肉の最も高き處を廻す	尺　寸　分
ヌ	股	股の最も太き所を廻す	尺　寸　分
ル	襟廻り		尺　寸　分
ヲ	頭廻り	（但帽子御注文の際御記入のこと）	尺　寸　分

體格特徴	採寸	用尺

御注意

體格特徴欄へは、胸はり、肩はり、肩下り、出腹、ネコ脊等御記入のこと

採寸欄へは、裸體又は「シャツ」の上又は出來上り寸法と御記入のこと

用尺欄へは、御使川の度器（曲尺）（鯨尺）等の別を御記入のこと

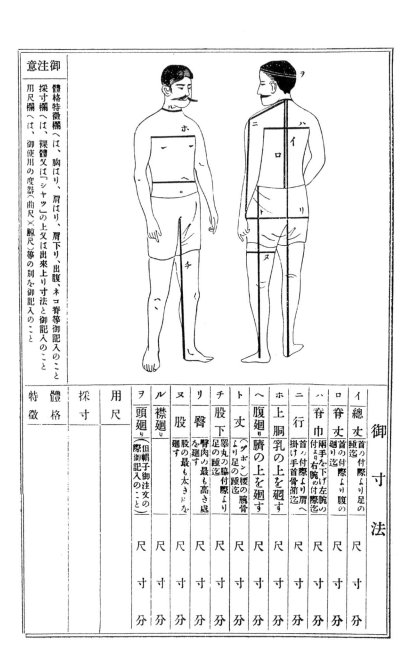

註文書

注意

萬一御指圖通りの品物賣切れ居り候節は最も似寄りの品を相選み御送り可申上候間豫め御承知置被下候樣奉願上候但し御一覽の上にて御氣に召されず候はゞ普通小包郵便にて御遠慮なく御戻し被下度候

右註文候也

住所

姓名

白木屋呉服店地方係中

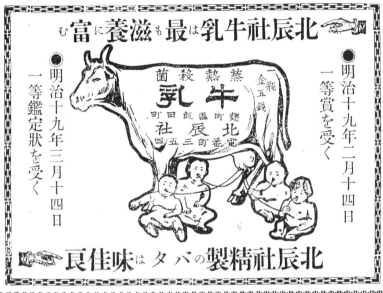

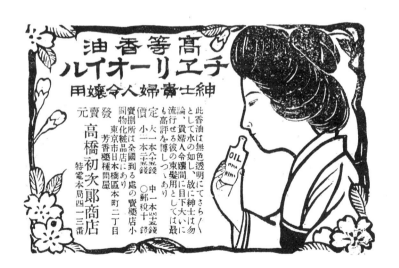

中橋本家

喜谷 實母散

我が喜谷家傳の實母散は元祿年間創製にして茲に二百有餘年男女諸症殊に婦人產前產後血の道子宮病寸白月經不順長血白血引風痰咳頭痛鬱病腹痛等に用ゐて稀代の特効あることは普く一般の實驗上に確知せらるゝ所にして現時新藥新劑頻に世に出るの中に於て我實母散が益々盛に行はるるは實に此故なり是此實母散は無上の良方なるが上に其藥品は都て最上精良品を選び調製に尤も精密の注意を用ふるに因る世上の信用愈々篤くして江湖の使用益々加はり全國到る處は[illegible]に賞讃せら[illegible]り當然にして敢て偶然に非ざるなり

定價壹貼	金七錢	送料貳錢
三貼入	金貳拾錢	同貳錢
五貼入一週間分	金參拾參錢	同四錢
拾貼入二週間分	金六拾五錢	同四錢
拾六貼入三週間分	金壹圓	同六錢

（電話本局特五五番五六番）

本家 東京市京橋區中橋大鋸町六 喜谷市郎右衛門

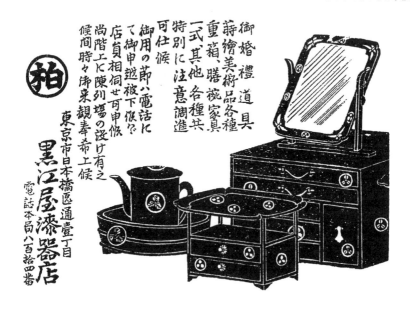

御婚禮道具
蒔繪美術品各種
重箱、膳椀家具
一式、其他各種共
特別に注意調進
可仕候

御用の節ハ電話に
て御申越被下候ハヾ
店員相伺せ可申候
尚階上に陳列場の設け有之
候間時々御來觀奉希上候

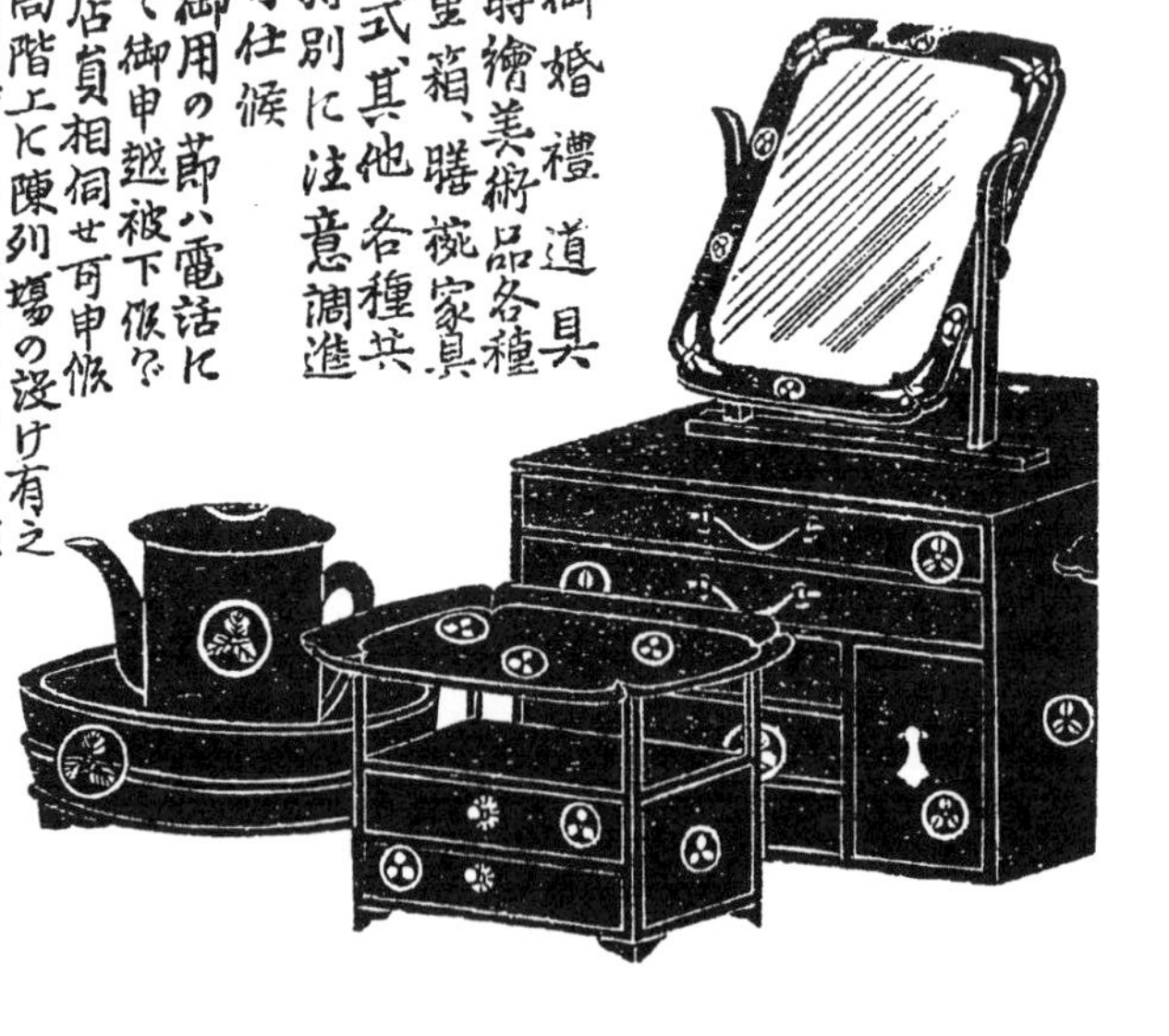

柏

東京市日本橋區通壹丁目
黒江屋漆器店
電話本局八百拾四番

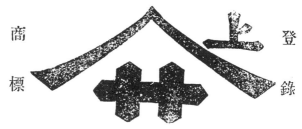

白熱瓦斯燈は光力五十燭光以上を有し瓦斯代は**一時間九厘餘**に過ぎず石油ランプよりも費用は遙に低廉なり

瓦斯竈は本社の發明品にして專賣特許を得二升の米は瓦斯代僅かに**一錢三厘**時間は**十八分**にして炊くを得べく安全と人手を省き瓦斯と水道は家庭は勿論料理店旅宿其他飲食店の必用缺くべからざるものとなれり

瓦斯七輪、燒物器、西洋料理器も使用輕便瓦斯代は木炭よりも遙に低廉なり

燈火及炊事器工事費は極めて低廉にして御申込次第工事費見積書御送付可申上候

▲▲▲瓦斯器陳列所　縱覽御隨意▲▲▲

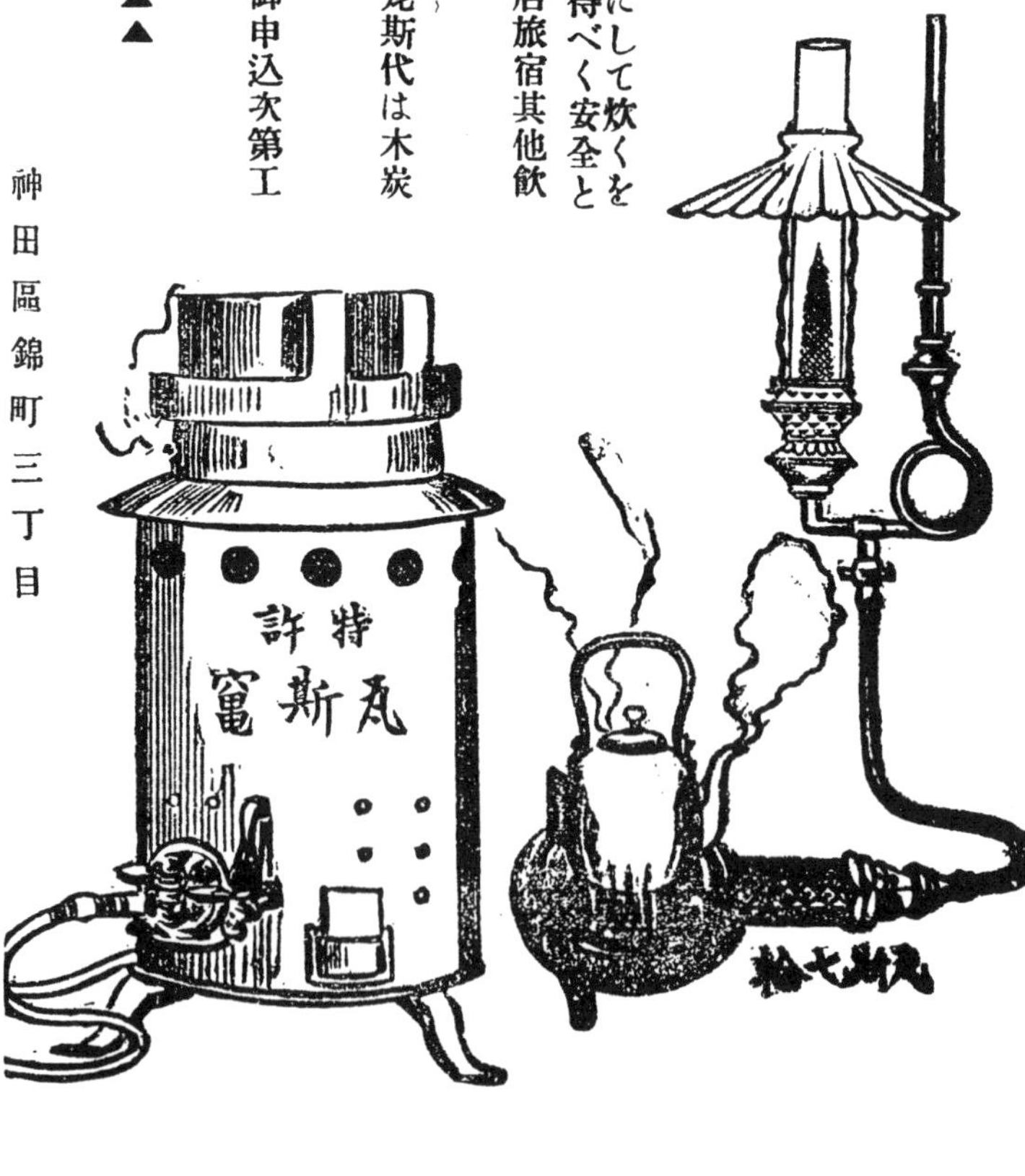

神田區錦町三丁目

東京瓦斯株式會社

電話本局 一一二〇 五四八〇 五七〇〇

ムスク香水
芳香の永く保つ点に於て
其名冨士の山より高し
色白くつやをだす
ホーサン石鹸
大形二十錢小形十錢
大瓶壹円
中瓶六十五錢
小瓶廿五錢
東京本石町四
松澤常吉化粧品部

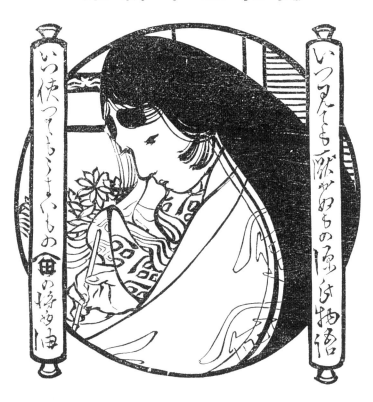

家庭のしるべ
第十六號
明治三十七年四月四日第三種郵便物認可
明治三十八年十月十日發行毎月一回十日發行

『家庭の志る遍』

第一七号（一九〇五〈明治三八〉年一一月）

家庭乃志るべ
第十七号

家庭のしるべ目次

白木屋呉服店の店頭に飾りたる流行服標本人形の一部

白木屋呉服店よせ切れ室の雜沓

白木屋呉服店階上装飾中の夜景

無上の光榮

ゼムは戰捷國の好紀念として英國支那艦隊司令長官ノーエル大將閣下の賞讃を辱ふし堂主親しく旗艦に拜謁の榮を賜りたるは本品の光榮とする所なり

ゼムは氣分を爽快ならしめ口中を潤し音聲を能くす、又氣候の變りめと風土異なる他郷或は惡臭の場所に携帶し常に少量を用ひなば時候あたり、水傷、流行惡疫を豫防なす良劑也

ゼムは二三粒を含めば口中より優雅なる佳香を放ち人をして坐ろに爽快を感ぜしめ又偉大なる効能の愛すべき美味とを有すれば何人を問はず必ず談話喫煙飲酒の際および食前食後に賞用すべき貴重の要劑なり

定價
優美高尚包
七十五粒入拾　錢　百六十粒入貳拾錢
四百卅粒入五拾錢　九百粒入壹　圓
新意匠容器ゼム入貳拾錢

發賣元　東京市日本橋區馬喰町二丁目　愛國堂　山崎榮三郎

支舖　大阪市東區高麗橋二丁目　山崎兄弟商會

●販賣所＝全國到る處の藥店雜貨店にて販賣す

箪笥
長持
御婚禮用道具一式調製

東京市京橋區金六町角

越中屋本店
鷲塚箪笥店

電話
新橋五七一番

箪笥
目録
御申越次第進呈す
郵券二錢封入のこと

高等たんす問屋

階上
陳列
正札附縱覽御隨意
直段一切懸引なし

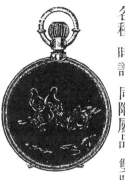

福原衛生歯磨石鹸

SANITARY TOOTH POWDER. S. FUKUHARA

PREPARED BY SHISEIDO.

本舗東京資生堂謹製

◉福原有信 歯磨石鹸

煉製大廿五錢　粉製十五錢

同　小十五錢　袋入三錢

◉新製 携帯用 旅行衛生歯磨

ゴム器入 一個三十錢

◉新製 洗浴化粧液（エリノイン）（花の露）一瓶八十錢

本品は高尚なる芳香薬及び軟和劑の配伍し有れば朝夕盥嗽及び洗浴に際し此液を用ゆれば如何なる水と雖も皮膚をあらし肌色を損ずることなく色を白くし天性よりも麗はしき色つやを生ず殊に殺菌消毒の効力を有せば當季衛生上缺く可からざる逸品也

高等化粧水

本品は高等化粧料中の化粧品なれば貴婦人令嬢方の御常用に適し皮膚を艶美滑澤ならしむる効あり

ワイテルミン

三個箱入七十五錢

◉ひげ油（ブロチミン）（住の江） 三個箱入九十錢

髯毛に用ひ給へば適當の粘力を生じ隨意の形狀を保ち且在來の品とは異り洗去ること容易なり

◉ふけとり香水（ラウリン）（花たちばな） 三個箱入一圓八十錢

本品を常に御用ひたまわらば第一剛き毛髪を柔軟たらしめ且つ汚れを淨め永く清潔の狀を保たしむ

◉あかとり香油（アチモシン）（春風油） 三個箱入一圓二十錢

頭髪の汚れを容易に梳き去るが故に髪を洗ふの煩勞なし故に病中病後御使用には至極好適の良品也

◉うがひ水（エオソン）（しのゝめ） 三個箱入九十錢

第一口腔を清潔にし粘液を去り臭氣を防止し黴菌を撲滅し虫歯を豫防し出血しやすき齒齦を固め且つ咽喉加答兒を豫防す一名水はみがきとも云ふ

◉改良 水油（オイトリキシン）（花かづら） 三個箱入一圓二十錢

在來の香油の如く髪にねばりを生ぜず毛髪の光澤を艶美ならしむ

◉凡て美麗なる箱入としたれば御進物用には至極適當の良品なり

◉取次販賣店は全國化粧品店小間物店薬店に販賣致居候

處方調劑・藥品器械・衛生材料・化粧品問屋

本舗 東京市新橋出雲町角 電話新橋三二四番 資生堂 福原有信

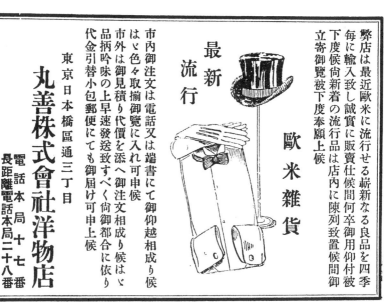

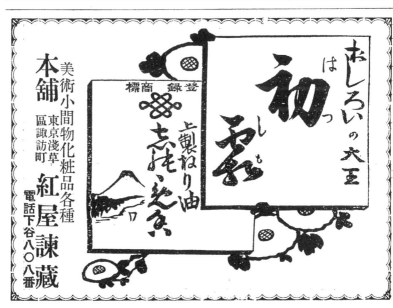

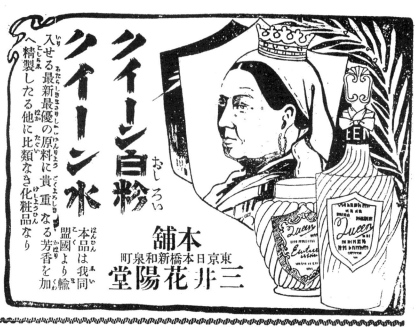

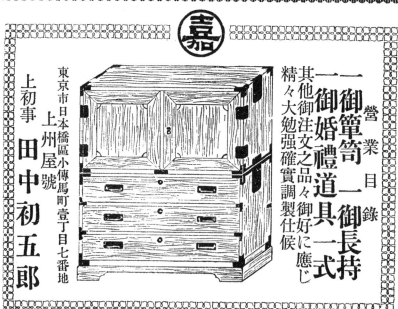

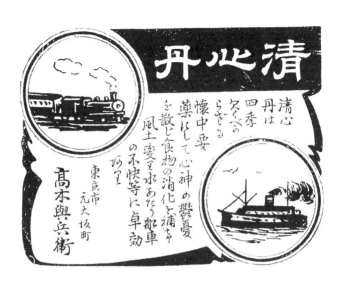

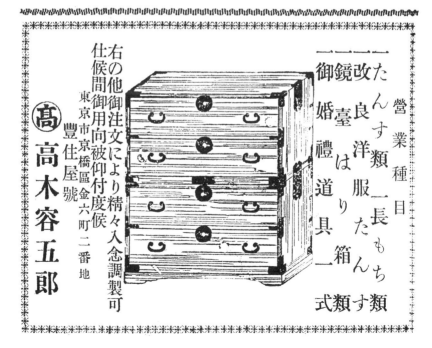

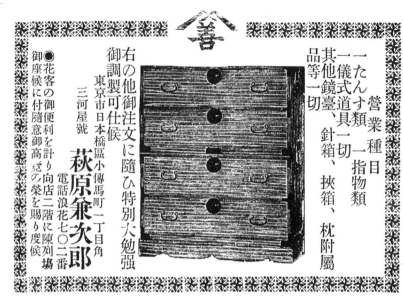

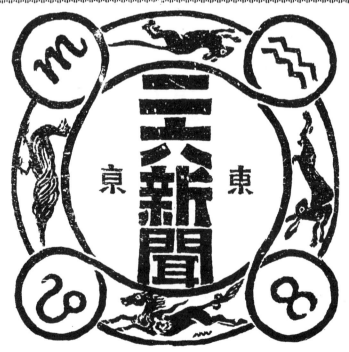

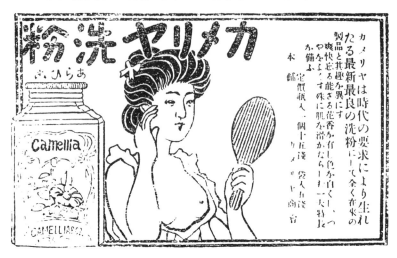

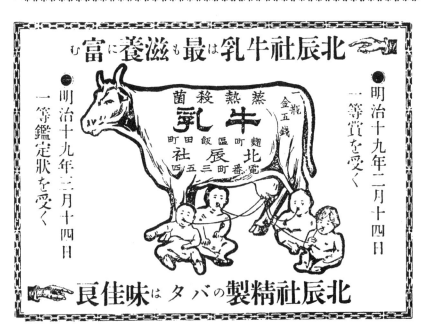

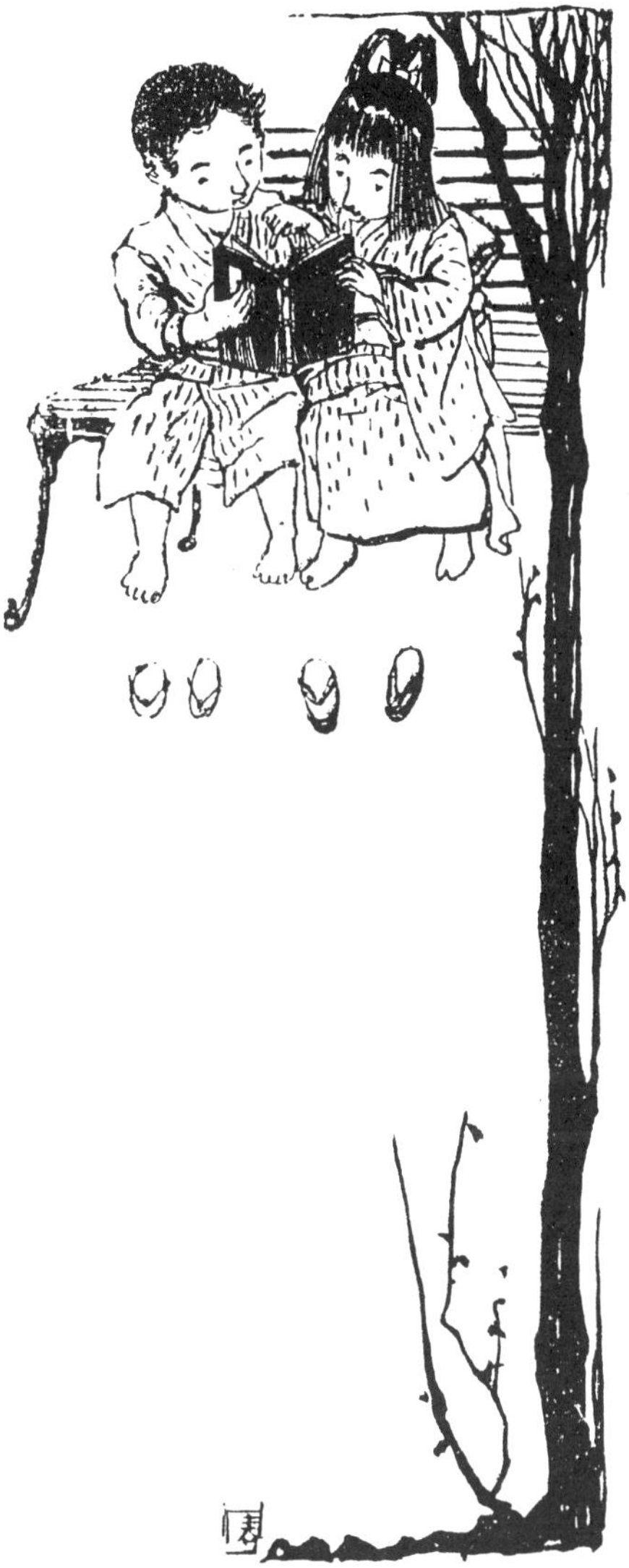

平和克復と藝術

東洋の日本が、世界の日本となりたりとは、既に久しく論者の口にせし所にして、國民も亦た朧ろげながら、其覺悟を催し居たるには相違なきも、其之れを事實に觀て、而して切實に感ずるの機に接せるは、實に今回を以て始めとすべし。

米國タフト卿、ルーズヴエルト孃、富豪ハリマン氏等の來朝に次で、英國艦隊の廻航あり同時に米國の大政治家ブライアン氏の漫遊あり、前影後影相接して、世界の偉人名士悉く我賓客となり、平生新聞紙の電報欄を讀みて、僅かに其風采を想望せる者、一朝にして音容咫尺の人となり來れり。想ふに今後は益々世界の人と親しむを得るに至るべく、而して世界の人と親しむべき我國民は、亦た自から世界の人となりて、從來の島國根性を脱するの必要を自覺し、言ひ換へれば自から其地位を會得して、徐ろに雄大の氣象を養ひ、之れを文學技藝の方面にも發揮せしめて、世界的日本國民の社會を構成せざるべからず。

若し然らずして來遊の外賓をして、單に氣候の和煦樂むべく、山水風土の幽婉高雅怡ぶべきを説かしむるは、日本國民の恥辱なり、氣候の和煦と山水風土の幽婉高雅とは、人工に關せず、彼等の單に氣候風土を稱するは、間接に文學技藝の見るに足らざるを意味するものとなるべければなり。

曰く否、彼の英艦隊歡迎園遊會の日比谷公園に催されし時、日頃は左褄を取るをだに嚴禁せらるゝ者、其筋の命によりて園遊の間に周旋し、大に賓客の興を添へ得たりといふ。歌舞伎座の歡迎演劇、亦た是等阿嬌は翩々として檜舞臺の上に翺翔したるを見ずや。是れも亦た藝術なり、外賓の喜ぶもの、果然氣候と山水風土とのみに非ざるなりと。

然り、是れ事實なり、外賓來りて、乃姐亦た國家に功勳あり、日頃出來得べくんば、われ等の營業を防遏せんとしたるもの、今何んの面目あつて乃姐を見るかとは、蓋し阿嬌等の氣焔なるべし。然れども彼等が外賓を喜ばせ得たるは、決して藝術の故に非ず、而して天下の歌舞伎座たる檜舞臺が、此藝術を主とせざる彼等を載するの已むなきに至れるは、偶く々藝術を主とする俳優の無能を暴露するものに非ずして何ぞや。

團十郎菊五郎逝きて、今の日本に名優なし。名優なきが當然なり、有りしは却つて不思議なり、過去に於けるが如く現在に於ても、俳優は常に社會の侮蔑を受け、啻に藝術家としての尊敬を受くる能はざるのみならず、殆んど常人として、待遇すらも得る能はざるの地位に在り、其極藝術以外の人と檜舞臺に伍をなして、尚ほ之れを辭むの見識と主張とを有せざるは、其人の罪か、そも〳〵亦た社會の罪なり。

此頃倫敦の名優サー、ヘンリー、アーヴヰング氏逝く。英國皇后陛下は之れを寵するに爵位を以てし、各大學は之れに贈るに學位を以てし、而して遺骸は名譽あるウエスト、ミンスター寺院に葬られしと云ふ。斯くてこそ俳優も其技に勵むなれ、從つて名優も出づべけれ、國家は氣候山水の自然美の外に、人間の藝術美をも有するを得るなれ。

何故に爾く俳優は尊重すべきか、是れ此論の主題にあらざるも、序なれば一言すべし。人に生活の必要ある以上は、理性固より重んずべし、然れども亦た肉體を輕んずべからず。故に理性の發達を計ると共に、又た官能を陶冶して、高尚なる趣味に導き、以て原人的慾性の狼藉を防ぐの要あり。高尚なる趣味は藝術に於て之れを求むべく、藝術中直ちに人生を描きて、人の官能を陶冶するに力あるものは戯曲なり、戯曲は演劇により　演劇は俳優によりて始めて活現す。是れ俳優の尊重すべき所以なり。

而かも我邦の俳優にして、能く戯曲を活現し、而して藝術美を以て、山水風土の自然美を對抗し得るものありや、否、俳優をして能く高尚なる趣味を發揮せしむべき戯曲ありや。惜むべし世界の日本には、未だ世界の人を喜ばしむべき戯曲なく、俳優なく、又た之れを奬勵すべき所以の組織なし、阿嬌をして此平和克復の劈頭に於て、先づ交際場裏の花を專らにせしめたる、洵に餘儀もなき次第と謂ふべし。世の文學技藝を以て標榜する者、此際大に奮ふ所なくんば、また何んの面目あつて、阿嬌を見んや。

小説 裁縫指南（十五號のつゞき）

物外

主なき庭に所得がほの櫨楓、今を晴れと散りぎわのひと盛りを錦と染めて、思へば美くしきほど哀れなるは、花もみぢなるべし。

朝な〳〵四十雀のひと群、此處かしこ何を養るか、枝うつりして、嘻々と鳴く聲のしほらしく、彼れが日ごとの訪づれを待つも、淋しき獨り居の身に、佳き朋得たる心地するもまた哀れなりかし。

爰に齋藤貞子は、感冒の心地と苟且の枕につきしが、いつか間歇熱となりて、一月がほど自宅教授を息みしが、今日は久々にて、始業の披露ありければ、豫て宿題となれる袴の實物教授を受くべく、諸生は己のが自恣持ち來たる、山邊里平あり、嘉平治あり、或るは、雛形のいろ〳〵携へて、定めの時刻に假りの教場へと集まつた。

頓て貞子は教場へ出て『諸孃よくお出上さいました、先月中はお休みにしまして、又諸孃からお訪ね下さいまして有り難う……』

『先生、最うお爽ぱり遊ばして、未だお血色が良くないやうでムいますが……』

『エヽ最う大丈夫でムいます、アノ今日はかねて滿江さんの祝賀會のときにお約束仕ました袴の實地教授を仕ますことになつて居りましたが、諸孃材料をお持

參になりましたか？』

『ハイ、』

『持てまいりました』と一同首肯したのである。貞子は起つて黑板に向つて

『大抵は御存しでムいませうが、襞の取り方などは今まで各別にお教へ申して有りますから、今日は袴腰の立て方を一齊に御教授することに致しますこれは襞の取り方と同じく、袴の裁縫方中最も肝要な部分で有りますから特に此處だけの部分縫ひを仕まして、豫じめ充分に了解してお置きになら

ないと、不都合を生じますから、能く念をいれてお記憶になるやう致したいと思ひますで、その方法を圖に顯はして、說明も書きますから、お書き取りになるやうに致したう厶います』

是に諸生は、先書き取りの用意をして、備忘錄、鉛筆、或るは鐵筆、墨汁とそれ〲準備して、黑板の白く染まるのを待つた。

斯くて黑板に顯はれた文字は

腰板は美濃紙二十枚若くは半紙三十枚ほどを合せたる板目紙を用ゐ、其の寸法は、普通大人物は、下の幅六寸五分、上の幅四寸三分、高さ二寸三分とす。

此の寸法によりて腰紙を裁ち、（第一圖）表となすべき方に飯糊を引き、箆にて能く拭ひ取り、腰布の縞目の歪まぬやう貼り附け（第二圖）

注意、若し用布が絹物ならば、腰布に豫じめ、紙の裏打ちを爲すべし

下の處に飯糊を附けたる四寸ほどの紙捻を入れ、腰布の上下の端へも亦飯糊をつけ、之を腰板の裏に貼り附け（第三圖）

次に紙捻のある處の際に表より稍深く線をつけ、下部の兩端を幅四分に裁ち切り（後紐の中に入るべき分）（第四圖）その餘の布に飯糊をつけ、角をよく整へて腰紙に貼り附け（第五圖）次に附菱及び裏腰に紙の裏打をなすべし

但し、附菱に裏打をなすときは同じ向きにならざるやう注意すべし（第六圖）

それより附菱の縦を縞目通り眞直に、幅二分程に折り、次に上の角の處も亦二分程に折り、此處より下の方へ、高さ一寸二分に度り、折を附け、又腰板の表を見て下の幅を角より二寸二分に度り、附菱の下部を此處に合せ、下の幅を極め、次に此處と高さの角の

第一圖

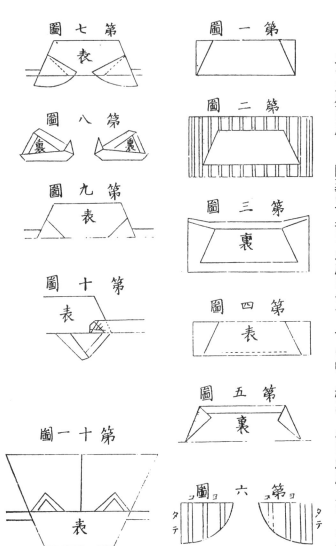

第二圖

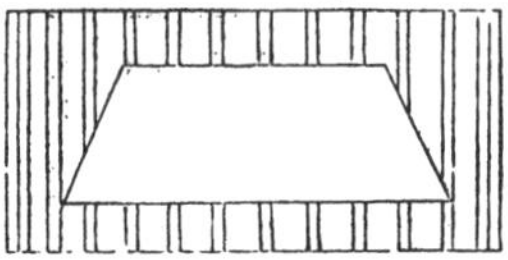

第三圖

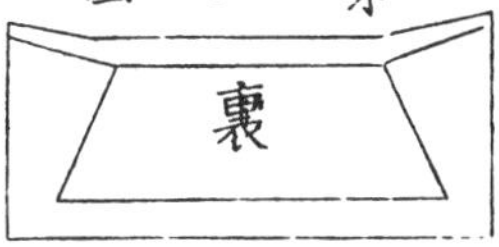

第四圖

第五圖

第六圖

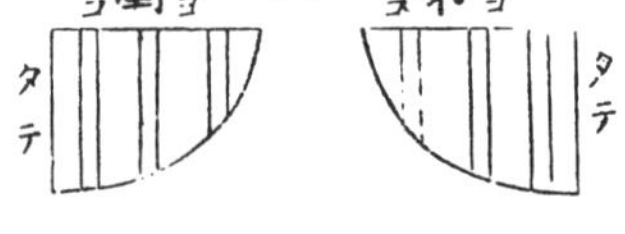

第七圖

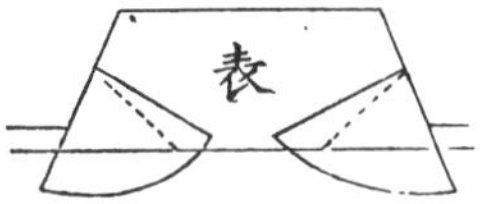

第八圖

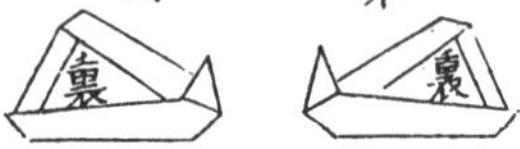

第九圖

第十圖

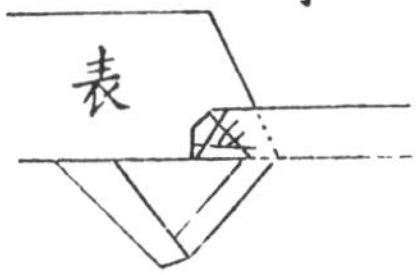

第十一圖

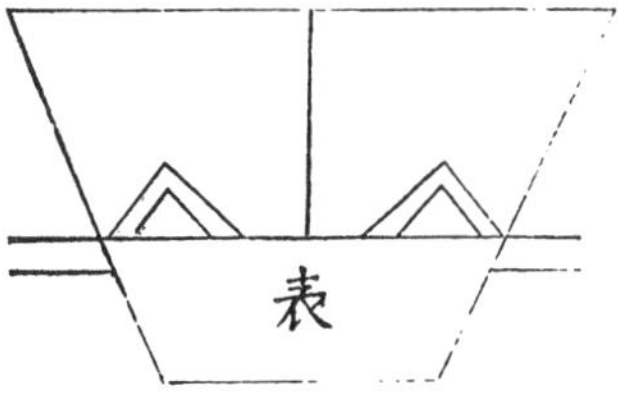

第十二圖

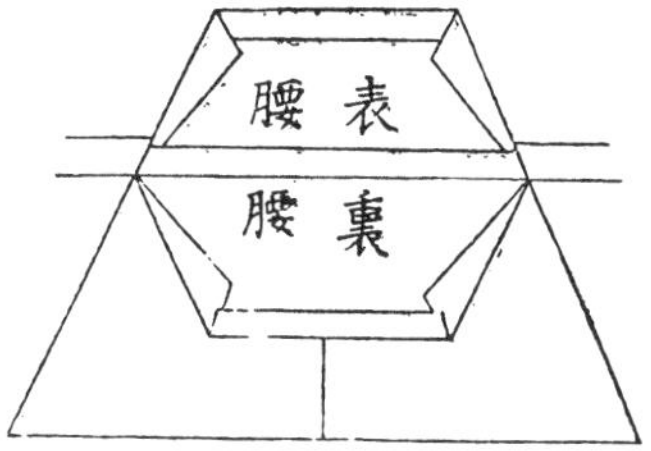

第十三圖

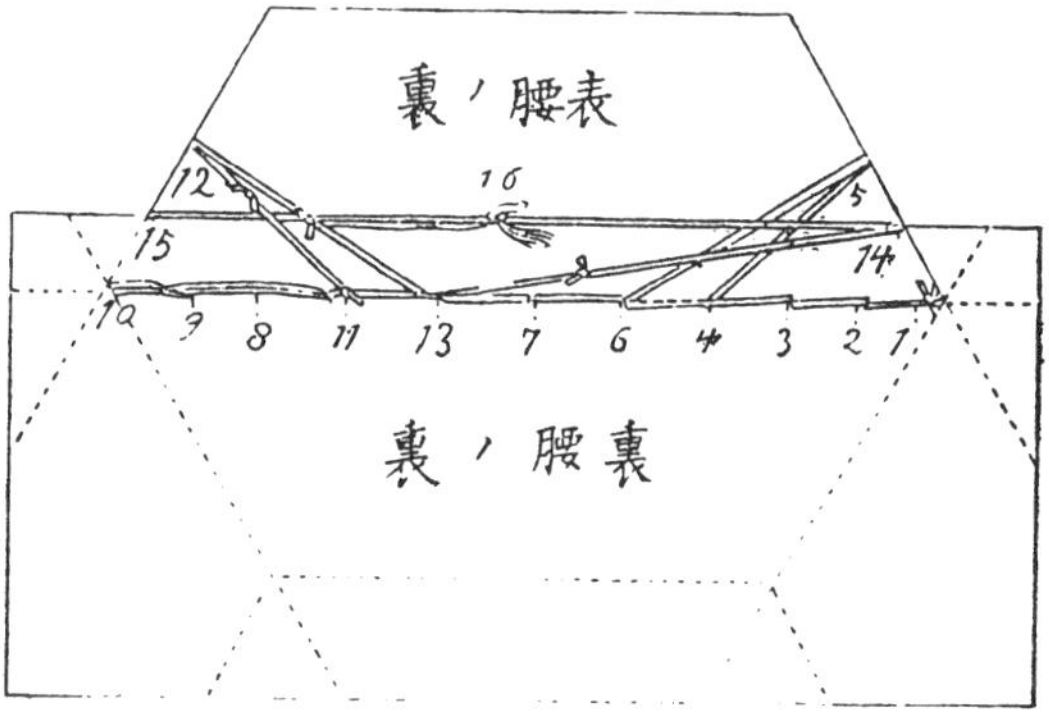

第十四圖

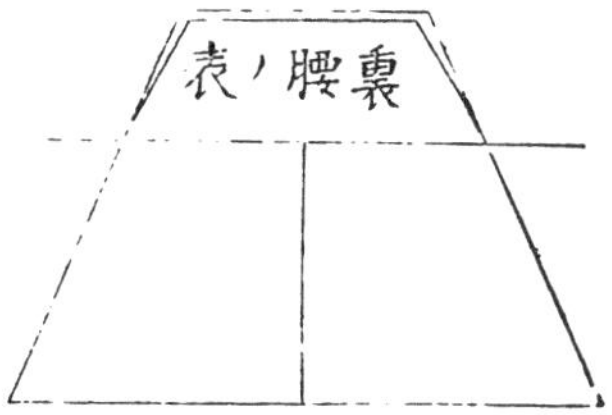

第十五圖

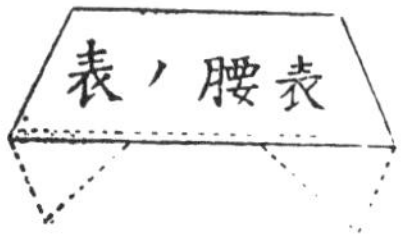

所とをつなぎて、斜に標を附け、横の幅を極め（第七圖）左右同じく折を附け（第八圖）次に下部の殘りに飯糊を附け、腰板の裏に貼りつくべし（第九圖）

それより左右の後紐をつける、其仕方は、先づ後紐の端六七分の間、山の處を切り、斜に折りて、其中に腰板の下方の隅を入れ、表の附菱を除く、縫糸を二本合せ捻糸になして表裏に通し、堅固に留め置くべし（第十圖）次に之を袴の後の腰板を附くべき所に表を見て眞直にあて（第十一圖）裏を返して裏腰布を合せ（第十二圖）左方の端より圖の如き針の順序にて、裏を見て腰を立て（第十三圖）終りに裏の兩側及び上部を折り、（幅、丈共に表より凡そ五厘をひく）飯糊にて貼り附くべし（第十四圖）但し5 12の針は、腰板と附菱の上の角とに通し、14 15の針は、表裏腰及び附菱と共に綴ぢ附くべし、（絹布類は附菱を除き、表裏のみを綴ぢ合はす、）次に16の針は、一度表にぬき出し、直ちに元の穴より斜に裏に通し、腰紙にのみ針目の出づるやうにして、裏にて14の糸にかけて打留をなす又腰板の表には何れも小針に出すべし（第十五圖）。夫より裏腰を、飯糊にて、表腰より五厘ほど内輪に貼り附くるなり

書き了つて貞子は、諸生が筆記の終るを待つて、徐むろに、

『諸孃、筆記は終りましたやうですが、此の圖並びに説明について、御質問の有るかたは御手をお上げなさい。

誰方も御手が上りませんから、御質疑は無いことゝ認めます。

前にも申しましたとふり、袴の仕立方については、諸孃から、それ〴〵お問ひのことも有りまして、合別にお敎え申してありますが、今度實物の仕立を一躰に試みることに致しましたについて、特に腰の立て方、糸掛の順序を、お敎え申しますのは、袴の仕立に最も肝要な所でありますから、御存じの方も有りませうが、念の爲に一齊にお敎え申し

ました。て是からは御隨意に、かねて御承知の順序に、御練習なさいまし、若し順序について、御失念の方は、其場に臨んで、御質疑をなさいまし、出來上りの巧拙は、平素御練習のほども見えますから……』と笑を含んで見廻はしたので、諸生は興奮劑の注射をされたやうに、躍起として操作にかゝつた。』

（以下次號）

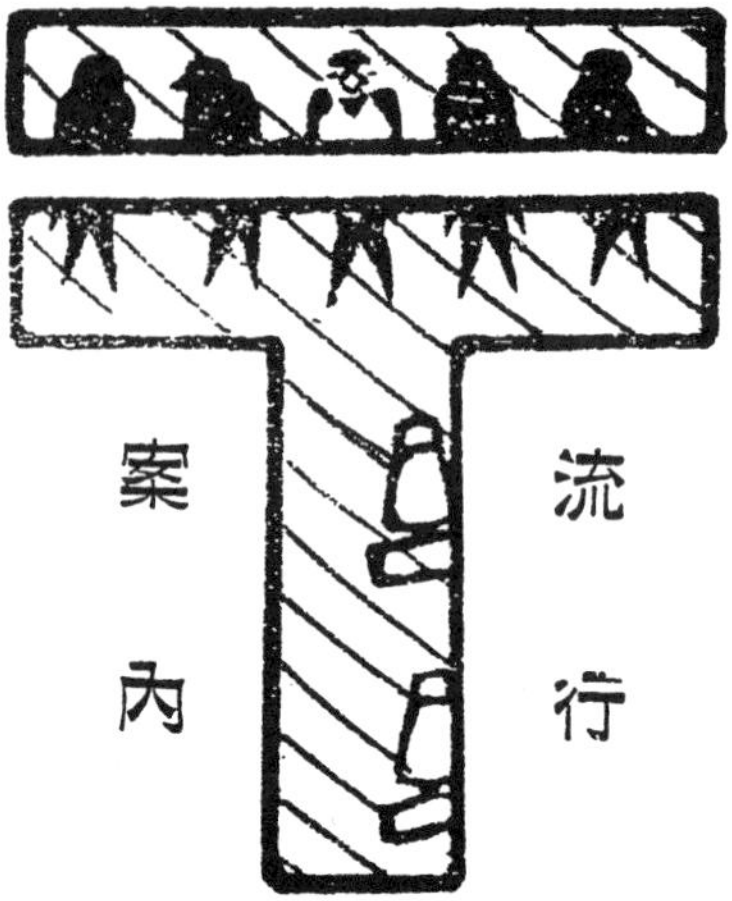

流行案内

交通機關の發達と流行の推移

各地方の交通機關が、日を逐ふて發達しまして、昔し親子の水盃をして、江戸發足のときには、親族や朋友が、品川、新宿、板橋、千住の四宿の果まで送つて來て、棒鼻の茶屋へウンと腰を据ゑまして、終日飲みくらして、左樣なら、御機嫌よう、御道中をお氣を注けなすつて、などゝ振りむきがちに涙で別れて、それからが旅の空、百里さきへ往くには徒脚の人でも十二三日、その間には山坂もあり、雨風にも出會ひ、運か惡ひと川止めにぶつかつて、宿屋の二階に、欠伸の共進會が始まる、でありますから、可愛い子には旅をさせろと、此の艱難を凌がせて、心を治へる道具にしたものでありますが、今では切符を買つて、客車に乘りこみさへすれば、厭でも應でも腰を掛けたまゝで、往く所へ行かれます。

恁う世の中が開けて來ますと、地方の習慣地方特殊の美風、地方の言葉訛りなどが自然と混亂して來ます、謂はゞ交通機關の普及發達のために、何も彼も混多交ぜにされますので、汽車や汽船で、海や陸を掻き廻すやうなもので有ります。

其處で、諸般流行の遷り變りも昔しのやうでは有りません、これも汽車汽船に乘つてズン／＼運ばれる、其の前觸れには、新聞や雜誌が露拂ひをして行く、といふありさまで有りますから、面白い世の中。

所が、物には一利一害のありますもので、不自由が自由になり、少ないものが多くなるといふやうに、有無相通じてゆきますのは、至極良いことで有りますが、偖、地方に誇るべき特殊のものまでが、其の特長を亡くしてしまふのは、奈何にも歎かはしいものだと思ひます。

近頃東京の風俗も、大變に地方趣味を帶びて來ましたやうに、生粹の江戸言葉は、全然無くなつてしまひました、或は其樣でない、現る日本橋神田邊には、純粹の江戸言葉が殘つて居るといふ人も有りませうが、記者の耳には、其の所謂る江戸言葉のうちに、時々駄目だなどの言葉が、知らず識らず交つて居るのが聽こえる、爾も其の子弟は、皆學校で、地方語を學びつゝ有るのであります。

更に、地方へ往つて見ると、是が悉く江戸趣味を含んで來ました、

彼の加茂川の水に洒して、其の艶麗を誇る所の京女郎も、其の半數以上、否、十の七八は、江戸式の洒々落々たる風俗に化し去りました。

此頃新潟に遊んで、一層其の感じが起りました、といふのは、由來新潟は京都趣味に更に同地獨特の趣味を加へましたもので、交通不便の時代にありましては、寧ろ碓氷三國、清水の峠を超へて江戸へ出まするより、遙かに下の關を迴航して、京都に向ふ方が便利でありました、で、同地有名の校書の服裝、割烹の按排等が、皆京都式に因

つて居りましたので、此の艶麗なる京都式に加へて、同地獨有の容姿を以て、錦上花を飾つたので、古來越後美人の名を博したわけであります。飜つて近來の有さまを見ますと、容姿の美は即ち美でありますがこれを飾る所の衣服髮形ちが、稍やく江戸趣味に近寄つて來たやうに思はれます。

原來、髮形ち、衣服の趣向は、おのづからその天性に伴なひませんでは、調和しませんのみならず、其の地方獨特の趣味は、決して崩したくないと思ひます。

何故なれば、新潟美人には又一種の高氣い膨くりした容貌を備へて居りますので、これに江戸風の、婀娜めいた肌合ひをもつてまゐりますより、古來からの仕來りを壞さぬ、艶濃にして花麗な風俗が、最とも調和しますやうに思はれます、殊に同地獨特の風を捨てゝ、好んで江戸趣味に遷る必要は那邊にありますか、記者は其の必要を見認めぬのみならず、倦までも其の地方の美を發展させたいと思ふので有ります。（地方特殊の美に就ては）前にも申しましたとふり交通便利のために、商工業の發達しますのは、最とも悦ぶべき現象で有りますが、これと同時に頻繁の爲めに攪亂されまして、善惡ともに混亂しますのは、如何にも遺憾に思はれます。京坂地方の地唄、東京の端唄、新潟のおけさ、秋田の音頭、盛岡の金山踊り、北海の追分け節等、頗る保存の要を感ずるので有ります。若し此れ等に江戸趣味を加ふれば、全然地方特有の趣味を沒して了ふのでありますから、記者は甚だ遺憾に思ひます。

室內裝飾法 つゞき

杉浦伯直傳

室內裝飾法は、每號掲載すべき筈で有りましたが、本欄受持ちの記者が病氣に罹りまして、時々轉地療養に出かけましたりいたしますので、餘義なく、休掲することの出來ますのは、愛讀諸彥に對しまして、誠に相濟みません、且は、記事輻湊のため、限り有る紙頁を濶く割く譯にもまいりませんので、本號から止を得ず、一頁に床と棚と圖を並べて出すことに致しました。

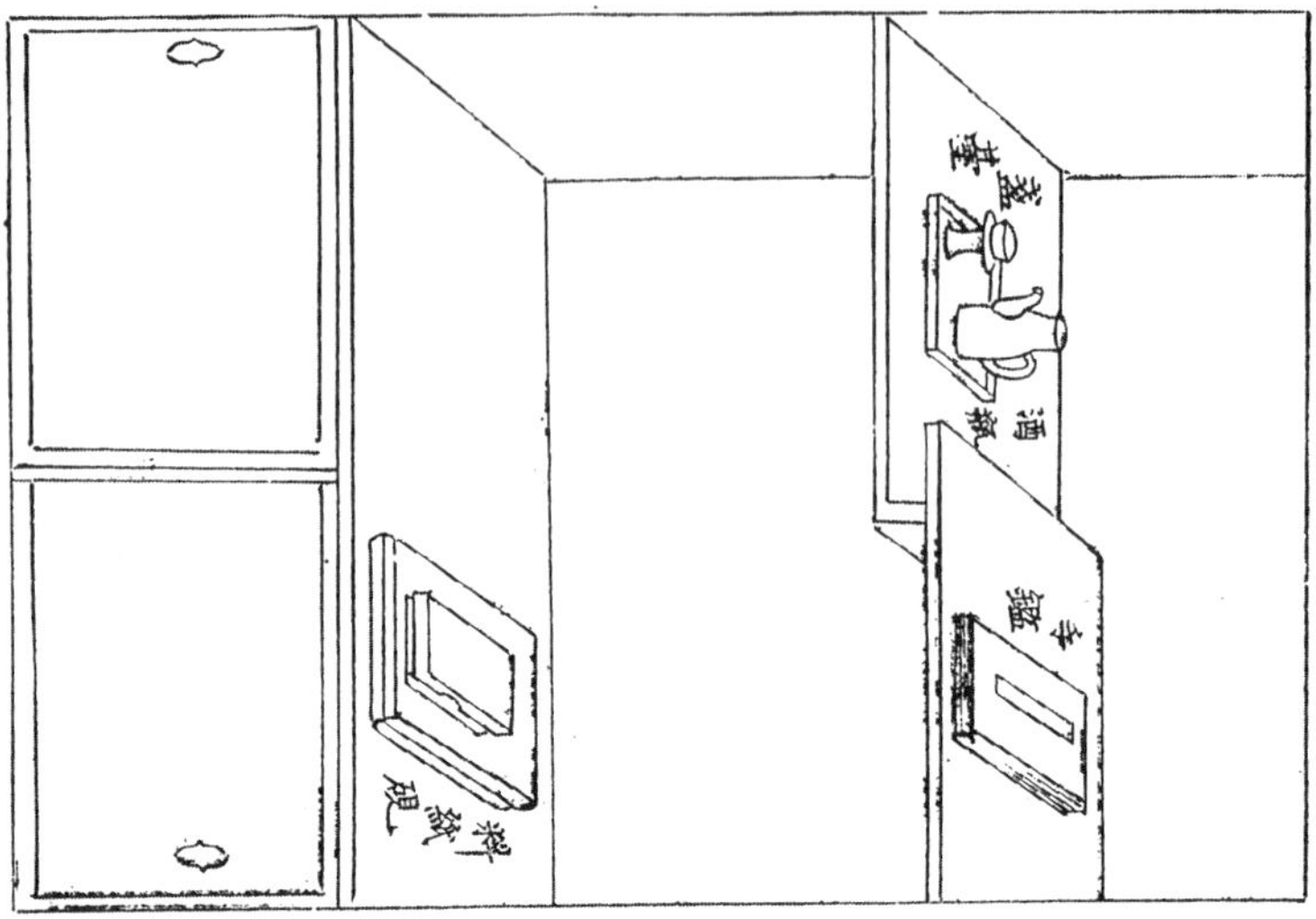

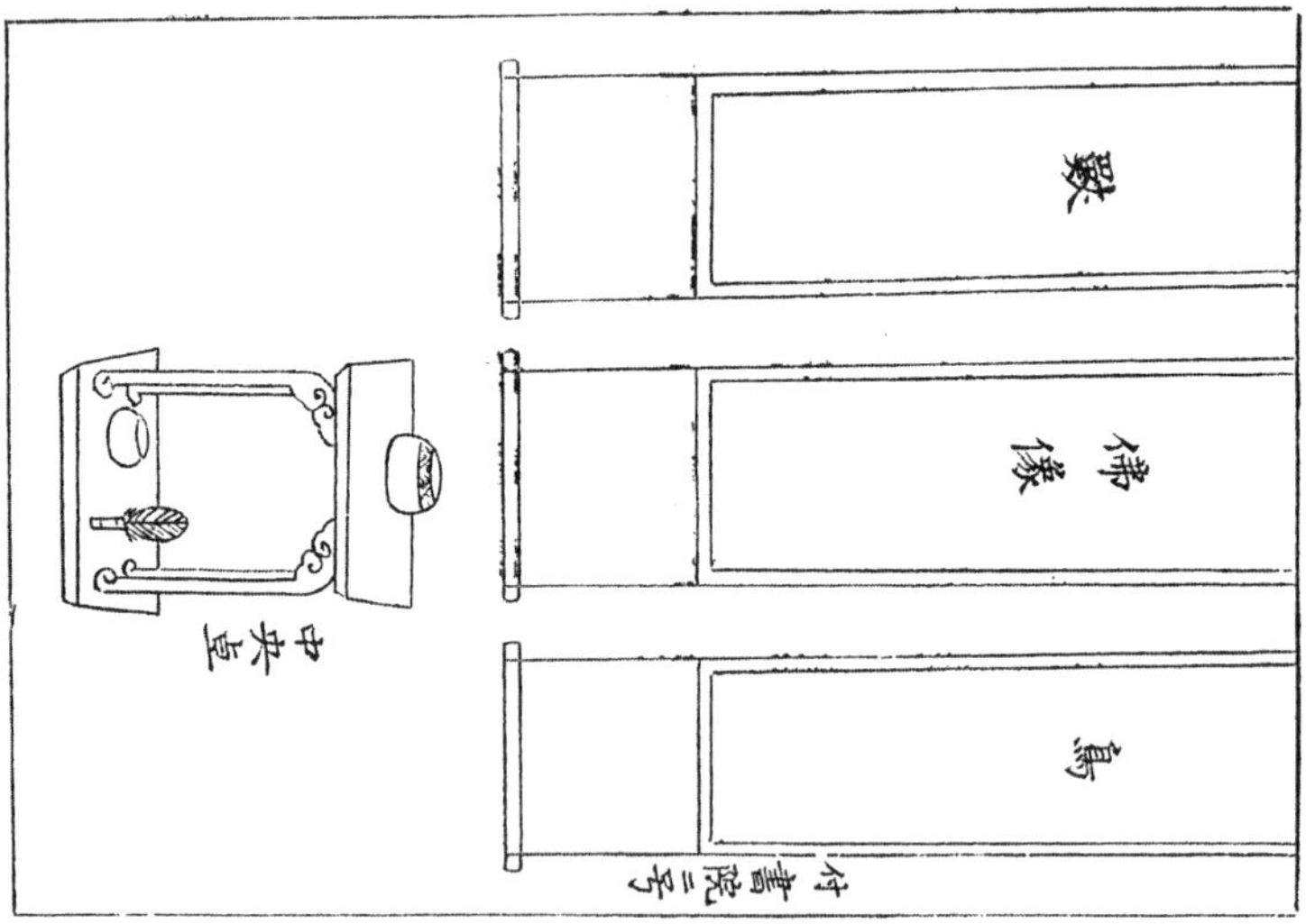
佛像
中央卓
付書院三号

（一）大和柿茶地に美くしき模樣鑑

（二）變り小豆色地に美くしき紅入りの籬の菊

（三）羽二重友禪
白茶と鐵納戸の市松形に、橙色と黑、海老茶の細かき市松にて顯ましたる元祿踊
一疋 三拾三圓
鯨一尺 六拾三錢

（四）羽二重友禪
茶地に白、燕脂、專齋茶、鶯茶に格子入筆を取り合せたる桃山式帆掛舟
一疋 三拾三圓
鯨一尺 六拾壹錢

ろ厚板織片側帯　九円八拾五銭

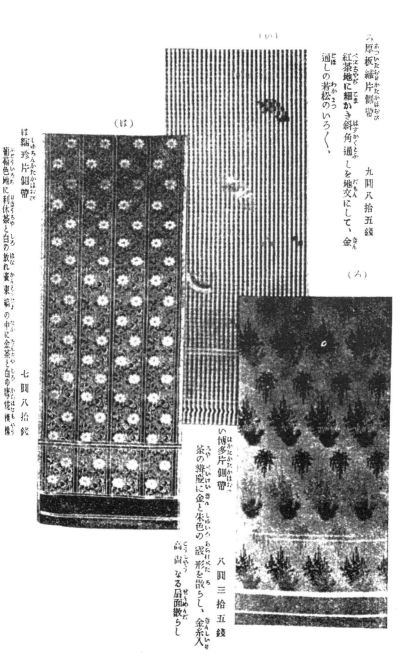

紅茶地に細かき斜角通しを地文にして、金通しの若松のいろ〳〵

（い）

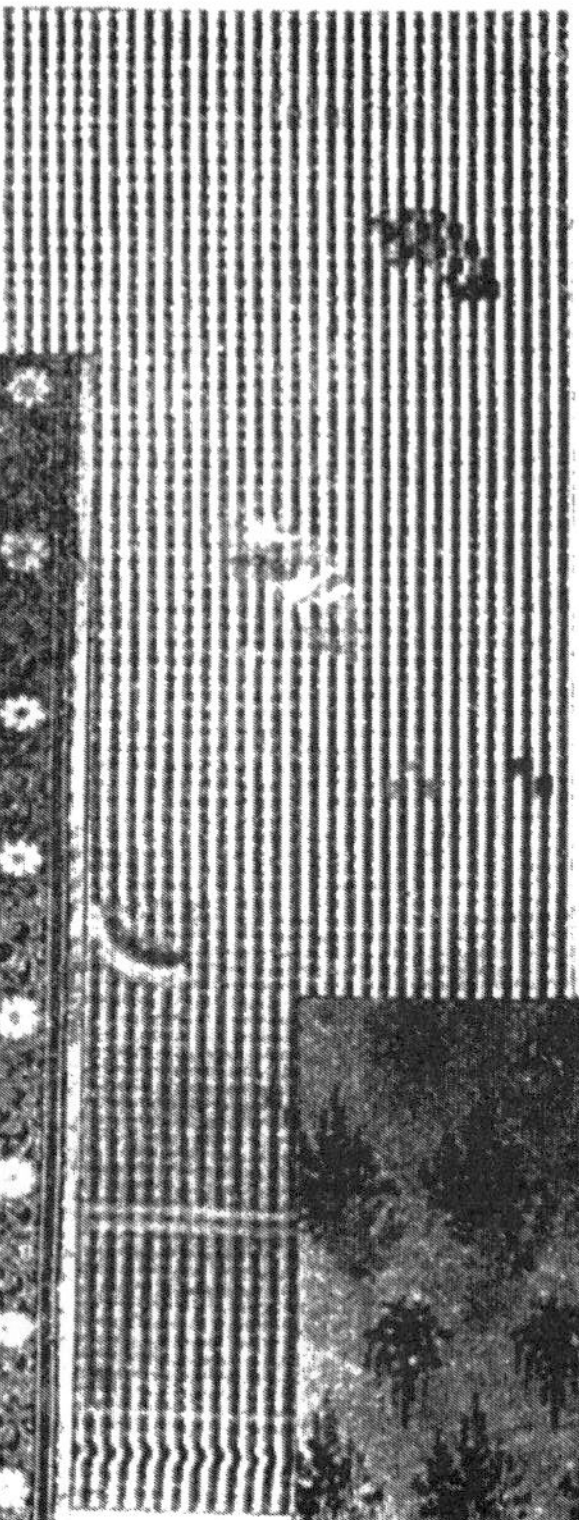

（ろ）

い博多片側帯　八円三拾五銭

茶の辨慶に金と朱色の霰形を散らし、金糸入高尚なる扇面散らし

（は）

は繻珍片側帯　七円八拾銭

葡萄色地に利休茶と白の放れ寛東縞の中に金茶と白の唐花模様

い 漣織(さゞなみおり)　九圓三拾五錢
縮緬と平御召とを段縞にしたるものにて[illegible]の粋なし、併も竪縞のうちに細き縒りがらみ入りのよろけ縞を織出したるなど殊に妙、地色は紺茄荷に縞は白

（い）（に）（は）（ろ）

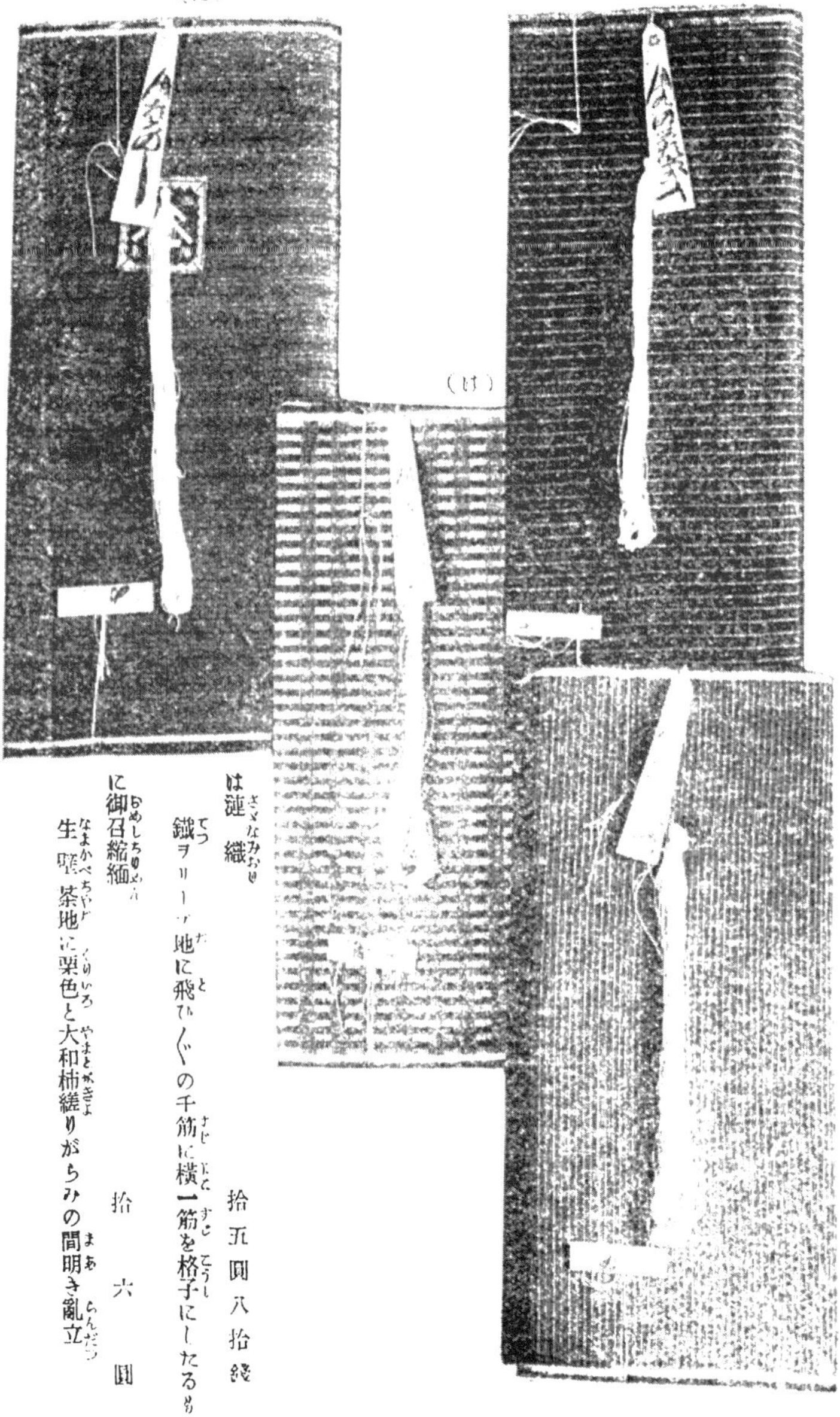

ろ 御召縮緬(おめしちりめん)
栗梅地に横大明と鹿がすり

は 漣織(さゞなみおり)　拾五圓八拾錢
鐵ヲリーブ地に飛び〳〵の千筋に横一筋を格子にしたるもの

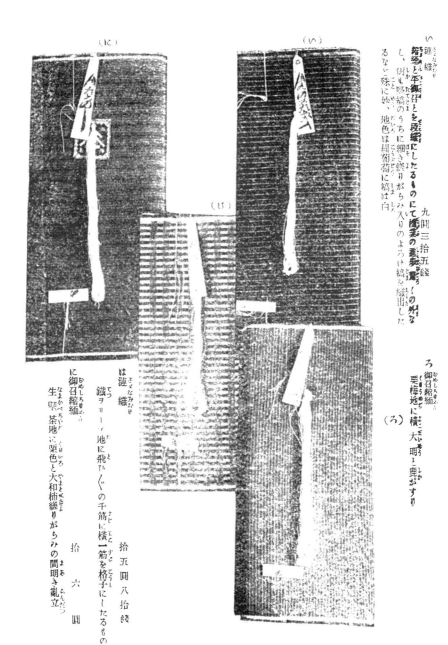

に 御召縮緬(おめしちりめん)　拾六圓
生壁茶地に栗色と大和柿縒りがらみの間明き亂立

羽二重刺繍ハンカチーフ

(一)美くしき色糸にて花ものに蝶の刺繍　壹圓貳拾五錢

(二)同斷花卉のいろ／＼　九拾錢

(三)白糸にて美麗なるレース縫　貳圓四拾錢

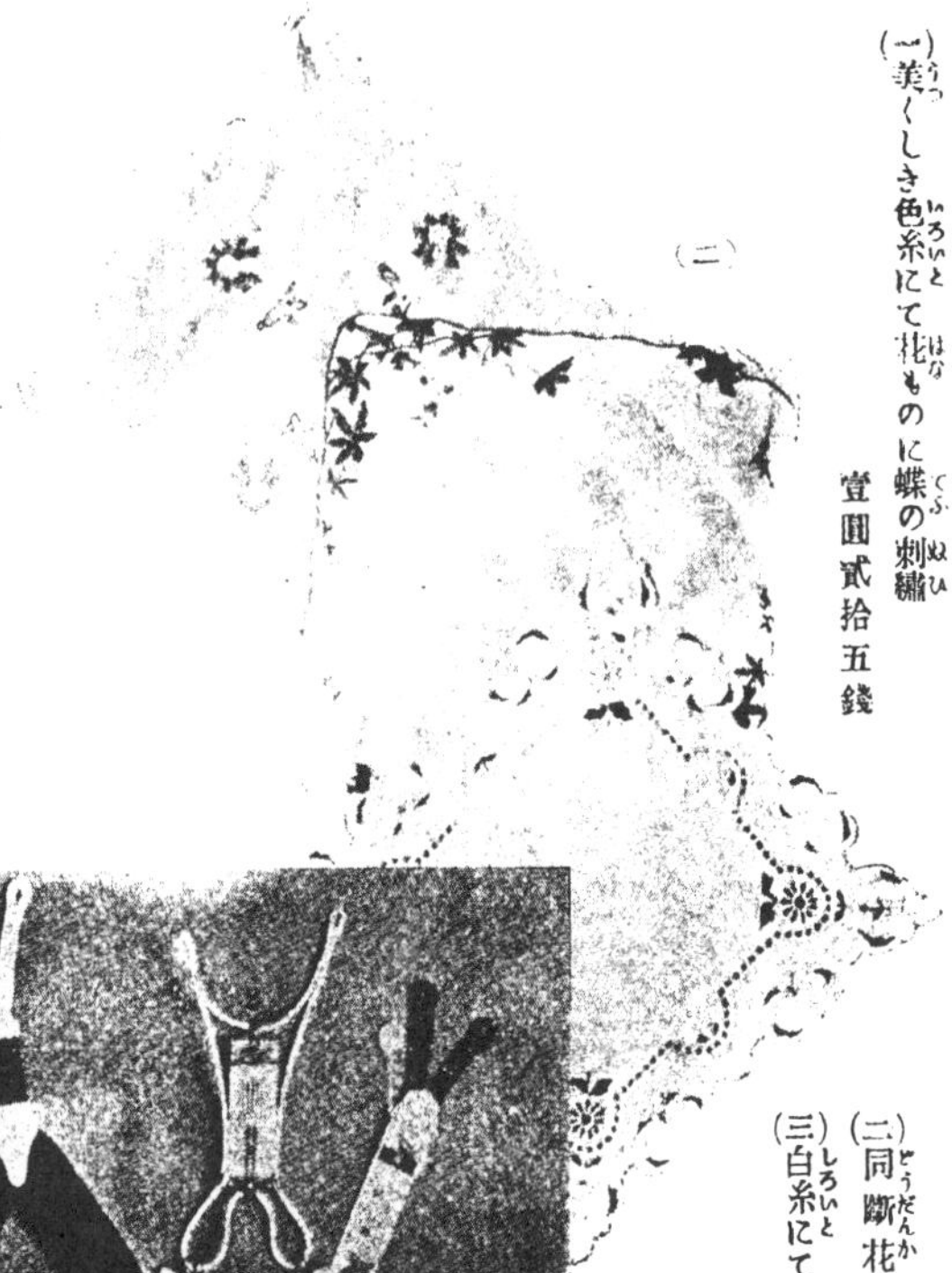

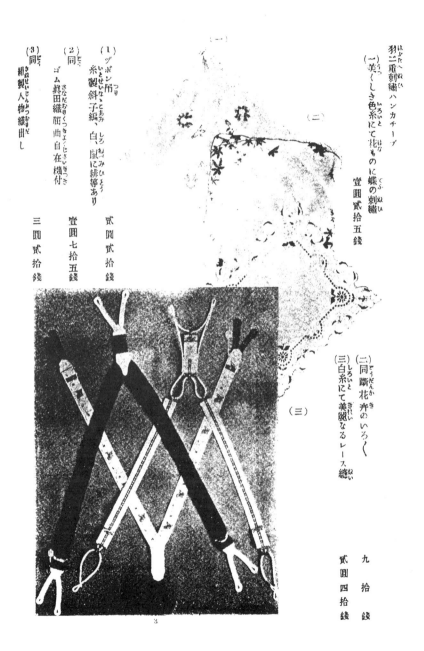

(1)ヅボン吊　糸製斜子編、白、鼠に緋等あり　貳圓貳拾錢

(2)同　ゴム眞田織屈曲自在機付　壹圓七拾五錢

(3)同　絹製人物織出し　三圓貳拾錢

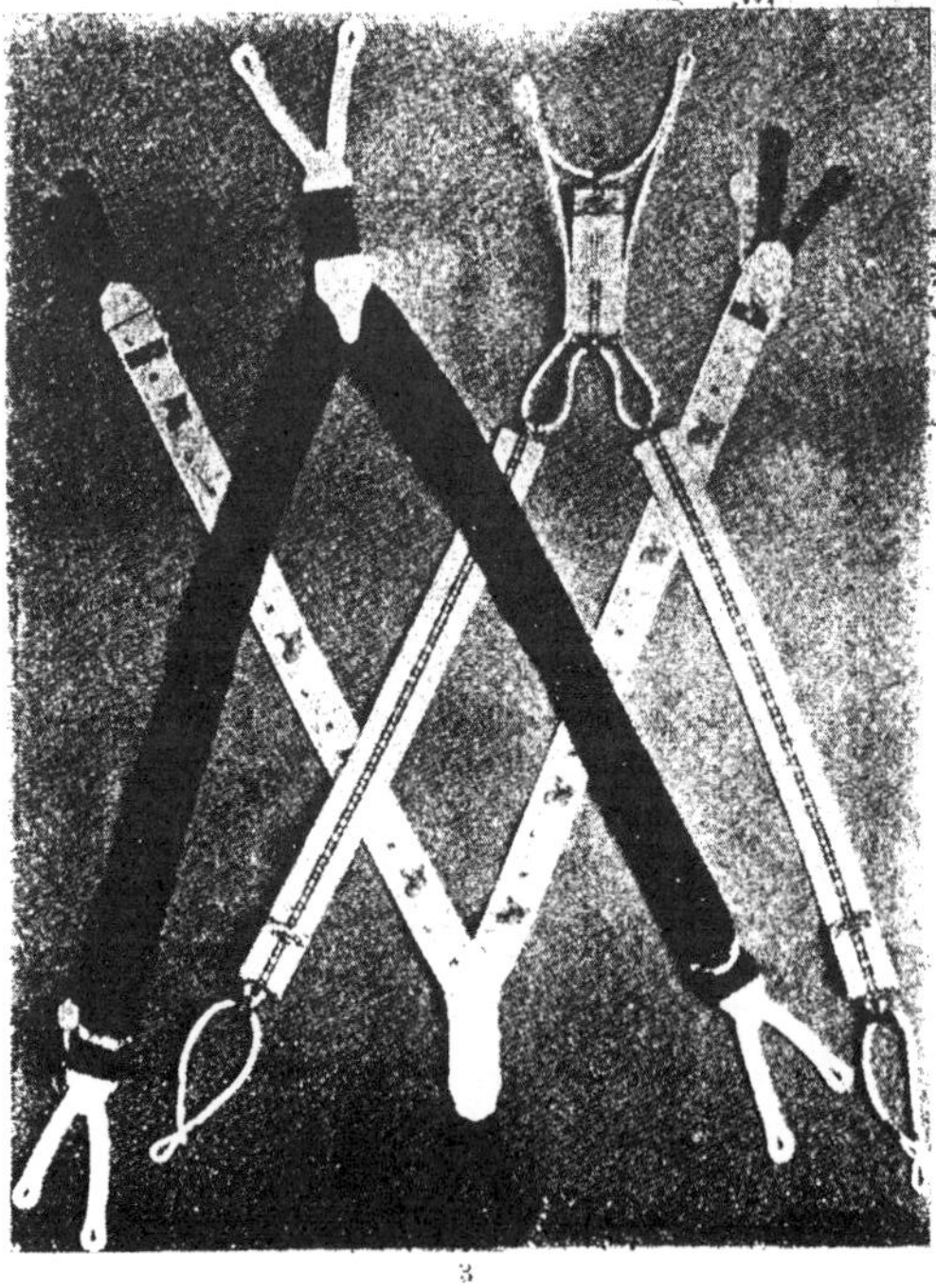

小袖友禪縮緬御雛

(い)元祿風の段模様に挽茶色の大松皮菱を染出したる上にいろ〳〵の飛模様

一反 拾八圓
鯨一尺 七拾壹錢

(ろ)錆納戸と茶の市松形に菊花

一反 拾七圓
鯨一尺 六拾七錢

(は)寳生雲を紅と紅茶にて角通しに顯はし、白地の所を沙綾形につぶしたる上に、元禄式納戸色疋田入りの立波に、取合せよくいろ〳〵の巴

紅入

一反 拾七圓五拾錢
鯨一尺 六拾九錢

(に)小豆色地に角通しの横雲を染出したる中に亂菊

一反 拾七圓五拾錢
鯨一尺 六拾九錢

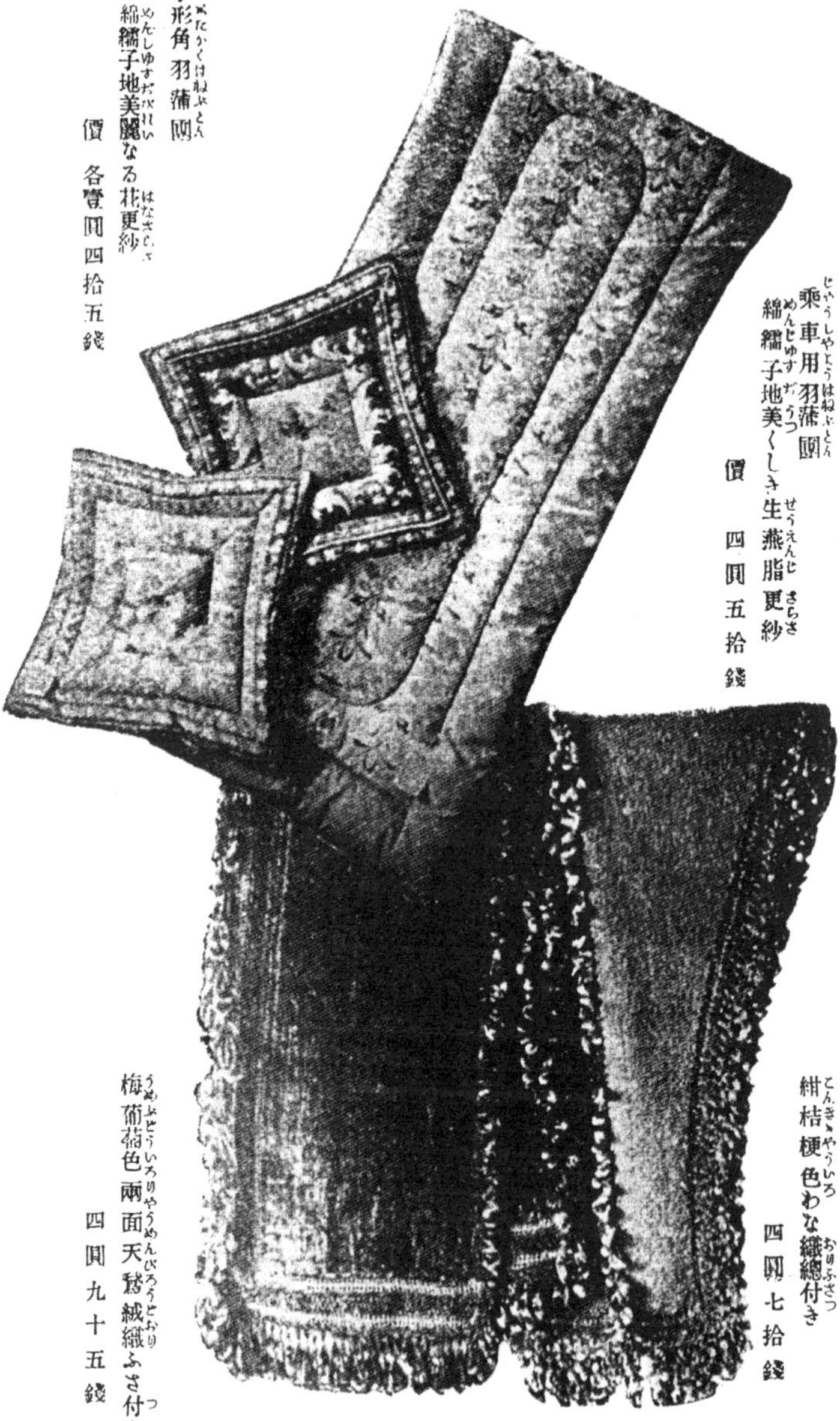

乗車用羽蒲團
綿繻子地美くしき生燕脂更紗
價 四圓五拾錢

小形角羽蒲團
綿繻子地美麗なる花更紗
價 各壹圓四拾五錢

紺桔梗色わな織總付き
四圓七拾錢

梅葡萄色兩面天鵞絨織ふさ付き
四圓九十五錢

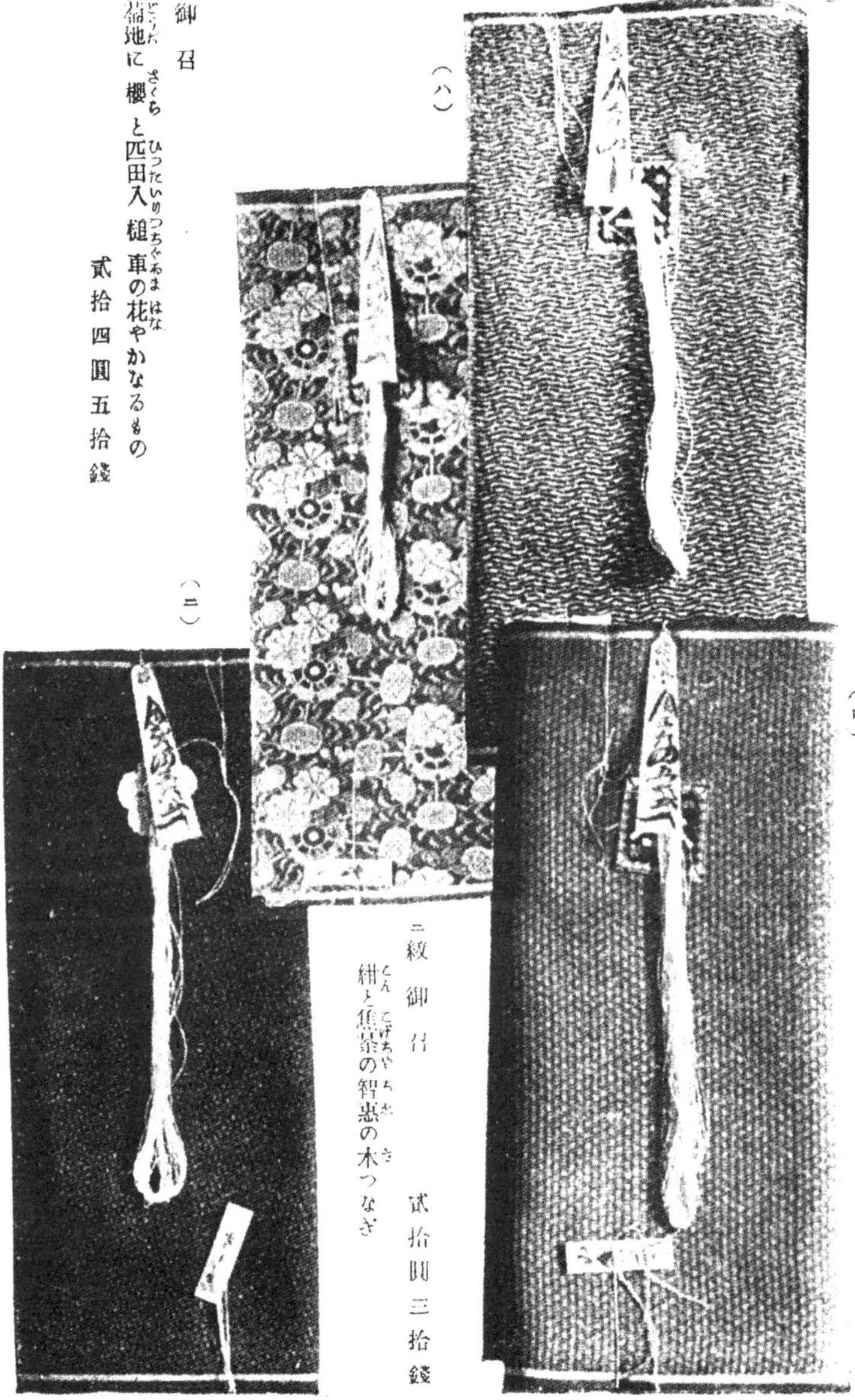

（イ）（ロ）（ハ）（ニ）

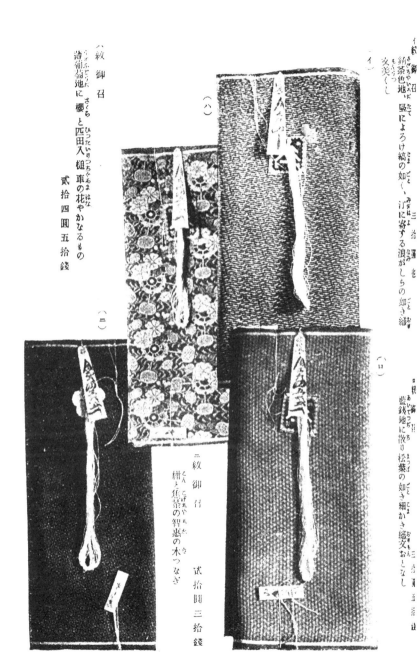

イ 紋御召
錆茶色地、竪によろけ縞の如く、汀に寄する浪がしらの如き織文美くし
三拾圓也

ロ 紋御召
藍錢地に散り松葉の如き細かき織文おとなし
三拾圓五拾錢

ハ 紋御召
薄御納戸地に櫻と四田入槌車の花やかなるもの
貳拾四圓五拾錢

ニ 紋御召
紺と焦茶の智惠の木つなぎ
貳拾圓三拾錢

（ロ）最上フエルコン　一本　貳拾四圓

（ハ）白鷺の糸毛にて縁とりにして總糸のわな織にして頗る美くし　一本　六圓八拾錢

（イ）駝鳥毛製婦人用頸巻
黒無地　價　拾壹圓五拾錢
白黒交り　拾壹圓也

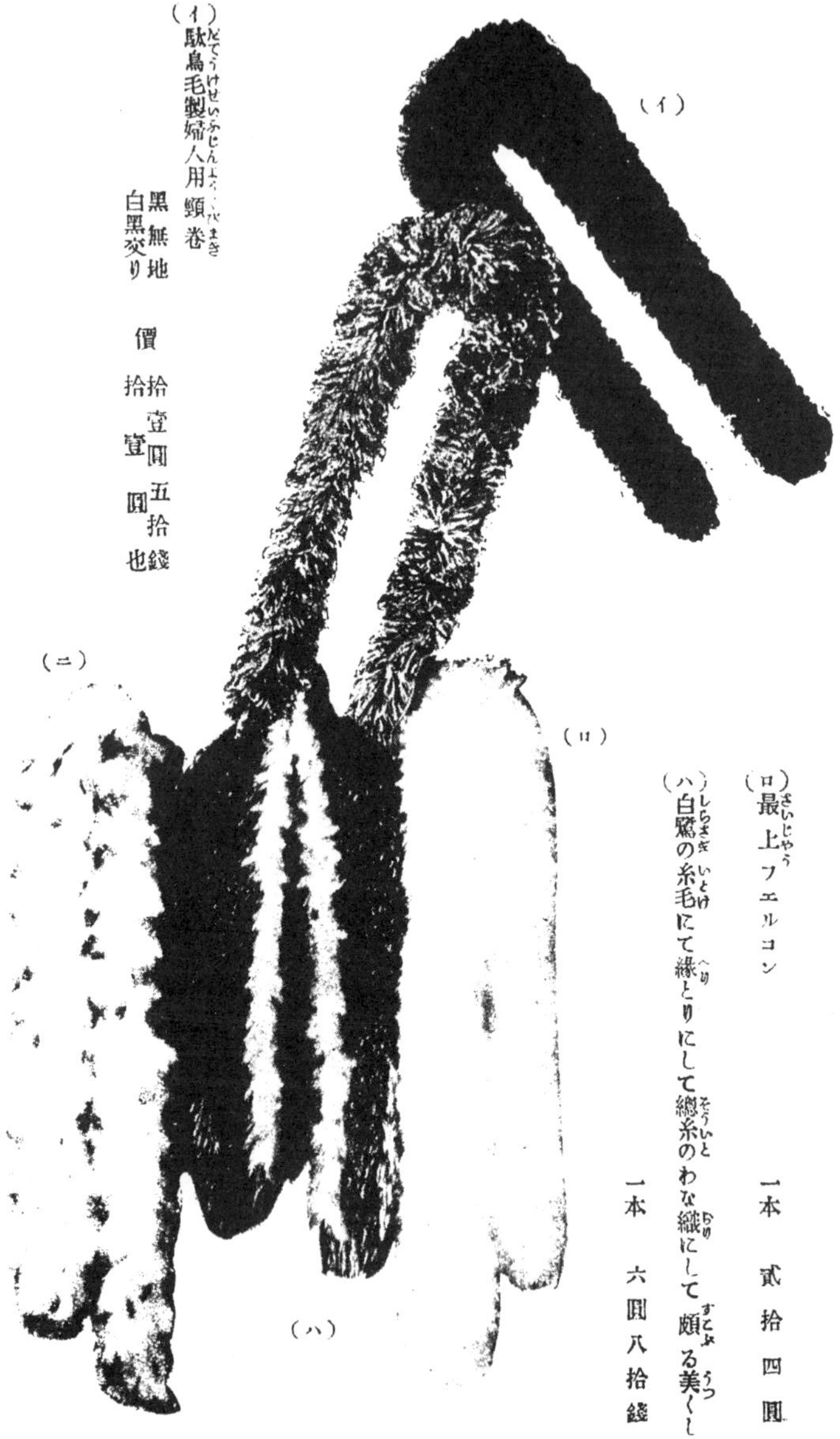

（ニ）最上マンダリン　一本　拾圓五拾錢

イ 御召縮緬　拾六圓
高尚なる茶鼠地に、海老色と白茶縒りからみの中縞

ロ 御召縮緬　一疋　三拾壹圓
濃葡萄地に飛び〳〵の横子持縞にかぶせて金雀茶と白の大山路がすり

ハ 御召縮緬　一反　拾四圓八拾錢
葡萄鼠地に、白、紅殼色、淡オリーブを取り合せたる鶴の羽がすり

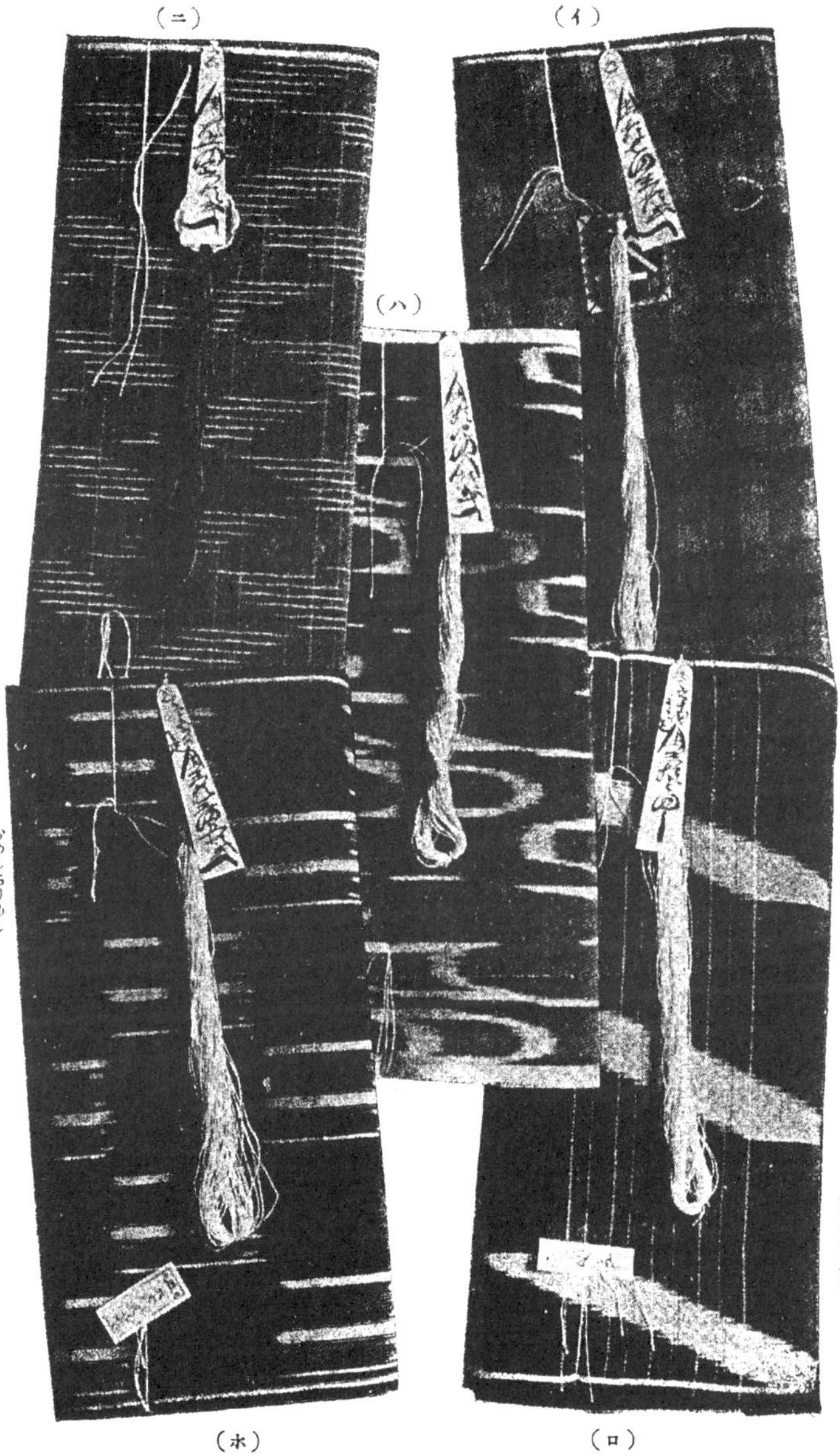

ニ 御召縮緬　拾五圓六拾錢
裏葉鼠地に鼠と淡鶯茶と淡葡萄の細き横縞を、おちつきたる調子に織出したるに、雨がすりを取合せたる面白し

ホ 御召縮緬　一疋　三拾三圓五拾錢
栗梅地に白、赤、鶯茶、鬱金等の色糸にて、亂立、牛蒡縞等を取り合せたる縞をかすりにして市松に織りたる新柄

（イ）

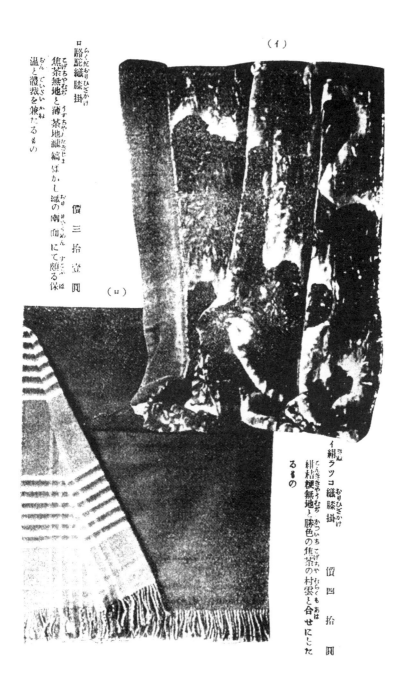

イ 絹ラッコ織膝掛　　價四拾圓

紺桔梗無地と勝色の焦茶の村雲と合せにしたるもの

（ロ）

ロ 駱駝織膝掛　　價三拾壹圓

焦茶無地と薄茶地朧縞ぼかし織の兩面にて頗る保温と體裁を兼たるもの

(い)繻珍金通し丸帶　八拾六圓五拾錢

茶地に金匹田の籬と淡萠葱匹田入り金の菊花、其他焦茶、白、金茶等にて綺を顯はしたる高尚の柄

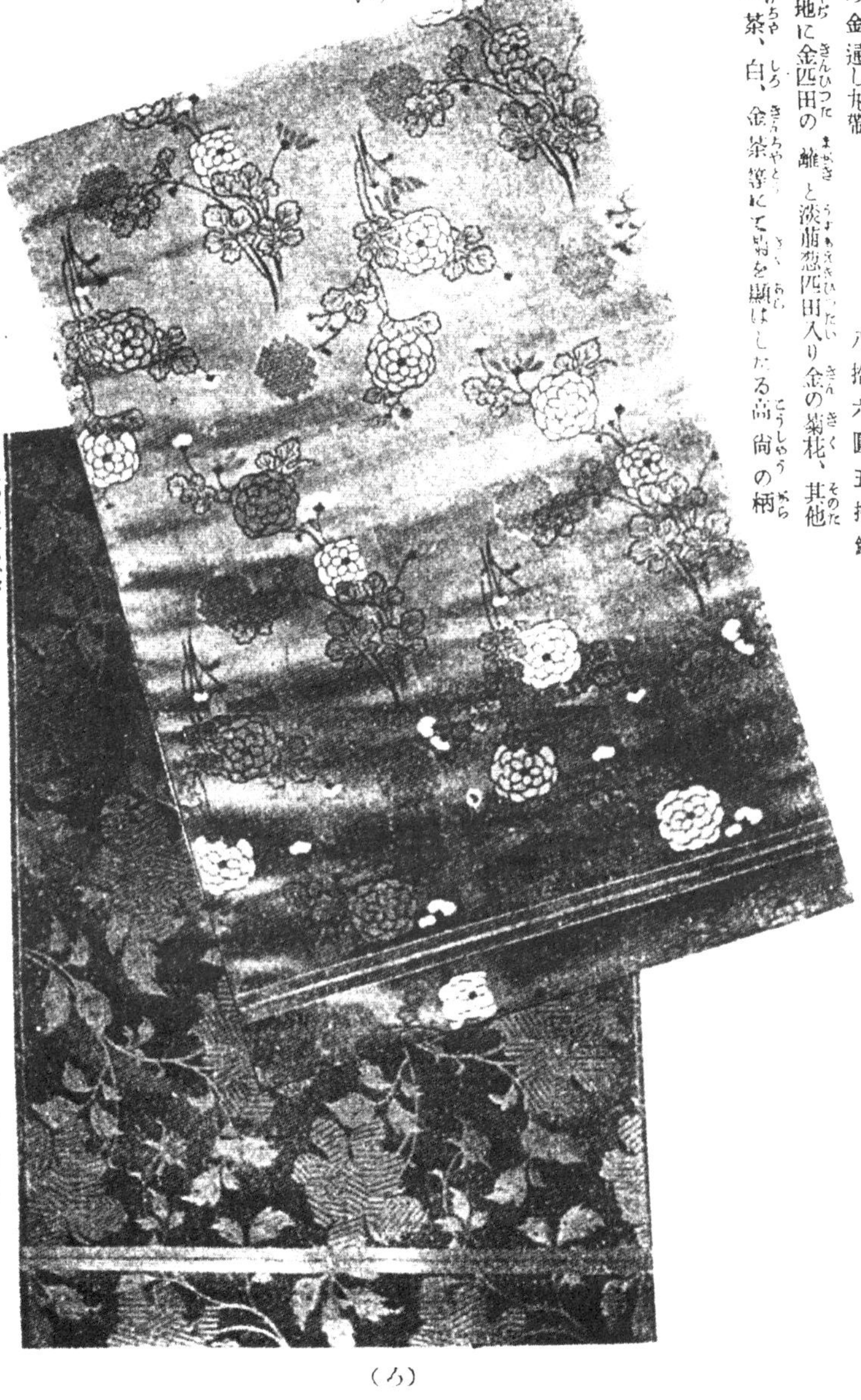

(い)

(ろ)

ろ繻珍丸帶　三拾九圓五拾錢

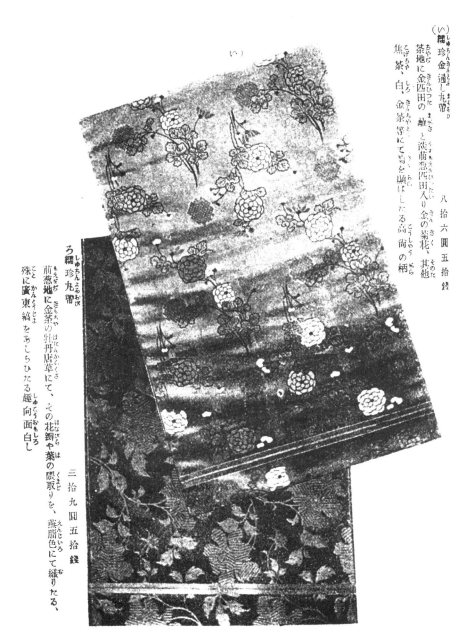

萠葱地に金茶の牡丹唐草にて、その花瓣や葉の隈取りを、臙脂色にて織りたる、殊に廣東縞をあしらひたる趣向面白し

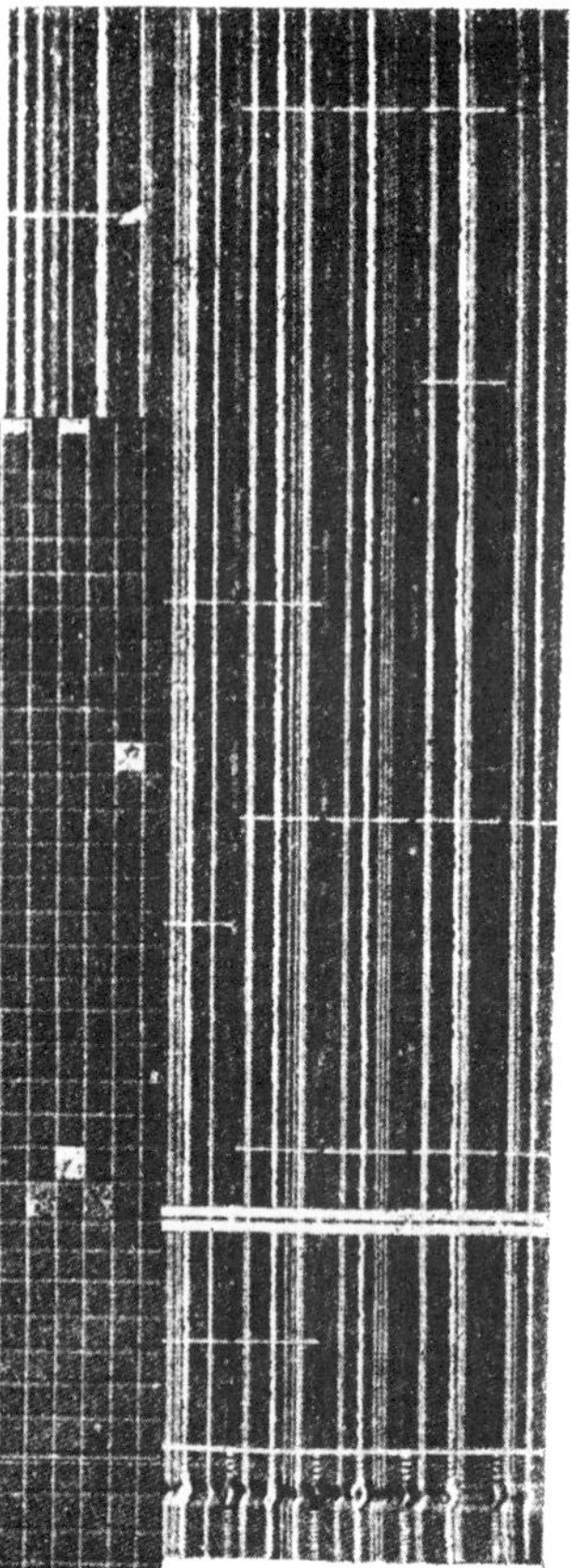

（一）

一 博多片側帯　七圓貳拾錢

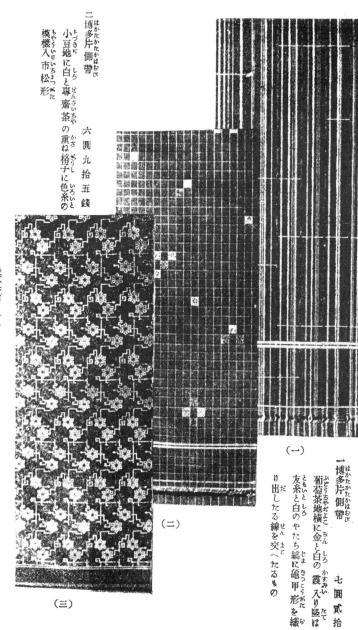

葡萄茶地横に金と白の霞入り竪は友糸と白のやたら縞に龜甲形を織り出したる線を交へたるもの

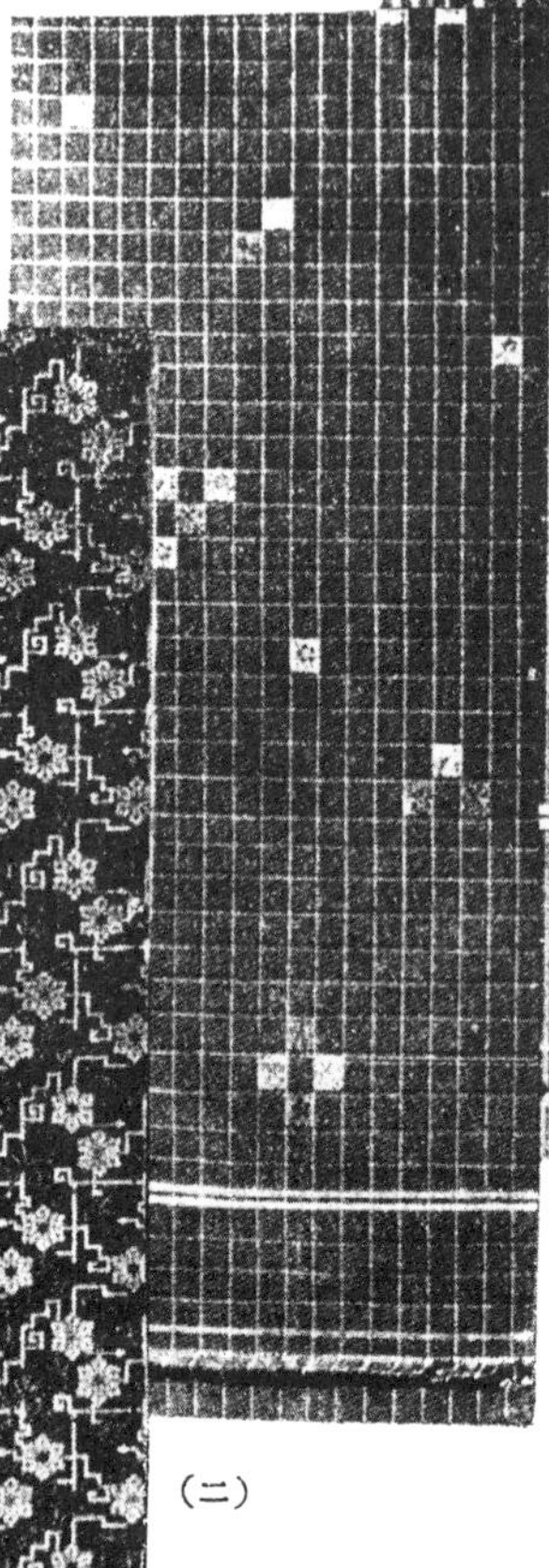

（二）

二 博多片側帯　六圓九拾五錢

小豆地に白と專齋茶の重ね格子に色糸の模樣入市松形

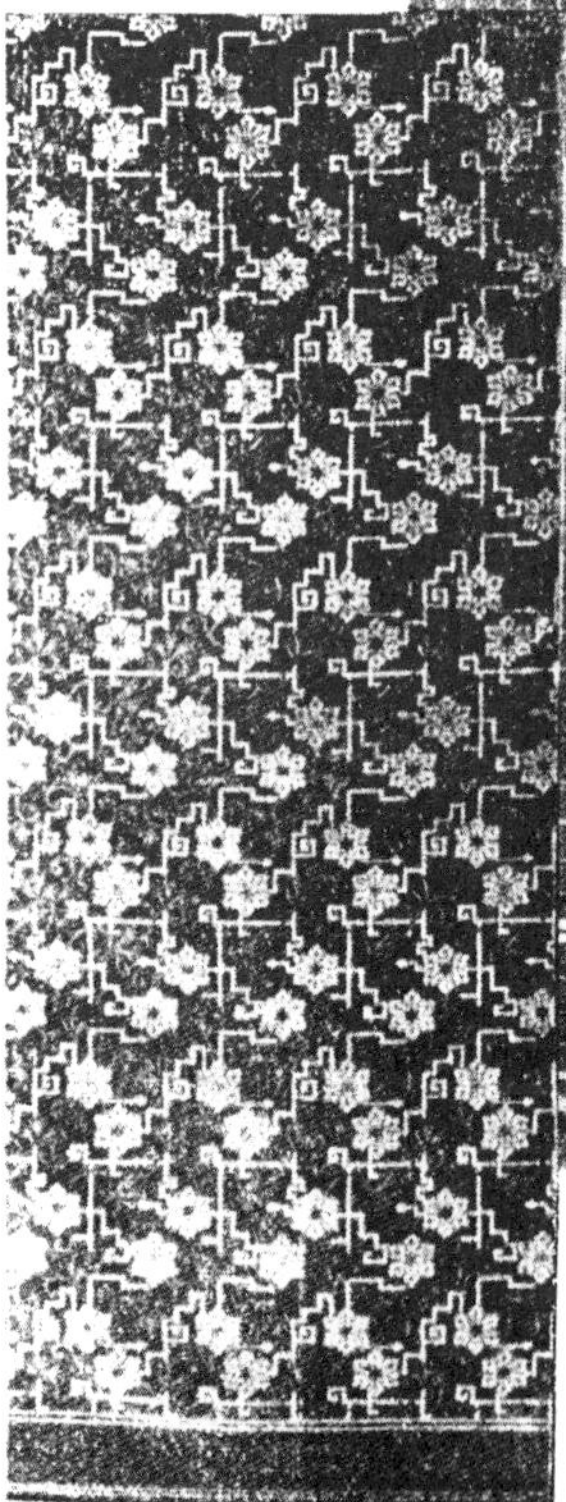

（三）

三 厚板織九寸　八圓五拾錢

淡き挽茶色地に藍鼠の蔓葉に銀鼠の鐵線唐草と雷文くずし

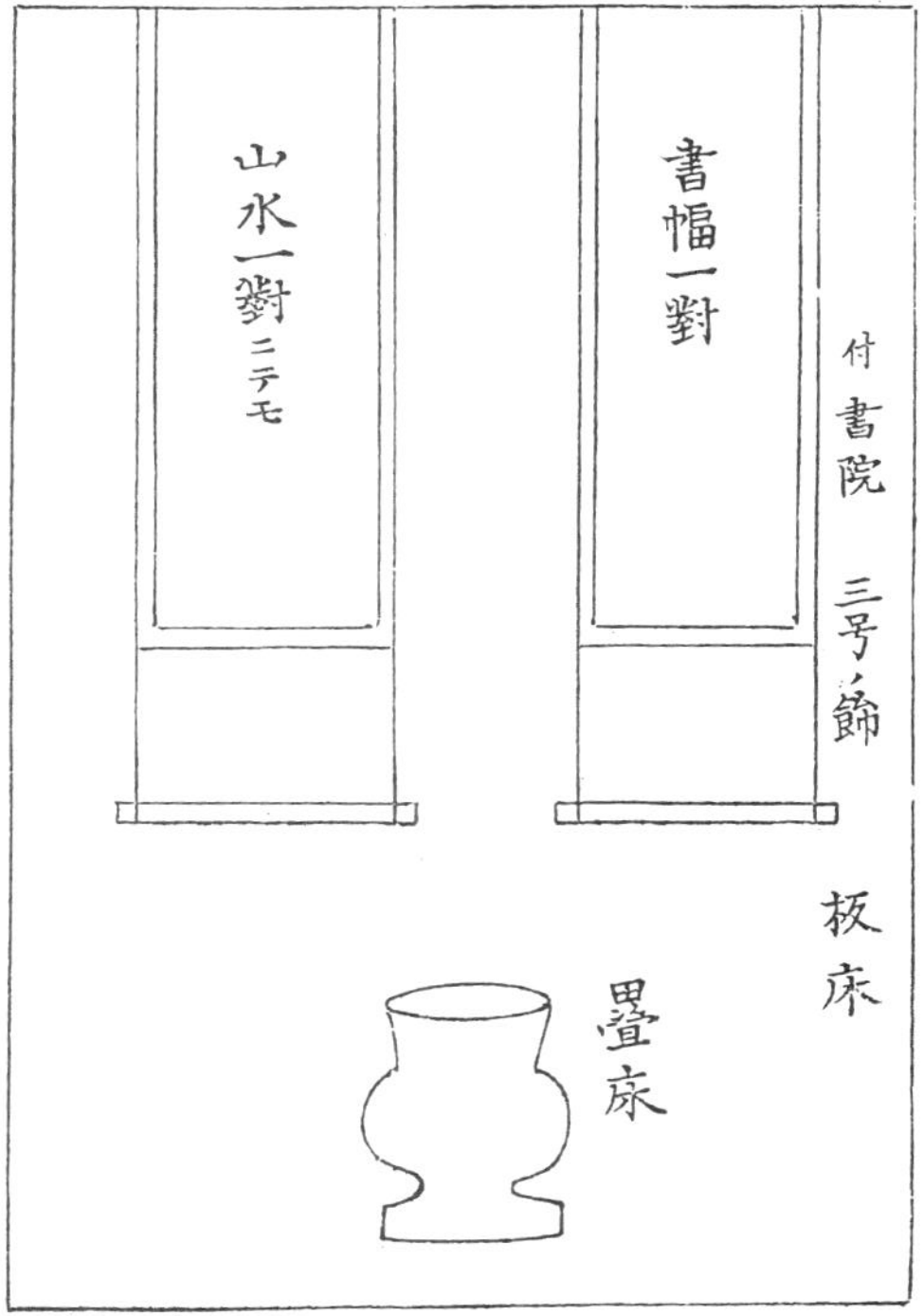
付書院三号ノ飾
書幅一對
山水一對ニテモ
板床
疊床

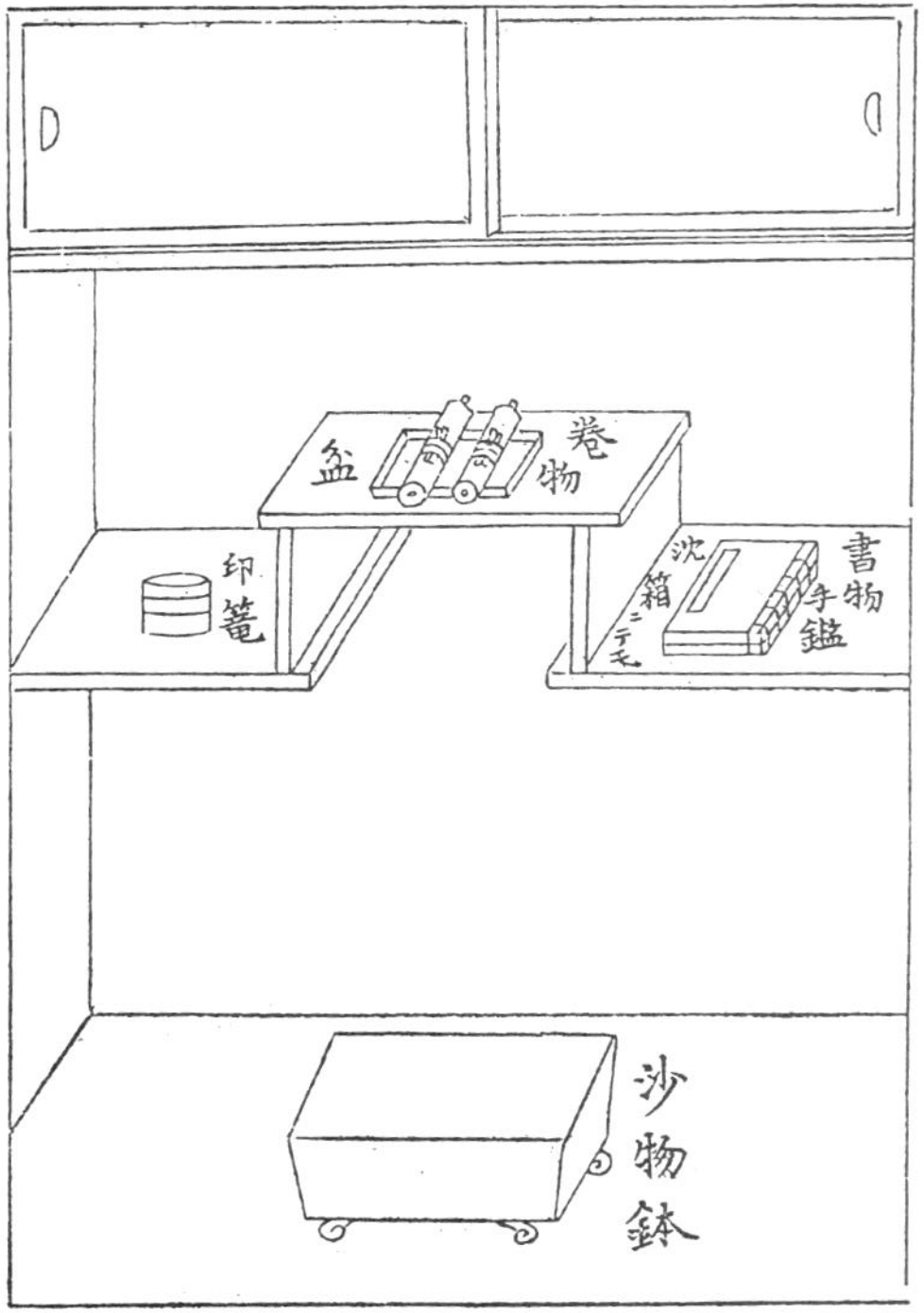
巻物
盆
印籠
書物手鑑
沈箱ニテモ
沙物鉢

笑門　丈八

伊豆　千別作

初代談洲樓焉馬評

竹光

今はむかし、神田邊を、折助が酒に醉つて千鳥足で行くを、子供がはやして。

「エヽなま醉ひヤイ、箆捧め」と笑ふを聞いて、

「何だ、生醉だ、己、いつ酒を飲ませた、己れが好で己れが呑むに、推參な奴だ」といふ、

「推參もすさまじい、折介ヤイ、のろまヤイ」と囃す。

「何ぬかす、眞二ツにするぞ」と、脇差に反りをうつと、

「ハアイ、うぬがどうして切ることが出來るものか、拔いて見ろ〳〵」と云ふゆへ

堪へかねてヒラリとぬけば竹光。

「ソレ見やがれ、それで切れるものかワアイワアイ」と笑へば、

「何、己等、刺を立てゝやるぞ」

○○（折介）昔、諸屋敷の僕を呼んて、折介といふ、當時武家の僕の代名詞。
○○（竹光）刀身に竹箆を入れたるものを竹光と言ふ、吉光、貞光等刀鍛冶の名に擬したる當時の洒落。
○○（推参）當時失敬なり、不禮なり等云ふ場合に推参の文字を誤用す。

玉手筥

玄武亭　龜樂作

或る所の息子、井戸を覗き、ツイ中へ落ちたる所、そことも知らぬ大海に、まん〳〵と分け行けば、金銀珠玉をつくしたる樓門に、海月の門番出て何者ぞと云ふ、我は日本のものなり、此所はいづくぞと問へば、龍宮城なり、怪しきやつと、龍王の御前へ引きすへ、大魚あつまり詮議の所、乙姫ちらと見たまひ、鰒の局を召され、どうぞあのものを自からが殿御にしたひとの願ひ、龍王にも、古しへ浦島が例しもあれば、早速聟になされける。扨被の息子、龍宮は日本ほど面白くなければ歸りたく思ひ、姫を嗾のかし、欠落の相談をすれば、そんなら妾は跡から、おまへは先へ、此玉手筥を持つてと、或る夜一人忍び出て、無性に泳ぎて海邊につきしが昏さはくらし、いづくともなく蹴躓づきて、玉手筥をほうり出し、蓋のあいたまゝ取り集めて居る所へ、鯱ほこどもはじめ鰐鮫そ

の外追かけ來り、此處に居ると襟がみつかんで引立て、ヤ此奴ではない、コレ、今此所へ若い男は來なんだか

お留主　　丈八作

不義理な借金を持つ身は、親の敵とねらはるゝ身もおなじこと、迂濶とは世間へ顔出しもできない。

或る時路次の向ふから、金貸しの慾兵衛、ガタクリガタクリと溝板の上をやつて來たのを見つけたから、慌てゝ空明きの戸棚へ潜りこみ、小さい娘に

「お爺さんはお留守だと云ひナ」

と言ひ付けて、ピタリと戸をしめる、途端

に慾兵衛、格子戸ガラリ、娘を見て、

「お爺さんは？」

娘ピタリと戸棚の前へ坐つて

「ハイお留守です」と、仕たり顔に戸棚の方を振り向ひて、

「アー、お爺さんはお留守だネー」

化粧法

水藻

化粧學の本家本元たる自稱大先生、聊か腦病てふ大敵に惱まされ、記者先生並びに愛顧諸孃に背いて、烟霞療法と洒落こんで、遠く雲がくれした所を、記者先生の千里眼に見出されて、否ともいへず、辛くも筆とりて責を塞ぐ。

▲美貌と食物

前に述べた如く、單に顏面のみの化粧に心を奪はれて、身體の營養や、食物上の注意を怠り勝ちにすれば眞の美人となることは出來ません、美身法に御氣をつけらるゝ諸孃の參考までに美貌と食物の關係を御話致します、さて何樣な食物は美顏法に害があるかといふと、第一刺戟性の飲食物、殊に酒と名のつくものは、一切嚴禁せねばならぬ、次に茶と珈琲、これも先刻御承知の通り、妙齡の婦人方は飲まぬが可しい、それから蕃椒や、酢のものを喰べてはなりませぬ、其の他、消化の惡いもの、麵類や貝類などが、勿論可ません、併し食物は營養の原素であるから、成る可く滋養分に富んで、消化し易い、淡白な食餌が宜しいので、殊に牛乳などは、至極結構であります菓物と野菜は少々喰べ過ぎても、寧ろ美貌に益あつて、害なきものであります、菓物と美顏法との實驗談は本誌十四號參看

▲化粧法に「レモン」の應用

顔に小さなつぶ〳〵のできる人は、一週二三度づゝも「レモン」の汁を塗れば、奇麗に治るのみならず、色を白く艶美にするものであります、平素餘り外出せぬ婦人には、兎角血液の循環わろく、額、鼻、口唇等に垢がしみて、見惡くなるものであるが、これは石鹼などでは、なか〳〵落ちるものでない、されど、此の汁で洗へば、奇麗に褪れること、奇妙不思議であります、西印度あたりでは「レモン」湯と云つて、五六個の「レモン」を二ッ切にし、風呂の中に入れ置いて、入浴三十分前に取り出して、其湯で身躰を洗ふと、皮膚を清淨にし、强壯劑の効があるさうであります、また、食後コップ一杯に、一匕の「レモン」を入れて、口中をそゝげば、葱、煙草等の臭氣をとり去り、清涼防腐の効があります。

▲美貌と睡眠

美貌と睡眠の關係と申しても、朝寢坊の人が皆な美人になるか如何かは知りませぬが實驗上、寢不足な時の顏色は、靑ざめた、恰も土色を呈して少しも艶がありません、抑も私共が眠るために、貴重な全生涯の三分一を、無意識に費さねばならぬといふことについては、休息を要するためであると云ふ説明が、不充分であります、睡眠中でも心は尙ほ醒めて、休まずに居るのであるが、併しこの睡眠によりて、日中の苦痛を忘れて、心を爽快にするために、自然と永き間、熟睡をする人が美人となる譯であります、此の理を化粧法に應用して、夜の睡りに就く時も笑顏を作つて眠るやうにすれば、自然にそれが習慣となつて、何樣な惡夢を見ても、それがために眉を顰めるやうなことも無くなるのであります、平素、笑顔を忘れないと云ふことは、化粧法の金言であります。（未完）

元祿頃の有名な軍學者山鹿甚五左衛門が日本中に海の無い國を歌にて覺へさするとて

海なきは大和山城伊賀河内つくしに
筑後丹波みまさか
近江路や美濃ひだの國甲斐信濃上野
下野これぞ海なし

素人醫者

世界に歴史といふものゝ出來た以來、未だ曾て有らざる所の、大々勝利を以て戰局を納めた、名譽ある軍人は、既に海軍から始めて、今尚ほ滿韓の野に充滿する所の、陸軍將士も亦、名譽の月桂冠を載だいて、續々凱旋せらるゝのである。

茲に最とも寒心すべきは、戰後に於て、種々の流行病を發生して、戰沒の夫れより猶ほ悲慘なる光景を現ずること、古來史上の證明する所である。

然れど、急性傳染病は、全たく一時的のも

のであるから、之に對する撿疫豫防の法が有るけれども、慢性傳染病ことに黴毒の如きに至つては、隱微の間に蔓延するもので其の迅速なること駟馬も追ふ能はざるものである、而して、壯年血氣の勇士が、一年有半の間、彈丸劍戟の下に馳驅して、百戰百捷の結果、今や無上の譽れを荷ふて、我が故國に還る、其の勃々たる餘勇は奈何なる方面に爆發すべきや、……。蓋し我が誌上に此の衞生設備を爲すも、無用の事ではないと思ふ。

抑黴毒の起原は、往古「シヒリース」といふ羊飼が、天罰を被ふりて發病したるに始まれりとて、黴毒の原名を「シヒリース」と云つたのである、けれども、却て今唱ふる所の「ヘネリー」即はち花柳病と稱くるを常れりとするのである。

原來此の病は、不潔の交接に原因するもので、其の多くは、賣春者から來るといふことは、諸君の知らるゝ所である。

此の病ひの初めは、陰部に潰瘍といつて、あたまのつぶれたできものが發しる、原名を「シャンクル」下疳（大蠏瘡）と云つて、蠏の鋏で肉を切り取つたやうに、緣が隆く中央が凹くなつて居る、爾して、此の潰瘍に二種ある、指で壓して軟らかいのを、軟性下疳と云つて、治りも速かだが、硬いほうの硬性下疳は、黴毒初期、即はち第一期黴毒として、最も恐るべき、放蕩の天罰病である。是が遊冶郎一人に止まるものなら兎にかく、罪もない家族や他人にまで傳染し、一家、一村、一郡、一國に蔓延して、遂に其の國本たる元氣の消長にも關し、子々孫々にも傳へて、瀰蔓し行く有様は、火の原野を侵すやう、實に國家の勁敵である。

此の下疳が、水脈線を侵すときは、横痃となつて、全身に浸潤つて筋肉にも及ぶ、これが第二期黴毒で、此の期に於ては、全身に黴毒性の疹を發して、元氣は消沈し、毛髮は脫落するなど、病勢更に進んで骨膜を侵して遂に骨までに及ぶ、俗骨がらみと云ふ第三期黴毒となつて、所々に噴火孔を現はして、其醜狀見るに忍びない、人々に汚辱視されるのも、不品行の天罰として、當人は忍ぶべきも、其の傳染、遺傳を受けたもの丶不運は那樣で有らうか、其極、姙婦の屢々流產し、幸ひに期日に至つて誕生するも、直ちに此の病魔の襲ふ所となつて、其の子は夭折し、或は若し生長するも、耳目其他緊要の機關を侵され、終身癈疾となつて、親族兄弟の厄介物となつて一生を終るなど、人類最終の目的たる、子孫相續の計も、之が爲めに遂ぐることが成ないやうになる場合が甚はだ尠なからぬのである。實に恐るべき害毒ではないか、

故に結核、癩病、酒酗と共に、國民病として、豫防の出來得る限り盡さなければならぬ、殊に黴毒の源泉は、單純なもので、治療の法も稍完備して居るのであるから、他の傳染病よりは、大に救治策の講じ易いもので有らうと思はれる。

（以下次號）

文苑

俳句

雨六選

菊日和下谷上野や日本晴れ　木賓
空蟬のしがみつきたる落葉哉　靜耕
白菊に日かゝりぬ三日の月　喜代多
きのこ狩凱旋の人を誘ひけり　柿奴
雁なくや番所々々の灯のともり　淸風
秋立や大利根下すセミの音　蔦風

騷亂後の都下

野分止んで月懸りけり松の上　祝笑

温泉の町や朝寒の湯氣立のぼる　子城
火の番の小屋を出でたる夜寒哉　自然
後の月待としもなき端居かな　同
鷄頭や朝日つめたき膳の上　龜の家
夕日さす牛の牧場や赤蜻蛉　同
舟に酒溫むる夜や雁の聲　一路
卓の上に黃菊白菊眺めけり　同

講和成立をきゝ

月今宵滿州の雲晴れにけり　在鐵嶺 六花
古鄉の郵便來たり今朝の秋　同
雲を吐く石多き山の紅葉哉　連枝菴
交番の燒かれし跡や散る柳　同
豐さや蘆のまろ家の今年米　江月
新米や門につなぎし小荷駄馬　同

英國艦隊歡迎の日

秋の日や同盟の旗ひるがへる　光月
今年酒酌合ふて客と踊りけり　同

歡迎の花火日比谷に揚りけり　涼月
柿むいて老の汲み居る新酒哉　同
稲妻のきえ行く方や松林　同
蛇穴に入りて湖北は曇りけり　春巷
行秋の町みをろしぬ天主閣　同
我戀の菊も十日となりにけり　同
お會式の小枝の柿を土産哉　露月
船歌のとぎれ〳〵や芦の花　同
追分の右とひだりや蕎麥の花　同
柿一と木ありて嬉しき小庭哉　涙孤
一座皆な新酒に醉ふて別れけり　同
栗おちし二百十日の夕べ哉　同
水盤の瀬田や月さす椽の先　芳花
式おへてしきりに揚る花火哉　同
壁に題す老師の歌や竹の春　同
大佛のあたまの上や渡り鳥　同
田のくろに枝豆赤き殘暑哉　花峯

秋の日を乗合馬車に搖れけり　同
鳥威し古き洋服着たりけり　同

氷川神社に詣ず

蟬なくや關東一の宮柱　同

○

枝豆に月の發句を盡しけり　雨六

風俗詩　久良岐社同人

○天長節

白馬に召されて龍は天降り　久良岐

雜

白百合の香は逆上ると捨てさせる　卯木
面あてに思はぬ方へ嫁つぎけり　春雨
神樣のお目には何んと映つるやら　久良岐
後々の爲めだと親の無理な事　同
通學の今日は一歩遲かりき　同

ピアノ買つて此歌彈かん願ひなり　同

雲の袖さつと光かつて天津神　岐陽女

山おろし雲ひつちぎり〳〵　同

子へ土産殘念そうにもう寐たか　つる女

古證文今日禍の三年目　同

新詩人菫の上で死にたがり　同

岩屋景清

御病氣とあつて景清外へ出す　政女

勸逸帳

六法になつて重荷に小附なり　同

父う様のお靴を穿いてぽッく〳〵　久良岐

寄書

惡魔　六花生

北向きの薄暗い四疊半の一室に、比較的立派なのは丸眞臺付きの空氣洋燈、これが頑丈な錠前を打つた抽斗つきの机の上に、晝もボンヤリと置いてある、机の上には、袖珍辭書と外に二三册、二個のインキ壺にペンと楊枝と櫛やライオン齒磨が混亂して居る、傍はらには脫ぎ捨ての袴や羽織が、散らばつて、その中に、獨り整然として居るのは、洗濯屋から持つて來た、襯衣と寐間着の單衣が四角にたゝんでテツプで結へて有る夫ればかり。

寐て居るのか死んで居るのか、當人にも解らない、投り出したやうな寐姿で、枕もせずに仆れて居る、頭の上の三尺一本の襖を戞乎と明けて、ヌッと這入つて來た人音に、瓦破と起きて、いきなり机の上の何物かを懐へ捻ぢ込んだ。

『オイ山田、何を惘然して居る』と云ひながら、坐に着いたのは、此の一室の主人公山田正信が、同郷の先輩者として崇めて居る、井上文學士である。

『別に惘然しても居らん、孜々として勉強最中だ』

『嘘を言へ、トキニ貴樣が頃日の動作は、何だか變だよ、第一貴樣に不似合のことがある。心中煩悶の狀が面に表はれて居るほどだのに、僕に何等のことも聞かせない、一躰貴樣は、從來僕に對しては、毫末の秘密もなかつたのだ、是が不思議の一ツ。又此頃の成蹟は那樣だ、勉强も糞も有るものか、全で人が變つて居るやうだ、貴樣が平日の學力に於いて、彼樣不出來の有らう筈がない、松本博士も不審に思つて、事務室で噂が出たくらゐだ何かこれには原因が無ければならぬと思ふ、で今日は大いに訊問するつもりで來たのだ。

『是ア恐れ入つた、僕に於いて何等君に、秘すべきこともない、又心に少しも煩悶するやうなこともない、夫は僕が此頃の落第から推想しての……』

『不可、々々、僕に對して何等の秘密も無いと言つたな、可、夫ならば、今僕が這入つて來たときに、慌てゝ懐へ入れた物を見せ給へ。』

『…………』

『サア出したまへ、……、可、出せなければ、僕にも明かされん秘密が有るのだ

『貴樣、根生が腐つたナ』

山田も行き詰つて、霎時默々て居たが、井上が灸所を押へての追窮に、終に包みきれず、懷の錠前を捻ぢ切つて、さらけ出したのは一葉の寫眞、

『ハツハ、、、、ハ、、、、、、君も古風な男だなア、何だ女の寫眞か、爾も學生姿の下げ髮で書見の躰、頃日の毎日新聞を見たか、何れ貴樣も紙上の御厄介になるのだ、幸ひ友人が編輯局に居るから、近日紹介してやらう、ハ、、、、』

『爾う短刀直入に切り込まれては、何とも分疏の餘地が爲い、』

山田がいよ〳〵沈默して了いそうなので、井上も戈鋭をゆるめた。

『ハ、、、、僕が惡かつた、實は斯うして君を追窮するのも、君の爲を思ふからだ所謂膝とも談合、僕に限つて決して秘密は泄らさないから、事實を聞かせたまへ次第によつたら相談相手にもなるからナア』

『言ふよ、言ふよ、君冷評たまふな……君其の美人を知らないか？』

『是は恐れ入つた、美人……、オット眞面目〳〵、僕には分らん、』

『ソレ、長岡子爵の妾腹の子で壽江孃といふのよ。

『ム、あれか、下向きの寫眞だから、一寸解らなかつた、何でも頗る無邪氣な、快活な女じやないか』

『爾うさ、』

『豪いものに關係をつけたな』

『串戯言ひ玉ふな、僕不潔な關係なんぞ有りはせんよ』

『其樣に怫にならんでも可いよ、其處で、彼の美人と何樣した？』

『實はね、君、聽き玉へ、先々月の事よ、橋端の近藤の家で小宴會があつたのだ、其の時に一件と外に二三人來合せて居て都合男女七八人で有つた、庭の見晴しのほうへぶら〳〵出かけると、例の一件も跡から來て、松の根がたの支那椅子に恁つて、無益ない話しをして居たんだ、君も知つてるとふり、僕は餘まり大勢でがや〳〵する事を好まんから、今日のやうに靜かな日に、閑靜な所で氣の合つた人と遊んだら愉快だらうと呟いた。』

『おつうやつたな。』

『マア聽き玉へ、其の時一件が、今夜は舊曆の十六夜だから、月もよからうし、向島の沼田男爵の別邸は、留守番ばかりで妾も内のやうにして居るから、後に遊びに行かないかと誘引はれた、そのうち諸人が呼ぶやうだから、僕は座敷へ來て騷いで居たが、彼の一件は夫れから直に見えなくなつた。實は僕も、先刻の約束が有るから、心待ちにして居たが、到頭出て來ない、極りの惡いのを我慢して、聞いて見たら、先刻御用が出來て御歸りになつたといふのよ。

『味く擔がれたナ。』

『勿論僕も爾う思つて、夫なりさ、所で此家へ歸るのも遠いし、近藤君も泊つて行けといふから、其の心算で泊らうと思ふ所へ、電話がかゝつたので、通話して見ると、相手が分らずに、先方で頻りに山田さんに違ひないかと念を押すだらう、僕に差いないと度々斷はつた上句に、一件が沼田男爵の別邸から掛けたので、直ぐ來いと云ふのが解つた、近藤へは極りが惡いが、取り繕ろつて暇乞ひをして、出た所が渡し舟はなし、俥を奢つて長い橋を渡つて往たら、取次が未だ御出になりませんと云ふのさ』

『今度こそ擔がれたか、念入りに……』

『マア聽き玉へ、僕初めて往た家で、爾も尋ねる人が女ときて、其處で其の人が居ないのだから其の極りの惡いと此の上も無かつた。』

『好い器量だナ、夫れから凄々歸つて後が惘然か?』

『イヘサ、實は極りも惡し、何だか要領を得ないから、門口に逡巡して居ると、一件がやつて來た、夫から留守番が洋燈を點ける、二階へ通す、併し其の二階から大川をながめた景色は何とも言はれない趣味が有つた。』

『フヽン、感心にその中で、月景色の趣味がわかつたのは、綽々として餘裕ありかナ』

『君は直に交ぜつ返すから厭だ、マア聽き玉へ、其處で廣い二階に對座となつて見ると、奈何に無邪氣な快活な一件でも、何の談話も出無からう、僕も極りが惡いから晝のことでも繰り返して居るうちに夜は更る、其樣此樣しても居られないから、僕は歸ることゝした。』

『何だつまらん、夫から君が書姿を机上に置いて、角帽清玄か』

『未だその後が有る、彼れ一件は其晩沼田へ泊つたらしい、現に僕か歸るとき、下では僕も泊ると思つて居た。』

夫から二三日たつと一通の郵書が來た、爾も不見不識の男名前で……、開けて見ると中は小野鵞堂流の假字交りで、言文一致躰に、種々話したいこともあるから往ても可いかといふ照會文サ、君、此所へ來られちや大變だから、折り返して返事を出して、近藤君の所へ來て呉れ玉へといつてやつた、果して來たけれど、別に何の用事も無い、前日の通りで別れて、爾來レターの交換はして居るが、一件には逢はん……。』

『君は其處で奈何なる觀察を下した？。』

『解らん、爾し君笑ひ玉ふな、僕は眞正の愛の交換だと思ふが、……、茲は益友たる君の判定を乞ふのだ』

『可し、君は長岡壽江嬢の今日の境遇を知つて居るか？』

『知らない』

『蓋しそうだらう。僕は熟く知て居る、彼れ壽江嬢の母親なるものは、前の長岡子爵の歿後、躰よく實家へ戻されたのだが故あつて今では長岡家の息もかゝつて居ない、且實家へ歸つてから、多少有るに任せて、隨分聞き苦しい不品行も有つたさうだ、だから今では壽江嬢も、肩の入れ人もない爲躰で、彼れの母は、躰よく價を待つて賣らんかなといふ氣味が有るのだ、可しか、其處で壽江嬢は血統の縁も有るしかた〴〵で、多少同情を寄せて居るものも有るやうだが、悲しいことには他の刺戟の爲めに、令嬢たる資格は全たく失なつて居るのだ

『君夫りやァ酷評だらう。』

『ハヽヽ、君からは然うだらう。併し考

がへて見玉へ、苟くも令孃たるものが、青年男子を誘引して、夜中或る家に會合するとは如何、沼田男爵別邸の留守番は僕も知つて居る、元山谷堀の船宿の老婆然り而して、神聖にして冒すべからざる家庭の令孃が、青年者と奈何なる約束があるとも、彼れ留守番婆アが、夜中只二人對坐させて置く法が無い、況んや泊ると思つたらしい抔に至つては、沙汰の限りだ、君も此れ位の判斷は出來さうなものだが、其の塲に臨んで眩惑するとは、實に君も戀愛の奴隷だナ』

『併し君、君壽江孃に於ては、其樣な下劣な思想は……』

『止し玉へ、再び言ふを止めよだ。實に彼れの美貌と、其の無邪氣に見える動作は君に對する惡魔だツ』

『エ、壽江孃が惡魔……』

正信は寫眞を膝の上へ、無言で熟視て居た』

半ズボン用毛メリ長靴下
代貳圓七拾錢

毛メリ厚手靴下
代壹圓拾錢

育兒法

叢軒

牛乳のつゞき

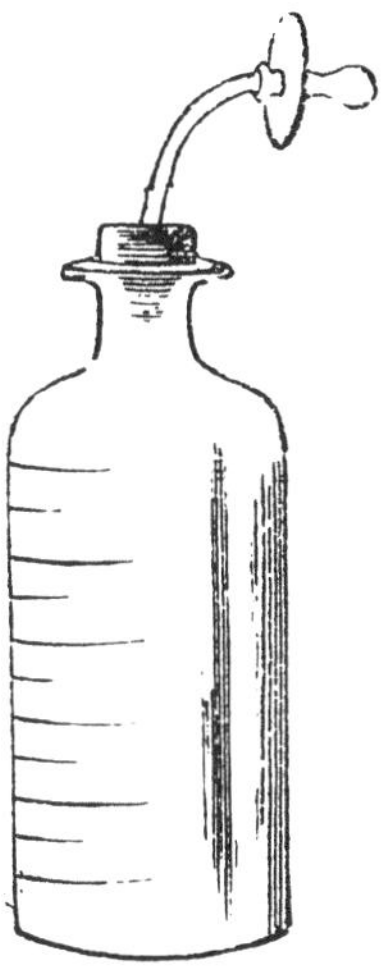

授乳壜は左の圖に示す通りの硝子製で、且護謨管の短かいのを擇ぶのが肝要である。管が長ければ隨つて掃除が行屆かず、破れ易い、其外此の護謨管が長いと、小兒を臥かして置いて、其傍へ授乳壜を置いて、小兒に護謨の乳房を含ませたまゝ用事を爲て居るなどの不注意が起る。一躰小兒に預け放しにして、乳が無くなつたも知らずに、小兒が吸つて居るのは實に危險な話である是れ管が長いから起る弊害で有るから、之に因て管は短いに限るので有る。又乳頭の穴が大きに過ぐれば出過ぎて咽せかへる、小に過れば力を要するの害が有る、で、適度のものを擇ぶことを忘れてはならぬ(注意)護謨が柔かくなつたのは腐敗した兆であるから、直に取り換ることを懈つてはならぬ。諄く言ふやうで有るが一回哺ませたら殘りの乳を捨る事、授乳壜及び護謨管を洗滌することは、人爲養育法に缺くべからざる緊要の事件である。此の清潔法は小兒の腸胃

病を豫防する上に於て最良の方法である、能く考へても見給へ、大人乃ち我々が一度食事をした膳碗を洗はずに、再び出されて椀に味噌汁の滓や、茶碗に飯粒が附着して居たらば、如何の感を起すで有らうか、決して其儘に用ゆるのは免すまい、先刻使つたばかりで別に汚れゝせぬから可いとは云ふて居るまい、物を言はぬからと言つても餘り小兒を蔑にして貰いたくないと思ふ。

偖是からは小兒の命を司どる牛乳について往々惡牛乳屋が不正の事をする、其奸策を訐いてお知せするのも、決して無用の業では無いと思ふて逐一其内容を列記すれば。

(1)牛乳に水を混合する

(2)牛乳の乳脂を取る

(3)乳脂を取り之に水を混合する
例之ば牛乳の比重を一〇二九とし、之から四分の三号を取つて、二号四分の三の水を加へると元の一〇二九の比重となるから、四分の三号の乳脂を利した殻に水の分量を増して濾着かすの類。

(4)夕乳の乳脂を取つた稀薄汁を乳に混ぜて量を多くすることが最も多い。

(5)牛乳から乳脂を取つて之に護謨漿、白繪の具、米泔汁、砂糖水を混合すること。

(6)陳い乳を新らしい乳に化す法は、乳が酸敗して乳酸の出來る塲合に、硼砂を加へて凝固るのを防ぐときは、透して見ても良乳に見えて味も亦美である。

(7)乳脂を取る爲め一旦沸騰した乳は再び沸騰するも乳脂が出來ないので解る。
牛乳の味が他に優ると自慢する乳には、煉乳を溶き和ぜて欺むくのが多いから、旨味い乳には油斷がならぬ

煉乳百分比例（日本製六種）

商標	脂肪	乾酪質蛋白	乳糖	蔗糖	灰分	水分
岩瀬牛印	一三、〇六三	一一、二〇〇	一四、七四八	二七、五五六	二、二七七	三一、一五七
鷹印	一〇、五〇〇	九、六〇三	一一、八四〇	四一、〇七七	二、一〇〇	二四、八八二
龜印	九、七六八	八、三一三	八、七三六	四二、四二四	一、七八〇	二八、九七〇
日本一桃太郎	九、三九二	八、三五七	一〇、三七六	四一、四三七	一、七八〇	二八、九七〇
大日本軍人印	七、九五〇	八、一八二	九、五五六	四六、六九四	一、六六五	二五、九五四
日の出印	八、三七五	八、三七五	九、八二八	四三、五六五	一、七〇〇	二七、七八三

買入年月：廿八年三月　同八月　同三月　同八月　同　同　同　同　廿八年四月　同八月　廿八年十一月　廿九年二月

價：二十二錢　廿三錢　廿一錢　二十錢　廿三錢　廿二錢五厘　廿二錢　廿一錢五厘　廿二錢

仝斷（外國製九種）

商標	脂肪	乾酪質蛋白	乳糖	蔗糖	灰分	水分
六旗印	一〇、一七七	一〇、八九四	一三、五〇八	三五、三九四	二、一五〇	二八、九三八
彩色婦人	一〇、〇八八	一〇、二三八	九、八二四	四一、五三三	二、〇三〇	二六、二八九
小鳥印	九、六七五	一〇、〇一九	一三、四六八	三九、六三一	一、九九〇	二五、二一七
カストル	九、三〇〇	九、六六九	一三、九四〇	三八、六三三	一、九九五	二七、七三四
花印	八、九三八	八、五一三	八、一五五	四三、九九二	一、七八〇	二八、六二四
人形印	八、九二五	九、八〇〇	一一、六九二	三八、八二六	一、九二〇	二八、八三七
麒麟印	八、八八八	八、三二三	九、三四四	四五、三六三	一、七一五	二六、三七八
鷲印	八、七三八	九、二四六	八、三〇〇	四一、二七五	一、七九五	三〇、六四八

買入年月：廿八年八月　廿九年一月　同　同　同　同　廿八年八月　廿九年二月　廿八年八月　同九月　廿八年四月　同八月　同　廿八年四月　廿九年二月

價：三十錢　卅八錢　廿六錢　廿五錢　廿四錢　廿五錢　廿三錢　廿四錢　廿二錢　廿三錢　卅六錢　卅三錢

先此の位の事で有らう、で前號にも言ふ通り、精良の乳を需むる事、一度沸騰する事貯蓄法を守る事、壜を清潔にする事、稀薄の加減を誤まらぬ事（前號に悉く説けり）の五點に注意すれば可いのである、斯くして尚ほ小兒の發育（躰量增加）せぬときは、乳母を傭ふか或は他の方法に依らなければならぬ。

〇煉乳（コンデンスミルク）の事

小兒の顏面や口の周圍に發疹があり、乳を吐き、下痢、便秘等を發すときは、煉乳が不良であるとして、他の良種のものを撰ばねばならぬ。而して往々世人は舶來の名に眩惑せられて、不良のものを求むる弊があるが、却て本邦製の優つて居ることは、玆に示す分析表で明らかである。

雜録

雨六生

自分は思ふ、俳句と云ふもの丶印象を明瞭にする方法は、別に難かしいことではない、殊に初心の人などは、客觀的……即ち一ッの畵にしやうと云ふのが一番手輕な練習法である、近來繪端書も流行つて居るのだし、マタ寫眞術の娯樂もある、勢ひ之れが爲に、位置とか、配合とか、但しは色彩の工合も研究されるので、俳句もその調子で行きたい、更に云ふと、吳服店の色々なものを見ても、どう云ふ縞柄、どう云ふ模樣が目に立つかと云ふ事を考へれば、必らず俳句は從來の樣な、嫌味は去るだらうと或る人にも云つた事がある、此の家庭のしるべに俳句を投ずる人々などは、圖案的俳句を研究してみたら、キツト面白いあそびだと自分は思ふのだ。

俳句と云ふものには、新派も舊派もないのだ、唯だ發達すべきものと、發達すべき見込みのないのと、斯う二つに岐れて居る丈けで、何方かと云へば、呉服店の品もの同樣、時世にともない、流行を逐ふものであれば　ヤハリ俳句も社會の變遷に據つて進まねばならぬのだ、但し形に於いて變つても、俳句と云ふものゝ命は少しもかはらぬのだから、其の呼吸を會得したら、日々に新たに、又た日々に新たなる材料を捉へ來つて、斯道の益々隆盛の域に向ふことを吾人共にはからねばならぬ。

所謂舊派側の人に云はせると、所謂新派側の俳句程解せぬものはない、新派の俳句と云ふものは、唯だ漢語を交へ、難かしい事を云へば、夫れで足れりとしてある云々の誤解をした上、更に新派の俳句に、サビもなければ　シオリもない、其樣もゝが何うして俳句であるものかと云つて居るが、夫れ丈け舊派の研究が足りぬのだ、舊派は俳句と云つて、自分の區域を狹ばめて居るので、一向分らずに居るが、詩と云ふものとして謠ふ以上は、名詞の相違こそあるけれど、詩にはサビもシオリも、自然に供はつて居るのである、舊派が云ふサビやシオリは、古人の製造してくれた、その言葉を用ゐねばならぬと、隨分狹隘な考へであるからおかしくてたまらぬ。

今度の日英同盟や、それに就いて日比谷公園に市の歡迎會は催ほされて、第一日には女人禁制であつたが、夫れでは折角の客人に御馳走でないのみか、興味が薄いと云ふので、翌日數十名の紅裙隊をかりあつめて、場内に入れたが、こんな催ほしは又た次いで出て來やう、紅裙隊よし、夫人令孃よし、盛んに外賓をもてなさねばならぬ、ソコデ自分が注意をしたいのは、一定の服裝の事である、ツマリ婦人はお揃ひにして欲しいのだ、但し色彩の異なるものなれば尚ほいゝ、紅裙隊のハデがあつたらば、一方の夫人は黑紋附とか、令孃は何とかと、之れも俳句に於ける調和、配合の如く、また繪畫の色彩の如くあつてよからう。

同時に日本の婦人は、モウ少し活動をして、廣い意味の研究もせねばならず、客をもてなす道を練習して欲しい、序でに俳句もやつて、精神の美の修養も肝心であらうとは、餘り自分勝手かも知れぬ。（をはり）

〇滊車栗毛　　笑　阿　彌

居士は先月久しぶりで滊車栗毛に乘つて、北越旅行と出掛けた、曩に宇賀の浦人君が滊車や電車の乘り合ひに、あらゆる方面を觀察するほど面白いことはないと云はれたが、居士も頗る同感である、故に居士の道樂は第一に指を旅行に屈めるのである。東京を發した時は、朝五時發の直通列車に乘つて、乾燥無味の野菜には目をくるゝの價値もなし、終日同行者と談話の交換に暮らして、倦めば眠る、餓ゆれば喰ふの外何の藝道なく、十八時間を過して新潟へ着いた夫から長岡、高田を經て、同所から一行に別れて、一人旅となつたのである。高田を發したのが六時二十分、前夜の雨はあがつたが、空は薄靄に閉ぢられて居る、見渡す限りの稲田は代赭色に黄ばんで、眼涯の山々は藍墨の色濃く、此の全幅の景に、田の畔の櫨や、畑中にある柿が、思ふさま紅葉して、しかも前夜の雨を浴びた色彩の美は何に譬へんやうもなかつた。

汽車は大田切、小田切を越して、關川の水は、雨に増して、岩を嚙む浪がしら白く、名高山の頂は、白雲呑吐して、山雲を吐き雲山を吐くの畫趣得も云はれなかつた、黒姫山は霧に包まれて綿帽子を冠つたやう、牟禮、豐野まで鳥居川の邊りを辿つて、長野へ停車すると、此處で二三人乗りこんだので室の半座を分けることゝなつた。

是まで沿道の田面に立つてある山案子を見て、ふと感ずつたことがある。

黒姫の麓、山田に立つて居る山案子は、其の構造がいかにも不器用で、何ん形ちやら譯が解らぬと云つて可いやうだが、同じ地續の場所でも、村近い田に在るものは、稍人の形ちに見える、これで其の人氣の如何が察せられる、鳥もまた此の不器用な山案子に驚くのが可笑しい。

居士は、黒姫山の霧がくれあたりから、夜べの疲れと睡氣ざして、夢と現の間に彷徨つて居るうち、長野で客は乗りこむ、物賣の鄙びた聲に覺されて、篠野井で客が出代はる音のがたぴしするまでは、氣もたしかであつたが、此邊から霧雨が深くなつて、窓外何の見るべきなく、遂に樂しみにした碓氷の紅葉も、妙義山も、何も彼も雲がくれとなつたので、居士もいつか薄ドロのアプト式を鳴物に使つて、二十六の隧道をはじめ、松井田の跡戻りはものかは、高崎の乗りかへまで知らぬが佛とは、我ながら阿漕の平次にも讓らない、睡りかたに驚いた此處で日鐵線に乗り換へたが、袖摺り合ふも他生の縁とやらで、篠井線から同室へ乗りこんだ、松本邊の紳士一行と、一つになつた。

外に一人此處から加はつたのは、洋裝の老人で提鞄を肩から斜に負ふて、ズック製の鞄一個を提げて來た、此の老人の爲躰は、礦山探檢といふこしらへに見えたが、頓て提鞄から取り出して讀下して居る本を横目に見ると、古詩詳解であつた、外に二三册何れも漢字の並んで居る青表紙であつたので、流石の居士も人物の判斷に困しんだ。

此の老人彼の詩書を抛つて、霎時窓外を睥睨して居たかと思ふと、倏忽にして太い嘆聲を揚げた、一座吃驚して顔を見ると、老人得意に説き出したのは、稻作の凶歉なる實例を擧げて説き去り説き來つたので行つたが、米のなき時は瓢に女郎花的の居士には薩張解らなかつた。

此米談に花が咲いて、松本紳士が説き出した、同地方の惡習慣の話しは、米櫃取引に縁の近い居士にも能く解つて、多少趣味を感じた、第一面白く聞いたのは、同地方の白米は、玄米より廉いことが有る、否廉いことが多いといふ話である、又玄米を白米にすると反つて嵩が增へるといふことで、一應聞いた丈では解らない話しだ。

所が成程といふ理窟がある、玄米を精げて嵩の增す譯は、同地の小賣商人は、例の早搗の粉を多量に使つて、一日千石通しに掛けた後で、更に小糠と早搗粉を莚の上で捏り和して、其の上へ米を入れて、二人手で捏ね交ぜるのである、で、此の糠と砂が、四斗の米に對する六升位の割合にして、約り白米の上へ糠と砂の衣を掛けるのだそうな、そうして價を安く賣る、が、其實は砂や糠を米の價で買ふのだから、非常に高い譯であるが、是を買ふ連中は、目前の廉價に惚れて、高い糠を買ふとは、情ない話であるが、若し正直な米屋が有つて、正當に白米を白米の價で賣つても、呼び聲が高い爲めに、眞價に拘はらず買人が少ないとは彌以て呆れた話してあると、彼の紳士は非常に歎息して居つた。成程此手段をやられては、玄米より白米の嵩が増す道理、又玄米より白米のほうを、多少廉く賣つても莫大な暴利が得らるゝ譯で、これを買ふ細民こそ、實に憫れな話しで有る。

などゝ云つて居るうちに汽車は上野へ着いた、

舞臺はがらりと替つて、觀艦式の準備に忙がしい、御膝元の大繁昌、凱旋門、大緑門何も觀艦式是も觀艦式と、觀艦式やくわんしきやで、狐につまゝれたやうな心持になつて、廣小路へ出かけると、電車や自轉車が遠慮なしに走つて來るので、彼方へよつたり、此方へよつたり、兩方合せて八笑人と、古い洒落を擔ぎ出すのも、都の空氣に遠ざかつた罪と、免して呉れたまへ。

生別

（下）

清濤

賴む一分の蠟燭さへ流れて、焔の燼きる最期を撥々と微かな音。今はこれ迄の名殘の顔に、思ひもよらぬ燈光が却つて障子の外から射したので、驚いて振向くと、父の造酒彌が入つて來たのである。

『阿父さん、もう卓ちやんを連れてお出でなさるの?』と雪子は泣き腫した瞼を拭き〳〵尋ねた。卓郎は面目なげに俯向いて了ふ。

『いや未だ早いわ。』と父も力なさゝうに膝を落して、『しかし卓郎、飛んだ事になつて了つた喃。』

『…………。』

『何うぞ、もう卓ちやんも心から後悔して居るんですし、それに監獄へ行つて了へば、何

樣〱、難い思ひをするか知れないんですから、何うぞ勘忍して、切めて家に居る中丈け
でも、難い思ひをさせないでやつて下さい。』

血の出るやうな苦しい胸を凝と抑へて、雪子は切れ〱の息を辛くも續けた。
『何にしに叱りなぞするものか。』と造酒彌も雪洞を下に置いて、兩手を膝に、居住ひを正
すと、老の肩が寒げに聳つて、深い〱太息が漏れた。

『叱るどころか、乃至の方が惡かつた、卓郎、勘忍して呉れ。乃公の爲めに雪迄に心配をかけて、面目もない。しかし其樣に心配して、病氣に障ると惡いわ、もう彼方へ行つて、寢んで呉れ、よ、雪、といつた處で、寢んでも居られまい、それも是も皆乃父が惡い爲めぢや、勘忍して呉れ。』

『何んで阿父さんの惡いことが……。』

『イヤ左うでない。』と造酒彌は再び溜息して、『今更お前達に對して面目もないが聽いて呉れ、實は曾根や大塚をそんな惡棍と知らんものぢやからな、家へ遊びに來る每に、活潑で親切な、能く物事の行屆いた、行末賴もしいものと感心したのぢや。で、卓郎は良いものを友人に持つて呉れた、年下ではあり、學校は同じぢやといふ、好しそれならば此後とも一層力になつて貰はうと思つてな、實は乃父から呉々も、卓郎を弟とも視てやつて下され怯れたら勵まして、怠けたら叱つてやつて下されと賴んだのぢや。善き友は人一生の寶ぢやといふのに、その寶を二人まで持つた卓郎も幸福なら、保護者の乃父も、是れで役目が一つ濟んだと、內々悅んで居たればこそよ、曾根等と一緖にするとなら、夜學へも安心して通はせた。夜更けの歸宅も別に不審とは思はんぢやつた。ところがその寶ぢや、それが存外の贋物で、美しう見えたは鑛石の、毒の光ぢやと覺つた今、ア、乃父は何んと言譯けして好いやら、卓郎勘忍して呉れ、乃父はお前に毒を抱かせたのぢや、毒を染ませて、生先きの永い、可惜嫩葉を枯らして退けたのぢや、假しんばそれが毒でないにもせよ、血氣に逸る、魔のつき易い、世間見ずの若佼に吾子を委せて、それで安心と思ふて居たは、何處までも乃父の誤ぢや。お前に縄をかけるのは巡査であらうが、その縄をかけさせるのは手もない乃父ぢや、免して呉れ、喃、卓郎、雪も勘忍して呉れるが可い。』

手を支いて謝らねばかり、はては老の涙を絞られて、姉弟は唯だ勿躰なさの、悲しいとよりは空怖ろしく、又たも涙の外はないのであつたが、姉の雪子は別けて絶え入るばかりに咳き込んで、父と弟との介抱で、やう／＼それが静まると、また潜々と泣き伏した。

『許して下さい、私、私が悪うございました。』

一聲帛を裂くかと聞えて、今し東雲の空に近く、凄怨の氣のいと切めて人に迫るを覺えたので、父も弟も驚いて、

『雪、氣を氣を確かにせんか。』

『姉さん、何うしました、姉さん。』

尋常ならぬ物の氣配に、老母も慌てて駈付けた。

『イエ、大丈夫です、何んともありやアしませんのよ。』と雪子は蒼白い頬に淋しい／＼笑を浮べて、『阿父さんのお話しを聞くと、私が一番悪かつたんです。』

『何故？』と造酒彌は雪子の背から、撫つて居た手を取離した。

『でもね、阿父さんは、曾根さんや大塚さんの良けないことを御存知なかつたんですもの、卓ちやんを委せた限りで、何時迄も御安心なすつて入らしつたのは、少とも無理はありま

せんわ、私こそ二人の心を疾くに見拔いて居りながら、阿父さんにも阿母さんにも、内密にして居たのが惡うございました。早く左うと申し上げて了ひさへすれば、阿父さんもお氣が付いて、早く卓ちやんに御注意もなすつたんでせうに。眞個に私、飛んだ事をして了ひました。』

仔細があるらしいので、老父母は耳聳てながら、言ひ合はした如く、左右より膝を進めるのであつた。

『ですから、卓ちやんには、度々注意したんですけれど……。』

『何ういふとなの？。』と母は氣遣はしげに尋ねたが、視れば窶れ切つた白臘のやうな顏にほんのりと淡紅が潮して、何にか面羞さうに躊躇つて居るので、父は惱懊しと卓郎に向つて、

『姉さんがお前に注意したとは、何ういふ事ぢや？、管はんから話して見るが可い。』

『あの別に……唯だあんな人達と交際つて居ると、何うせ碌なとはないつて、度々左ういつてゞした。』と卓郎は怖る／＼顏を擧げた。

『何ういふ仔細か、それは言はなかつたのかえ。』

『ハァっ』

『さ、早く仔細を言つてお了ひが可いよ、阿父さんも御心配なすつて居らつしやるのだから。』と母は再び問ひ寄つた。

『言ひます、もう言つて了ひます。』と雪子は鬢の亂を搔上げながら、『別に隱した譯ぢやありません、餘り馬鹿げて、お話しにならないんですもの。……あの、何時でしたか、曾根さんが、卓ちやんの許へ遊びに來た時、廊下で摺れ違ひに、何にか私の袖へ投込んだやうですから、後で撿べて見ると、忌らしい手紙なんですの。何にが書いてあるのかと思ふと、私に貴女の阿父さんから、卓君の兄になつて呉れと頼まれた。で實際卓君の兄にならうとするには、親戚の緣を結ぶ必要がある、其緣を結ぶ第一の近道は……私もう思ひ出しても腹が立ちます。すると今度は大塚さんも、同じやうな事を言ふのでせう。ハア夫れは未だ私の病氣が、斯樣に惡くならない前の事なんですの。でも私が何んとも返事をしなかつたもんですから、今度は銘々卓ちやんを頼んでは、リボンを寄越したり、ピンを寄越したり、したんですけれど、其樣褻はしい物、何んで私が受けるもんですか、其都度突返してやりますとね、お終ひには二人一緒になつて、いろ〳〵脅迫じみたとを言つては、何にも知らない卓ちやんを苛めたんださうです。修業ざかりの人が、そんな事を、眞個に驚くぢやありませんか。ですから私、どうせ良い人達ぢやないと、其時から思ひましたのよ』

『良くない奴ぢや。』と造酒彌は今更ながら眉を昂げた。

『早く左う申せば可かつたんでしたねえ……。』と左らぬも神經の鋭くなつて居る雪子は卓郎の罪も、老父母の心配も、一切自分の隱立てから起つたもの丶やうに思はれて、悲しんでも悲しみ切れぬ悲しみを泣き、怨んでも怨み盡されぬ怨みを喞つた。

『イヤ、決してお前の悪いのぢやない。』と造酒彌が觀念して眼を瞑ぢると、その傍に母はおろ／＼泣いて居る。雪子と卓郎とは、もう涙も涸れて了つたのである。果しもない四人の涙に、その曉は曇りながら、鴉の聲遠く聞えて、戸外に東雲の色が迫つたので、酒造彌は氣を換へて、

『では、もう行くか。』

老母が力なく運んだ膳に、雪子もわれと氣を勵まして居並んだ。膳には杯が置いてある。造酒彌は先づ手に把つて、

『ハヽア、首途の杯ぢや。』

若笑ひして口に當てると、俄かに咽せて膝の上に溢したので、顫ふ手先に搔き拭ひながら、

『さア、卓郎、元氣をつけて行け、先方へ行つたら、隱さずに申し立てゝ了ふのだぞ。そ、夫れが切めても學生ぢや。』

『ハイ。』と飲んだその半分は涙であらた。『ぢや阿母さん。』

『朝酒は目出度いものだといふのに、……。』と母は愚痴になりかゝると、造酒彌は制して、

『もう言ふな。……次は雪に献せ、しかし病氣に惡からうから、眞似丈けにして置くが可い。』

献された雪子は、復た咳き込んだ。

『これが留學の首途でもあるのだと。何んなにか嬉しいだらうにねえ。』

『眞個に、〳〵、何んたら悲しい……。』

『好加減にせんかの。』と叱る造酒彌も泣いて居る。

『卓ちやん、私もう、〳〵、卓ちやんの歸る時までは、……。』

杯を献して涙伏すと、卓郎も無言のまゝ、顔を隱して歔欷げるのであつた。夜來の苦痛身に重く、眠らぬ顔のやゝ青白く腫れては居るが、目鼻立の整然とした、一個有爲の可惜青年が、水入らずの杯に送られて、是れから何處へ行かうとするのか、一座無言の裡に、同じ空想は馳せて、先づ窓なしの闇車、罪の重量に大地を搖つて、やう〳〵辿り着く先きに鐵の門嚴めしく、劒の鞘鳴り、叱咤の叫び、その間を潜り拔けると、鐵の扉がガタンと開いて、餓えた胃の腑の無間地獄、一度餌を吸込んだが最期、好しや吐出すとはあつても拗ねく因業の綱を引いて、二度び吸込み、三度び吸込み、何の道毒液に溶して了ふ、その怖ろしい鐵の窓、是等が歴々眼の前に浮ぶのであつたが、心弱くてはかなはじと、造酒彌は遂は立ち上つた。

『さア、行かう、愚圖々々して居ると、お迎へが來るわ。』

折から再び烏の啼いて渡るのが聞えた。

『ぢや、阿母さん、姉さん。』

卓郎も餘儀なく立ち上つた。途端に瓦破と音が立つて、雪子が掩ひもあへぬ袖に紅一團。

本誌定價表

一冊	金十二錢	郵稅一錢
六冊	金六十五錢	郵稅六錢
十二冊	金二圓二十五錢	郵稅十二錢

本誌廣告料

一頁	金二十圓
半頁	金十二圓
四半頁	金七圓

○郵券を以て購讀料の代用を希望せらるゝ向は其料金に一割を加へて申受べし（但郵券代用は一錢切手に限る）

○本誌廣告扱所　京橋區南佐柄木町二番地　日本廣告株式會社

明治三十八年十一月七日印刷
明治三十八年十一月十日發行

編輯兼發行者　東京市下谷區西黑門町四番地　山口笑昨
印刷者　東京市京橋區西紺屋町廿六七番地　太田音次郎
印刷所　東京市京橋區西紺屋町廿六七番地　株式會社秀英舍
大賣捌所　東京市神田區表神保町　東京堂
大賣捌所　京都市上京區寺町通御池北入上本能寺前町卅七番戶　太田雲錦堂

白木屋呉服店御注文の栞り

△白木屋呉服店は　寛文二年江戸日本橋通一丁目へ開店以來連綿たる老舗にして呉服太物一切を營業とし傍ら洋服部を設け歐米各國にまで手廣く御得意樣の御愛顧を蒙り居り候

△白木屋呉服店は　呉服太物各産地に仕入店又は出張所を設け精良の品新意匠の柄等澤山仕入有之又價格の低廉なるは他に比類なき事と常に御賞讃を蒙る所に御座候故に益勉强販賣仕居候且洋服部は海外各織物産地へ注文し新柄織立させ輸入致候間嶄新なる物品不斷仕入有之是等は本店の特色に御座候

△白木屋呉服店は　數百年間正札附にて營業致居候間遠隔地方より御書面にて御注文被下候とも値段に高下は無之候

△白木屋呉服店は　店内に意匠部を設け圖案家畫工等執務致居候に付御模樣物等は御好に從ひ嶄新の圖案調進の御需めに應じ可申候

△白木屋呉服店は　御紋付用御着尺物御羽織地御裾模樣物等急場の御用に差支無之樣石持にて染上置候に付何時にても御紋章書入れ迅速御間に合せ調進可仕候

△白木屋呉服店へ　染物仕立物等御注文の節は御注文書に見積代金の凡半金を添へ御申越可被下候

△白木屋呉服店は　前金御送り被下候御注文品の外は御注文品を代金引換小包郵便にて御

送附可仕候

但し郵便規則外の重量品は通常運送便にて御屆け可申候

〽白木屋呉服店は　當分の内絹物の運賃は負擔仕候但清國韓國臺灣は半額申受候

〽白木屋呉服店へ　爲換にて御送金の節は日本橋區萬町第百銀行又は東京中央郵便局へ御振込み可被下候

〽白木屋呉服店へ　電信爲換にて御送金の節は同時に電信にて御通知被下候樣奉願上候

〽白木屋呉服店へ　御通信の節は御宿所御姓名等可成明瞭に御認め被下度奉願上候

東京日本橋通一丁目

白木屋呉服洋服店

電話本局 八十一 八十二 八十三 特四七五

大阪心齋橋筋一丁目

白木屋支店

電話特東五四四

京都堺町通二條上

白木屋仕入店

電話特六六四

白木屋呉服店販賣呉服物代價表

●白地類

白大幅縮緬（疋物）	四十圓より八十圓位
白中幅縮緬	十三圓より二十圓位
白小幅縮緬	十圓より二十圓位
白山繭縮緬	十四圓より二十圓位
白薫縮緬	十九圓より廿二圓位
金紗縮緬	十七圓より廿一圓位
段縮緬	十二圓より十七圓位
鶉縮緬	十二圓より十八圓位
白紋縮緬	十二圓より十六圓位
白鹽瀬	十五圓より廿圓位
白羽二重	八圓より十五圓位
白壁羽二重	十一圓より十六圓位
白紋羽二重	九圓より十三圓位
白奉書紬	五圓より七圓位
白八ッ橋織	八圓より十圓位
白絹縮	十圓より十八圓位
白市樂織	十二圓より十六圓位
白本斜子	十二圓より廿圓位
白京斜子	十四圓より廿圓位
白川越斜子	八圓より十五圓位
白御召	十三圓より十五圓位
白龜綾	六圓より八圓位
白浮織	六圓より八圓位
白綸子	九圓より十三圓位
白本綸子	十三圓より廿圓位
白絹	三圓五十錢方六圓位
白紬	三圓より五圓位

●御袴地類

茶苧袴地	十六圓より廿圓位
兩面織袴地	二十圓より廿七圓位
八千代平	十四圓より十八圓位
博多平	十三圓より廿圓位
仙臺平	十圓より十八圓位
五泉平	九圓より十一圓位
節糸織平	五圓より七圓位
嘉平治平	三圓より四圓位
仙臺兒袴地	五圓より七圓位

●御婦人御袴地類

海老茶紺紫色琥珀	十三圓より十五圓位
同博多平	十三圓より十七圓位
海老色繻子袴	五圓より八圓位
色九重平袴地	十一圓より十二圓位
カシミヤ	四圓五十錢方六圓位
色毛繻子袴地	五圓位

●男子御帯地類

綴錦織	十七圓より二十五圓位
繻珍織	八圓より十五圓位
博多織	四圓より十圓位
紋織博多	六圓五十錢方十圓位
明珍織	七圓より九圓位
厚板織	七圓より十圓位
博多兒帯	二圓より三圓位
風通兒帯	四圓より六圓位
繻珍兒帯	三圓より四圓位

●御婦人帯地類

綴錦丸帯	百圓より二百圓位
繻珍丸帯	本品ハ四十五円位より二三百円位迄有之候
綴錦片側	三十圓より四十圓位
繻珍片側	六圓より十二圓位

厚板丸帯	十五圓より六十圓位
博多丸帯	十三圓より廿圓位
紋博多丸帯	十五圓より廿五圓位
幽谷織丸帯	廿五圓より百圓位
紬錦丸帯	三十圓より百圓位
黒繻子丸帯	五圓より十七圓位
黒小柳繻子丸帯	十五圓より廿圓位
色繻子丸帯	十圓より十六圓位
鹽瀬丸帯	廿圓より卅五圓位
國光織丸帯	廿圓より廿二圓位
幸織丸帯	十七圓より廿五圓位
黒本唐繻子丸帯	十三圓より十八圓位
唐緞子丸帯	十圓より十一圓位
綿繻珍丸帯	五圓より十圓位
山吹織中帯	四圓より七圓位
繻珍中帯	八圓より廿五圓位
博多中帯	七圓より十圓位

厚板片側	六圓より十一圓位
博多片側	五圓より八圓位
紋博多片側	六圓より九圓位
幽谷織片側	八圓より十二圓位
紬錦片側	八圓より十二圓位
黒繻子片側	二圓より四圓位
黒小柳繻子片側	五圓より七圓位
色繻子片側	三圓より四圓位
色紋繻子片側	三圓より六圓位
國光織片側	六圓より七圓位
日進織片側	六圓より七圓位
黒本唐繻子片側	六圓より八圓位
唐緞子片側	五圓より五圓五十錢位
綿繻珍片側	一圓五十錢方四圓位
縞綿繻子片側	一圓五十錢方二圓位
山吹織片側	三圓より四圓位
色小柳片側	六圓より七圓位

●縞着尺地及御羽織地類

風通御召	十六圓より廿圓位
光輝織	十二圓より十五圓位
風通四丈五尺物	廿四圓より廿八圓位
縞御召	十二圓より十五圓位
同四丈五尺物	十八圓より廿三圓位
吉野入紋御召	十七圓より十九圓位
吉野御召	十四圓より十六圓位
無地御召	十三圓より十五圓位
扶桑御召	十二圓より十五圓位
大島紬	十三圓より廿五圓位
大島風通	十圓より十三圓位
風通糸織	十二圓より十五圓位
繻珍織	十四圓より廿圓位
桑都織	十三圓より廿圓位
京糸織	十二圓より十六圓位
米澤糸織	七圓より九圓位
縞斜子織	十二圓より十五圓位
縞市樂織	十三圓より廿圓位
緊糸織	十二圓より十八圓位
元亀織	十四圓より十六圓位

結城紬	九圓より十二圓位
信州紬	六圓より八圓位
上田紬	六圓より八圓位
米澤琉球	五圓より八圓位
吉野織	八圓より十圓位
富國織	十一圓より十五圓位
八端織	十一圓より十六圓位
京華織	十二圓より十五圓位
清綾織	十四圓より十六圓位
唐糸織	七圓より十六圓位
高風織	十圓より十三圓位
プライト織	十二圓より十五圓位
伊勢崎銘仙	五圓より八圓位
秩父銘仙	四圓より六圓位
節糸織	五圓より八圓位
木八丈	六圓より八圓位
縞八丈	五圓より六圓位
飛八丈	二圓位

●友禪及染地類

●色物類

中幅友禪縮緬	十三圓より廿圓位
小幅友禪縮緬	十三圓より十八圓位
玉糊縮緬	九圓より十二圓位
玉糊紋縮緬	十圓より十五圓位
板縮緬	九圓より十二圓位
更紗縮緬	九圓より十三圓位
小紋縮緬	十圓より十四圓位
絞り縮緬	十圓より十四圓位
友禪紋羽二重	十二圓より十五圓位
玉糊紋羽二重	九圓より十三圓位
色鹿子絞り	八圓より十五圓位
紅紋壁羽二重	九圓五十錢方十二圓位
紅紋羽二重	十圓より十二圓位
色紋羽二重	九圓より十圓位
色絹縮	九圓五十錢方十二圓位
紅縮緬大幅一尺	八十五錢方一圓五十錢位
同中幅同	五十錢より八十錢位
同小幅同	四十五錢方六十錢位
更紗羽二重	十圓より十五圓位
更紗斜子	八圓より十二圓位
更紗奉書	六圓より七圓位
更紗絹	三圓五十錢方五圓位
更紗紬	三圓より四圓五十錢位
更紗絹純	四圓位
更紗太織	三圓より四圓位
中形絹	三圓より五圓位
中形太織	三圓五十錢方四圓位
中形紬	四圓より五圓位
色絞り絹	三圓五十錢方五圓位
色縮緬大巾一尺	八十錢より一圓卅錢位
同中幅同	四十五錢方八十錢位
同小輻同	四十錢より六十錢位
紅紋縮緬	十二圓五十錢方十五圓位
色紋縮緬	十一圓より十四圓位
色絹	三圓五十錢方五圓位
色紬	三圓五十錢方五圓位

●裏地類

花色、正花、薄花、絹	三圓五十錢方七圓位
同秩父	三圓五十錢方六圓位
鼠羽二重	七圓より十圓位
紅羽二重	六圓より十圓位
本紅絹	三圓五十錢方六圓位
紅秩父	二圓五十錢方五圓位
糸好紅絹	三圓より五圓位
繻珍額付胴裏	六圓より十圓位
時代緞子	六圓より十圓位
遠州緞子	五圓より六圓位
綾綸子胴裏	三圓より四圓位
織綾胴裏	三圓五十錢方五圓位
色甲斐絹一尺	廿錢より廿五錢位
縞甲斐絹同	二十錢より廿五錢位
綸甲斐絹同	二十錢より二十八錢位
紅緞子胴裏	五圓より八圓位

●帛紗類

綴錦	十五圓より廿五圓位
御殿織	九圓より十圓位
九重織	八圓より九圓位
縮緬大帛紗	四圓より五圓位
紋鹽瀨裏地	三圓より四圓位
同中幅	一圓五十錢方二圓五十錢位
壁千代呂友禪	四圓より五圓位
鹽瀨友禪縫入	六圓より八圓位
袷無雙	十圓より十六圓位
郡內縞	一圓五十錢方三圓位
鹽瀨茶帛紗	一圓より一圓五十錢位
千歳帛紗	九十錢より一圓五十錢位

●夜具地類

御納戸大形縮緬	十圓より十三圓位
節糸織	四圓より六圓位

縞綾八丈　八圓より　十圓位
本八丈　六圓五十錢方　八圓五十錢位
縞八丈　七圓より　八圓位
郡内絹　六圓より　八圓位
糸織　七圓より　九圓位

銘仙　五圓より　六圓位
秩父縞　四圓より　六圓位
御納戸大形秩父　四圓より　五圓位
岸縞　三圓より　四圓位

●座蒲團地類

本緞子一枚　三圓五十錢方　七圓五十錢位
大形縮緬同　三圓五十錢方　四圓位
更紗紬同　九十錢より　一圓十錢位
本八丈同　一圓四十錢方　二圓位
紬染座布團同　八十錢より　一圓十錢位

綾八端一枚　一圓八十錢方　二圓廿錢位
綾八丈同　一圓四十錢方　二圓位
銘仙同　九十錢より　一圓卅錢位
秩父同　八十錢より　九十錢位

●染合模樣物類

△振袖總模樣
留袖總模樣
縮緬地　三十圓より　四十圓位
紋羽二重地　三十圓より　四十圓位
綸子地　廿五圓より　三十五圓位
△振袖袖下模樣八掛付
縮緬地　三十圓より　四十圓位

△九重染石持羽織又は着尺地
羽二重地　十五圓より　十九圓位
斜子地　十三圓より　十八圓位
△紺下本檳榔子染石持八掛付
縮緬地　十六圓五十錢方　廿三圓位
斜子地　十四圓より　十九圓位

紋羽二重地　廿五圓より　卅五圓位
羽二重地　廿三圓より　卅五圓位
斜子地　十九圓より　三十五圓位
△留袖裾模樣八掛付
縮緬地　廿圓より　卅五圓位
△男兒一ツ身腰熨斗目模樣付但し共紐付
縮緬地　十二圓より　十八圓位
羽二重地　十三圓より　十八圓位
斜子地　十圓より　十二圓位
八ツ橋地　十圓より　十二圓位
奉書地　七圓より　九圓位
△女兒向一ツ身袖下模樣八掛付但し共紐付
縮緬地　十二圓より　十八圓位
紋羽二重地　十一圓より　十五圓位
斜子地　十圓より　十三圓位
奉書地　八圓より　十圓位

紋羽二重地　十五圓より　十八圓位
羽二重地　十五圓より　廿圓位
奉書地　九圓より　十一圓位
△紺下本檳榔子染石持羽織又は貫尺
縮緬地　十三圓より　十八圓位
紋羽二重地　十圓より　十三圓位
斜子地　十圓より　十六圓位
羽二重地　十圓より　十七圓位
△小紋染石持
縮緬八掛付　十五圓より　廿二圓位
縮緬地　羽織又は着尺　十一圓より　十六圓位
羽二重地　羽織又は着尺　十一圓より　十六圓位

●男女向長襦袢地

濱縮緬（綸羽友禪）染　廿圓より　廿八圓位
山繭入絹縮（友禪綸羽）染　十九圓より　廿五圓位

絹縮ミ（綸羽友禪）染　十八圓より　廿三圓位
絹縮ミ（綸羽絞り）染　廿圓より　廿五圓位

吾妻コート地類

紋御召	十六圓より十九圓位
無地御召	十四圓より十六圓位
吉野御召	十三圓より十四圓位
ブライト織	十二圓より十五圓位
色紋絨	九圓六十錢方十三圓位
色綾絨	九圓方十五圓位

いろいろ

縮緬頭巾	三圓より五圓位
縮緬袖無友禪無地	五圓より七圓位
縮緬半襟	五十錢より二圓位
縮緬帶揚	一圓八十錢方四圓位
縮緬蹴出	四圓より五圓位
縮緬シゴキ地	四圓より五圓位
紋羽二重帶揚	一圓より二圓五十錢位
絹縮帶揚	一圓卅錢方二圓位
絹縮縮緬ド絣	一圓五十錢方二圓五十錢位
絞り羽二重兵兒帶	二圓五十錢方四圓位
同縮緬兵兒帶	四圓より七圓位
白大幅縮緬兵兒帶	七圓より十五圓位
白中幅縮緬兵兒帶	五圓より八圓位
繻珍伊達卷	二圓より四圓位
博多伊達卷	一圓七十錢方二圓八十錢位
袋物品々	

肩掛類

縮緬縫模樣	四圓五十錢方七圓五十錢位
雲井ショール	四圓五十錢方七圓位

絹綿交織木綿物並に毛織物類

着尺縞物類

九重御召	三圓より六圓位
新秩父縞	一圓五十錢方三圓位
瓦斯御召	二圓より三圓位
風通瓦斯御召	五圓より八圓位
漣織	三圓廿錢位
千登世結城	三圓位
朝日紬	三圓九十錢位
本場結城	一圓八十錢方三圓五十錢位
糸入結城	二圓より三圓位
結城木綿	一圓より一圓六十錢位
武藏紬	九十五錢位
紡績縞	一圓より一圓八十錢位
同絣	一圓五十錢方二圓八十錢位
新大島絣	三圓より四圓位
本瓦斯雙子	一圓八十錢方三圓五十錢位
細雙子	一圓卅錢方一圓八十錢位
雙子織	一圓より一圓廿錢位
伊豫絣	一圓五十錢方二圓位
久留米絣	二圓廿錢方四圓五十錢位
松阪縞	九十錢より一圓廿錢位

夜具地類

熨斗横織	一圓八十錢方二圓五十錢位
紡績夜具地	一圓廿錢方一圓八十錢位
松阪夜具地	六十五錢方一圓廿錢位
唐草眞岡	八十錢より九十五錢位
更紗眞岡	八十錢より一圓卅錢位

座蒲團地

熨斗糸座蒲團地一枚	三四十錢位
紡績座蒲團地同	二三十錢位
綿緞子座蒲團地一枚	一圓より一圓五十錢
綿紋綾座蒲團地同	二三十錢位

裏地類

瓦斯甲斐絹一尺	三錢より九錢位
色眞岡	八十錢より九十錢位

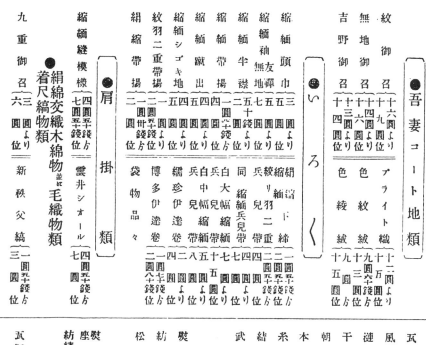

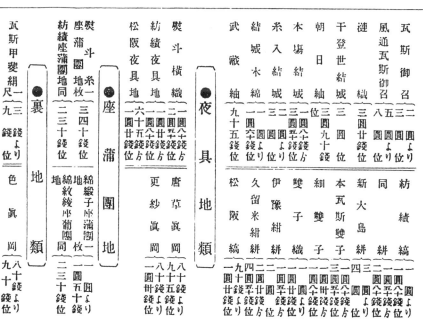

●袴地類

花色、正花、薄花新絹緞裏地	一圓五十錢方一圓八十錢位
仝 羽二重金巾	八十五錢方一圓五十錢位
瓦斯紅	九十錢より一圓卅錢位
花色木綿	七十五錢方九十錢位
花色金巾	七十五錢位
小倉袴地	一圓より一圓五十錢位
瓦斯小倉袴地	一圓五十錢方二圓位

●帯地類

小倉男帯	八十錢より一圓五十錢位
風通男帯	一圓五十錢位
綿風通片側	九十五錢位

●形染物類

更紗瓦斯	一圓五十錢方一圓七十錢位
更紗眞岡	九十錢より一圓卅錢位
黑瓦斯斜子袖下襍襟四ツ身	一圓廿錢方一圓八十錢位
黑瓦斯斜子石持	二圓三十錢位
黑眞岡石持	一圓廿錢位

●雜類

黑綿八丈一尺	十二錢より十五錢位
白瓦斯斜子	一圓七十錢位
日倉縞	一圓卅錢方二圓位
桃色木綿	五十錢より七十五錢位
欝金木綿	五十錢より七十錢位
染手拭	五十錢位

●算盤珠三尺

淺黄木綿	四十五錢方六十錢位
萌黄木綿	七十五錢方九十錢位
白木綿	五錢より廿錢位

●毛織物類

柿色、淺黄 一重	十一錢位
同 二重	十六錢位
紺 一重	十二錢位
同 二重	十七錢位
本ネル(大巾一反)	五圓より五圓五十錢位
縞セル(大巾一反)	六圓五十錢方七圓廿錢位
唐更紗(大巾一尺)	十一錢位
新毛更紗(大巾一尺)	十八錢位
友禪モスリン(大巾一尺)	十八錢より三十錢位
色モスリン(大巾一尺)	十六錢位
白生モスリン(大巾一尺)	十七錢位
友禪絹モスリン(大巾一尺)	三十錢位
色絹モスリシ(大巾一尺)	二十五錢位
色ネル(大巾一尺)	四五十位
色カシミヤ(大巾一ヤール)	一圓四十錢位
白赤色綿ネル(大巾一尺)	十二錢位
捺染綿ネル(大巾一尺)	十四錢位
縞(紀州)綿ネル(大巾一尺)	十二錢位

御婚儀並ニ吉事用御衣裳仕立上り見積表

△襠

	上ノ部	中ノ部	並ノ部
繻珍織御振袖紅羽二重付總裏 一枚	百七十圓	百十圓	六十六圓

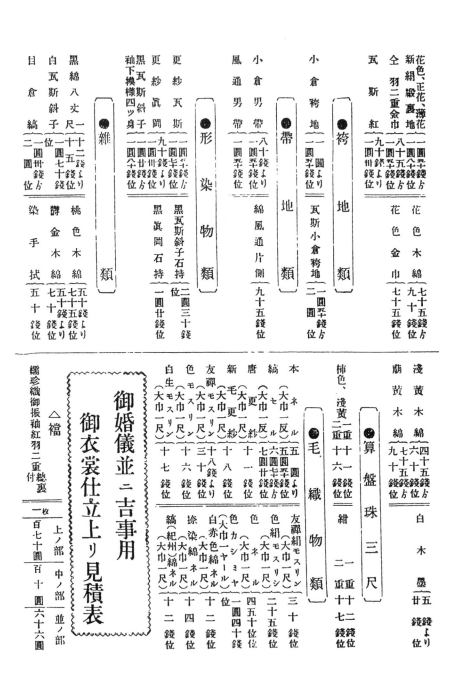

地白綸子振袖總模樣	一枚	五十五圓	四十一圓	三十五圓
同　地赤	一	六十圓	四十四圓	三十六圓
同　地黑	一	六十圓	四十四圓	三十八圓
地白綸子留袖總模樣	一	五十圓	三十八圓	三十三圓
同　地赤	一	五十五圓	四十圓	三十七圓
白綸子留袖總模樣地黑	一	五十五圓	四十圓	三十七圓
色縮緬振袖總模樣	一	六十五圓	四十四圓	三十五圓
同　留袖	一	六十圓	三十八圓	三十三圓
色縮緬振袖模樣	一	六十圓	三十九圓	三十五圓
同　留袖	一	五十八圓	三十八圓	三十三圓
色縮緬御紋付振袖腰模樣	一	五十八圓	三十八圓	三十五圓
同　留袖	一	五十圓	三十七圓	三十三圓
色縮緬御紋付振袖裾模樣	一	五十圓	三十七圓	三十三圓
同　留袖	一	四十四圓	三十五圓	三十圓

△間着

本紅疋田絞り上紋入綸子振袖	一枚	百圓		
紅縮緬振袖無垢	一	二十七圓	二十三圓	二十一圓
同　留袖	一	二十五圓	二十一圓	十九圓
紅紋縮緬振袖無垢	一	三十圓	二十三圓	二十一圓
同　留袖	一	二十七圓	二十一圓	十九圓
白綸子振袖無垢	一枚	五十圓	三十六圓	三十三圓
白綸子留袖	二	四十五圓	三十三圓	三十圓
白紋羽二重振袖無垢	二	五十圓	四十四圓	
同　留袖無垢	二	四十八圓	四十圓	
白羽二重振袖無垢	二	五十圓	三十六圓	二十七圓
同　比翼	一		二十八圓	二十五圓
白羽二重留袖無垢	二	五十圓	三十圓	二十三圓
同　比翼	一	三十八圓	二十五圓	二十圓

△長襦袢

紅縮緬振袖長襦袢	一枚	二十五圓	二十圓半	
同　留袖	一	二十三圓	十九圓半	十三圓
紅紋縮緬振袖長襦袢	一	二十五圓	二十圓	
同　留袖	一	二十三圓	十八圓	十二圓
白羽二重振袖長襦袢	一	二十圓	十三圓	十一圓
同　留袖	一	十八圓	十二圓	八圓
白紋縮緬振袖長襦袢	一	二十五圓	二十圓	
同　留袖	一	二十三圓	十八圓半	
白紋羽二重振袖長襦袢	一	二十圓	十五圓	十四圓
同　留袖	一	十七圓	十三圓半	十二圓
友禪縮緬長襦袢	一	二十五圓	二十圓	

△小袖

品名	數量	上	中	下
色縮緬留袖引返付裾模様三枚重	一組	九十圓	八十圓	六十六圓
小紋縮緬引返付三枚重	一	七十圓	六十五圓	六十圓
板〆緋胴抜更紗縮緬廻無垢下着	二枚		四十圓	三十五圓
風通御召綿入小袖	一	三十圓	二十七圓	二十五圓
御召縮緬綿入小袖	一	二十二圓	二十圓	十七圓半
糸織小袖	一	十八圓	十四圓	十三圓
八丈小袖	一		十三圓	十圓

△羽織

品名	數量	上	中	下
黒縮緬御羽織	一枚	三十三圓	二十五圓	十八圓半
鼠縮緬御羽織	一	三十圓	二十二圓	十六圓
小紋縮緬御羽織	一	二十五圓	二十圓	十六圓
風通織御羽織	一	二十四圓	二十二圓	十八圓
糸織御羽織	一	二十二圓	十四圓	十二圓

△帯

品名	數量	上	中	下
襠下帯	一筋	七十五圓	四十圓	三十圓
綴綿丸帯	一	三百五十圓位	百卅圓より二百圓位	
繻珍丸帯	一	五十圓以上百三十圓位	廿五圓以上五十圓位	十五圓以上廿五圓位
黒繻子丸帯	一筋	三十圓	十七圓半	八圓
博多織丸帯	一	三十圓	二十圓	十五圓
厚板織丸帯	一	六十五圓	二十三圓	十九圓
はら合帯	一	二十圓	十六圓	八圓
こし帯	一	四圓半	三圓	一圓六十錢
しごき	一	六圓半	五圓	四圓
帯揚	一	三圓卅錢	二圓廿錢	一圓五十錢
つゝれ吊紗	一	三十圓	廿圓	
吊紗	一	二十二圓	十三圓	七圓

△夜具蒲團

品名	數量	上	中	下
緞子（夜具一、搔卷一、蒲團二）	一組	百七十圓	百五十圓	
縮緬（夜具一、搔卷一、蒲團二）	一	百廿圓	百圓	
八丈、郡内、銘仙、同同上	一	七十五圓方八十五圓位	六十圓より七十圓位	
木綿類	一	二十五圓	二十圓	十七圓
飾枕	一對	廿圓	十一圓	
座蒲團	一枚	五圓半	二圓卅錢方三圓卅錢位	九十錢
裾除け	一		四圓半	三圓卅錢

頭巾	一	五圓半	四圓半	三圓卅錢
練帽子（俗名ツノカクシ）	一			四十錢
綿帽子	一			十七錢
挾箱油單	一	十四圓	八圓	三圓卅錢

△油簞

萌黄地總唐草木綿御定紋付	一枚	三圓七十錢	二圓八十錢	二圓五十錢
萌黄木綿御定紋付	一	三圓	二圓三十錢	二圓
萌黄唐草木綿紋無し	一	一圓八十錢	一圓三十錢	一圓卅錢

△男物

黒羽二重御紋付男物小袖一 白羽二重御下着二 白羽二重胴着一 同襦袢一	一組	百圓	七十五圓	
黒羽二重御紋付替裾一 鼠羽二重御下着二 鼠羽二重胴着一 同襦袢一	一	百圓	七十七圓	
黒斜子御紋付小袖	一枚	二十二圓	十八圓	十五圓
黒奉書御紋付小袖	一		十三圓	十一圓
小紋斜子御下着	二	三十八圓	三十圓	
風通織御下着	二	四十七圓	三十一圓	

糸織／市樂織小袖	一	二十五圓	十八圓	十五圓
八丈小袖	一	十五圓	十四圓	十二圓
黒鹽瀬羽二重無雙羽織	一	五十圓	三十八圓	
黒羽二重袷羽織	一	二十七圓	二十一圓	十七圓
黒斜子袷羽織	一	二十七圓	十八圓	十四圓
黒奉書袷羽織	一		十三圓	十圓

△袴及外套類

茶芧袷袴	一具	三十圓	二十五圓	
仙臺平單袴	一	二十圓	十五圓	十圓
同袷袴	一	二十五圓	二十二圓	十七圓
節糸織單袴	一	九圓	七圓	四圓半
男帶	一	十二圓片 十七圓位	九圓	五圓半
絨外套	一枚	五十五圓	三十三圓	二十八圓
絨東コート	一	四十圓	二十一圓	十六圓

△夏御紋付

色縮緬振袖模様白羽二重重付	一枚	四十四圓	三十八圓	三十圓
色縮緬振袖模様白羽二重重付留袖	一	四十圓	三十五圓	二十七圓

色絽振袖模樣練重付	一枚	三十圓	二十七圓	二十四圓
同留袖	一	二十八圓	二十五圓	二十二圓
鼠絽紋付白絽重付	一	三十三圓	二十四圓	十八圓
鼻明石御紋付白練白麻紋付	一	二十圓	十七圓	

△男夏物

黑絽御紋付御羽織	一枚	十八圓	十三圓	十圓
水淺黃越後帷子	一	十五圓	十二圓	
鼠麻御紋付帷子	一		七圓	三圓半

白木屋洋服店洋服目録

品名	地質	製式	價格
勅任官御大禮服	表、最上等黑無地絨 裏、白綾絹	銀鎏金消モールにて御制規の通、繍、帽子、劍、劍釣、正緒共	金二百七十圓
奏任官御大禮服	表、同上 裏、同上	同	金百八十圓
爵位御大禮服	表、同上 裏、同上	同上外に肩章付	金二百圓
陸軍御正服	表、上等濃紺無地絨 裏、黑毛朱子	御制規の通 将官 佐官 尉官	 金八十圓 金五十五圓 金四十圓
同略服	表、同上 裏、同上	同 将官 佐官 尉官	 金三十圓 金二十七圓 金二十三圓
同外套	表、同上 裏、同上(但将官ハ紅絨)	同 将官 佐官 尉官	 金三十五圓 白金二十三圓 玉金二十五圓
海軍御正服	表、濃紺無地絨 裏、黑佛蘭西絹及綾絹	同 将官 佐官 尉官	 金八十五圓 金七十五圓 金六十五圓

同　軍服	表、同上 裏、黒毛朱子	同　将官 佐官 尉官	金六十圓 金五十圓 金四十五圓
同上通常軍服	表、同上 裏、同上	同　将官佐官尉官	自金二十三圓 至金二十八圓
同　外套	表、同上 裏、同上	同　将官佐官尉官	自金二十三圓 至金三十圓
燕尾服	表、上等黒無地絨 裏、黒佛蘭西絹	三ツ揃琥珀見返付	自金四十五圓 至金六十五圓
トキシード	表、黒朱子絨及無地絨 裏、黒佛蘭西絹	三ツ揃琥珀見返付	自金四十圓 至金四十五圓
フロックコート	表、黒無地絨或は朱子目綾絨 裏、綾絹	同	自金三十五圓 至金六十五圓
モーニングコート	表、黒、紺、斜綾絨或はメルトン、裏付朱子及ビ綾絹 裏、黒毛朱子及綾	上衣、チヨキ、黒及紺ヅボン立縞	自金二十八圓 至金四十五圓
片前背廣	表、相鼠、濃鼠、霜降メルトン、スコチ或は綾絨 裏、同色毛朱子或はアルパカ	三ツ揃	自金十八圓 至金三十三圓
兩前背廣	表、黒、紺、綾メルトン或は玉ヘル及霜降太綾絨 裏、縞サージ	三ツ揃	自金二十圓 至金三十五圓
チーバコート	表、鼠、茶、霜降絨、同斜子綾絨 裏、共色綾絹	カクシ釦絹天鵞絨衿付	自金二十八圓 至金三十五圓
同　中等	表、同上 裏、共色毛朱子及綾アルパカ	カクシ釦共ゑり	自金十八圓 至金二十五圓
ロングコート	表、ラクダ玉絨、厚地綾メルトン 裏、佛蘭西絹	ゑり及見返し袖先獺毛皮付裏綿入菱形さし縫	自金八十圓 至金百十圓
同　中等	表、玉絨、厚地スコッチ 裏、縞サージ	頭巾付兩前	自金三十圓 至金四十五圓

インバチス	表、茶鼠霜降綾絨 裏、共色毛朱子、或は甲斐絹	和洋兼用脇釦掛	自金十八圓 至金三十圓
銃獵服	表、枯葉色スコッチ 裏、共色毛朱子	半ヅボン脚絆付三ツ揃	自金十八圓 至金三十圓
小裁海軍形	表、紺天鵞絨及紺絨 裏、毛朱子	五才位より八才迄錨縫箔付	自金六圓 至金九圓
和服用外套	表、黑、紺綾絨及霜降 裏、緞子及綾絹	莢形(一名ダルマ形帶ヒダなし)頭巾付	自金三十五圓 至金四十八圓
同中等	表、同上 裏、甲斐絹及毛朱子	同上	自金二十圓 至金三十五圓
同角袖外套	表、同上 裏、甲斐絹	頭巾付	自金十八圓 至金二十五圓
吾妻コート	表、紺、黑紋織綾絨 裏、緞子及繻珍	被布ゑり及道行ゑり共色糸飾組付	自金二十圓 至金三十圓
同	表、同上 裏、甲斐絹及綸子	同上	自金十五圓 至金二十圓
同	表、風通紋織、綾絲織 裏、綾綸子、紋羽二重	同上	自金二十三圓 至金三十圓
判、檢、辯護士法服	表、黑絹セル、及琥珀 裏、黑甲斐絹スベリ	正帽付制規の縫箔	自金十六圓 至金二十八圓
學校用御袴	表、海老色カシミヤ、セル	單仕立太白糸腰紐	自金三圓五十錢 至金五圓五十錢

夏服

フロックコート	表、黑絹絨薄綾絨メルトン、ヅボン縞絨 裏、佛蘭西絹、綾絹	上衣チヨッキ黑(但シ脊拔キ)ヅボン立縞	從金三十五圓 至金四十二圓
仝中等	表、黑薄綾絨仝絹セルメルトン、ヅボン縞セル 裏、アルパカ	仝	從金二十五圓 至金三十圓

モーニングコート	表、黒紺絹絨仝薄綾絨メルトン 裏、佛蘭西絹、綾絹	仝	從金三十三圓 至金三十八圓
仝中等	表、黒絹薄綾絨仝絹セル、メルトン 裏、アルパカ	仝	從金二十五圓 至金三十圓
脊廣	表、茶鼠霜降薄綾絨縞綾絨、色綾メルトン 裏、共色アルパカ	三ツ揃	從金二十二圓 至金二十五圓
仝中等	表、茶鼠霜降セル、仝縞セル 裏、共色アルパカ	仝	從金十七圓 至金二十圓
チーパコート	表、茶鼠霜降メルトン仝薄綾絨セル 裏、絹アルパカ	カクシ釦脊抜キ	從金十四圓 至金二十圓
仝單	表、茶鼠アルパカ白獄純	カクシ釦	從金十圓 至金十三圓
雨具外套	ゴム絨頭巾付		從金十九圓 至金二十六圓
白チヨツキ	表、紋リンチル	貝釦取ハズシ付	從金三圓 至金四圓
單脊廣上衣	表、黒紺鼠絹絨仝アルパカ白獄純	上衣一枚	從金七圓五十錢 至金十五圓
インバチス	表、鼠茶霜降綾絨縞セル仝アルパカ スベリ絹かいき	和洋服兼用	從金十一圓 至金二十三圓
半チヨツキ	表、黒琥珀、白羽二重		從金二圓 至金五圓五十錢
和服外套	表、茶鼠霜降及ピ縞薄絨、セルアルパカ、 裏、スベリかいき	無頭巾折エリ立エリ	從金十二圓 至金二十圓
仝角袖外套	仝上	無頭巾カクシ釦	從金十一圓 至金十七圓
東コート	表、淡色絹絨仝セル及縞アルパカ 裏、スベリかいき		從金十圓 至金二十圓

單羽織	表、縞セル霜降セル 裏、スベリかいき		從金七圓五十錢 至金十一圓
和服單衣	表、縞絹セル絽セル共		從金七圓八十錢 至金九圓
仝	表、縞英フラ子ル		從金四圓六十錢 至金六圓五十錢
判、検、辯護士法服	表、黒紋絽仝紋紗絹セル、アルパカ	正帽付制規の縫箔	從金十四圓 至金二十五圓
學校用御袴	表、海老茶紫其他淡色各種	單仕立太白糸腰紐	從金四圓 至金五圓五十錢
女兒服	表、クレナヂン、キヤンブリツク、アートマスリン等	二才ヨリ五才迄 六才ヨリ十才迄	從金二圓五十錢 至金四圓五十錢 從金四圓 至金八圓

右之外陸海軍各學校御制服等御好ニ應シ入念御調製可仕候

◎白木屋呉服店　大阪支店ハ當分呉服類而已取扱居リ候間洋服御用ノ際ハ東京本店洋服部ヘ御注文願上候

◎白木屋呉服店　大阪支店ヘ爲替ニテ御送金ノ際ハ大阪今橋貳丁目鴻池銀行又ハ大阪心齋橋局ヘ御振込願上候

白木屋洋服店販賣

小間物目録

●ズボン釣、胴締メ

並物	一本に付	自八十五錢 至一圓廿錢
ゴム引	一本に付	自一圓 至三圓五十錢
絹製	一本に付	自一圓八十錢 至三圓
革製胴メ	一本に付	自一圓五十錢 至貳圓四十錢

●メリヤス類

鼠毛メリヤスシャツ	一枚に付	自一圓三十錢 至貳圓七十錢
仝ズボン下	一足に付	同斷
白毛メリヤスシャツ	一枚に付	自一圓七十錢 至三圓二十錢
仝ズボン下	一足に付	同斷
白綿メリヤスシャツ	一枚に付	自一圓 至一圓三十錢
仝ズボン下	一足に付	同斷
白麻メリヤスシャツ	一枚に付	自一圓七十錢 至二圓
仝ズボン下	一足に付	同斷
縞メリヤスシャツ	一枚に付	自一圓二十五錢 至一圓五十錢
網目メリヤスシャツ	一枚に付	自一圓二十錢 至二圓三十錢
仝ズボン下	一足に付	同斷
クレープシャツ	一枚に付	自二圓 至二圓五十錢
仝ズボン下	一足に付	自二圓五十錢 至二圓九十錢
仝婦人用	一枚に付	自二圓九十錢 至三圓十錢
婦人海水浴着	一枚に付	自一圓二十五錢 至一圓六十錢
メリヤスサルマタ	一足に付	自一圓十錢 至一圓三十錢

●手袋類

女物絹製	一組に付	自九十錢 至二圓五十錢
同半手	一組に付	自七十五錢 至一圓五十錢
同綿製	一組に付	自四十三錢 至九十五錢
女物半手	一組に付	自二十八錢 至三十八錢
男物	一組に付	自四十八錢 至一圓五十錢

●ハンカチーフ類

麻製	一ダース	自二圓二十錢 至五圓
キャンブリック製	一ダース	自八十錢 至一圓五十錢
同大判物	一ダース	自三圓三十錢 至四圓八十錢
同婦人物	一ダース	自一圓十錢 至一圓二十五錢
同模様付	一ダース	自一圓三十錢 至一圓五十錢
姓頭文字入	一ダース	二圓九十錢
洋羽二重色物	一ダース	自一圓十錢 至一圓三十錢
同美人寫眞入	一ダース	一圓四十錢
體育模様	一ダース	七十五錢
舞踏模様	一ダース	七十五錢
絹製	一枚に付	自四十五錢 至八十錢
同大判物	一枚に付	自一圓 至一圓八十五錢
縫模様	一枚に付	自一圓 至一圓五十錢
戰捷紀念	一枚に付	四十五錢

●タヲール(入浴用)

和製	一枚に付	自十四錢 至三十三錢
舶來模様入	一枚に付	八十三錢
舶來物	一枚に付	自三十三錢 至九十錢

●レース類

細物	一ヤード	自十錢 至三十錢
巾廣	一ヤード	自十錢 至一圓十錢
縫テップ	一ヤード	自二錢五厘 至七錢

●毛布類

白毛布	二枚續き	自十三圓五十錢 至十七圓五十錢
鼠毛布	二枚續き	十一圓

●ホワイトシャツ

並物	一枚に付	一圓八十錢
上等物	一枚に付	二圓八十錢

- 總廊 一枚に付（自六圓 至九圓）
- 縞物 一枚に付（二圓五十錢）

●膝掛類

- 縞格子セル製（自八圓五十錢 至十二圓）

●ショール類

- 綿物 一枚に付（自一圓四十錢 至一圓八十錢）
- 絹製 一枚に付（自二圓三十錢 至三圓五十錢）

●櫛、簪、造花類

- ゴム製 一個ニ付（自八十錢 至九十錢）
- 櫛其他 一個ニ付（自十二錢 至八十錢）
- 造花簪
- 製花帽子飾 一個ニ付（自四十五錢 至二圓）

●化粧品類

- 香水 一個ニ付（自四十七錢 至五圓）
- 香油 一個ニ付（自四十五錢 至二圓二十五錢）
- ブリランチン（油ニ香水ヲ交ゼシモノ） 一個ニ付（自三十五錢 至一圓十錢）
- 石鹸 一個ニ付（自十二錢 至一圓廿錢）
- 齒磨 一個ニ付（自二十五錢 至五十三錢）
- コスメチツク 一本ニ付（自二十錢 至八十五錢）
- パンドリン及リスリン 一個ニ付（自二十錢 至三十二錢）
- 楊枝 一本ニ付（自十三錢 至三十八錢）
- 洗面香水 一個ニ付（自五十八錢 至一圓三十錢）
- 水白粉 一個ニ付（自三十九錢 至四十五錢）
- 練白粉 一個ニ付（十二錢）
- 紙白粉 一個ニ付（三十八錢）
- 粉白粉 一個ニ付（自二十五錢 至八十八錢）
- 洗粉 一個ニ付（三十三錢）
- ポツト 一個ニ付（自三十八錢 至五十錢）
- 櫛 一枚ニ付（自十八錢 至三十五錢）

●女兒服、飾帽子

- キヤンブリツク製（三才より十才迄） 一枚ニ付（自二圓五十錢 至四圓）
- アートマスリン製（三才より十才迄） 一枚ニ付（自三圓八十錢 至五圓五十錢）
- 生地モスリン製（三才より十才迄） 一枚ニ付（自三圓三十錢 至五圓）
- 飾帽子 一個ニ付（自三圓九十錢 至五圓五十錢）

●雜品之部

- 空氣枕 一個ニ付（自二圓三十錢 至三圓廿錢）
- 小兒涎掛 一枚ニ付（自三十五錢 至二圓十錢）
- 國旗 モスリン製（巾ハ一布、一布半、二布） 一枚ニ付（自四十八錢 至三圓）
- 木綿縮上下一組 一組ニ付（自二圓三十錢 至四圓八十錢）
- シヤツ半チヨツキ 一枚ニ付（自二圓七十錢 至五圓）
- インバ子ス 一枚ニ付（自十一圓五十錢 至十二圓）

●襟飾

- 舶來結び下げ 一本ニ付（自一圓三十錢 至二圓）
- 同蝶形 一本ニ付（自一圓三十錢 至一圓八十錢）
- ダビー（フオーアインハンド） 一本ニ付（自一圓五十錢 至三圓五十錢）
- 縮緬ダビー製 一本ニ付（自九十錢 至一圓三十錢）
- 和製結び下げ 一本ニ付（自五十錢 至八十錢）
- 同蝶形 一本ニ付（自三十五錢 至六十錢）
- 同ダビー（フオーアインハンド） 一本ニ付（自六十錢 至九十錢）

●鈕飾ピン類

- カフス鈕（リンク） 一組（自六十錢 至二圓八十錢）
- 同金、白金及ビ製 一組（自十圓 至二十五圓）
- 飾ピン 一本ニ付（自五十錢 至五圓）
- 胸鈕 一組（自五十錢 至一圓八十錢）
- カラ鈕 一個ニ付（自十錢 至四十五錢）

●靴下類

- メリヤス長物（自八十錢 至一圓五十錢）
- 並物（自三十五錢 至七十錢）
- 廊製（自五十錢 至一圓）
- 絹製（自一圓九十錢 至二圓五十錢）
- 小兒物（自三十錢 至九十錢）

●リボン類

- 一吋半巾模樣物 一ヤード（自三十錢 至五十錢）
- 同水波 一ヤード（自三十五錢 至五十五錢）
- 細目各種 一ヤード（自八錢 至二十錢）
- 一吋巾模樣物 一ヤード（自二十錢 至三十五錢）
- 同水波 一ヤード（自二十錢 至三十五錢）

御注文用箋

明治卅　年　月　日

御宿所貴名	服名	地質 見本 番號	見積金額

摘要

白木屋洋服店

御注意

體格特徵欄へは、胸はり、肩はり、肩下り、出腹、ネコ脊等御記入のこと
採寸欄へは、裸體又は「シャツ」の上又は出來上り寸法と御記入のこと
用尺欄へは、御使用の度器(曲尺)(鯨尺)等の別を御記入のこと

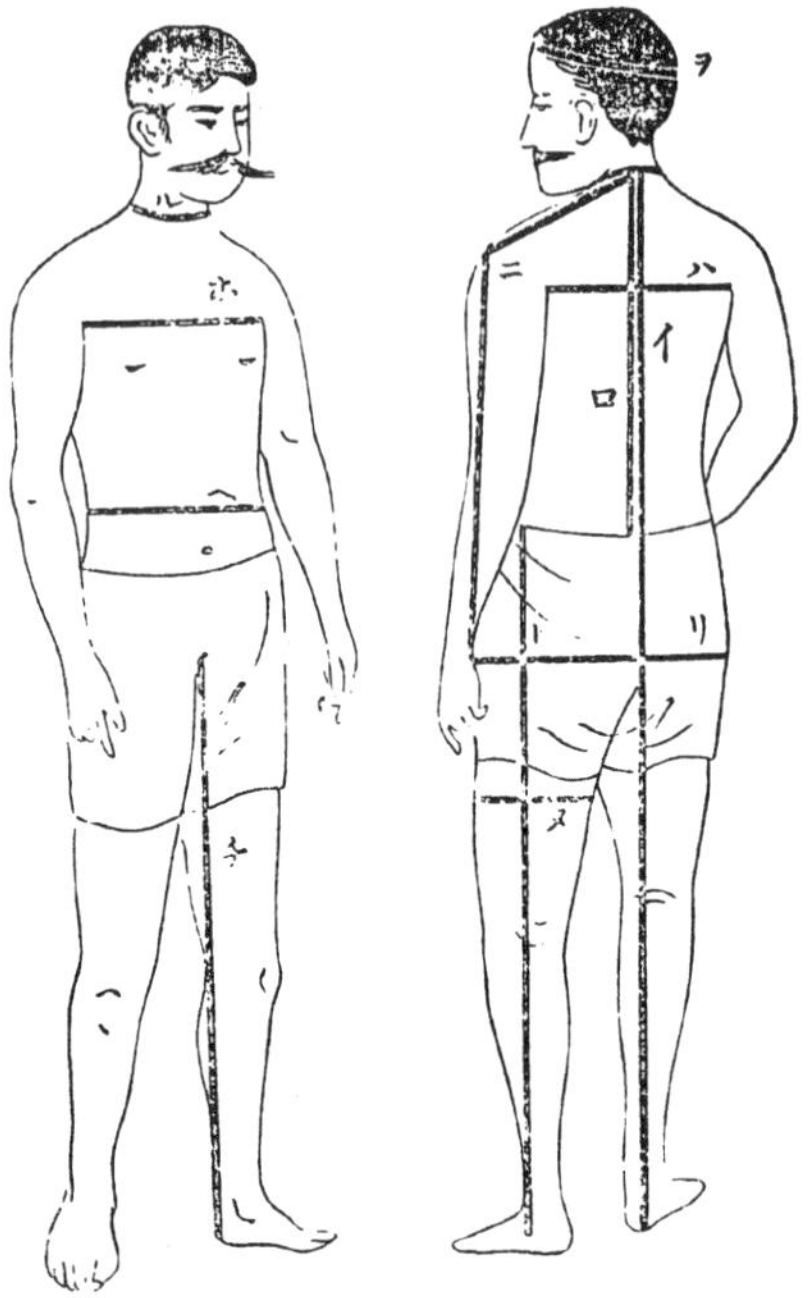

御寸法

イ	總丈	首の付際より足の踵迄	尺	寸	分
ロ	脊丈	首の付際より腹の廻り迄	尺	寸	分
ハ	脊巾	兩手を下げ左腕の付より右腕の付際迄	尺	寸	分
ニ	行	首ノ付際より肩へ掛け手首骨節迄	尺	寸	分
ホ	上胴	乳の上を廻す	尺	寸	分
ヘ	腹廻り	臍の上を廻す	尺	寸	分
ト	丈	(ヅボン)腰の臗骨より足の踵迄	尺	寸	分
チ	股下	睾丸ノ脇付際より足の踵迄	尺	寸	分
リ	臀	臀肉ノ最も高き處を廻す	尺	寸	分
ヌ	股	股の最も太き處を廻す	尺	寸	分
ル	襟廻り		尺	寸	分
ヲ	頭廻り	(但帽子御注文の際御記入のこと)	尺	寸	分

用尺	採寸	體格特徵

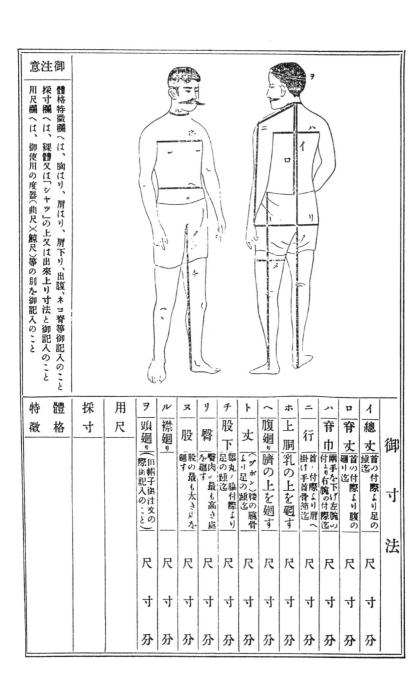

注文書

男子/女子 用衣裳又は羽織等	袖
年齢	ゆき
用途	口明
品柄	袖幅
好みの色	袖付
好みの柄	前幅
紋章幷大さ及び數	後幅
好みの模樣	衽幅
惣模樣	衽下り
腰模樣	衿幅
裾模樣	褄下
江戸褄模樣	袘の厚さ
奴褄模樣	人形
袘模樣	紐付
仕立寸法	前下り
丈	紐下

備考

右注文候也

住所

明治　年　月　日

姓名

白木屋呉服店地方係中

註文書

注意

萬一御指圖通りの品物賣切れ居り候節は最も似寄りの品を相選み御送り可申上候間豫め御承知置被下候樣奉願上候但し御一覽の上にて御氣に召されず候はゞ普通小包郵便にて御遠慮なく御戻し被下度候

右註文候也

住所

姓名

白木屋呉服店地方係中

高等香油
チエリーオイル
紳士貴婦人令孃用
此香油は無色透明にてさらく
として水の如し、故に紳士は勿
論、貴婦人令孃間に目下大いに
流行せる彼の束髮用としては最
も高評を博しつゝあり
定價 大一本八十五錢 中一本四十五錢
小一本二十五錢 ○郵税十錢
賣捌所は全國到る處の賣藥店小
間物化粧品店にあり
東京市日本橋區本町二丁目
芳香藥種問屋
發賣元 高橋初次郎商店
特電本局四一三番

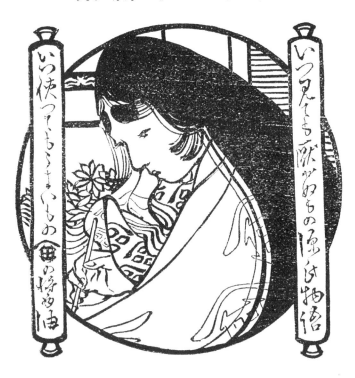

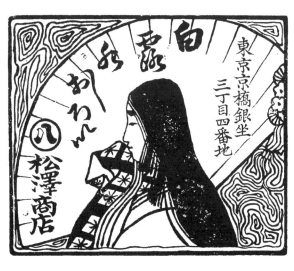

宮内省御用

名譽銀牌受領

最上醬油元祖

登録商標

醸造元

濱口儀兵衛

●醬油の鑑定法

素人や御婦人方に手軽なる醬油の良否判別方は二個のガラス徳利へ二種の醬油を入れ沸騰せる湯の中に五分間浸し置くときは鶏卵の白身が固形すると同じく醬油に含みたる滋養分も凝結して蛋白質を示す此量多き醬油は良品と識るべし

は開業二百六十一年

は品質の吟味嚴重也

は風味他品に超絶す

は最高の賞牌を有す

は日本一の醸造高也

は全國到所に販賣す

●醬油の保存

最上の醬油は決して腐敗する事なけれども夏季に置場所よろしからざる時は稀に白カビの發生する事あり之れを防ぐには醬油を攝氏七十度にて四五分間温め置けば去る氣遣なしあまり高き温度は風味と滋養分を害すべし

荷扱所

東京北新堀町七番地

濱口支店

（電話浪花二二五九四）

!!! NOTICE !!!

ムスク香水
芳香の永く保つ点に於て
其名富士の山より高し
色白くつやをだす
ホーサン石鹸
大形二十銭小形十銭
大瓶壹円
中瓶六十五銭
小瓶廿五銭
東京本石町四
松澤常吉化粧品部

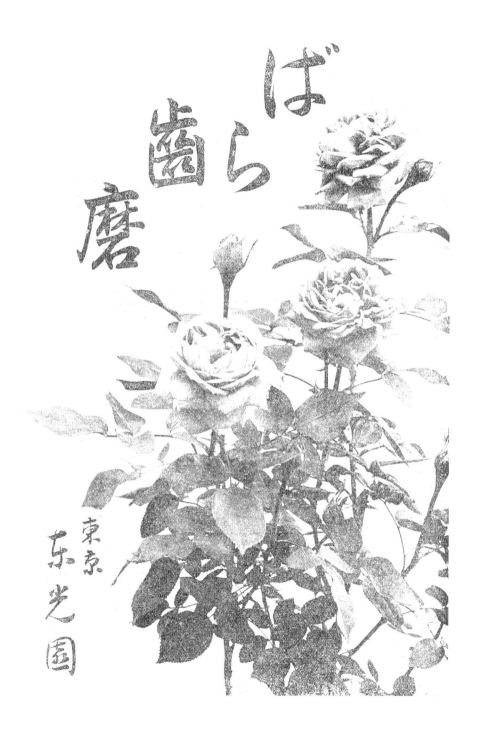

家庭の志る遍
第十七號
明治三十七年四月七日第三種郵便物認可
明治三十八年十一月十日発行毎月一回十日発行

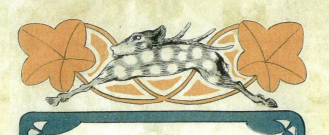

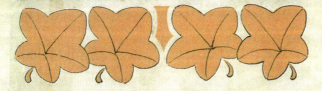

『家庭の志る遍』

第一八号（一九〇五〈明治三八〉年一二月）

家庭の志るべ
第十八号

家庭のしるべ第十八號

目次

白木屋呉服店大坂支店に於ける
標本人形と新染色元禄茶の輪廓

越後長岡町大野屋旅館に於ける白木屋呉服店出張販賣開始前日の光景

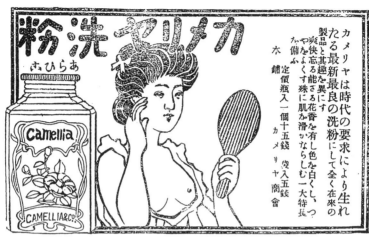

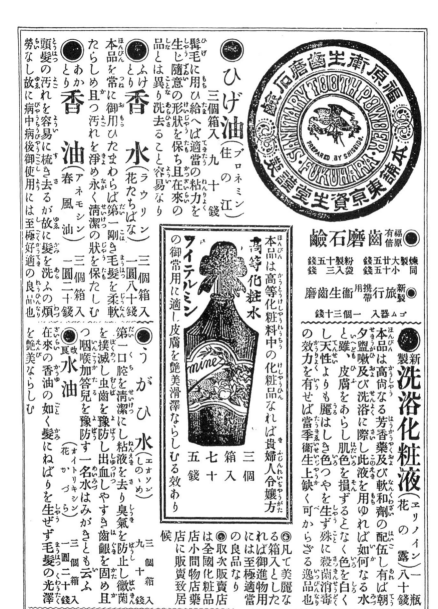

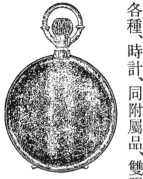

箪笥長持　御婚禮道具一式調製

TRADE 清 MARK

▲
階上箪笥陳列場
新形各種
正札附キ
▼

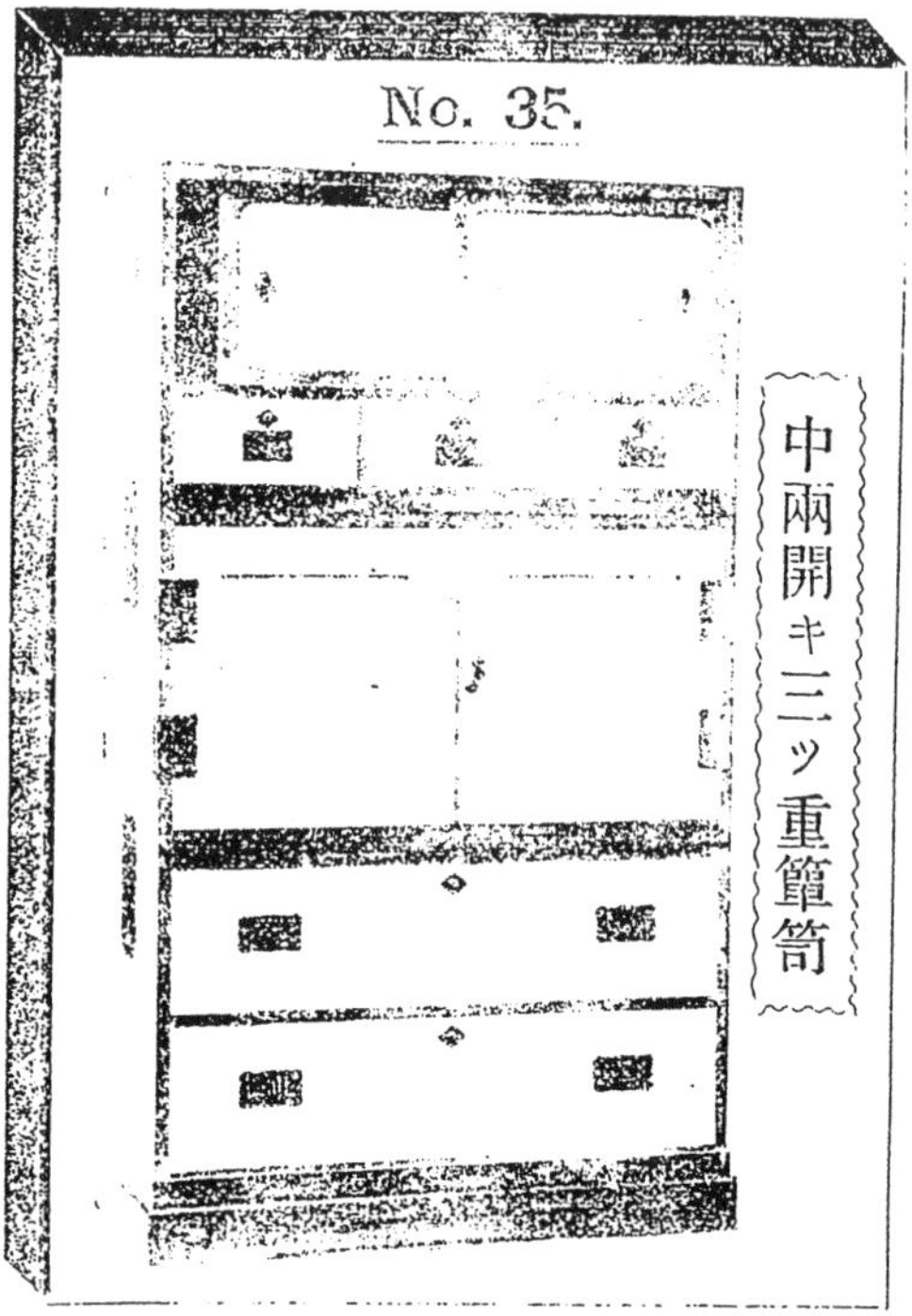

中兩開キ三ツ重箪笥

▲
高等タンス問屋
數代老舗
確實販賣
▼

東京々橋　金六町角

塚鶴箪笥店

電話新橋　五百七十一番

目録　進呈送貲二錢

目録　進呈送貲二錢

進歩的國民必讀の畫報！

毎月三日 一回發行

帝國畫報

定價金參拾錢郵税貳錢五厘

高尚なる家庭には必ず備ふべきもの、繪畫あり寫眞あり記事あり印刷精美娯むべく親むべし

故横井玉子女史著

家庭料理法

全一冊 定價金四十五錢 郵税八錢

いしはらばんがく先生編

家庭のたのしみ

全四冊（縮本） 兒童の好む本 各十錢郵二錢

吉田彌平先生閲 新治吉太郎先生著

通俗家庭教育

全一冊 定價金五拾錢 郵税金十錢

發兌元 東京神田裏神保町 電話本局一〇三六 合資會社 冨山房

貴婦人用

羽根襟掛

毛皮襟掛

色々

流行のボーア

流行形帽子。膝掛。白毛布。莫大小手袋。絹傘。護謨外套。旅行用化粧道具。香水。石鹼。化粧用品及洋服附屬品各種

東京市日本橋區通三丁目

丸善株式會社洋物店

電話本局十七番及特廿八番

宮内省御用

名譽銀牌受領

最上醬油元祖

登録商標

釀造元 濱口儀兵衛

●醬油の鑑定法
素人や御婦人方に手軽なる醬油の良否判別方は二個のガラス德利へ二種の醬油を入れ沸騰せる湯の中に五分間浸し置くときは鷄卵の白身が固形すると同じく醬油に含みたる滋養分も凝結して蛋白質を示す此量多き醬油は良品と識るべし

は開業二百六十一年
は品質の吟味嚴重也
は風味他品に超絶す
は最高の賞牌を有す
は日本一の釀造高也
は全國到所に販賣す

●醬油の保存
最上の醬油は決して腐敗する事なけれども夏季に置場所よろしからざる時は稀に白カビの發生する事あり之れを防ぐには醬油を攝氏七十度にて四五分間溫め置けば去る氣遣なしあまり高き溫度は風味と滋養分を害すべし

荷扱所
東京北新堀町七番地
濱口支店
（電話浪花二二五九四）

!!! NOTICE !!!

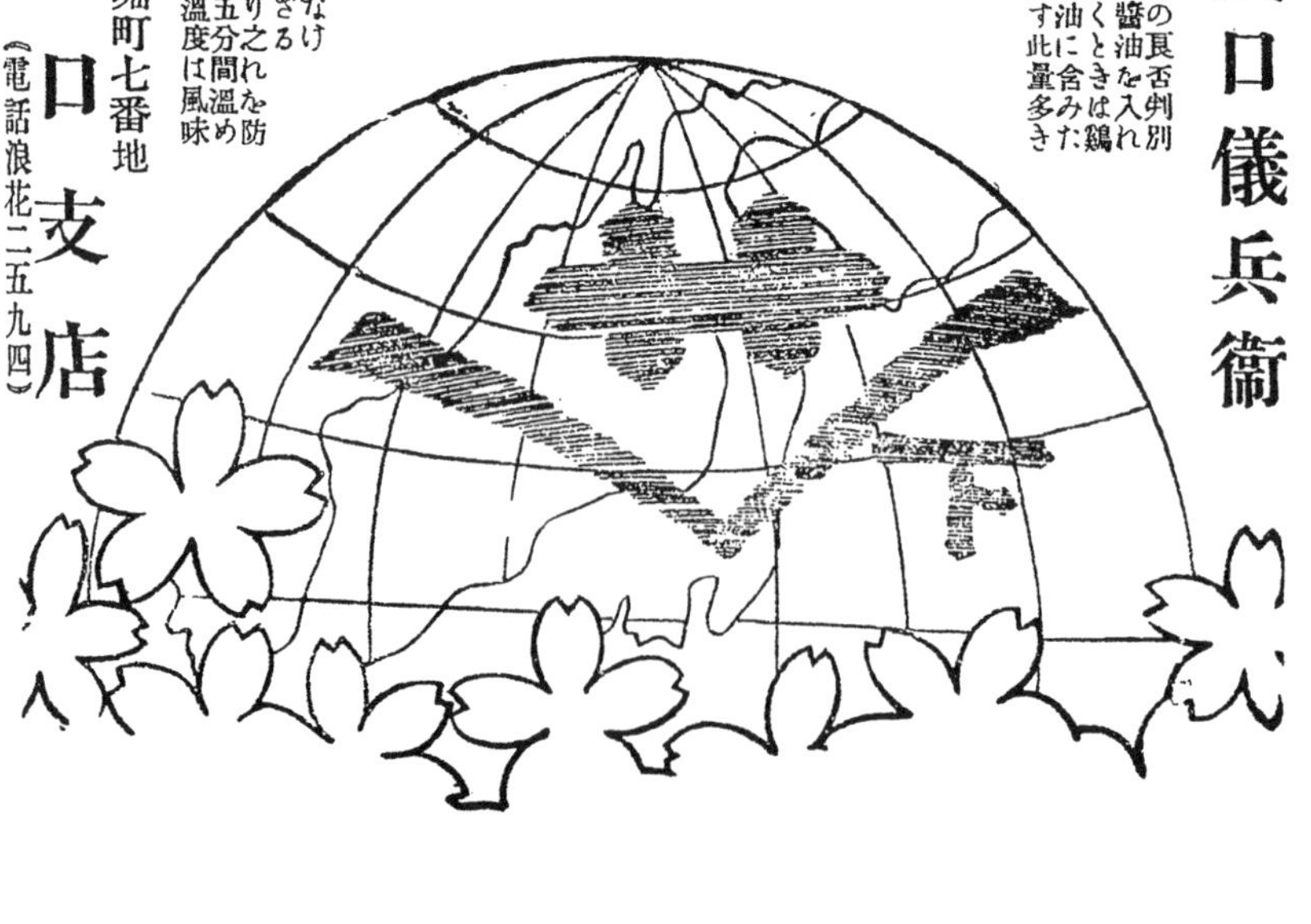

御婚禮道具蒔繪美術品各種重箱膳椀家具一式其他各種共特別に注意調進可仕候
御用の節は電話にて御申越被下候はゞ店員相伺せ可申候尚階上に陳列場の設け有之候間時時御來觀奉希上候

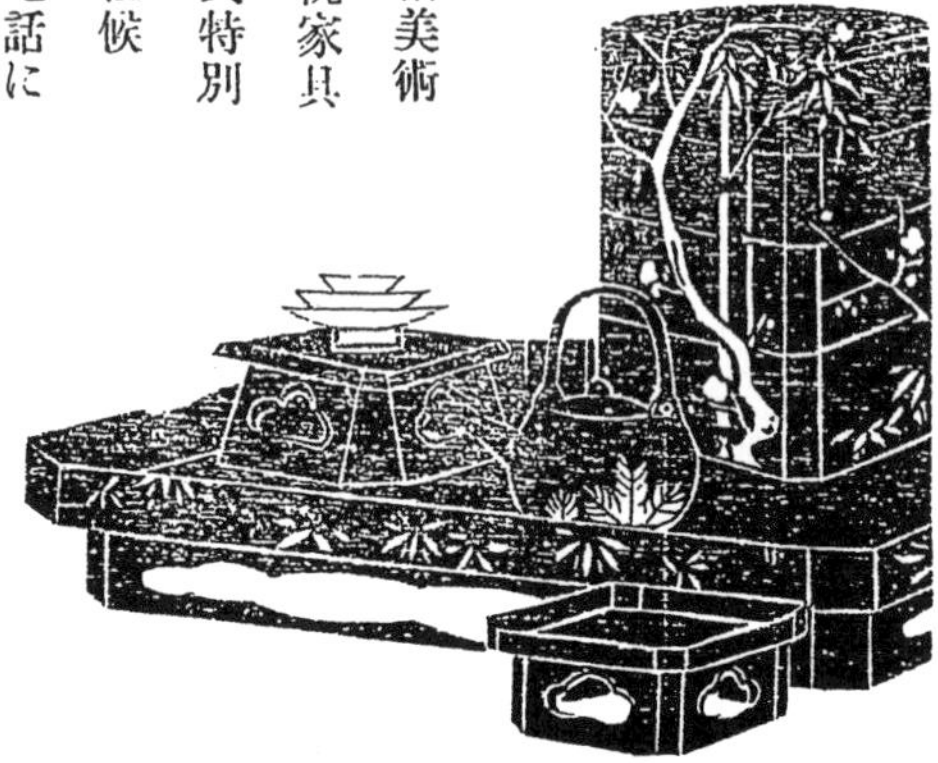

柏

東京日本橋區通壹丁目

黑江屋漆器店

電話本局八百拾四番

中將本家

喜谷 實母散

我が喜谷家傳の實母散は元祿年間創製にして玆に二百有餘年男女諸症殊に婦人產前產後血の道子宮病寸白月經不順長血白血引風痰咳頭痛癪病腹痛等に用ゐて稀代の特効あることは普く一般の實驗上に確知せらるゝ所にして現時新藥新劑頻に世に出るの中に於て我實母散が益々盛に行はるるは實に此故なり是此實母散は無上の良方なるが上に其藥品は都て最上精良品を選び調製に尤も精密の注意を用ふるに因る世上の信用益々篤くして江湖の使用益々加はり全國到る處は勿論海外迄に貴重せらるゝは素より當然にして敢て偶然に非ざるなり

定價壹貼	金七錢	郵送料貳錢
三貼入	金貳拾錢	同 貳錢
五貼入一週間分	[illegible]	同 四錢
拾貼入二週間分	[illegible]	同 [illegible]
拾六貼入三週間分	[illegible]	同 六錢

（電話本局特五五番五六番）

本家 東京市京橋區中橋大鋸町六 **喜谷市郎右衛門**

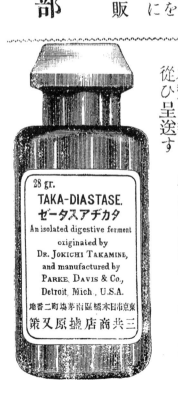

歳暮と家庭

歳暮は家庭の督促者なり、家庭は年に一度つゝ是非とも此督促者の前に立たざるを得ず。この意味に於て吾人は寧ろ歳暮を歡迎す、歳暮ありて始めて家庭は警戒を與へられ、矯正を慫慂せられ、苟も猶ほ其極に達せざる限りは、依りて以て少なくとも家庭の壞亂分裂を未然に防ぐの階を造り得べければなり。

有形と無形とに論なく、時の務は時の内に果せ、日の業は日の内に成せ、而して月の債は月の内に償へ、是れ人の當に爲すべく、また宜しく爲さゞるべからざる所なるも、月の暈ある如く、人にも亦た疾病事故あり、況んや熱烈の情火を以て、百端の意志を燃し、而して諸方面の誘惑に接するをや、之れを稱して、人生とはいふ、人生には詩あり、意氣あり、哲學あり、極めて多方面多趣味なると共に、油に滑る冷鐵の如く、嚴正に時と量とを保ちつゝ、戞々として終日數理を刻み行く能はざるや論なく、遂に或は時の務に日を費し、日の業に月を要することあり諸般の債務積り〳〵て歳の暮に輻湊し、越すに越されぬ歳の歎、今も昔に異ることとなし。

所謂債務とは、啻に借財のみの謂に非ず、怠慢により、懦弱により、或は素行の修まらざる等によりて生ずる敎育、家政、及び家庭の和樂、その他萬般の損害を意味せり。例へば兒童の監督を忽せにして、不良の學課成績を招げる、或は鼠入らず一部の修繕を怠りて、爲めに全部の不用を來せる、或は主人の歸來遲くして、一家の風波夜陰に立騷げる、皆家庭の債務ならざるはなし。

凡そ是等の諸債務は、時毎に日毎に、微を積み小を重ねて、枝葉の繁茂と共に根蔕また漸く深く、遂に青年を誤り、良妻賢母の名を汚し、家庭主人の位置を辱かしめて、其極家庭を壞亂せずんば已まざるべし。他より融通せる金錢上の債務は、必らず辨償の期ありて、若しその義務を怠らば、債鬼卽ち門に至るに引換へ、吾自から損ぜる金錢以外の債務は、恐らくは辨償の期なく、辨償せざるもまた他の督促を受くることなければなり是に於てか天は歳暮を人生に降して、深く家庭の反省を促し、其怠慢を責め、其懦弱を誡め、其徳性を提醒して、間接に債務を督促し、債務者をして慙ぢ且つ悔ゐしむると共に、又賜ふに改悛の勇を以てし、徐ろに辨償の方法を講ぜしめんとす。

見よ、數へ日の巷に奔る者、呼ぶ者、何れか歳暮の督促に喫驚し、油斷大敵に會ひて怠慢の眠始めて覺めつゝ、俄かに起つて周章狼狽するの姿ならざるものぞ、是時に當りて門の松飾既に成り、宵の内より戸を鎖して、一家暖かに新年の遊樂を豫想する者は何人ならん、想ふに必らず平生に於て、日の業を日の内に成し、月の債を月の内に償へる者ならずんばあらず。古へ曰く、年の内に春は來にけりと、春は柱暦の上に在らずして、人の心の裡に在り、靄々の和氣は何れの時にも樂しき春の姿なり、良家庭の春は長へに去ることなし。歳暮は獨り家庭の督促者たるに止まらずして、また家庭の和不和を徵する聰明の試驗官たるなり。

寫眞

なにがし

（上）

秀子さんが此家に來られた時、私は嬉しくて、蔭ながら心の中に掌を合せ、何うぞ坊やを頼みます、今年五歳にはなりますけれど、羸弱ではあり、甘やかしもの、是れからは又た何の位貴女に世話を燒せるか知れませぬ。呉れ〳〵も生みの母の私になり代りて、行末までの面倒を見てやつて下さいまし。氣心を知らぬ貴女ではなし、學校に居る頃から、人一倍の仲好し同士、好く〳〵の縁あればこそ、私の魂去らぬその家の奥さまとなられて、私の子を手鹽にかけて下さるのでございませう。旦那さまは、折々急腹をお立てなされど、心は優しい神のやうなお方、私の病んで居る中も、それは〳〵眞心を籠められて、勿體ない程の御介抱、嬉し涙の中に、悲しやもう迎への車、世に情けないはまゝならぬ病の身でございます、貴女は何うぞお身體を大切に、倶白髪まで添遂げて下さるやうにと、神さまも御照覧あれ、私は心の底から祈つたことでございました。世間ではよく亡なつた人の未練が崇るとかいひますけれど、その位なら何故死ぬのでせう、飽かれぬ人の歎きの數を餘所に、離すまじとする愛惜の手を振捨てゝ、わがまゝに逝くが惡いではありませぬか、全く私が惡いのです、秀子さん、もう決して〳〵氣に障へて下さいますな、私がそんな解らずでないことは、貴女も疾うに御存知の筈、その御存知なのを私も疾うに存じて居ります。私は全く滿足して亡くなりました、その證據には御覽の通り、世に在る時の微笑みを今もそのまゝ殘して居るが見えませう。貴女が御婚禮のその日から、人知れず喜んで居りますと、里歸りの式を濟ましたその夜の事、貴女は旦那さまと唯二人差向ひの、所作なき目を寫眞ブックに辿らせながら、

『露子さんのお寫眞は一枚もないのでございますか。』と尋ねたでせう。その時旦那さまはお笑ひなされて、

『無いこともないが、まア可いぢやないか。』

『お有んなさるものを、何故こゝへ挿してお置き遊ばしませんの……………。』と邪氣ない眼に旦那さまを見上げらるゝ。日頃貴女にもお似合なさらぬ、お色の白からぬとかを氣にかけて、露子さんは羨ましいと口癖のやう。成程、――私の口からは變ですけれど、秀子さんの容姿はそりや美しいとはいはれますまい、けれども黒瞳がちの溫然と、優しい春の光を湛へて、無量の愛を籠められた眼色の、この一つに七つは隱れて、見たばかりでも懷しい、まこと坊やは好い阿母さんを持たれたことよ。年は私より一歳下の、たしか二十

三の今が奥さま盛り、髪の縮れも苦にならぬ束髪の、故意と今様のハイカラを避けて、何處までも溫順しく、自づと品も打上りて、旦那さまと並ばれた睦ましさは、斯ういふ下から心憎くも思はれます。旦那さまは機嫌よく、

『ハ、ハ、挿しておかないといふ譯ぢやないがね。』と言葉の濁るに顏を染められて、

『私が今挿しても宜しいでせう。露子さんがお可哀想でございますもの。』とよく〳〵思ひ入つた言葉の端、私の嬉しさは何の樣でございましたらう。實は秀子さんの來る前に、その思惑を憚ねられてか、旦那さまのお心強くもブックから、私を取放し、一纏めにして簞笥の小抽斗、ア、私は父上、母上、親戚、友人の間を離れて、淋しくも獨りこの眞闇な、日の目透さぬ檻の內に居るのです。それと察して秀子さんのお芳志、私はもう有難くて、何時か救ひの御手と待つ中に、いそ〳〵しい旦那さまの暖なお手に載せられて、秀子さんの眼の前に。

『これだ。』

『オ、露子さん。』と嬉しくも、秀子さんは聲曇らして、

『何うしてまアお癒りにならなかつたでせうねえ。』と獨言。暫くして又つら〳〵と、

『お寫眞で見てさへ天人のやうに見えますわ。何んといふ美い御容姿でせう。』

恍然と見惚れた樣子、頓て心付いて、一枚每に見直して、忘れもせぬ去年のお正月、生家へ年始の出掛けに寫した白襟紋付。

『眞個に神々しいこと。……………だけど最う貴女、居ないのねえ。』

はら／＼と熱い涙を滾して、

『これを佛壇へ飾つて置きたうございます。宜しいでせうか。』と、日も淺ければ言葉の端々、何處か謹んで居られます、心掛けの奥床しさに、左りとは測り過ぎた隱し立てを、今更ながら愧ぢ入られてか、旦那さま少し慌てながらも、心の嬉しさは言葉に見えて、

『ア、宜いですとも、何うぞ左うしてやつて下さい、露子が嘸喜んで居るでせう。』

斯て白襟紋付の私は、御先祖代々に背を向けて、晴れがましくも佛壇の正坐に直りますと、朝夕香よ華よと、人手も借らず、秀子さんの篤いお手向、その後に跟いて、坊やも見えます。もう好く馴染んだ繼母さまの愛しさうな介添で、艶々と肥え太つた顔のあたり、紅葉のやうな掌を合せ、今が惡戲盛りの破れもしさうな勢ひを、假令一分が一秒の間にしてから、よくも斯うは行儀よく究屈さうに膝を疊んだいぢらしさ。續ては婆やのお春、これは私が婚禮のそも／＼から、實家より從いて來た正直もの、そのまゝ坊やの保姆となつて、今も健在な姿ながら、諄々と何んの繰言ぞ、折々は老の涙さへ念佛に嚙み交ぜて、秀子さんの手前、私にハラ／＼思はせます。

兎にも角にも、こゝに出てからは、家の内いとゞ穩かに私の看護にお痩せなされた旦那さまも、秀子さんの來られてから、追々希望の光を恢復された御樣子が先づも嬉しく、坊やの元氣、婆やの息災、見渡す限り家の内に平和の光充ち滿ちて、この美しい景色の中の私

もまた幸福者！

（下）

と、思ふたは束の間の、あはれ泡沫の夢痕なく消えて、憂たてや又たも私は小抽斗に蟄居の身となり、今は一家の主宰をなさるゝ秀子さんの手を、鍵はいつかな離れませぬ。

素より何故とも知るよしはありませぬ。けれども強ゐて思ひ寄せますと、それかと指される節も二ツ三ツ。

或日婆やが乳母車に坊やを載せて、庭を取り廻した板塀の外に出ますと、細道を隔てた隣邸の小間使が、不意に勝手入口の板戸から顔差出して、婆やとの立話し、低い〳〵密語の、その殘らずは聽き取れませんでしたが、

『でも、坊ちやんは、今の阿母さんによくお懐き遊ばして？』と小間使が訊きますと、

『何程お懐き遊ばしましても、そりやア何うしたつて、生みの阿母さまのやうな譯にやア參りませんのさ。眞個に坊ちやんがお可哀想でなりません。』

『左うでせうとも。』と小間使は一段聲を低くして、

『第一先の奥様の御容姿と申したら、この廣い東京にだつて、さう幾人もあるものぢやございません。お色が白くて、お髮がお美しくつて、何うしてまア彼様にお奇麗で居らつしやつたんでせう。先の奥様がお笑ひなさると、何様苦虫でも笑はずにやア居られなくなる

んですもの、そんなお奇麗な阿母さんに亡なられた坊ちやんは何樣でせう。如何に頑是のないお方だつて、自然と斯う春の奇麗な花を見て居る目の前へ急に冬の枯葉を突付けられたやうなお心も致すでせうさ、ホ、ホ、、斯う申すと、何んだか今の奥樣を枯葉にお喩へ申すやうにも聞えますが……。』

『ホ、ホ、、眞逆そんなでも。』と婆やは打消しましたが、何處にか首肯いたやうな語調も聞えました。此立話しをば塀の内で、思はず立聽きなされて居た秀子さんのお心はまア何樣ものでしたらう。

又或時は、旦那樣の日頃親しいお友達が參られて、例のブックを繰擴げながら、

『僕はまだ先の奥樣のを頂戴して置かなかつた、今日は是非これを戴いて行かう、見給へ君、實に美しいぢやないか、亡いお方の紀念にもしたいし、旁々吾寫眞ブックに幾段の光彩を添へたいのだから。』

何んの遠慮もなく剝付けたのは、勿論惡い心ではないのですけれど、襖ごしにチラと聞付けた秀子さんは、此時眉を顰めずに居られたでせうか。

これ等の事のあつた間もなく、私は再び日の目見ぬ身となりました。けれど是れは秀子さんのお惡いのではありませぬ、世間のものが秀子さんの手を假りて、私を此處へ幽閉めたも同樣なのです、それにしても世間は何故、優しい人の心は見ずに、仇なる外貌に憧れるのでせう、世話を燒けば苛めるといひ、燒かなければ投げやりといひ、遂に繼母をして手の擧げやうから、足の踏みやう迄に氣を配らせ、物事自然の情を外づれて、總て儀式づくめに流れ行く繼母の心遣ひをば、深く察してやらないのでせう。ア、お氣の毒なは秀子さんよ。秀子さんの爲めとならば、此小抽斗の幽閉なぞ、私は何んとも思ひませぬけれども。只悲しいは明暮れに、坊やの顏の見えない事です。

秀子さんの御心遣ひは、容姿の上のひがみばかりではなく、家政の事、勝手元の事、總て私のやり口に較べられはしないかと、左りとは種々の思ひ過し、無理もないことながら、そこぞ後妻のつらい所と、私はいよ〳〵お氣の毒でなりませぬ。

素より優しい性質の身に、この心遣ひの重過ぎてか、お可哀想に風の心地が嵩じて、私の臥した其座敷の同じ向きに床を敷かせ、私と同じやうに看護婦の水よ藥よ。

水も藥も是れで何うして效きませう、熱のやう〳〵醒めた時、醫者の勸めで轉地療養。その留守に婆やの手は、圖らずも小押斗に來て、私をば坊やの懷へ。

『坊ちやん、これが阿母さんです、肌身離しちや可けませんよ。斯うやつてゞも置かないと、今の阿母さまが、今に燒いて了ふかも知れませんから。』

坊やの肌に暖められて、私は嬉しいけれど、さりとは婆やの要らぬ智惠付けに、何んにも知らぬ坊やまでが罪を着て、若しや他人行儀と秀子さんに咎められたら如何でせう、つまりは坊やの爲めになるまい、とその事のみ案じて居るとは知らず、稍や物心付いた坊やのいぢらしくも、夜は衾の間にも犇と私を搔抱き、晝の惡戯の絕間々々を、窃と出しては笑顏になります。慣れば慣れて初めの氣遣ひ、それも何時しか忘れて了つて、逆さまながら坊やの肌に縋付き、斯て何時までもと思つて居ると、秀子さんのお歸り。血色も大分勝れて、旦那さまのお喜び、私も心から快氣を祝ふのでございました。

その夜の膳部は祝ひの盃、坊やも秀子さんの傍に溫順しく坐りながら、唇に着けた酒の氣に顏赤く、コクリ〳〵と坐睡を始めましたので、秀子さんは左も可惜しげに微笑まれて、

『お睡になつたね、サア、阿母さまが寐かして上げませう、』

膝に坊やを抱上げて、早くも夢路の埒もなき姿を愛でつゝ、着物を脱がせにかゝりますと、圖らずもハラリと落ちた私の。

『アラッ。』と取上げて氣魂ましく、顔の色を變へられたので、旦那さまよりは、坊やの夢は先づ破れて、

『それ、坊やの阿母さまだ、坊やが持つてるんだえ。』

勃然と起ちて早蕨の手に、懸命の力を籠めて取らうとしますと、例になく秀子さんの眉逆立ちて、

『マア、この子は！』と荒々しく、引取られて、顫ふ手に私を引摑み、

『阿母さまは私ぢやないかね、餘りだ、〳〵。』

言ひながら氣も狂はしう、旦那さまの驚く目先きに稲妻とばかり、閃めいたは私です。旦那さまがお止め下さらなかつたら、火鉢の中に燄がパッと起つたでせう。

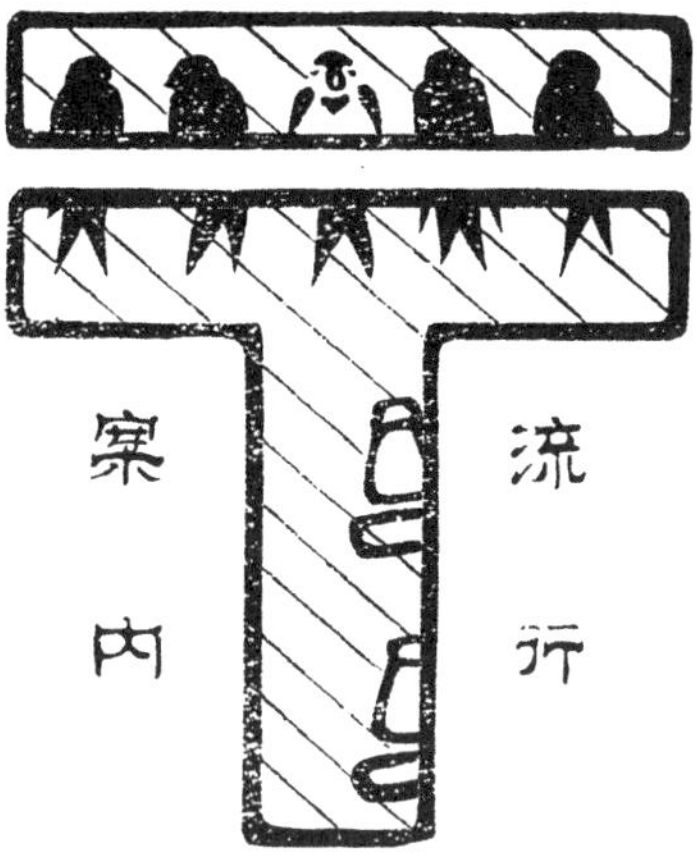

流行の變遷が、重に既往を繰り返すといふことは、事新らしく申すまでもありません、近頃縞御召などに見る、橄欖色の稍濃い黒みがゝつた地色に、横大明などは目下歡迎されて居る部類に入つて居りまするが、是れも明治十七年頃流行したもので有ります。又今年の冬季から流行り始めました、縦りがらみ及び霜降りの柄などは、約三十年も前に大流行を來しましたもので、唯當時から見ると、機業が進歩して居りますため、單純の霜降りにせずに、此の霜降りを通常の縞のうちへ交ぜて織りましたり、或は辨慶縞の或る一角を霜降りに織り出すなどが、進歩した所で、爾も獻上博多の帶のうちに、獨鈷の間へ此の霜降の線を織り出すなどは、最も嶄新の織り方でムいます、先是等は當季の流行について所感を申ました所で、更に品柄を取集めまして、一と揃へを見立てますれば。

○二十五六歳以上三十歳前後の婦人向

無地御召に縫ひ模樣の江戸褄。紋は配合よき色糸で脊に一ヶ所の縫紋。下着も對にしますか、若くは風通小紋の澁味ある柄合のものを重ねますのも亦妙でムいませう。

裾廻しは上衣と同じ色の縮緬か、又は羽二重にて共袖口が宜しう厶いませう。

裏は白絹か又は鼠絹を用ゐます。

此出來上り代價　凡五拾圓位

羽織には、白の壽織御召を、消炭、濃葡萄、生壁色の內を選みまして、紋付きに染めあげ。

裏は、金糸入壁の絞り模樣などは、動きの無い所で厶いませう。柄はグッとハイカラに珍らしい花卉を模樣化したものなど流行の粹と言ふ所

此出來上り代價　凡貳拾五圓

＊　＊　＊　＊　＊

○同年齡位の男子向

錦城御召に尙武織、千歳織等の對小袖か、然もなくば此の上衣に、風通、吉野入御召など、普通の細かき格子縞又は、變り辨慶の類を下着に取り合せるも面白う厶いませう。

裏は繪羽染めの羽二重を用ゐます。是は、後ろを裾まで尺七八寸、前を二尺五寸位まで、御召納戸の脊切りに染めまして、胴裏袖裏だけを白のまゝでおきます、で、袖口は琥珀を附けまして。

此出來上り代價　凡五拾五圓

但裏に普通の糸好絹を用ゐますれば

凡四十五圓位

羽織は紋御召、桑都織等の內、肩裏は、古代又は今樣模樣の共織出し夢想織

凡貳拾五圓以上三拾圓くらゐ

又は表を丸糸織、繋糸織、好貴織等の內を選みまして、裏に、繻珍、鹽瀨、羽二重、水彩模樣を附けるなども至極配合が宜しう厶います。

此出來上り代價　凡貳拾圓以上 貳拾七八圓

帶は、綴織拾五六圓方、貳拾圓位　繻珍、幽谷織又は繻珍手先縫模樣七八圓方、拾五圓位　又筑前博多、八王子紋織五六圓方、拾貳三圓　此邊には種々の色や柄がありますから、衣服の柄に配合すのが肝要であります。

○婦人用塵除コート

表は紋御召の共色模樣又は無地。ブライト織、光輝織の類、裏は更紗羽二重又は紋羽二重の地紋を利用したる友禪染及び繻珍等

此出來上り代價　凡貳拾五圓以上 三拾圓くらゐ

＊　＊　＊　＊　＊

○十三四歲の令孃向

上衣は寶珠御召、華紋御召等の大模樣

下衣は洗朱、淡小豆色の縮緬又は羽二重友禪、裾は肉色、花葡萄の縮緬にして共袖口、裏は本紅絹付

此出來上り代價　凡五十五圓位

○同長繻絆

紅地、又はオレンジ色の霞金糸入友禪又は羽二重にて、袖裏裾は無双にして、

此出來上り代價　凡貳拾五圓

帶は繻珍、鹽瀨、西陣博多の幅廣中帶を七寸以上八寸までに仕立上げ。

尙其他に厚板、縱緞等の類よく色合は赤、朱、小豆、納戸、鶸茶等の類が目下一般に歡迎される處であります。

此代金　凡貳拾圓より 五拾圓まで

此邊の所で御新調になりますれば、流行に外れる所もなく、又甚突飛にして反つて異樣の感を速くやうのことは有りません。

○海外にて日本女服ます〳〵流行す

我國に最も友情厚きは米國にして、彼の伯

留理提督が我國に文明を鼓吹されたる因縁にも有らん、夫れかあらぬか、近來同國に於て、日本服流行し、殊に女服の寛ろぎよきが爲め、大いに流行を速くに至りしも亦一因なるべしと、然れど前方のひろがるが、何となく心地惡しとて、大いに新案を凝らし、其結果、前幅を廣く仕立ること〻せしが、猶慊たらず心元なしとて、終に或る二ケ所を「ピン」にて止めることが流行し、是にて漸く前のひろがる患なしと、安心して着用する向き、ます〱増加の傾向ありて同國紐育、ブルンクリン等に、此の日本服を被たる金髪婦人が、靴音高く連歩を運ばる〻を見るとは、是も亦戰捷國たる世界の日本が誇りとして、喜ぶべきことならん。

○大坂角座の己が罪と白木屋支店の新案染色の流行

讀者は本誌を繙くに、劈頭第一の口畫寫眞版に印刷せる盛裝美人を見られしならん。开は白木屋呉服店大坂支店が十一月中店頭に裝れる標本人形が、恰も當時同地角座に於て俳優中村成太郎丈が、小説己が罪の環に扮せるとき婚禮の場色直しの席に用ゐたる衣裳を着せたるものに係れり。

聞く、同店は同優が環の役に用ゆる衣裳の全部を引受けたる、其の重なるものは、

婚禮式の場

白羽二重無垢二枚重ねに、白唐綾織紗綾形の裲襠、帶は白地草花模樣の繻珍織。

色直しの場

縮緬地に、櫻戸家定紋の抱き櫻五所、地色は、同店が殊に工風を凝したるものにて、元祿茶と號けたる、嶄新の染色を用ゐ（其染色を紹介するため、特に口畫の輪廓を該

縮緬友禪三種

(い)柿小豆地に疋田白ぬきの芝草、淡き元祿茶及び萠葱にて市松をあしらひたる釘貫形應用の蝶　價鯨一尺七拾參錢

(ろ)高尚なる茶地に市松の釘貫形、木の葉色の濃淡もて市松を顯はしたる蟻通し形、何れも元祿應用の地模様に小豆臙脂の菖蒲形　價同上六拾四錢

(は)鼠小豆地に錆納戸と茶の市松萠黄雁木等の竪縞を地紋にして大小龜甲に白地栗梅の槌車、萠葱地格子縞、茶地へ臙脂、白・鼠・茶取り交ぜのやたら縞　價同上六拾九錢

友禪モスリン四種

（イ）茶地に市松の生り瓢を地紋にして錆茶と萌葱ぼかしの菊花
價大幅一尺　貳拾九錢切

（ロ）藍地に匹田の源氏車、紅入り友禪の花卉
價同　貳拾六錢切

（ニ）牡丹色地に藍辨慶の流れ、色合よき秋草
價同　貳拾七錢切

（ハ）濃きけりフ地に衛宿繧繝の流れを出し白ぬきの糸菊と紫及び紅ぼかしの菊花
價同　貳拾六錢切

二子色入がすり

(い)焦茶地小豆がすりに紅入の井桁　弐円拾五銭

(ろ)鐵色地紅入龜甲がすり　弐円拾五銭

(は)紺地茶糸入大縞がすり　壹円五拾銭

木棉大島染　壹反壹円八錢より壹円廿三錢

(い)

(に)

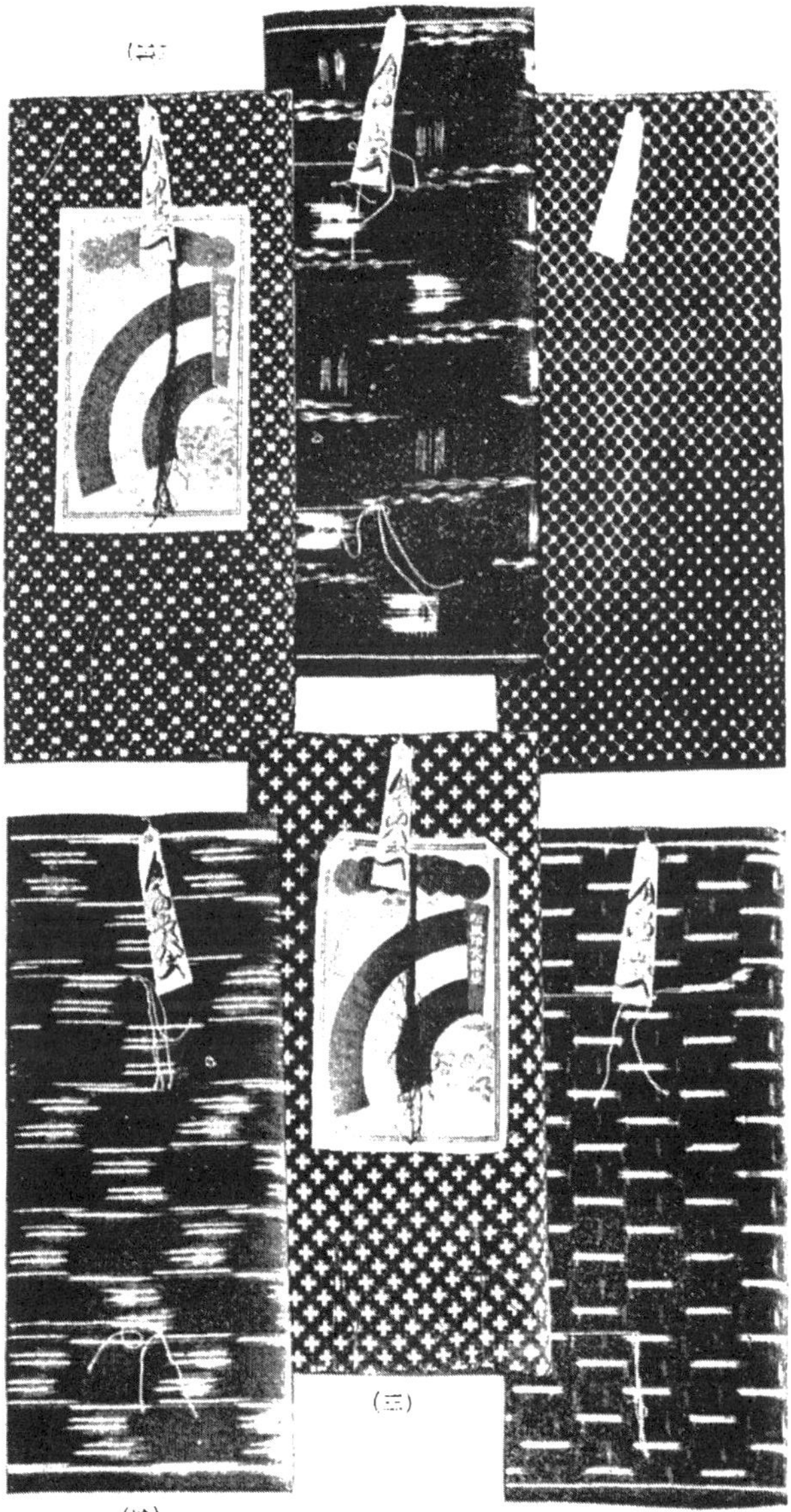

(は)　(ろ)

友禪三種

(い)羽二重地焦茶とカーキー色の中辨慶と、萠葱と鶸茶の小辨慶を市松形にして元祿式よせ木の輪ぬきを染出したる活潑なる柄

價鯨一尺　六拾錢

(ろ)絹友禪

小豆茶地に變り菊蕾と丁子色の市松をあしらひたる大形の熊笹

(は)羽二重友禪　黍茶地にヲレンジ、松葉色市松に、濃紺色、生臙脂人廣東縞等の取合せよき新圖案の蝶

價鯨一尺　六拾七錢

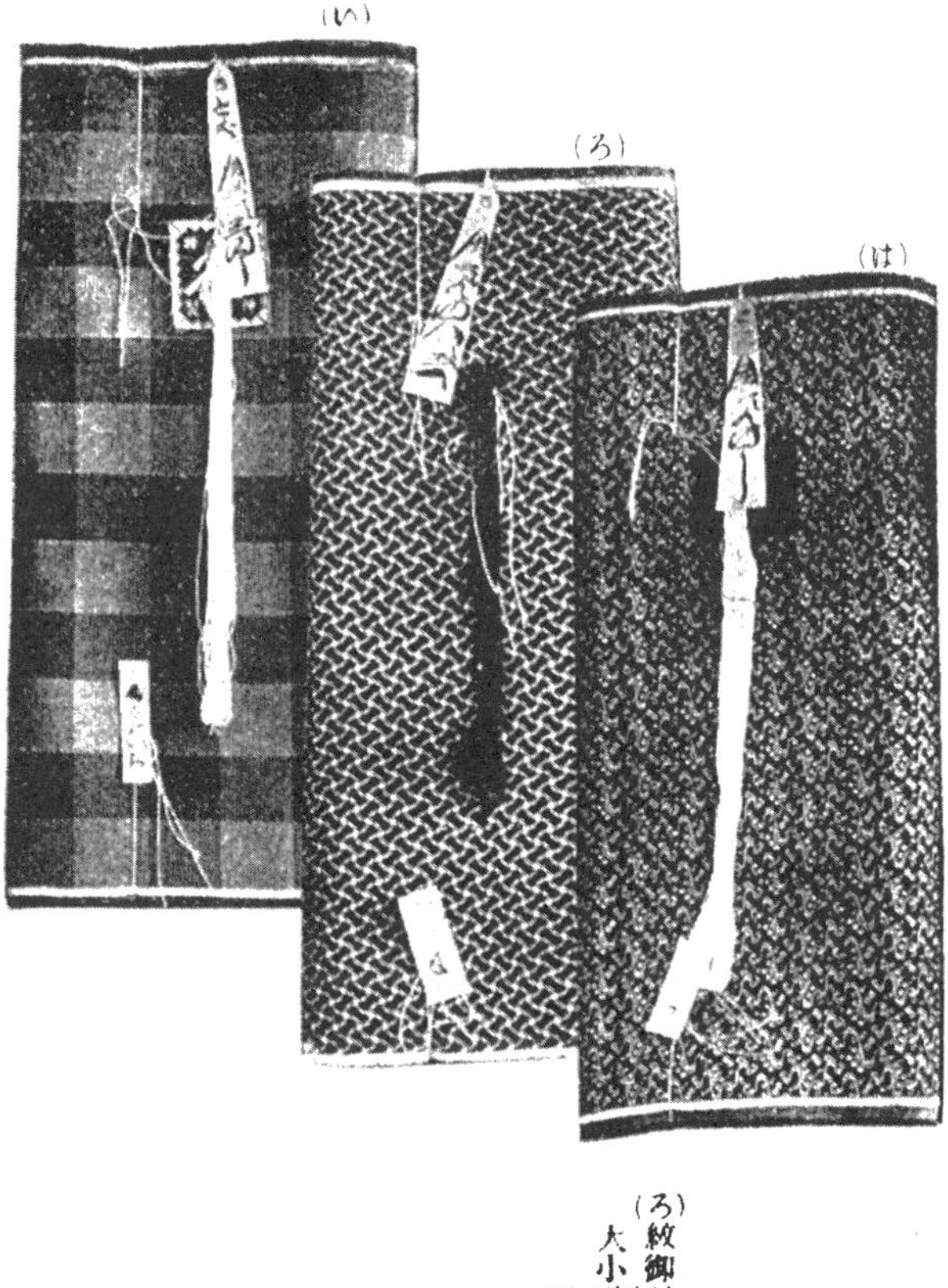

(は)紋御召　錆利休茶に鼠の古代浪と槌車と匹田ちらし

價一反　拾九圓

(ろ)紋御召　栗皮茶地に淡藍鼠の大小雪輪を集めたる分銅つなぎ

價一反　拾九圓六拾錢

(い)御召縮緬　元祿茶の竪大縞の縁を霜降りの細線にて括りたるに横な濃淡の茶にて辨慶縞に織りなしたる嶄新の柄

價六丈もの　參拾參圓

縮緬長襦袢

白と紅の大市松に納利休四田入りの巴其他四季の花卉を模様にしたる大小の丸紋は種々の流行色を取り交ぜて最も美くし

價　貳拾五圓八拾錢

(は)

(い)

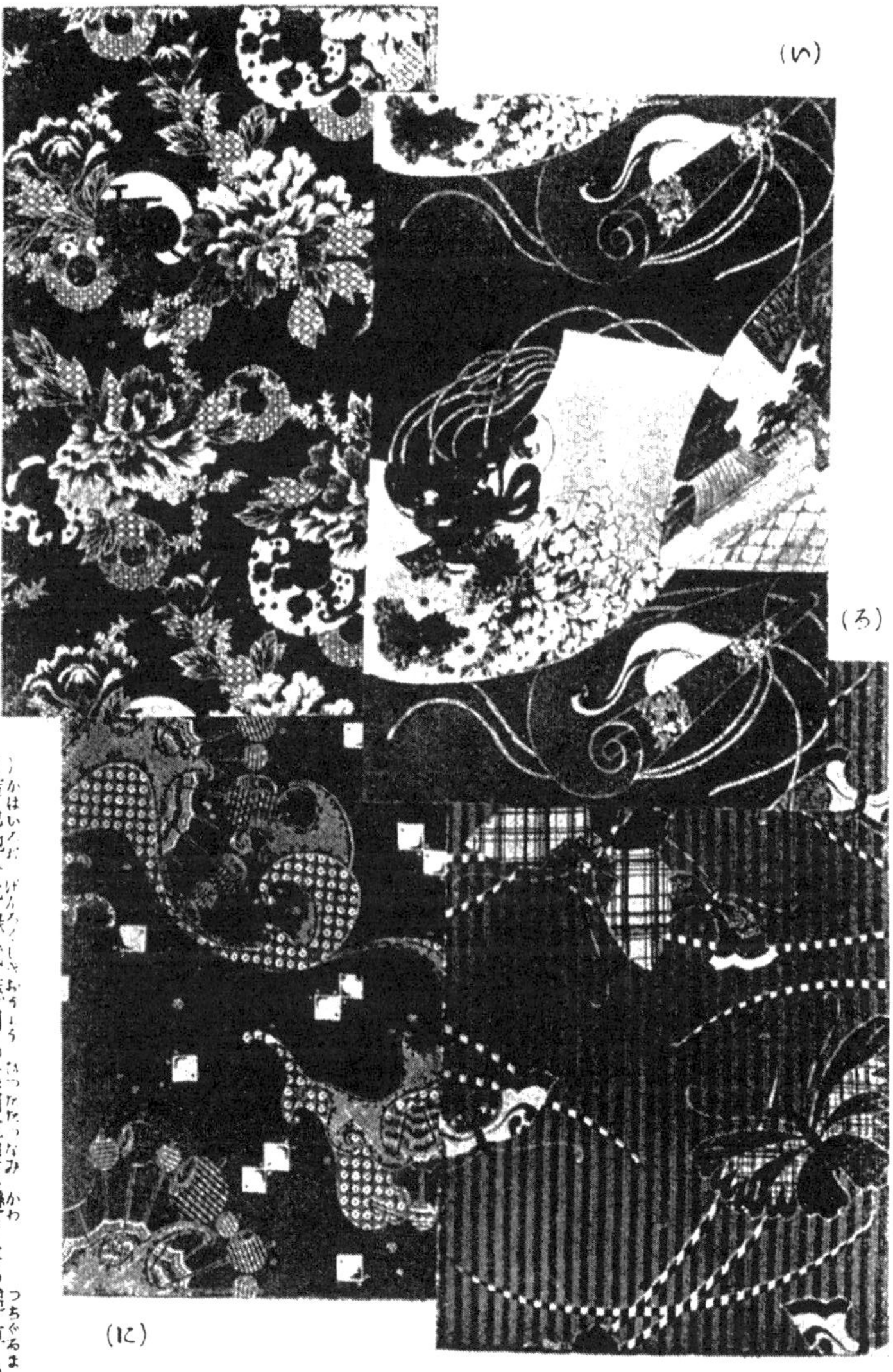

(ろ)

(に)

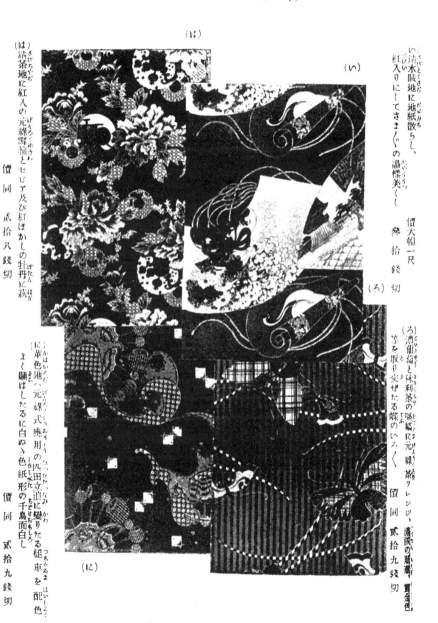

(い)錆木賊地に地紙散らし、紅入りにしてさまざまの畫模美くし　價大幅一尺　參拾錢切

(ろ)濃御納戸と休利茶の竪縞に元祿茶ヲレンジ、濃淡の萌黄、鬱金色等を取り交せたる蝶のいみじく　價同　貳拾九錢切

(は)錆茶地に紅入の元祿雪輪とセピア及び紅ぼかしの牡丹に萩　價同　貳拾八錢切

(に)革色地へ元祿式應用の四田立浪に變りたる槌車を配色よく顯はしたるに白ぬき色紙形の千鳥面白し　價同　貳拾九錢切

（い）

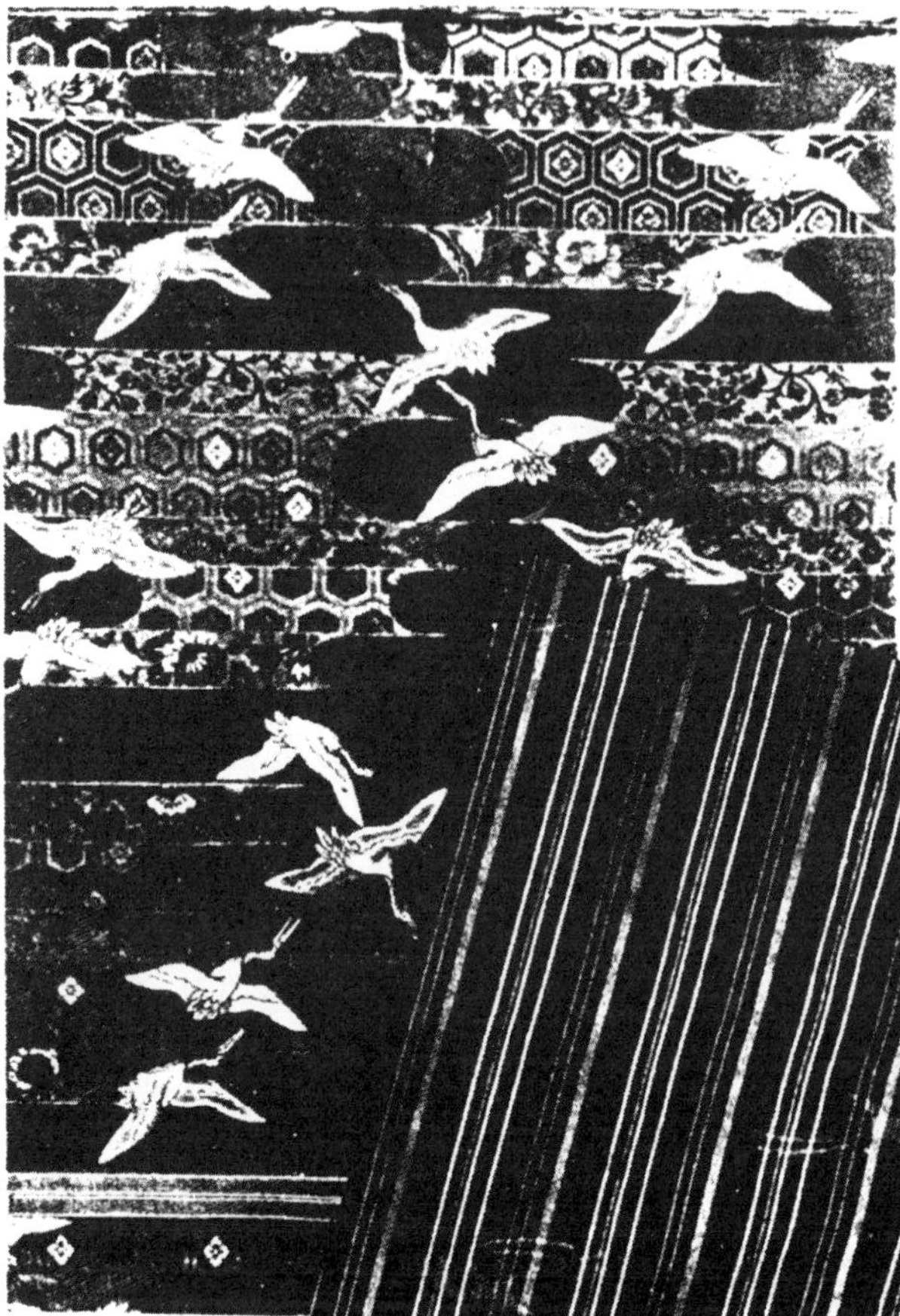

（い）唐織丸帯　茶地に猩紅の霞を地紋にして千羽鶴の織出し見事に品位あり

價　百拾圓也

（ろ）

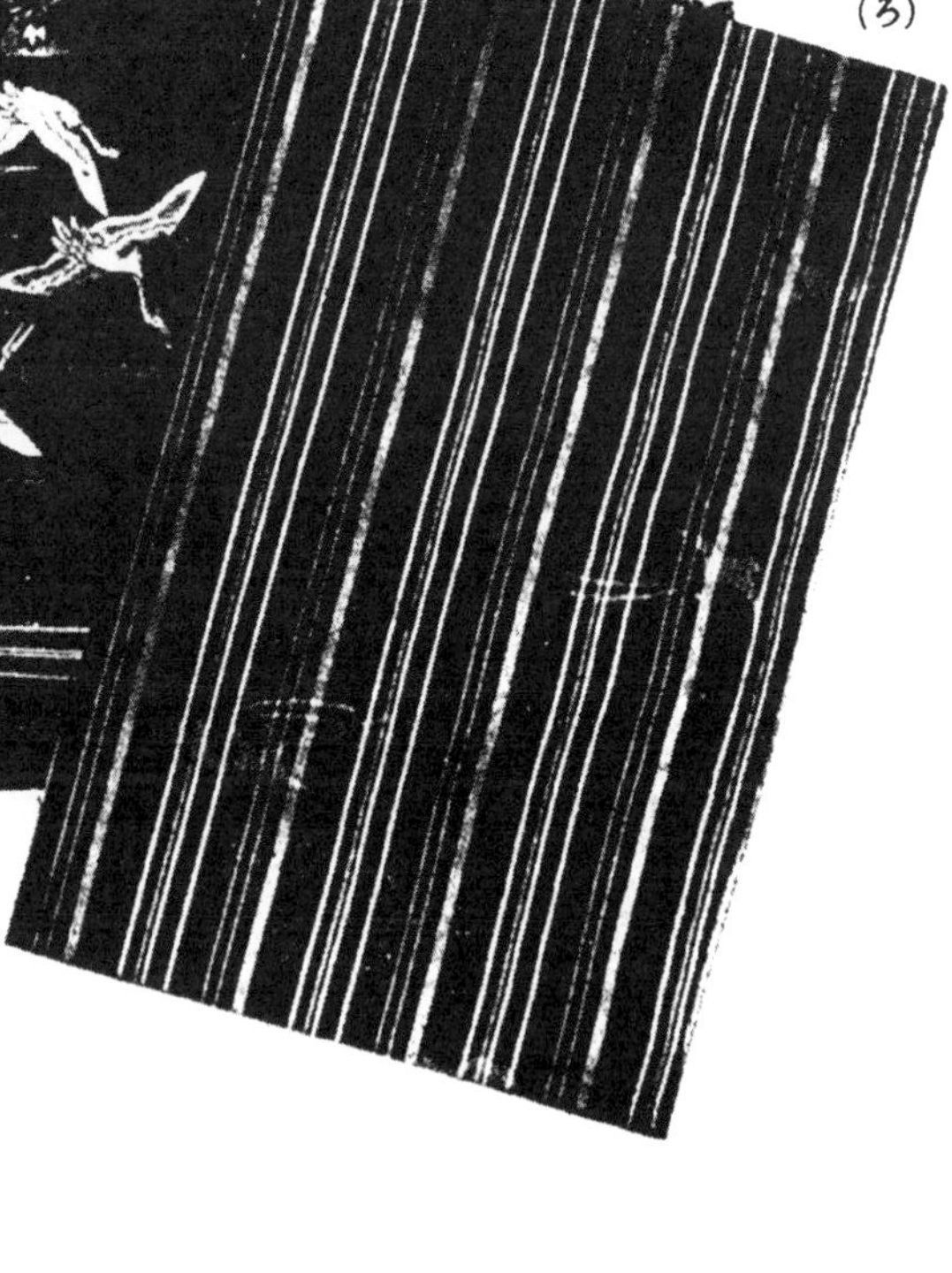

（ろ）博多片側帯　錆備前地に鐵ヲリーブ金鼠、霜降りなどの大小廣東縞を地紋にして金と白茶の古代蝶鳥

價　七圓拾五錢

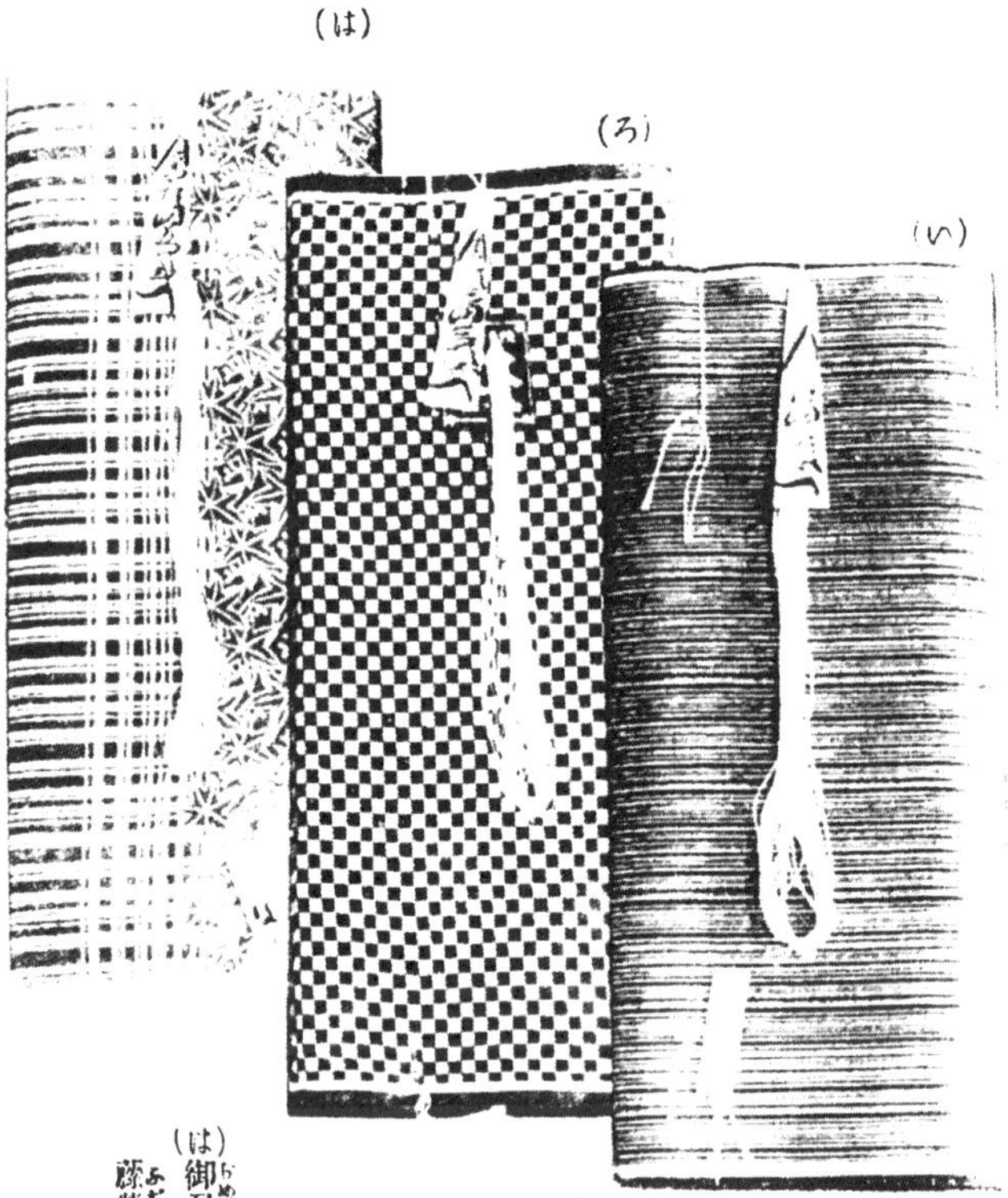

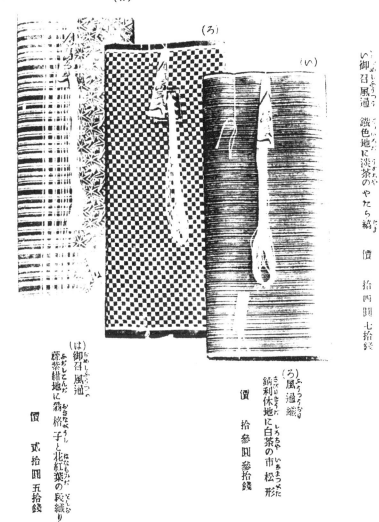

(い)御召風通　鐵色地に淡茶のやたら縞　價　拾四圓七拾錢

(ろ)風通織　錆利休地に白茶の市松形　價　拾參圓參拾錢

(は)御召風通　藤紫紺地に翁格子と花紅葉の段織り　價　貳拾圓五拾錢

（イ）

（ロ）

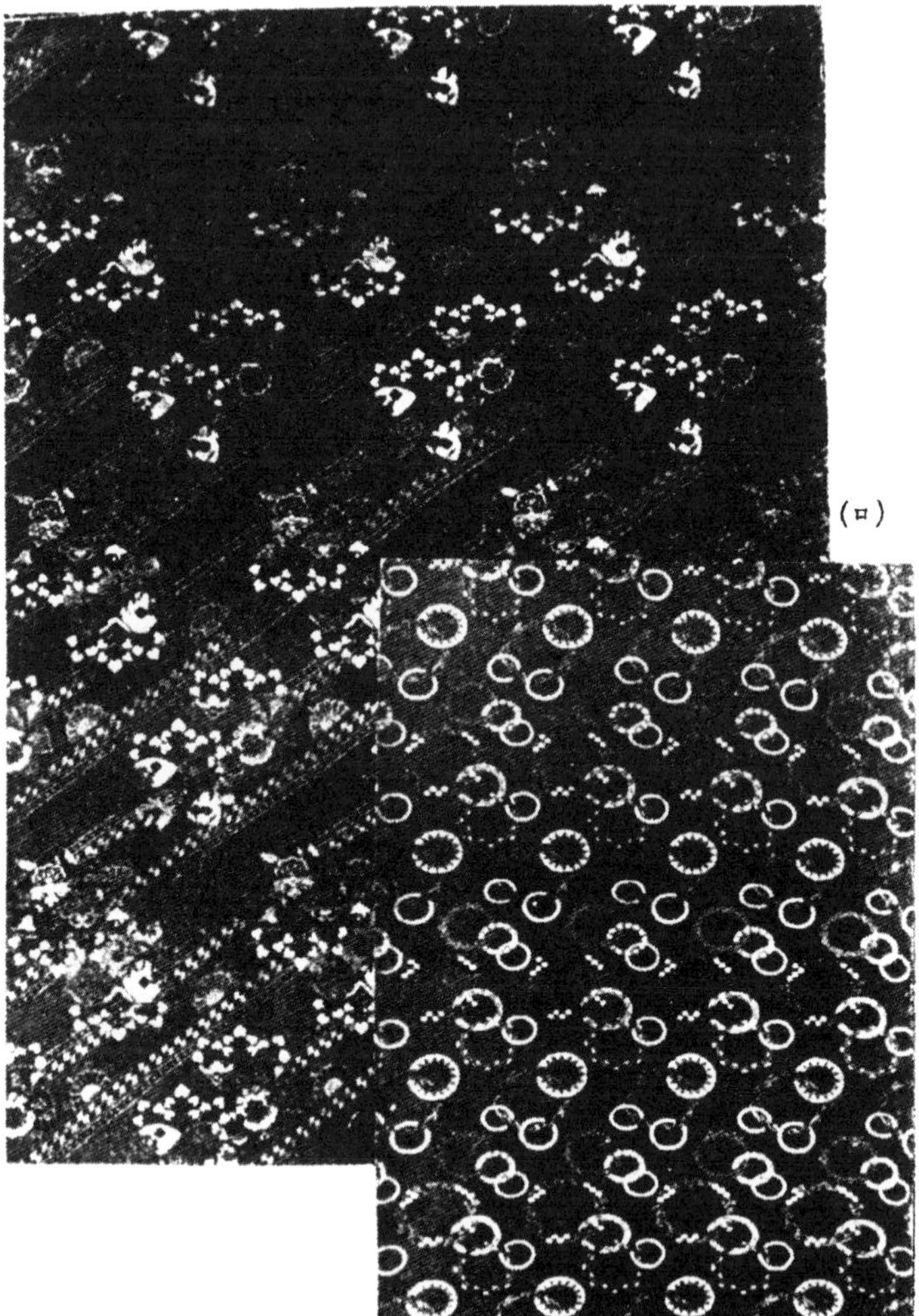

（ロ）厚板織片側帯　柿茶地地洗ひ朱、栗皮茶、淡利休、白等にて模様入り
大小の輪ちがひ

價　拾圓八拾錢

（イ）唐織金通し丸帯　茶地に斜の金市松を地紋にして極めて高尚に落付きたる色糸にて古代裂の織紋ある有職の菊桐

價　六拾九圓五拾錢

シヨール各種

色は赤、ラッコ、茶、鐵、ヲリーブ、御召、納戸等あり

壹圓四拾五錢

色は同上にて赤一種なし　價　壹圓八拾錢より貳圓まで

同上貳圓五拾錢より參圓まで

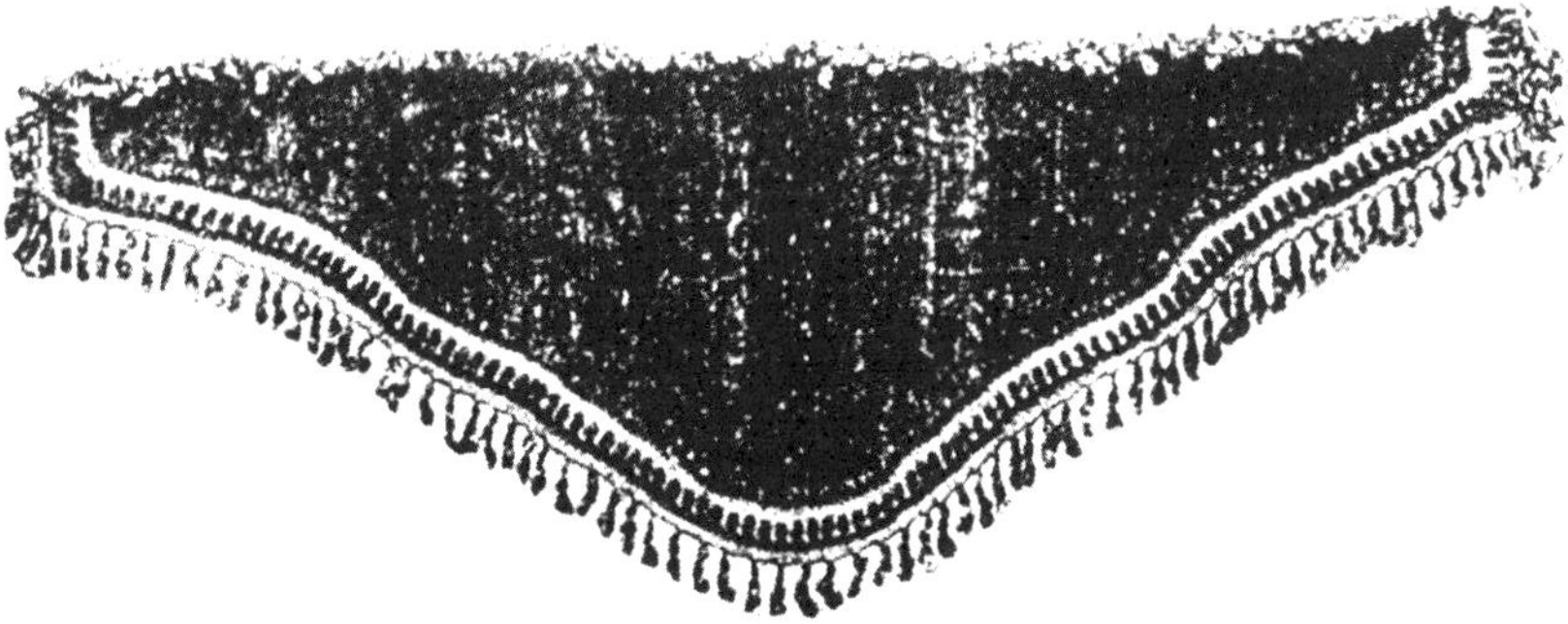

色はラッコ、茶、鐵、ヲリーブ、御召納戸等數種あり

價　參圓六拾錢

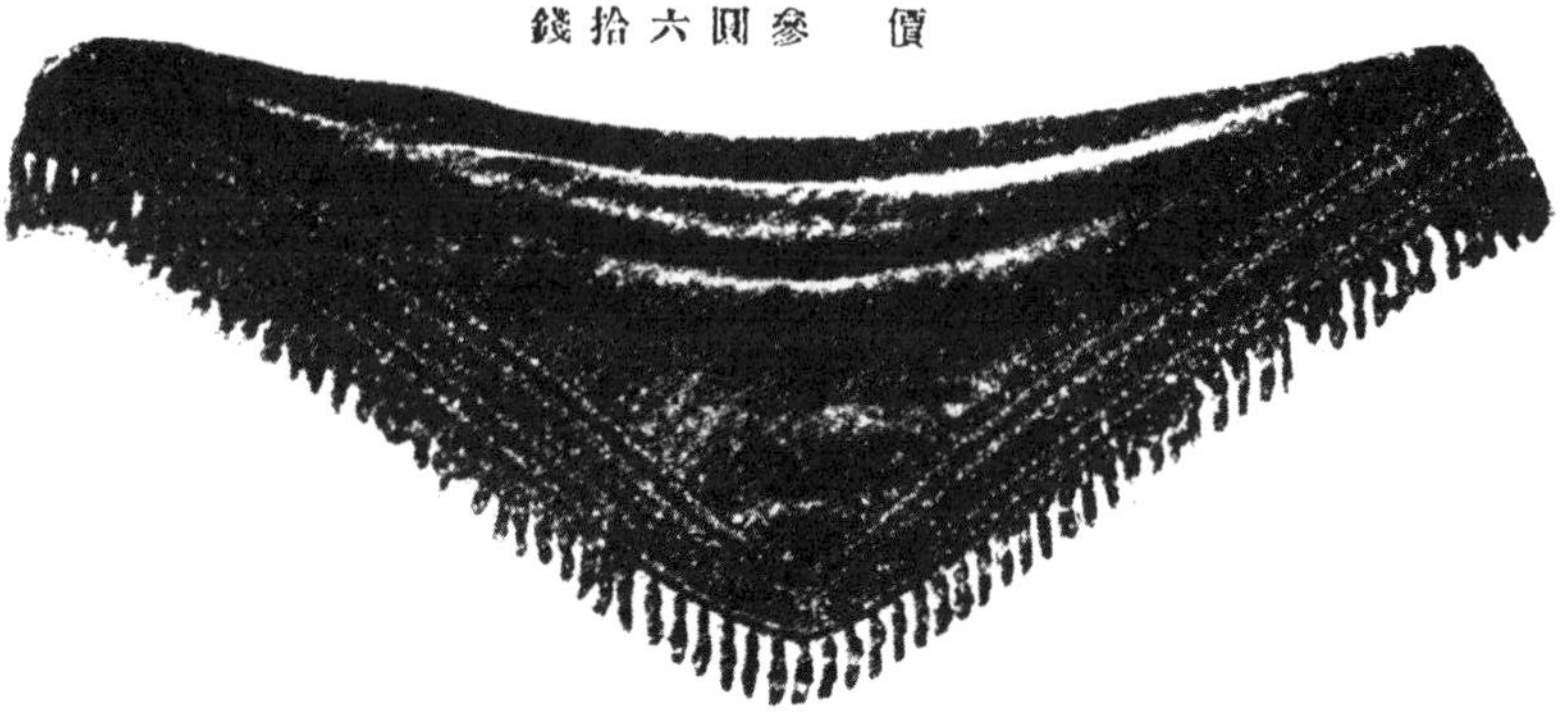

同上ボカシ

價　參圓拾錢

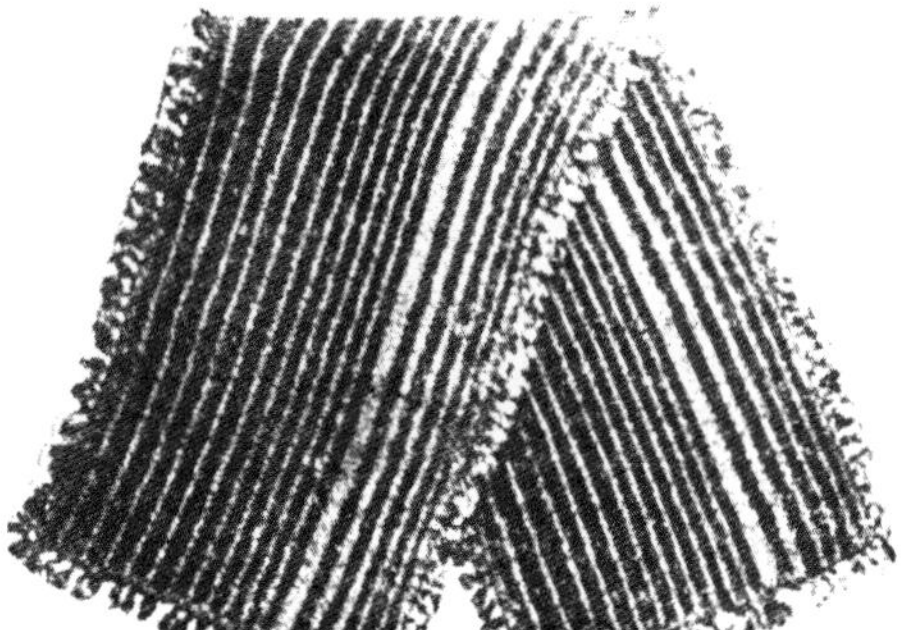

價　壹圓九拾五錢

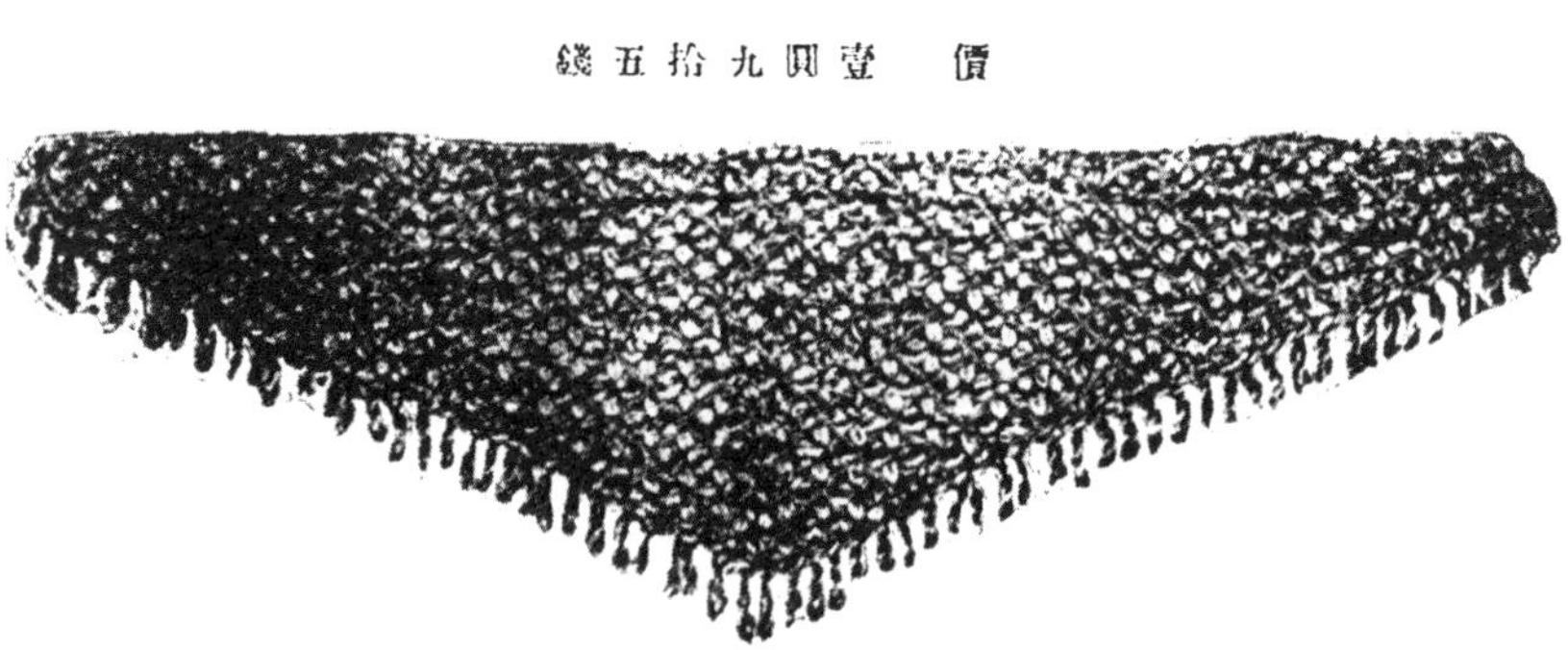

色にて刷出せり）模様は、神坂雪佳氏の考案に係る千種の蝶を、金銀泥入本友禪に染上げたる美くしき裾模様、下着は、縮緬地白に、表打貫き模様千種の蝶を顯はしたるもの、長繻絆は、紅地錦紗縮緬に、有職の鶴龜を金銀箔にて印金に押したる模様へ、白總金糸入り鹽瀬に松竹梅の縫取模様ある半襟を掛たるもの、帶は鹽瀬金糸入凱旋茶地に、元祿牡丹の縫取り模様あるものにて、高尚にして爾も洒脱なる、頗る時好に適し、竟に彼の元祿茶なる染色は、同地は勿論各地に波及し、目下一般流行の徴あり、却説同支店前は此の盛粧人形に眼を惹きて、常に人山を築き、心齋橋通りの往來を杜絶するほどなりしと。

○新潟古町の來初春の新唄

三十九年初春の彈き初めに用ゆべき新唄は本誌編輯局の山口物外が、同地よりの依頼を受け、作りたるものにて、同地に於て手振をつけ、來春早々開くものなりと。

初春の新歌

其一　懸想文　新潟　市山七十世調振

本てうし
「初春や梅もつぼみのふうじ文。たもとゆたかにそよ〳〵と、素襖のそでのひらけゆく。便りうれしき懸想文。

其二　壽万歳　新潟　清元延志壽調　同　市山七十世振

本てうし
「此の殿はむべも富みけり咲き草の合三つのあしたの朝日影合うつるかゞみに姿もきよく。さす手ひく手も二人づれ。

二上り
「かざしの綿の友白髮。海老さへ腰をのしあわび合老も壯きもうちつれて。君をことほぎたてまつる

ナヲル
ウタイ
「千秋樂。萬歳樂 引
「治まる御代のためしとて。鄙も都もおしなべて。御代萬歳とぞ祝しける。

序ながら少しく舊聞に屬すれど、曩に白木屋呉服店が、新潟市、長岡町、高田町の三ケ所に於て、出張販賣を開きし景況は、前號に報道すべき筈なりしも、同地に於て販賣所の前景を撮影せし寫眞を送附すべき約ありて、此寫眞が原稿締切前の間に合はざりし爲め記事を擱きたりしが、本號の口繪に掲ぐることゝなしたるを以て、其梗概を記すことゝは爲しぬ。

新潟

曾て新潟の花として、同地に遊ぶものゝ必らず閾を跨がざるを得ざりし、古町の大建物、舊會津屋鶴揚樓上を販賣所に宛てたることゝて、同樓の構造と陳列の呉服物とが相映じて、頗る美觀を極め、殊に樓主が心を入れて、各席に名畫の軸物等を裝飾し、益其美觀を添えられたるは大に來賓に滿足を與へたるに、休憩室の設けも有り準備洩る所なく、扨賣出し三日間の景況は、敢て多くを言ふを要せず、三日ながら來客充滿の爲め豫定の刻限まで來賓を入るゝ能はずして、二時乃至三時といふに、門戸を閉して折角の來賓を謝絶するの止を得ざるに至れるにても知るべく

長岡町

同地の目貫たる表三ノ町の大野屋旅館の階上を販賣所に宛てたるにて、其外觀の光景は、本誌口畫の第二頁に掲ぐる所にして、開始前日の景況なり、而して同地も亦非常

の盛況に二日を終り。

　高田町

は高等割烹店高陽館に開催せしが、同館新築の大廣間に陣取り、前栽の綠樹に時しも二月の花よりも紅なる楓樹の彩どりは、陳列所の錦と美を爭ひ、館內に充滿せる來賓も頗る滿足に、好評嘖々のうちに閉場したるは、實に初めての出張にも拘らず、非常の出來榮といふべし。

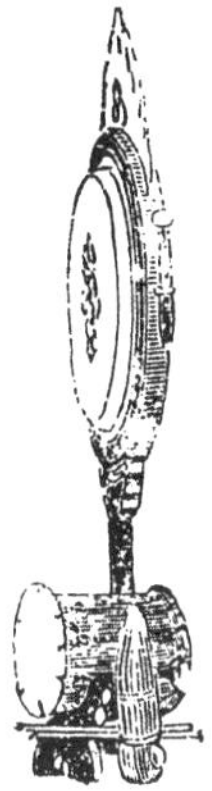

育兒法

叢軒

乳のつゞき

煉乳は、砂糖分を含むこと、平均四割强であるから、無論消化を害するの恐れがある、で、其の薄めかたに注意が緊要である。先卽今の所では、飴製煉乳といふがある、是は比較的砂糖分の多いものよりは宜しいが、凡て煉乳は消化及び滋養の點に於て、生牛乳に劣ること數等で有るといふとを、忘れてはならぬ。

煉乳を稀く溶くに、ペーテル氏の説に據れば、始めの三ヶ月間は二十二倍、次に八ヶ月間は十八倍、其後は十二倍として有る、夫から、溫湯で溶かすも六ヶ月までゝ、其後は粥面で溶かすが宜しい。爾して哺ませる方法は、生乳と同じく、規則正しくせねばならぬ。

煉乳には往々贋物があつて、抑〱から腐敗した乳で製したものがある、これが爲め腫物、下痢、便秘などの病に罹ることが有るやうな危險が有るから、成るたけ、人乳を與へることが肝要である、煉乳は色が白くて、白餡の汁粉のやうなものが宜しく、黃ばんで塊まりの有るは不良の徵で、殊に惡臭を發するものなどは、沙汰の限りで有る。

乳の粉の話し

何先生の傳方などゝ、勿體ない名を付けて、乳の粉を賣出すものがあるが、其實寒晒の米の粉に砂糖を加へて煮沸したもので、謂はゞ甘い糊のやうなもの、乳の氣などは毫もなく、只の澱粉質のみで有る、故に十分唾液の分泌がないから、決して消化の出來ぬもので有る。

歐洲でも乳の代用品製造に苦心の結果、赤子に粥面、大麥汁、玉蜀黍の汁粉などを用ゐて見たが終に無效と極まつた、其中で、「ネステル」氏の乳の粉といふものが有る。是は、小麥粉に卵黃、煉乳、砂糖などを混じて乾烙した、黃色甘味の粉末で、之を用ゆるには、六倍から十倍の水に煮沸して後ち哺ませるもので、滿一年後の小兒が、乳離れの頃には、稍その嗜好に適するぐらゐのもので、育兒の眞面目からいふときは、矢張り無效である、故に止を得ずんば貰ひ乳をしても、乳の粉等は用ひぬに限る。

笑門

丈八譯

合種レ田　笑府

或る所に兄弟の百姓が有りました、親父が亡くなりましてから、仲よく稼いで居りましたが、或る秋、澤山豐熟ました、時に弟の申しまするは、

『斯うして二人同じやうに、骨を折つて田を作つた御庇護で、稻もたいそう實つたから、何と今年から、二人で分割ることと爲やうじやないか。』

『可からう、〱。』

『其の分割かたは奈何しやう。』

『夫か、俺は上の穗を取るから、貴樣は下

の藁を取れ。』

『これは苛酷いじやアないか、餘まり不公平過るは』と怫々弟が小言を申して居りますので、兄貴も氣の毒に思ひましたか、

『貴樣爾う恐るとは無い、來年は此の反對に、貴樣が上を取つて俺が下を取れば論は無いじやないか。』

漸やく弟もこれで納得しまして、此の出來秋は何事もなく納まりました。扨來年の種蒔き時になりまして、弟は氣がもめてなりませんから、頻に兄貴に催促をしましても、兄貴は落ち着きはらつて居ります、いよいよ時候がおくれるので、弟もたまらなくなりましたから、居催促と出掛けました所が、いよ〳〵兄貴は落つき拂つて、脂下りに煙草をスパ〳〵吸ひながら。
『爾う急くでねーよ、急いては事を仕損ずる形ち有りチウことが有る。』
『ダッテ何處の田でも、最う植付けにかゝつて居るじやないか、それに種卸しも爲ねへで何樣するだ。』
『マア急くなよ、俺は今年稻を止めて、芋を植る心算だ。』

原文
有兄弟合種田者。禾既熟。議分之。兄謂弟曰。我取上截。你取下截。弟訝其不平。兄曰。不難。待明年。你取上。我取下可也。至次年。弟催兄下穀種。兄

曰。今年種二芋芽一能

守二楊竿一　笑府

池の縁や土手の上には、土止めとして柳を植るのが可いといふことを聞いて居りました、それも柳は根強い木だから、春さき挿木にするが能いといふことを敎えた人が有

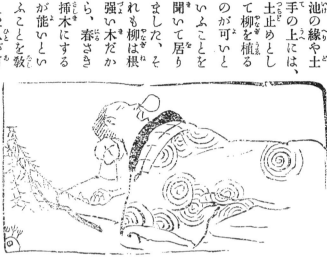

りますので、或年、柳の枝を剪つて、敎えられたとふりに挿して置きましたが、ドウも人に抜かれそうでならないから、小僧に其の番を吩咐ました。感心な小僧で、佳く番をして居ると見えまして、一本も偸まれません。或日小僧を呼びまして、汝は感心なやつだ、能く用心して居ると見えて、一本も失なはないのは感心だと、頻りに譽めましたら、小僧大得意になつて

『ヘイ偸まれてはならないと思ひまして、毎晩抜いて、家の中へ仕舞つて寝ます。』

原文

有下栽二楊竿一者上。命レ童守レ之。旬月不失二一株一。主喜謂レ童曰。汝用レ心可レ佳。然何法而能不失。答曰。我夜夜拔來藏在二家裡一

茶道の話

勇猛精進庵

〇守口といふ所に一人の茶人が有ました、利休も逢ひ知る人でありますから、何時かは訪ねやうとの約束も有りましたので、或冬大坂から京へ上りまして、用事も濟み、翌日は守口の茶人を訪ふべく、夜深に出立せんなど云ひ居りまして、其夜早く出立しまして、未だ夜の明け放れませんうちに、彼の方へ參りました。

家の周圍隅々まで掃除も能く行き屆きまして、何處となく行き屆いて居ります、亭主も早速出迎へ、利休が不時の訪問に驚きまして、取り敢ず請じ入れ、暫くして庭の方に人音のしますのを、何氣なく利休が覗いて見ますと、亭主が行燈と竹竿を持つて外へ出まして、美事に生つて居る柚の實を竿で敲き落して居ります。扨は此の一種で朝飯をくれるか、侘の饗應おもしろしと、獨り默肯いて居りますと、果して柚味噌一種で飯を出しまして、酒一献過ぎました頃、膨らかな上製の蒲鉾を出しまして、是は昨日大坂から貰ひました、幸の御入來ゆゑ差あげますと、それへ供じました。

ソコで利休も心付きまして、今日訪ねやうと言つたことを、誰か聞きつけて知らせたと見える。掃除の奇麗に行き屆き過ぎた狀、此の蒲鉾も定めし用意して置いたので有らう、扨々興の醒めたこと、初めの侘も狂言で有つたかと、氣が注いて見ると面白味も失せましたので、酒も未だ半ばで有りますに、京に急用の有ることを今思ひだしたから、直樣歸り度く、御茶も其内緩々と頂くと言ひ出して、如何ほど留めても聞き入れずに歸りました。

果して後に聞きますと、其前夜に利休の旅宿へ來ましたものが、其の事を聞き付けて、豫て入懇の間柄でありましたから、彼の茶人へ報らせましたとのことが分りまして、其後は利休も此の茶人に逢ひませなんだといふ咄があります。

○金森宗和が或る人へ敎へた言葉が如何にも趣味あることゝ思はれます

茶道は取り合せが肝要である、譬へば、白木作りの結構な書院の庭に、松、樅、柏などを栽ゑ込んだ中に、藁屋の數奇屋を見渡せば、奥深くして寂しく、又面白く見ゆるものである。又在郷邊の藁屋ばかりの中に、二階作りの家土藏などが、小高く見ゆるは、寂びた中の富貴な體が、何となく奥床しく思はるゝ、爰が茶道の取合せの得得で有る。

茶事に遊ぶものは、此心掛が大事であると思ひます。

○或る茶人が、數奇は侘たるに在りと、三四萬石も領せらるゝ城主を招待しまするに、其時の料理が、ざく／＼汁に豆腐の煮物、田作り鱠、鰷魚の蒲燒でありました、相伴の人が歸つてから申しますに、彼の城主も生れてから、今日のやうな麁菜は給べられたこともあるまい、さぞ／＼食り難いことで有つたらう、せめて平日の御膳ぐらゐの饗應は有つて然るべきに貴賤の差別なく、侘に拘泥した爲方であると、言はれました話が殘つて居ります。是は貴人に對する侘の爲そこなひ。又貴人が侘の爲そこなひをされました話は、

京から三四里隔たりました、或る地方の城主が、宗旦を招かれましたときに、數奇は侘たるがよし、殊に宗旦は物事輕きを好むからといふので、其ときの料理は、一汁三菜、爾もさび〳〵としたことで有りました、此時宗旦の申まするには、是は御大名の御膳には似合はしからぬことゝ思ひます、京からわざ〳〵參れとの御招ぎゆゑ、先は鯉鮒の類、或は御鷹の鳥など下さることゝ思ひ設けて居りましたに、よもや常の御膳にも、斯る麁末の御膳では召しあがりますまい、御前にも侘の眞似そこないをなされたと見えますと、甚く窘められましたといふことで有ります。

○利休が或る年の春、早朝から東山へ花見に參りますとて、一人の侘茶人を同伴しましたが、途中で不圖心付いたと見えまして、貴公は出掛けて釜をかけて來られたかと問ひました、イヤ早朝から御供をすることゆゑ、仕掛けずに參りましたと答へましたときに、然やうなことでは數奇はなるまじ、晩に誰れか寄らうも知れぬ、爰に待ち合はせんほどに、立戻つて仕掛けて御來やれと言はれしと。

彌平和克復となりました、扨是迄では海陸軍の舞臺で有りましたが、是から後に戰ふのは商工業の獨り舞臺となるので有ります、國の力の發達と共に、ます〳〵人口は繁殖する、この狹い島帝國のうちに、置き餘るほどの同胞は、何れか他の國に押し出しまして、大いに事業を擴めませんければなりますまい。

雑録

先近くは隣邦の清國、頗る開拓の餘地あることは誰も知る所、而して清國は所謂老大國の風として、頗る因襲の久しき宿習のあることに注意しなければなりません。

先同國に商品を送り、又は店舗を開いて商品取引を爲ますには、第一に商號を選ぶの必要が有ります。

　大黑屋、龜屋、虎屋

日本に澤山ある商號で、爾も大黑屋龜屋などは、頗る延喜の善いものとして喜ばれて居ります。

所が支那人の解釋する所は、これと大違ひで、元來黑屋と申すと、清國では盜賊屋舖又は獄舍といふことになります。これに大の字を加へますと、取りも直さず。

　大盜賊の屋敷

大きな監獄

となるから、嫌はれること請合であります。又龜は通俗忘八と呼びまして、不貞なものとして有ります、又烏龜など丶書きますと日本の馬鹿といふことになりまして、大層同國の人は嫌がります、虎は最も殘酷を意味して居る現に重慶地方で、老虎といふ言葉は、殘酷といふ隱語に使はれて居ります。で此の種の商號を付けますと、

　龜屋　不貞な家、又は馬鹿な家

　虎屋　殘酷な家

斯う解釋されますから。お客になり人が有りません。

夫から會社といふことも不可ません、此の會の字は、同國では多く、哥老會、紅燈會、大刀會などと結黨の場合に用ゐられますので、商賣には最も不調和で、且實業家の忌む所となります、で、斯ういふ場合には、公司、又は洋行の字を用ゐて、會社の字に代用させなくては不可ません。

但、看板や商品の包紙に商號を記しますには、赤、緑、藍の三色が、清人の嗜好に適して、歡迎される所であります。

最一つ注意を要しますのは、清國は非常に國字を貴ぶ所でありまして、紙片や木片にても、文字の書いてあるものを、地上に棄て丶人の蹂躙に任すなどといふことは決して有りません、或る地方に於きましては、箱に敬字といふ文字を書いて、諸人の見易い所へ出して置きまして、若し紙片でも、文字の書いて有るものが、道路などに棄て有りましたときに、これを拾つて入れる料に備へてある習慣が有ります。日本から輸出する玩具などで、最初非常に賣れ行きの善かつたものが、頓に賣れなくなつたので、

其の原因を究めて見たら、反古紙を材料にして造つたもので、壞れるに隨つて文字が顯はれる、是が勿體なく思はれる所から、終に賣れなくなりました事實が有りますくらゐ、で有りますから、如何なる場合でも反古紙を使ふことは、忌まなければなりません。又商標には漢字を記すよりは、歐文を用ゐたはうが可しい、又日本字は用ゐた所で、解するものが全で無いと云つて可い位でありますから、寧ろ迷ひを生ずる種になりますから、遺憾ながら用ゐぬはうが宜しいので、歐文は、假令解らぬながらも舶來品として歡ばれる傾向が有り、殊に例の國字を尙ぶ習慣に就ての、煩いが有りません。猶この外に文字の好惡に就ても、注意したいことが有りますが、餘り冗長に流れますから、折があつたら御話しすることに致しませう。

○世界の迷信

海の東西を論ぜず、何れの國に於ても、迷信といふことは、免がれ難いものと見えます。文明に誇る國々にても、猶ほ其の習慣が去らぬものと見えます、殊に子に迷ふは親心とも言ひますから、我が兒を保護するといふ上に、種々な迷信が行はれて居ります。

○愛蘭 では、惡魔除けの呪ひとして、婦人の毛髮で造りました細紐を、嬰兒の傍はらに置きます。

○和蘭 では、蒜、鹽、麵麭、牛肉片を、生兒の搖籃に入れて置く。

○羅馬尼亞 では、赤色の「リボン」を踵に結ぶ。

○ウヱルス では、火箸と小刀を搖籃に挿

し入れて置き。

○英蘭　では、小刀を搖籃に入れて置く。

○蘇格蘭　は、嬰兒が若し死しても、其兒に用ゐた搖籃を動かせば、代りの小兒が生れると信じて居ります。

○瑞典　は、小兒を寐せて置く頭の下に書物を置けば學者になり、金を置けば金持になると信じて居り。

○西班牙　では、生兒の顏を、松の枝で撫る習慣があります。

所かはれば科かはる。隨分面白い習慣も有ればあるものです。

諸國迷信の習慣は、前に言ふ通りでありすが、爰に我が國伊豆大島に於ける女子の風俗を紹介しませう。是は大島々司が、上京中の事實談で有ります。

○何れの島でも、男女の數を比較すると、女のはうが多い、大島も昨三十七年末の調査によると、全人口六千四百三十三人の中、男子が三千〇三人、女子が三千四百三十人であるから、女子のはうが四百二十七人多い。

○女子の多い結果として、都ての稼ぎは、多く女子の執る所となつて居るから、男子は大概座食して居るのである。

農業は勿論、薪炭製造等の業を就るのであるが、殊に薪木伐採は、右から左と金になるので、好んで此の業に就く傾向がある。爾して得た所の金の多くは、衣服を買ふので、日本國中最も衣服に富んで居る女子は、大島で有らうと思ふ。先一人して百枚二百枚を所有するものも少くはないやうだ。

○平常服の仕立方は、袖も細く恰も車夫の

法被ぐらゐのもので、長さは脚胖の上へ少し蔽さるほどである、之に笹龍膽くづしの紋をつけたもので、帶は用ゐず、幅廣の前垂で其紐も幅廣のものを用ゐて、帶と兼用するので有る。

○髪は古來からの風俗として、投島田に限つて居る、其の上へ手拭で鉢卷して、物を載せて運搬するのであるから、姿勢も正しく、體格は充分に發育して居る。

○此島の風俗として、月經の穢れを忌むこと甚しく、明治八年頃までは月經婦女の收容所を、全島到る所に設けて有た、今はそれほどでもないが、尙ほ隔離生活をする風が有つて、之を「をぐり」汗垢離と稱して居る。

○餘談に渉るが、最も淳朴に思はるゝは、租税を納むる日には、取立人が、高い山に上つて大聲で叫ぶと、租税を持寄る習慣である、今は多少此の風も滅じたが、未だ慣用して居る村落がある。

◎事はじめ

今年ももう幾日と、指を折つて算へるほどの日數となりました。

偖世の中に居る間は、餅搗かず門松たてず煤拂かず、かゝる家にも春は來にけりと濟して居るわけにもまゐりません、爰數日の間に、社會のあらゆる階級におゐて、喜怒哀樂の活劇を演ぜらるゝ、面白い舞臺の幕は明けらるゝので有ります。

夫はさておき、春の準備として必要なものは、室內の裝飾でありませう。

蓬萊食積みは言ふも更なり、近頃は此の東京も、上流社會、乃至は物事に意匠を凝らす向きでは、徒の輪飾でも有るまひと、種々の有職飾りを用ゐられるやうになりましたが、其の所謂る有職飾りについて、往々市中に販賣して居るものを見ますと、實に見るに堪えられないものが有ります、寧そ怪しい有職ものを飾りますよりは、却つて無邪氣な輪かざりを選みましたはうが、議論がなくて、奥床しからうと思はれるふしがあります、で眞個の有職飾りを委しく御照會して置きますのも、徒勞では有るまひと思ひますから、茲に書きたてませう。

正月元旦

三種かざり　掛物の釘へ掛る事

是は言はでも知れた、三種の神寶を表しましたもので、其の製造法は、穗つきの今年藁一束ねを臺にして、其の元をよく束ねまして、其上から、紅白を重ねました、(無論紅の方を下に襲ねて、四方に食み出すやうにする）紙で、圖の通り根元を包んで、爾して水引で結びます。寶劍は、木にて能きほどの形を造りまして、紅絹の裂れで包み

第一圖

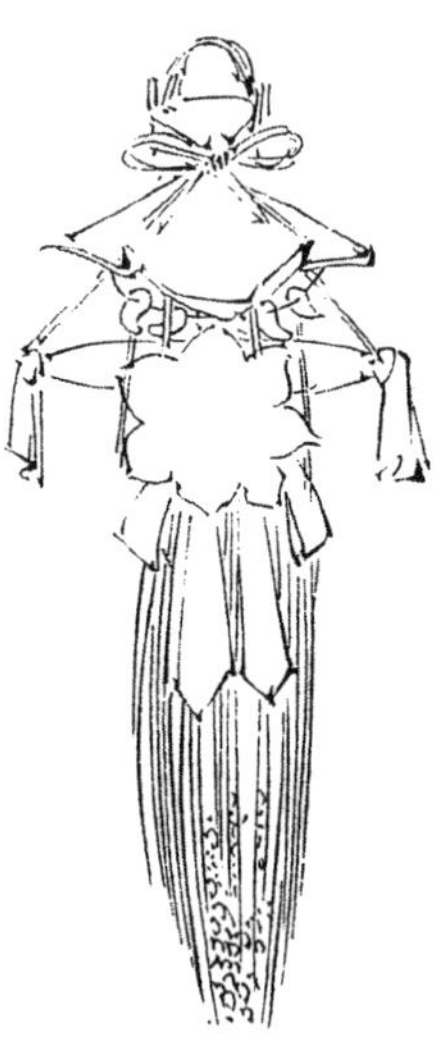

圖の如く吊り下げ、神鏡は、八稜にても圓形にても、實物の紐鏡を用ゐ、勾玉も所持のかたは、實物を糸にて繫ぎつけること、若し無ければ、木製にして、色彩を施しましても宜しうムいます、鏡の後ろに結び下げてありますのは、紅絹の裂れを鏡の紐付

けの所で兩膝に結んで、飾に致すのであります。

此の方法に致しますれば、誰にも出來ます。

正月七日
卯杖

第二圖

是も稻を元と致しまして、これに前の方へ出るやうに、柳の木の皮を削り去つた杖を一本(之が卯杖なり)其外日蔭の蘿に藪柑子を副へて、藁と共に括りまして、根元を紙に包み、水引を掛る仕方は前の三種飾と同樣で有ります、但此の水引は、金銀水引を用ゐます。

是も誰にも出來ますが、東京のやうに山の無い土地では、日蔭の蘿が有りませんが、埼玉縣の秩父あたりの山では、多く見かけます。

但此有職卯杖の仕方には、種々あると見えまして、増山の井といふ書物に、山城加茂の神社で作る卯杖は、日蔭かつらを倶利伽羅龍のやうに、卯杖に卷きつけるやう書いてありますが、それも昔の製と見えまして、今は此の種のものを見あたりません。

正月元日
若水飾

此飾は床の間へ置くのであります。柱三本を野官蘭の木で作りまして、圖の如く上のはうで三本共に括り、(藤蔓でも結びますが紙よりで結ぶと、品が宜う厶います)下の股を廣げて、三本横木を渡し、角々で結び留めます、而して、

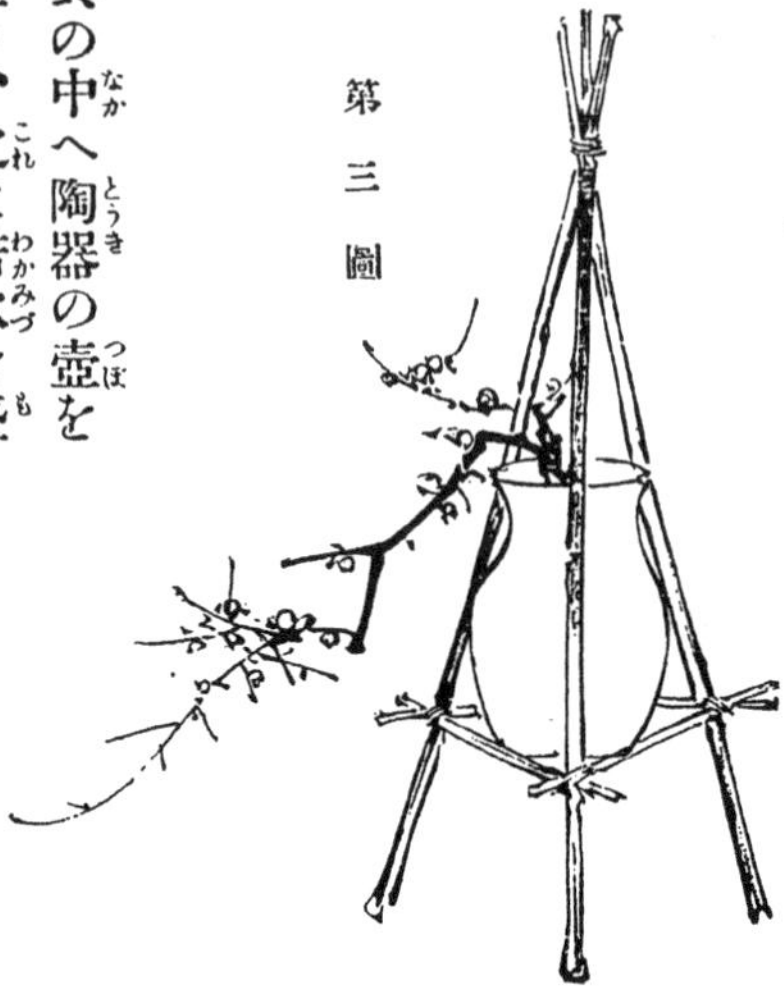

第三圖

其の中へ陶器の壺を置き、之に若水を盛つて、梅を挿し入れて置くので有ります。

實に優美なもので、尙陶器を、祝瓶のやうな古物を用ゐますと、殊更に能く見えます。

素人醫者

前號に續いて梅毒の總論を述べやう。

既に前にも言ふ通り、不潔の交接に原因することは言ふまでもない、で、一度傳染したときは初期硬結と云つて、粟粒のやうな腫物を發し、夫から便毒となつて、痛みの無い横痃が顯はれて、後ちよつと休息するものであるが、其休息中の容體は、全身疲勞したやうになつて、體重は一ポンド位減じる、其中に便毒は漸々增大して來る、これを梅毒性の體質と名づくるので、是から初めて顯はれるのが、皮膚に斑點ができて疹を發するのである、尤も發疹の二三日前から熱が出て夜は寐られず、精神も安からぬやうになつて、諸關節にリウマチスのやうな疼痛を發し、尿の色は赤味を帶びて來

る、此の期を發疹期と云ふのである。其の傳染してから、全身症の初まるまで、平均十週間を要するのが普通であるが、稀には七週間から二十週を要する人もある、通常は八週乃至十二週であるから、梅毒釀成期を平均十週として有るが、體質が善良で、攝生を守つて、完全の治療を加るときは、三四週で全治するが、大概は一年若は數年を費すものである、其間には間歇休息が有て、無痛の便毒のみを存する、これを、潜伏梅毒と稱するので、凡ては其人の體に因ので有るが、一體腺病質の人は治り惡い。梅毒傳染の道路は、第一が交接、第二が遺傳(生殖)第三が患部に直接する醫者の手などの類、第四は繃帶、外科器械、飲食器、碗、箸、煙管、裁縫器具、鏡臺等總ての手に觸るゝ器具、第五は種痘である。是は從來人痘漿を接種たので、今でも田舍には此方法が遺つて居る。是は梅毒遺傳の嬰兒に種痘して、其の種を取つて他に接種するものだから、痘瘡と一緒に梅毒までも種るのである、實に有り難い話ではないか。で、從來は生後三ケ月間は潜伏梅毒あるものとして、滿一年以上の小兒で、兩親とも無病健全のものを選ぶことにして有つた。

又梅毒といふものは、全世界中、有らゆる人種を通じて、感授性を有して居るもので、獨り不感性といふべきものは、一旦罹た梅毒の全く脫きらない人に限るとしてある。其外梅毒が全治してから十八ケ月間は、不感性である、故に現に梅毒患者と交接しても決して感授することはない。

是より女子の淋病に就てのことを、說く腹案であるが、記事が輻輳して紙數に限りがあるから、次號に讓ることゝして、本年は茲に筆を擱くことゝした。

内と外

笑阿彌

花崗岩柱の門に椎谷元貞と、磁製の標札嚴めしく、主人公が名代の喧ましやは、玄關前の馬車廻しに、塵ッ葉一つ飜れて居ぬのでも察しられる。

急遽しく呼鈴の音響が、主人の居間に鳴りわたるので、奥様はじめ、侍婢までが、ソラ旦那様が例の御癇癪と、頭の上から雷神でも墜ちかゝつたやうに、悚々もので馳け付けると、緞子の大坐蒲團に、埋まるほどにドッカと坐りこんで、桐胴高蒔繪の火桶に、有られもない、巻煙草の吸ひ口が行列して居る、烟りに咽せたか、眉の間に八の字を描いて有る、其の御面相を見るからに慄々もので。

『御召し遊ばして？』と鳴居越しの三ッ指で伺がふ侍婢を兇目に、

『コラ、先刻佐久間の電話を取次いだのは貴様か？』

『ハ、ハイ。』

『何と言つた？』

『ハイ、四時に伺ひますが、御差閊は無いかと申すことで、伺がひましたら、支障無いと言へと仰せでございましたから其通り……。』

『ム、、確かに四時だナ、可し、俺は五時半に帝國ホテルへ往かんければならんに、もう五時だ、那樣も時間に責任の無い奴は不可ん。……若し來たらば然う言へ、御約束の時間に御來臨が無いから外出したと、直に、仕度を爲ろ、早藏にも準備を爲せろ。』

『ハイ。』侍婢が起て往く、未だ足音の聽こえて居るうちに、又呼鈴がチリ〳〵〳〵、慌て、駈け込んだ奧樣に、何か咎でも有るかのやうに、睨まわして、言葉も荒く、

『出掛けるから衣物を出せ。』

『ハイ……、何方へ。』

『帝國ホテルへ往くのだ。』

『夫では洋服を着しなすか？』

『イヤ和服が可い。』

言ひながらそろ〳〵帶を解きはじめる氣早の大將に、オロ〳〵もので、衣服を出す、妻君は腫れ物に障るやう。

侍婢が駈足にやつて來て、『早藏の準備が出來ました。』と言ふうち、仕度もそこ〳〵に、廊下の足音も荒々と、玄關へ出る、俥に乘る、轅棒が上る、中二階や若い衆大ぜいの見送りに目もくれず。

氣を呑みこんだ車夫の早藏が、全速力で帝國ホテルの方へ悶躁いて往く。

蹴込みの板を二つ三つ踏みつける響きに心得て、早藏が振り回ると、

『コラ、築地へ往くのじや。』

『ヘイ、ではメトロポールへ？』

『馬鹿を言へ、ソラ……。』

グッと承知の助で、早藏が一さん走りに挽きこんだのが、打水に濡れた敷石の上をガラガラ〳〵。

『いらつしやいまし。』と出迎へる女中の脊をポンと叩いて、何時の間に首をすげかへたか、御恐悅の御面相。

＊　＊　※　※　※　※　※　※　※

八疊の坐敷に板敷の洞床、廣業畫伯が淡彩の牧童を瀟洒とした竹屋町の輪表背仕立て、時代竹籃の置花入に早咲きの侘すけ一輪、寂蒔繪の平硯に、秋元の孝兵衞が腕をふるつた、竹製の箱に卷紙封筒電報賴信紙まで仕込んである。

雲州好み河骨の火鉢、六兵衞の赤手海老畫の中土瓶に、煎茶の薫り香ばしく、今しも御目覺めの丹前姿しどけなく、宿酊の息を虹と吹いて、姿勢も顏も造作を崩しての御滿悅。

御召縒りがらみ入りやたら縞の平素着に、下襲も同じ霞降り交りの中辨慶、錆茶市松形の晝夜帶に、色縮の夢相羽織、汚れ糸の清絲縫ひ紋は、旦那と對の鬼蔦、ほつれた鬢のと

まりに、逆上さげの咒ひと、七つに疊んだ白紙を貼つたが、憎らしいほど垢脫けのした横顔に映り榮えて、奈何な鐵兜もかなぐりすてて、降參せねばならぬ魔力を具へたまふ瀧夜叉姫の御再誕か、況てこの伏魔殿に入り浸りの御前が、爭で此の蜘の巣に罹らぬで居られう?。

深みりとした對坐ひの坐敷へ、動ぎこんだ此家の女將が、襖の外から笑ひ聲とゝもに、二十何貫目の體をやつと坐つて、

『御前、今朝は何を召しあ

がります?』

『何でも可い、淡泊したものを見繕ろつて………、何は居るか………親方は。』

『ハイ、居ります。』

『此處へ來て一緒に飯を喰はんか。』

『今喰いて居りました、殘物の鰻を燒き直して………、親方の言ひやうが可いじや有りませんか、斯ういふ美味い御馳走が朝から喰はれるのだから、待合は止められないッて、何ていふ下卑藏でせうハヽヽハヽヽ。』

『トキニ白木屋は奈何した?』

『ハイ、先刻電話をかけましたら、直に品や色本も持つて參りますッて。妾も目の保養をする心算で、種々持つて來いと言つて遣りました。』

『ソウか、貴樣達も氣にいつたものが有つたら買ふが可い、俺が歳暮に遣るとしやう。』

爰へ女中が襖を細目に明けて、

『糸ちやん、お家から電話………。』

『チヨッ。』と舌打ちをして、懶さうに重々と起て行く。廊下の彼方に待つて居た女中のお梅が密々聲に、

『糸ちやん、實はね、先刻から例のが來て在つしやるの、親方がネ、御前の御坐敷で來て居ますが、直に御歸りになるでせうと、打ち明けて御話したの、スルと兎に角遊んで居

やうツて、誰もかけずに、二階に寐轉んで在つしやるから、一寸と間を見てね！……

……。』

囁やきのうちにポンと肩を叩くと嫣乎笑つたお糸が、さも自列多そうに、爾も一層小聲に、

『何樣かしてレ・コを早く歸す工風は有るまいかね――』

『だつて今白木屋が來るじやないか。』

『チヨツ、何樣したら可からう？』

女將の聲で續け玉に呼ばれたので、そこ〳〵に原の坐敷へ故と笑顏を裝つて行く、引ちがへに女將が出て行くと、

『何の電話だ？』

『ナニ忘れて居た御約束の口から家へ催促して來ましたつて………。』

『然うか、約束を忘れて居たのかフヽヽ。』

折しも二階に爪彈きの水調子――。

『御前は眞個に殺生な方ですよ………。』

『ウフ、フヽヽヽ。』

（をはり）

本誌定價表

一冊	金十二錢	郵稅一錢
六冊	金六十五錢	郵稅六錢
十二冊	金一圓二十五錢	郵稅十二錢

本誌廣告料

一頁	金二十圓
半頁	金十二圓
四半頁	金七圓

○郵券を以て購讀料の代用を希望せらるゝ向は其料金に一割を加へて申受べし（但郵券代用は一錢切手に限る）

明治三十八年十二月七日印刷
明治三十八年十二月十日發行

編輯兼發行者　東京市下谷區西黑門町四番地　山口笑昨

印刷者　東京市神田區通新石町三番地　田中市之助

印刷所　東京市神田區通新石町三番地　東陽堂支店

大賣捌所　東京市神田區表神保町　東京堂

大賣捌所　京都市上京區寺町通御池北入上本能寺前町三十七番戶　太田雲錦堂

白木屋呉服店御註文の栞り

△白木屋呉服店は　寛文二年江戸日本橋通一丁目へ開店以來連綿たる老舗にして呉服太物一切を營業とし傍ら洋服部を設け歐米各國にまで手廣く御得意樣の御愛顧を蒙り居り候

△白木屋呉服店は　呉服太物各產地に仕入店又は出張所を設け精良の品新意匠の柄等澤山仕入有之又價格の低廉なるは他に比類なき事と常に御賞讃を蒙る所に御座候故に益勉强販賣仕居候且洋服部は海外各織物產地へ註文し新柄織立させ輸入致候間嶄新なる物品不斷仕入有之是等は本店の特色に御座候

△白木屋呉服店は　數百年間正札附にて營業致居候間遠隔地方より御書面にて御注文被下候とも直段に高下は無之候

△白木屋呉服店は　店内に意匠部を設け圖案家畵工等執務致居候に付御模樣物等は御好に從ひ嶄新の圖案調進の御需めに應じ可申候

△白木屋呉服店は　御紋付用御着尺物御羽織地御裾模樣物等急場の御用に差支無之樣石持にて染上置候に付何時にても御紋章書入れ迅速御間に合せ調進可仕候

△白木屋呉服店へ　染物仕立物等御註文の節は御注文書に見積代金の凡半金を添へ御申越可被下候

△白木屋呉服店は　前金御送り被下候御註文品の外は御註文品を代金引換小包郵便にて御

白木屋呉服店販賣
呉服物代價表

●白地類

白大幅縮緬（正物）	四十圓より八十圓位
白中幅縮緬	十三圓より二十圓位
白小幅縮緬	十圓より二十圓位
白山繭縮緬	十四圓より二十圓位
白菫縮緬	十九圓より廿二圓位
金紗縮緬	十七圓より廿二圓位
段縮緬	十二圓より十七圓位
鶉縮緬	十二圓より十八圓位
白紋縮緬	十二圓より十六圓位
白鹽瀬	十五圓より廿圓位
白羽二重	八圓より十五圓位
白壁羽二重	十一圓より十六圓位
白紋羽二重	九圓より十三圓位
白奉書紬	五圓より七圓位
白八ッ橋織	八圓より十圓位
白絹縮	十圓より十八圓位
白市樂織	十二圓より十六圓位
白本斜子	十二圓より廿圓位
白京斜子	十四圓より廿圓位
白川越斜子	八圓より十五圓位
白御召	十三圓より十五圓位
白縐綾	六圓より八圓位
白浮織	六圓より八圓位
白綸子	九圓より十三圓位
白本綸子	十三圓より廿圓位
白絹	三圓𠦃錢ゟ六圓位
白紬	三圓より五圓位

●御袴地類

茶苧袴地	十六圓より廿圓位
兩面織袴地	二十圓より廿七圓位
八千代平	十四圓より十八圓位
博多平	十三圓より廿圓位
仙臺平	十圓より十八圓位
五泉平	九圓より十一圓位
節糸織平	五圓より七圓位
嘉平治平	三圓より四圓位
仙臺兒袴地	五圓より七圓位

●御婦人御袴地類

海老茶紺紫色琥珀	十三圓より十五圓位
同博多平	十三圓より十七圓位
海老色繻子袴	五圓より八圓位
色九重平袴地	十一圓より十二圓位
カシミヤ	四圓𠦃錢ゟ六圓位
色毛繻子袴地	五圓位

●男子御帯地類

綴錦織	十七圓より二十五圓位
繻珍織	八圓より十五圓位
博多織	四圓より十圓位
紋織博多	六圓𠦃錢ゟ十圓位
明珍織	七圓より九圓位
厚板織	七圓より十圓位
博多兒帯	二圓より三圓位
風通兒帯	四圓より六圓位
繻珍兒帯	三圓より四圓位

●御婦人帯地類

綴錦丸帯	百圓より二百圓位
繻珍丸帯	本品は十五円位より二三百円位迄有之候
綴錦片側	三十圓より四十圓位
繻珍片側	六圓より十二圓位

厚板丸帯	十五圓より六十圓位
博多丸帯	十三圓より廿圓位
紋博多丸帯	十五圓より廿五圓位
幽谷織丸帯	廿五圓より百圓位
紬錦丸帯	三十圓より百圓位
黒繻子丸帯	五圓より十七圓位
黒小柳繻子丸帯	十五圓より廿圓位
色繻子丸帯	十圓より十六圓位
鹽瀬丸帯	廿圓より卅五圓位
國光織丸帯	廿圓より廿二圓位
幸織丸帯	十七圓より廿五圓位
黒本唐繻子丸帯	十三圓より十八圓位
唐緞子丸帯	十圓より十一圓位
綿繻珍丸帯	五圓より十圓位
山吹織中帯	四圓より七圓位
繻珍中帯	八圓より廿五圓位
博多中帯	七圓より十圓位

厚板片側	六圓より十一圓位
博多片側	五圓より八圓位
紋博多片側	六圓より九圓位
幽谷織片側	八圓より十二圓位
紬錦片側	八圓より十二圓位
黒繻子片側	二圓より四圓位
黒小柳繻子片側	五圓より七圓位
色繻子片側	三圓より四圓位
色紋繻子片側	三圓より六圓位
國光織片側	六圓より七圓位
日進織片側	六圓より七圓位
黒本唐繻子片側	六圓より八圓位
唐緞子片側	五圓より五圓半錢位
綿繻珍片側	一圓半錢方四圓位
縞綿繻子片側	一圓半錢方二圓位
山吹織片側	三圓より四圓位
色小柳片側	六圓より七圓位

●縞着尺地及御羽織地類

風通御召	十六圓より廿圓位
光輝織	十二圓より十五圓位
風通四丈五尺物	廿四圓より廿八圓位
縞御召	十二圓より十五圓位
同四丈五尺物	十八圓より廿圓位
吉野入紋御召	十七圓より十九圓位
吉野御召	十四圓より十六圓位
無地御召	十三圓より十五圓位
扶桑御召	十二圓より十五圓位
大島紬	十三圓より廿五圓位
大島風通	十圓より十三圓位
風通糸織	十二圓より十五圓位
繻珍織	十四圓より廿圓位
桑都織	十三圓より廿圓位
京糸織	十二圓より十六圓位
米澤糸織	七圓より九圓位
縞斜子織	十二圓より十五圓位
縞市樂織	十三圓より廿圓位
繋糸織	十二圓より十八圓位
元龜織	十四圓より十六圓位

結城紬	九圓より十二圓位
信州紬	六圓より八圓位
上田紬	六圓より八圓位
米澤琉球	五圓より八圓位
吉野織	八圓より十圓位
富國織	十一圓より十五圓位
八端織	十一圓より十六圓位
京華織	十二圓より十五圓位
清綾織	十四圓より十六圓位
唐糸織	七圓より十六圓位
高風織	十圓より十三圓位
プライト織	十二圓より十五圓位
伊勢崎銘仙	五圓より八圓位
秩父銘仙	四圓より六圓位
節糸織	五圓より八圓位
本八丈	六圓より八圓位
縞八丈	五圓より六圓位
飛八丈	二圓位

●友禪及染地類

中幅友禪縮緬　十三圓より廿圓位
小幅友禪縮緬　十三圓より十八圓位
玉糊縮緬　九圓より十二圓位
玉糊紋縮緬　十圓より十五圓位
板縮緬　九圓より十二圓位
更紗縮緬　九圓より十三圓位
小紋縮緬　十圓より十四圓位
絞り縮緬　十圓より十四圓位
友禪紋羽二重　十二圓より十五圓位
玉糊紋羽二重　九圓より十三圓位
色鹿子絞り　八圓より十五圓位

更紗羽二重　十圓より十五圓位
更紗斜子　八圓より十二圓位
更紗奉書　六圓より七圓位
更紗絹　三圓五十錢方五圓位
更紗紬　三圓より四圓五十錢位
更秒絹純　四圓位
更紗太織　三圓より四圓位
中形絹　三圓より五圓位
中形太織　三圓五十錢方四圓位
中形紬　四圓より五圓位
色絞り絹　三圓五十錢方五圓位

●色物類

紅紋壁羽二重　九圓五十錢方十二圓位
紅紋羽二重　十圓より十二圓位
色紋羽二重　九圓より十圓位
色絹縮　九圓五十錢方十二圓位
紅縮緬大幅一尺　八十五錢方一圓五十錢位
同中幅同　五十錢より八十錢位
同小幅同　四十五錢方六十錢位

色縮緬大巾一尺　八十錢より一圓卅錢位
同中幅同　四十五錢方八十錢位
同小幅同　四十錢より六十錢位
紅紋縮緬　十一圓五十錢方十五圓位
色紋縮緬　十一圓より十四圓位
色絹　三圓五十錢方五圓位
色紬　三圓五十錢方五圓位

●裏地類

花色、正花、濟花、絹　三圓五十錢方七圓位
同秩父　三圓五十錢方六圓位
鼠羽二重　七圓より十圓位
紅羽二重　六圓より十圓位
本紅絹　三圓五十錢方六圓位
紅秩父　二圓五十錢方五圓位
糸好紅絹　三圓より五圓位
繻珍額付胴裏　六圓より十圓位

時代緞子　六圓より十圓位
遠州緞子　五圓より六圓位
綾綸子胴裏　三圓より四圓位
織綾胴裏　三圓五十錢方五圓位
色甲斐絹一尺　廿錢より廿五錢位
縞甲斐絹同　二十錢より廿五錢位
繪甲斐絹同　二十錢より二十八錢位
紅緞子胴裏　五圓より八圓位

●帛紗類

綴錦　十五圓より廿五圓位
御殿織　九圓より十圓位
九重織　八圓より九圓位
縮緬大帛紗　四圓より五圓位
紋鹽瀬裏地　三圓より四圓位
同中幅　一圓五十錢方二圓五十錢位

壁千代呂友禪　四圓より五圓位
鹽瀬友禪縫入　六圓より八圓位
袷無雙　十圓より十六圓位
郡内縞　一圓五十錢方三圓位
鹽瀬茶帛紗　一圓より一圓五十錢位
千歳帛紗　九十錢より一圓五十錢位

●夜具地類

御納戸大形縮緬　十圓より十三圓位

節糸織　四圓より六圓位

縞綾八丈　八圓より十圓位
本八丈　六圓五十錢方八圓五十錢位
縞八丈　七圓より八圓位
郡内絹　六圓より八圓位
糸織　七圓より九圓位

銘仙　五圓より六圓位
秩父縞　四圓より六圓位
御納戸大形秩父　四圓より五圓位
岸縞　三圓より四圓位

●座蒲團地類

本緞子　枚一　三圓五十錢方七圓五十錢位
大形縮緬　同　三圓五十錢方四圓位
更紗紬　同　九十錢より一圓十錢位
本八丈　同　一圓四十錢方二圓位
紬染座布團　同　八十錢より一圓十錢位

綾八端　枚一　一圓八十錢方二圓廿錢位
綾八丈　同　一圓四十錢方二圓位
銘仙　同　九十錢より一圓卅錢位
秩父　同　八十錢より九十錢位

●染合模様物類

△振袖總模様　留袖總模様
縮緬地　三十圓より四十圓位
紋羽二重地　三十圓より四十圓位
綸子地　廿五圓より三十五圓位

△振袖袖下模様八掛付
縮緬地　三十圓より四十圓位

△九重染石持羽織又は着尺地
羽二重地　十五圓より十九圓位
斜子地　十三圓より十八圓位

△紺下本檳榔子染石持八掛付
縮緬地　十六圓五十錢方廿三圓位
斜子地　十四圓より十九圓位

紋羽二重地　廿五圓より卅五圓位
羽二重地　廿三圓より卅五圓位
斜子地　十九圓より卅五圓位

△留袖裾模様八掛付
縮緬地　廿圓より卅五圓位

△男兒一ツ身腰熨斗目模様付但し共紐付
縮緬地　十二圓より十八圓位
羽二重地　十三圓より十八圓位
斜子地　十圓より十二圓位
八ツ橋地　十圓より十二圓位
奉書地　七圓より九圓位

△女兒向一ツ身袖下模様八掛付但し共紐付
縮緬地　十二圓より十八圓位
紋羽二重地　十一圓より十五圓位
斜子地　十一圓より十三圓位
奉書地　八圓より十圓位

紋羽二重地　十五圓より十八圓位
羽二重地　十五圓より廿圓位
奉書地　九圓より十一圓位

△紺下本檳榔子染石持羽織又は貴尺
縮緬地　十三圓より十八圓位
紋羽二重地　十圓より十三圓位
斜子地　十圓より十六圓位
羽二重地　十圓より十七圓位

△小紋染石持
縮緬八掛付　十五圓より廿二圓位
縮緬地（羽織又は着尺）　十一圓より十六圓位
羽二重地（羽織又は着尺）　十一圓より十六圓位

●男女向長襦袢地

濱縮緬（綸羽友禪）染　廿圓より廿八圓位
山繭入絹縮（綸羽友禪）染　十九圓より廿五圓位

絹縮ミ（綸羽友禪）染　十八圓より廿三圓位
絹縮ミ（綸羽絞り）染　廿圓より廿五圓位

吾妻コート地類

- 紋御召　十六圓より十九圓位
- 無地御召　十四圓より十六圓位
- 吉野御召　十三圓より十四圓位
- ブラット織　十二圓より十五圓位
- 色紋絨　九圓五十錢方十三圓位
- 色綾絨　九圓方十五圓位

いろいろ

- 縮緬頭巾　三圓より五圓位
- 縮緬袖無地友禪　五圓より七圓位
- 縮緬半襟　五十錢より二圓位
- 縮緬帶揚　一圓五十錢方四圓位
- 縮緬蹴出　四圓より五圓位
- 縮緬シゴキ地　四圓より五圓位
- 紋羽二重帶揚　一圓より二圓五十錢位
- 絹縮帶揚　一圓卅錢方二圓位
- 絹縮縮緬下締　一圓五十錢方二圓五十錢位
- 絞り羽二重兵兒帶　二圓五十錢方四圓位
- 同縮緬兵兒帶　四圓より七圓位
- 白大幅縮緬兵兒帶　七圓より十五圓位
- 白中幅縮緬兵兒帶　五圓より八圓位
- 繻珍伊達卷　二圓より四圓位
- 博多伊達卷　一圓七十錢方二圓八十錢位
- 袋物品々

肩掛類

- 縮緬縫模様　四圓五十錢方七圓五十錢位
- 雲井ショール　四圓五十錢方七圓位

絹綿交織木綿物並に毛織物類
着尺縞物類

- 九重御召　三圓より六圓位
- 新狹々縞　一圓五十錢方三圓位
- 瓦斯御召　二圓より三圓位
- 風通瓦斯御召　五圓より八圓位
- 漣織　三圓廿錢位
- 千登世結城　三圓位
- 朝日紬　三圓九十錢位
- 本場結城　一圓八十錢方三圓五十錢位
- 糸入結城　二圓より三圓位
- 結城木綿　一圓より一圓五十錢位
- 武藏紬　九十五錢位
- 紡績縞　一圓より一圓八十錢位
- 同絣　一圓五十錢方二圓八十錢位
- 新大島絣　三圓より四圓位
- 本瓦斯雙子　一圓八十錢方三圓五十錢位
- 細雙子　一圓卅錢方一圓八十錢位
- 雙子織　一圓より一圓廿錢位
- 伊豫絣　一圓五十錢方二圓位
- 久留米絣　二圓廿錢方四圓五十錢位
- 松阪縞　九十錢より一圓廿錢位

夜具地類

- 熨斗横織　一圓八十錢方二圓五十錢位
- 紡績夜具地　一圓廿錢方一圓八十錢位
- 松阪夜具地　六十五錢方一圓廿錢位
- 唐草眞岡　八十錢より九十五錢位
- 更紗眞岡　八十錢より一圓卅錢位

座蒲團地

- 熨斗糸座蒲團地一枚　三四十錢位
- 紡績座蒲團地同　二三十錢位
- 綿緞子座蒲團地一枚　一圓より一圓五十錢
- 綿紋綾座蒲團地同　二三十錢位

裏地類

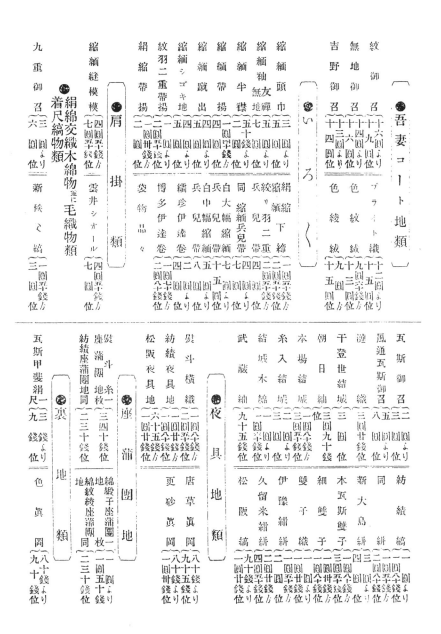

- 瓦斯甲斐絹一尺　三錢より九錢位
- 色眞岡　八十錢より九十錢位

花色、正花、瀬花新絹緞裏地　一圓五十錢方　一圓八十錢位
同　羽二重金巾　八十五錢方　一圓五十錢位
瓦斯紅　九十錢より　一圓卅錢位

花色木綿　七十五錢方　九十錢位
花色金巾　七十五錢位

●袴地類

小倉袴地　一圓より　一圓五十錢位

瓦斯小倉袴地　一圓五十錢方　二圓位

●帯地類

小倉男帯　八十錢より　一圓五十錢位
風通男帯　一圓五十錢位

綿風通片側　九十五錢位

●形染物類

更紗瓦斯　一圓五十錢方　一圓七十錢位
更紗眞岡　九十錢より　一圓卅錢位
黒瓦斯斜子袖下模様四ッ身　一圓廿錢方　一圓八十錢位

黒瓦斯斜子石持　二圓三十錢位
黒眞岡石持　一圓廿錢位

●雑類

黒綿八丈一尺　十二錢より　十五錢位
白瓦斯斜子　一圓七十錢位
目倉縞　一圓卅錢方　二圓位

桃色木綿　五十錢より　七十五錢位
欝金木綿　五十錢より　七十錢位
染手拭　五十錢位

浅黄木綿　四十五錢方　六十錢位
萌黄木綿　七十五錢方　九十錢位

白木墨　五錢より　廿錢位

●算盤珠三尺

柿色、浅黄　一重　十一錢位　二重　十六錢位

紺　一重　十二錢位　二重　十七錢位

●毛織物類

本ネル（大巾一反）　五圓より　五圓五十錢位
縞セル（大巾一反）　六圓七十錢方　七圓廿錢位
唐更紗（大巾一尺）　十一錢位
新毛更紗（大巾一尺）　十八錢位
友禅モスリン（大巾一尺）　十八錢より　三十錢位
色モスリン（大巾一尺）　十六錢位
白生モスリン（大巾一尺）　十七錢位

友禅絹モスリン（大巾一尺）　三十錢位
色絹モスリン（大巾一尺）　二十五錢位
色ネル（大巾一尺）　四十五錢位
色カシミヤ（大巾一ヤール）　一圓四十錢位
白赤色綿ネル（大巾一尺）　十二錢位
捺染綿ネル（大巾一尺）　十四錢位
縞（紀州）綿ネル（大巾一尺）　十二錢位

御婚儀並ニ吉事用
御衣裳仕立上り見積表

△襠

	上ノ部	中ノ部	並ノ部
繻珍織御振袖紅羽二重付総裏　一枚	百七十圓	百十圓	六十六圓

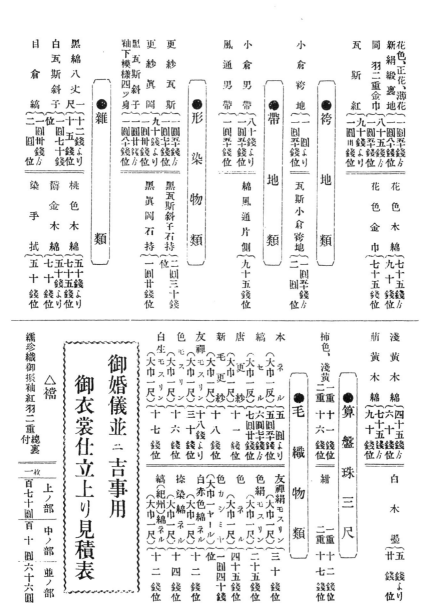

地白綸子振袖総模様	一枚	五十五圓	四十一圓	三十五圓
同　地赤	一	六十圓	四十四圓	三十六圓
同　地黒	一	六十圓	四十四圓	三十八圓
地白綸子留袖総模様	一	五十圓	三十八圓	三十三圓
同　地赤	一	五十五圓	四十圓	三十七圓
白綸子留袖総模様地黒	一	五十五圓	四十圓	三十七圓
色縮緬振袖総模様	一	六十五圓	四十四圓	三十五圓
同　留袖	一	六十圓	三十八圓	三十三圓
色縮緬振袖模様	一	六十圓	三十九圓	三十五圓
同　留袖	一	五十八圓	三十八圓	三十三圓
色縮緬御紋付振袖腰模様	一	五十八圓	三十八圓	三十五圓
同　留袖	一	五十圓	三十七圓	三十三圓
色縮緬御紋付振袖裾模様	一	五十圓	三十七圓	三十三圓
同　留袖	一	四十四圓	三十五圓	三十圓

△間着

本紅疋田絞り上紋入綸子振袖	一枚	百圓		
紅縮緬振袖無垢	一	二十七圓	二十三圓	二十一圓
同　留袖	一	二十五圓	二十一圓	十九圓
紅紋縮緬振袖無垢	一	三十圓	二十三圓	二十一圓
同　留袖	一	二十七圓	二十一圓	十九圓
白綸子振袖無垢	一枚	五十圓	三十六圓	三十三圓
白綸子留袖	二	四十五圓	三十三圓	三十圓
白紋羽二重振袖無垢	二	五十圓	四十四圓	
同　留袖無垢	二	四十八圓	四十圓	
白羽二重振袖無垢	二	五十圓	三十六圓	二十七圓
同　比翼	一		二十八圓	二十五圓
白羽二重留袖無垢	二	五十圓	三十圓	二十三圓
同　比翼	一	三十八圓	二十五圓	二十圓

△長襦袢

紅縮緬振袖長襦袢	一枚	二十五圓	二十圓半	
同　留袖	一	二十三圓	十九圓半	十三圓
紅紋縮緬振袖長襦袢	一	二十五圓	二十圓	
同　留袖	一	二十三圓	十八圓	十二圓
白羽二重振袖長襦袢	一	二十圓	十三圓	十一圓
同　留袖	一	十八圓	十二圓	八圓
白紋縮緬振袖長襦袢	一	二十五圓	二十圓	
同　留袖	一	二十三圓	十八圓半	
白紋羽二重振袖長襦袢	一	二十圓	十五圓	十四圓
同　留袖	一	十七圓	十三圓半	十二圓
友禅縮緬長襦袢	一	二十五圓	二十圓	

△小袖

色縮緬留袖引返付裾模樣三枚重	一組	九十圓	八十圓	六十六圓
小紋縮緬引返付三枚重	一	七十圓	六十五圓	六十圓
板〆絹胴拔更紗縮緬廻無垢下着	二枚		四十圓	三十五圓
風通御召綿入小袖	一	三十國	二十七圓	二十五圓
御召縮緬綿入小袖	一	二十二圓	二十圓	十七圓半
糸織小袖	一	十八圓	十四圓	十三圓
八丈小袖	一		十三圓	十圓

△羽織

黒縮緬御羽織	一枚	三十三圓	二十五圓	十八圓半
鼠縮緬御羽織	一	三十圓	二十二圓	十六圓
小紋縮緬御羽織	一	二十五圓	二十圓	十六圓
風通織御羽織	一	二十四圓	二十二圓	十八圓
糸織御羽織	一	二十二圓	十四圓	十二圓

△帶

襠下帶	一筋	七十五圓	四十圓	三十圓
綴錦丸帶	一	三百五十圓位	百廾圓より二百圓迄	
繻珍丸帶	一	五十圓以上百三十圓位	六十圓以上五十圓位	十五圓以上廿五圓位
黒繻子丸帶	一筋	三十圓	十七圓半	八圓
博多織丸帶	一	三十圓	二十圓	十五圓
厚板織丸帶	一	六十五圓	二十三圓	十九圓
はら合帶	一	二十圓	十六圓	八圓
こし帶	一	四圓半	三圓	一圓七十錢
しごき	一	六圓半	五圓	四圓
帶揚	一	三圓卅錢	二圓廿錢	一圓五十錢
つゝれ帛紗	一	三十圓	廿圓	
帛紗	一	二十二圓	十三圓	七圓

△夜具蒲團

緞子（夜具一 搔巻一 蒲團二）	一組	百七十圓	百五十圓	
縮緬（夜具一 搔巻一 蒲團二）	一	百廾圓	百圓	
八丈、郡内、銘仙、同同上	一	七十五圓方八十五圓位	五十圓より七十圓迄	
木綿類	一	二十五圓	二十圓	十七圓
飾枕	一對	二十圓	十一圓	
座蒲團	一枚	五圓半	三圓卅錢方三圓卅錢位	九十錢
裾除け	一		四圓半	三圓卅錢

頭巾	一	五圓半	四圓半	三圓卅錢
練帽子（俗名ツノカクシ）	一			四十錢
綿帽子	一			十七錢
挾箱油單	一	十四圓	八圓	三圓卅錢

△油箪

萌黄地總唐草木綿御定紋付	一枚	三圓七十錢	二圓八十錢	二圓五十錢
萌黄木綿御定紋付	一	三圓	二圓三十錢	二圓
萌黄唐草木綿紋無し	一	一圓八十錢	一圓三十錢	一圓廿錢

△男物

黒羽二重御紋付男物小袖一 白羽二重御下着二 白羽二重胴着一 同襦袢一	一組	百圓	七十五圓	
黒羽二重御紋付替裾一 鼠羽二重御下着二 鼠羽二重胴着一 同襦袢一	一	百圓	七十七圓	
黒斜子御紋付小袖	一枚	二十二圓	十八圓	十五圓
黒奉書御紋付小袖	一		十三圓	十一圓
小紋斜子御下着	二	三十八圓	三十圓	
風通織御下着	二	四十七圓	三十一圓	
糸織市樂織小袖	一	二十五圓	十八圓	十五圓
八丈小袖	一	十五圓	十四圓	十二圓
黒鹽瀬羽二重無雙羽織	一	五十圓	三十八圓	
黒羽二重袷羽織	一	二十七圓	二十一圓	十七圓
黒斜子袷羽織	一	二十七圓	十八圓	十四圓
黒奉書袷羽織	一		十三圓	十圓

△袴及外套類

茶苧袷袴	一具	三十圓	二十五圓	
仙臺平單袴	一	二十圓	十五圓	十圓
同袷袴	一	二十五圓	二十二圓	十七圓
節糸織單袴	一	九圓	七圓	四圓半
男帯	一	十二圓方十七圓位	九圓	五圓半
絨外套	一枚	五十五圓	三十三圓	二十八圓
絨束コート	一	四十圓	二十二圓	十六圓

△夏御紋付

色縮緬振袖模様白羽二重重付	一枚	四十四圓	三十八圓	三十圓
色縮緬振袖模様白羽二重重付留袖	一	四十圓	三十五圓	二十七圓

色絽振袖模樣練重付	一枚	三十圓	二十七圓	二十四圓
同　留　袖	一	二十八圓	二十五圓	二十二圓
鼠絽紋付白絽重付	一	三十三圓	二十四圓	十八圓
鼻明石御紋付白練白麻紋付	一	二十圓	十七圓	

△男夏物

黒絽御紋付御羽織	一枚	十八圓	十三圓	十圓
水淺黄越後帷子	一	十五圓	十二圓	
鼠麻御紋付帷子	一		七圓	三圓半

白木屋洋服店洋服目録

品名	地質	製式		價格
勅任官御大禮服	表、最上等黒無地絨 裏、白綾絹	銀臺金消モールにて御制規の通、繡、帽子、劍、劍釣、正緒共		金二百七十圓
奏任官御大禮服	表、同上 裏、同上	同		金百八十圓
爵位御大禮服	表、同上 裏、同上	同上外に肩章付		金二百圓
陸軍御正服	表、上等濃紺無地絨 裏、黒毛朱子	御制規の通	将官	金八十圓
			佐官	金五十五圓
			尉官	金四十圓
同略服	表、同上 裏、同上	同	将官	金三十圓
			佐官	金二十七圓
			尉官	金二十三圓
同外套	表、同上 裏、同上(但將官は紅絨)	同	将官	金三十五圓
			佐官	自金二十三圓
			尉官	至金二十五圓
海軍御正服	表、濃紺無地絨 裏、黒佛蘭西絹及綾絹	同	将官	金八十五圓
			佐官	金七十五圓
			尉官	金六十五圓

同　軍服	表、同上 裏、黒毛朱子	同　将官 佐官 尉官	金六十円 金五十円 金四十五円
同上通常軍服	表、同上 裏、同上	同　将官 佐官 尉官	自金二十三円 至金二十八円
同　外套	表、同上 裏、同上	同　将官 佐官 尉官	自金二十三円 至金三十円
燕尾服	表、上等黒無地絨 裏、黒佛蘭西絹	三ツ揃琥珀見返付	自金四十五円 至金六十五円
トキシード	表、黒朱子絨及無地絨 裏、黒佛蘭西絹	三ツ揃琥珀見返付	自金四十円 至金四十五円
フロツコート	表、黒無地絨或は朱子目綾絨 裏、綾絹	同	自金三十五円 至金六十五円
モーニングコート	表、黒、紺、斜綾絨或はメルトン、裏付朱子及ビ綾絹 裏、黒毛朱子及綾	上衣、チヨキ、黒及紺ヅボン立縞	自金二十八円 至金四十五円
片前背廣	表、相鼠、濃鼠、霜降メルトン、スコチ或は綾絨 裏、同色毛朱子或はアルパカ	三ツ揃	自金十八円 至金三十三円
兩前背廣	表、黒、紺、綾メルトン或は玉ヘル及霜降太綾絨 裏、縞サーヂ	三ツ揃	自金二十円 至金三十五円
チーバコート	表、鼠、茶、霜降絨、同斜子綾絨 裏、共色綾絹	カクシ釦絹天鵞絨衿付	自金二十八円 至金三十五円
同　中等	表、同上 裏、共色毛朱子及綾アルパカ	カクシ釦共ゑり	自金十八円 至金二十五円
ロングコート	表、ラクダ玉絨、厚地綾メルトン 裏、佛蘭西絹	ゑり及見返し袖先獺毛皮付裏綿入 菱形さし縫	自金八十円 至金百十円
同　中等	表、玉絨、厚地スコツチ 裏、縞サーヂ	頭巾付兩前	自金三十円 至金四十五円

インバネス	表、茶鼠霜降綾絨 裏、共色毛朱子、或は甲斐絹	和洋兼用脇釦掛	自金十八圓 至金三十圓
銃猟服	表、枯葉色スコッチ 裏、共色毛朱子	半ヅボン脚胖付三ツ揃	自金十八圓 至金三十圓
小裁海軍形	表、紺天鵞絨及紺絨 裏、毛朱子	五才位より八才迄錨縫箔付	自金六圓 至金九圓
和服用外套	表、黒、紺綾絨及霜降 裏、緞子及綾絹	英形(一名ダルマ形 帯ヒダなし)頭巾付	自金三十五圓 至金四十八圓
同　中等	表、同上 裏、甲斐絹及毛朱子	同上	自金二十圓 至金三十五圓
同角袖外套	表、同上 裏、甲斐絹	頭巾付	自金十八圓 至金二十五圓
吾妻コート	表、紺、黒紋織綾絨 裏、緞子及繻珍	被布ゑり及道行ゑり共色糸飾紐付	自金二十圓 至金三十圓
同	表、同上 裏、甲斐絹及綸子	同上	自金十五圓 至金二十圓
同	表、風通紋織、綾絲織 裏、綾綸子、紋羽二重	同上	自金二十三圓 至金三十圓
判、検、辯護士法服	表、黒絹セル、及珀琥 裏、黒甲斐絹スベリ	正帽付制規の縫箔	自金十六圓 至金二十八圓
學校用御袴	表、海老色カシミヤ、セル	單仕立太白糸腰紐	自金三圓五十錢 至金五圓五十錢

夏服

ソロックコート	表、黒絹絨薄綾絨メルトン、ヅボン縞絨 裏、佛蘭西絹、絖絹	上衣チヨッキ黒(但シ脊抜き)ヅボン立縞	從金三十五圓 至金四十二圓
同　中等	表、黒薄綾絨同絹セルメルトン、ヅボン縞セル 裏、アルパカ	同	從金二十五圓 至金三十圓

モーニングコート	表、黒紺絹絨同瀕綾絨メルトン 裏、佛蘭西絹、綾絹	同	從金三十三圓 至金三十八圓
同中等	表、黒絹瀕綾絨同絹セル、メルトン 裏、アルパカ	同	從金二十五圓 至金三十圓
脊廣	表、茶鼠霜降瀕綾絨縞綾絨、色綾メルトン 裏、共色アルパカ	三ツ揃	從金二十二圓 至金二十五圓
同中等	表、茶鼠霜降セル、同縞セル 裏、共色アルパカ、	同	從金十七圓 至金二十圓
チーパコート	表、茶鼠霜降メルトン同瀕綾絨セル 裏、絹アルパカ	カクシ釦脊抜キ	從金十四圓 至金二十圓
同單	表、茶鼠アルパカ白獻純	カクシ釦	從金十圓 至金十三圓
雨具外套	ゴム絨頭巾付		從金十九圓 至金二十六圓
白チヨツキ	表、紋リンネル	貝釦取ハズシ付	從金三圓 至金四圓
單脊廣上衣	表、黒紺鼠絹絨同アルパカ白獻純	上衣一枚	從金七圓五十錢 至金十五圓
インパネス	表、鼠茶霜降綾絨縞セル同アルパカスベリ絹かいき	和洋服兼用	從金十一圓 至金二十三圓
半チヨツキ	表、黒琥珀、白羽二重		從金二圓 至金五圓五十錢
和服外套	表、茶鼠霜降及ビ縞瀕絨、セルアルパカ 裏、スベリかいき	無頭巾折エリ立エリ	從金十二圓 至金二十圓
同角袖外套	同上	無頭巾カクシ釦	從金十一圓 至金十七圓
東コート	表、淡色絹絨同セル及縞アルパカ 裏、スベリかいき		從金十圓 至金二十圓

單羽織	表、縞セル霜降セル 裏、スベリかいき		從金七圓五十錢 至金十一圓
和服單衣	表、縞絹セル絽セル共		從金七圓八十錢 至金九圓
同	表、縞英フラネル		從金四圓六十錢 至金六圓五十錢
判、檢、辯護士法服	表、黒紋同絽紋紗絹セル、アルパカ	正帽付制規の縫箔	從金十四圓 至金二十五圓
學校用御袴	表、海老茶紫其他淡色各種	單仕立太白糸腰紐	從金四圓 至金五圓五十錢
女兒服	表、グレナヂン、キャンブリツク、アートマスリン等	二才ゟ五才迄	從金二圓五十錢 至金四圓五十錢
		六才ゟ十才迄	從金四圓 至金八圓

右之外陸海軍各學校御制服等御好ニ應シ入念御調製可仕候

◎白木屋呉服店　大阪支店ハ當分呉服類而已取扱居リ候間洋服御用ノ際ハ東京本店洋服部ヘ御註文願上候

◎白木屋呉服店　大阪支店ヘ爲替ニテ御送金ノ際ハ大阪今橋貳丁目鴻池銀行又ハ大阪心齋橋局ヘ御振込願上候

白木屋洋服店販賣

小間物目録

ズボン釣、胴締メ

並物	一本に付	自八十五錢 至一圓廿錢
ゴム引	一本に付	自一圓 至三圓五十錢
絹製	一本に付	自一圓八十錢 至三圓
革製胴〆	一本に付	自一圓五十錢 至貳圓四十錢

メリヤス類

鼠毛メリヤスシヤツ	一枚に付	自一圓三十錢 至貳圓七十錢
同ズボン下	一足に付	同斷
白毛メリヤスシヤツ	一枚に付	自一圓七十錢 至三圓二十錢
同ズボン下	一足に付	同斷
白綿メリヤスシヤツ	一枚に付	自一圓 至一圓三十錢
同ズボン下	一足に付	同斷
白麻メリヤスシヤツ	一枚に付	自一圓七十錢 至二圓
同ズボン下	一足に付	同斷
縞メリヤスシヤツ	一枚に付	自一圓二十五錢 至一圓五十錢
網目メリヤスシヤツ	一枚に付	自一圓二十錢 至二圓三十錢
同ズボン下	一足に付	同斷
クレープシヤツ	一枚に付	自二圓 至二圓五十錢
同ズボン下	一足に付	自二圓五十錢 至二圓九十錢
同婦人用	一枚に付	自一圓九十錢 至二圓五十錢
婦人海水浴着		自一圓二十五錢 至一圓六十錢
メリヤスサルマタ	一足に付	自一圓十錢 至一圓三十錢

手袋類

女物絹製	一組に付	自九十錢 至二圓三十錢
同半手	一組に付	自七十五錢 至一圓五十錢
同綿製	一組に付	自四十三錢 至九十五錢
女物半手	一組に付	自二十八錢 至三十八錢
男物	一組に付	自四十八錢 至一圓五十錢

ハンカチーフ類

麻製	一ダース	自二圓五十錢 至五圓
キヤンブリツク製	一ダース	自八十錢 至一圓五十錢
同大判物	一ダース	自三圓三十錢 至四圓八十錢
同婦人物	一ダース	自一圓十錢 至一圓二十五錢
同模樣付	一ダース	自一圓三十錢 至一圓五十錢
姓頭文字入	一ダース	二圓九十錢
洋羽二重色物	一ダース	自一圓十錢 至一圓三十錢
同美人寫眞入	一ダース	一圓四十錢
體育模樣	一ダース	七十五錢
舞蹈模樣	一ダース	七十五錢
絹製	一枚に付	自四十五錢 至八十錢
同大判物	一枚に付	自一圓 至一圓五十錢
縫模樣	一枚に付	自一圓 至一圓五十錢
戰捷紀念	一枚に付	四十五錢

タヲール(入浴用)

和製	一枚に付	自十四錢 至三十三錢
舶來模樣入	一枚に付	八十三錢
舶來物	一枚に付	自三十三錢 至九十錢

レース類

細物	一ヤード	自十錢 至三十錢
巾廣	一ヤード	自十錢 至一圓十錢
縫テツプ	一ヤード	自二錢五厘 至七錢

毛布類

白毛布	二枚續き	自十三圓五十錢 至十七圓五十錢
鼠毛布	二枚續き	十一圓

ホワイトシヤツ

並物	一枚に付	一圓八十錢
上等物	一枚に付	二圓八十錢

- 總麻に一枚ニ付（自六圓 至九圓）
- 縞物に一枚ニ付（二圓五十錢）

●膝掛類

- 縞格子セル製（自八圓五十錢 至十二圓）

●ショール類

- 綿物に一枚ニ付（自一圓四十錢 至一圓八十錢）
- 絹製に一枚ニ付（自二圓三十錢 至三圓五十錢）

●櫛、簪、造花、類

- ゴム製櫛其他一個ニ付（自八十錢 至九十錢）
- 造花簪一個ニ付（自十二錢 至八十錢）
- 製花帽子飾一個ニ付（自四十五錢 至二圓）

●化粧品類

- 香水一個ニ付（自四十七錢 至五圓）
- 香油一個ニ付（自四十五錢 至一圓三十五錢）
- ブリランチン（油ニ香水ヲ交ゼシモノ）一個ニ付（自三十五錢 至一圓十錢）
- 石鹼一個ニ付（自十一錢 至一圓廿錢）
- 歯磨一個ニ付（自二十五錢 至五十三錢）
- コスメチック一本ニ付（自二十錢 至八十五錢）
- バンドリン及リスリン一個ニ付（自二十錢 至三十二錢）
- 楊枝一本ニ付（自十三錢 至三十八錢）
- 洗面香水一個ニ付（自五十八錢 至一圓三十錢）
- 水白粉一個ニ付（自三十九錢 至四十五錢）
- 練白粉一個ニ付（十二錢）
- 紙白粉一個ニ付（三十八錢）
- 粉白粉一個ニ付（自二十五錢 至八十八錢）
- 洗粉一個ニ付（三十三錢）
- ポット一個ニ付（自三十八錢 至五十錢）
- 櫛一枚ニ付（自十八錢 至三十五錢）

●女兒服、飾帽子

- キャンブリツク製（二三才より一才迄）一枚ニ付（自二圓五十錢 至四圓）
- アートマスリン製（二三才より十才迄）一枚ニ付（自三圓八十錢 至五圓五十錢）
- 生地モスリン製一枚ニ付（自三圓三十錢 至五圓）
- 飾帽子一個ニ付（自三圓九十錢 至五圓五十錢）

●雜品之部

- 空氣枕一個ニ付（自二圓三十錢 至三圓廿錢）
- 小兒涎掛一枚ニ付（自三十五錢 至二圓十錢）
- 國旗モスリン製（巾八一布、一布半、二布）一枚ニ付（自四十八錢 至三圓）
- 木綿縮シャツ上下一組ニ付（自二圓三十錢 至四圓八十錢）
- 半チョッキ一枚ニ付（自二圓七十錢 至五圓）
- インバネス一枚ニ付（自十一圓五十錢 至十二圓）

●襟飾

- 舶來結び下げ一本ニ付（自一圓三十錢 至二圓）
- 同蝶形一本ニ付（自一圓三十錢 至一圓八十錢）
- ダビー（フォーアインハンド）一本ニ付（自一圓五十錢 至三圓五十錢）
- 縮緬製ダビー一本ニ付（自九十錢 至一圓三十錢）
- 和製結び下げ一本ニ付（自五十錢 至八十錢）
- 同蝶形一本ニ付（自三十五錢 至六十錢）
- 同ダビー（フォアインハンド）一本ニ付（自六十錢 至九十錢）

●鈕、飾ピン類

- カフス鈕（リンク）一組（自六十錢 至二圓八十錢）
- 同金、及ビ白金製一組（自十圓 至二十五圓）
- 飾ピン一本ニ付（自五十錢 至五圓）
- 胸鈕一組（自五十錢 至一圓八十錢）
- カラ鈕一個ニ付（自十錢 至四十五錢）

●靴下類

- メリヤス長物（自八十錢 至一圓五十錢）
- 並物（自三十五錢 至七十錢）
- 麻製（自五十錢 至一圓）
- 絹製（自一圓九十錢 至二圓五十錢）
- 小兒物（自三十錢 至九十錢）

●リボン類

- 一吋半巾模樣物一ヤード（自三十錢 至五十錢）
- 同水波一ヤード（自三十五錢 至五十五錢）
- 細目各種一ヤード（自八錢 至二十錢）
- 一吋巾模樣物一ヤード（自二十錢 至三十五錢）
- 同水波一ヤード（自二十錢 至三十五錢）

御註文用箋

白木屋洋服店

明治卅　年　月　日

御宿所貴名	服名	地質見本番號	見積金額

摘要

御註意

體格特徴欄へは、胸はり、肩はり、肩下り、出腹、ネコ脊等御記入のこと

採寸欄へは、裸體又は「シャツ」の上又は出來上り寸法と御記入のこと

用尺欄へは、御使用の度器(曲尺)(鯨尺)等の別な御記入のこと

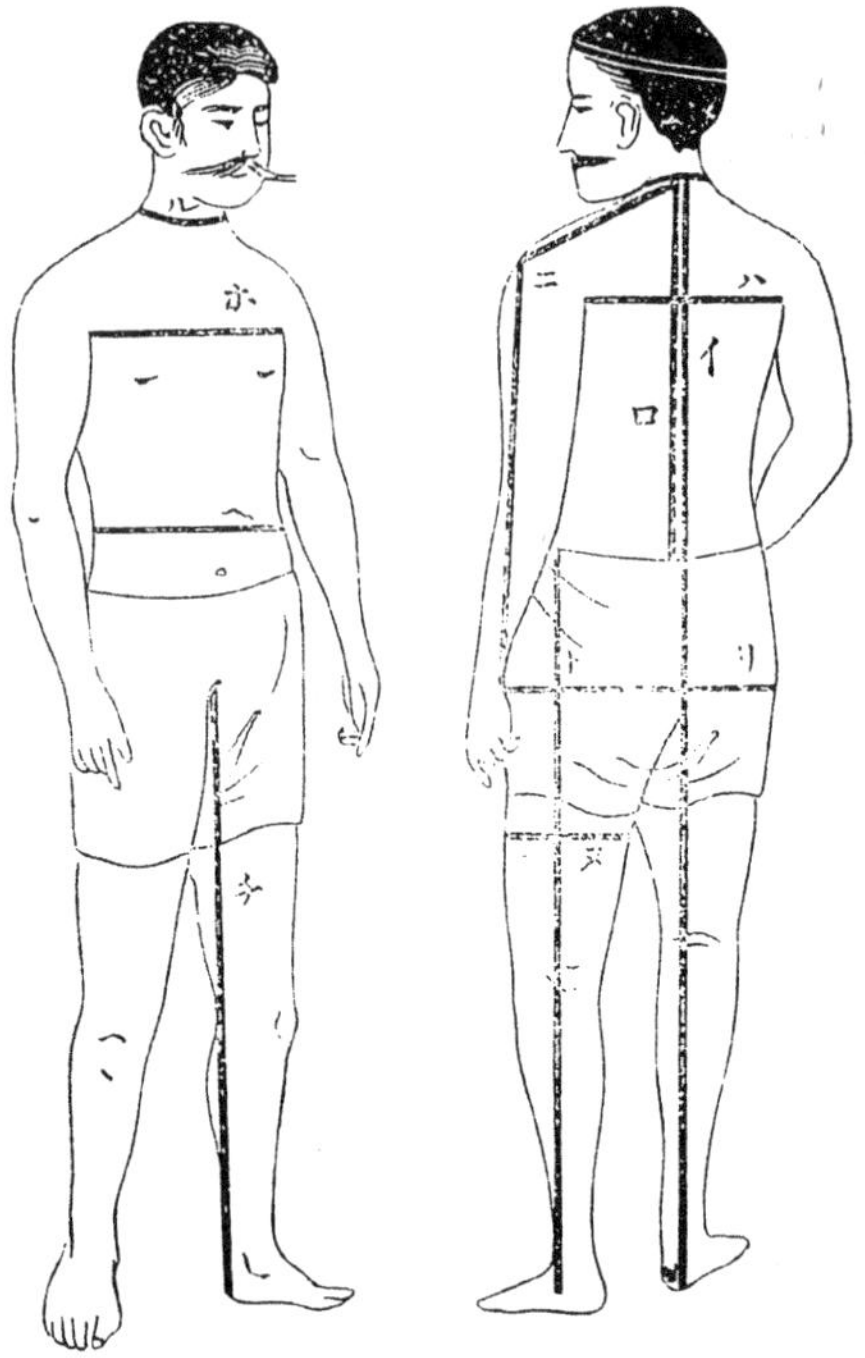

御寸法

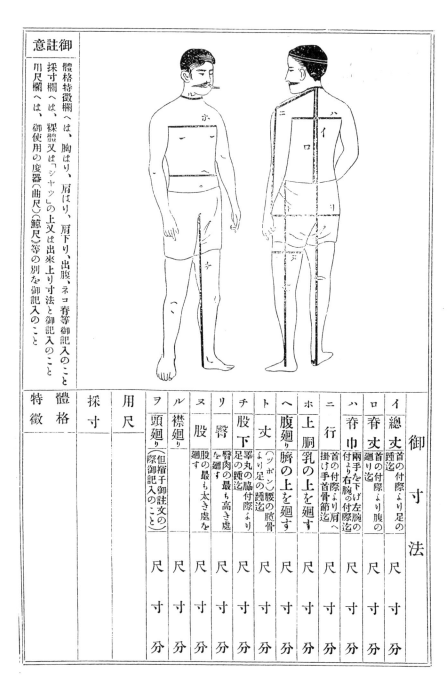

イ	總丈	首の付際より足の踵迄	尺　寸　分
ロ	脊丈	首の付際より腹の廻り迄	尺　寸　分
ハ	脊巾	兩手を下げ左腕の付より右腕の付際迄	尺　寸　分
ニ	行	首の付際より肩へ掛け手首骨節迄	尺　寸　分
ホ	上胴	乳の上を廻す	尺　寸　分
ヘ	腹廻り	臍の上を廻す	尺　寸　分
ト	丈	(ツボン)腰の髖骨より足の踵迄	尺　寸　分
チ	股下	睾丸の脇付際より足の踵迄	尺　寸　分
リ	臀	臀肉の最も高き處を廻す	尺　寸　分
ヌ	股	股の最も太き處を廻す	尺　寸　分
ル	襟廻り		尺　寸　分
ヲ	頭廻り	(但帽子御註文の際御記入のこと)	尺　寸　分

體格特徴	採寸	用尺

註文書

男子女子用衣裳又は羽織等

年齢

用途

品柄

好みの色

好みの柄

紋章并大さ及び数

好みの模様

惣模様

腰模様

裾(スソ)模様

江戸褄(ツマ)模様

奴褄(ヤツコツマ)模様

袘(フキ)模様

仕立寸法

丈

袖

ゆき

口明

袖幅

袖付

前幅

後幅

衽(ヲクビ)幅

衽(ヲクビ)下り

衿(エリ)幅

褄(ツマ)下

袘(フキ)の厚(アツ)さ

人形

紐(ヒモ)付

前下り

紐下

備考

右注文候也

住所

明治　年　月　日

姓名

白木屋呉服店地方係中

註文書

注意

萬一御指圖通りの品物賣切れ居り候節は最も似寄りの品を相選み御送り可申上候間豫め御承知置被下候樣　奉願上候但し御一覽の上にて御氣に召されず候はゞ普通小包郵便にて御遠慮なく御戻し被下度候

右註文候也

住所

姓名

白木屋呉服店地方係中

高等香油
チエリーオイル
紳士貴婦人令嬢用
此香油は無色透明にてさらくとして水の如し、故に紳士は勿論、貴婦人令嬢間に目下大いに流行せる彼の束髪用としては最も高評を博しつゝあり
定價 大一本八十五錢 中一本四十五錢 小一本二十五錢 ○郵税十錢
賣捌所は全國到る處の賣薬店小間物化粧品店にあり
東京市日本橋區本町二丁目
芳香薬種問屋
發賣元 高橋初次郎商店
特電本局四一一三番
OIL

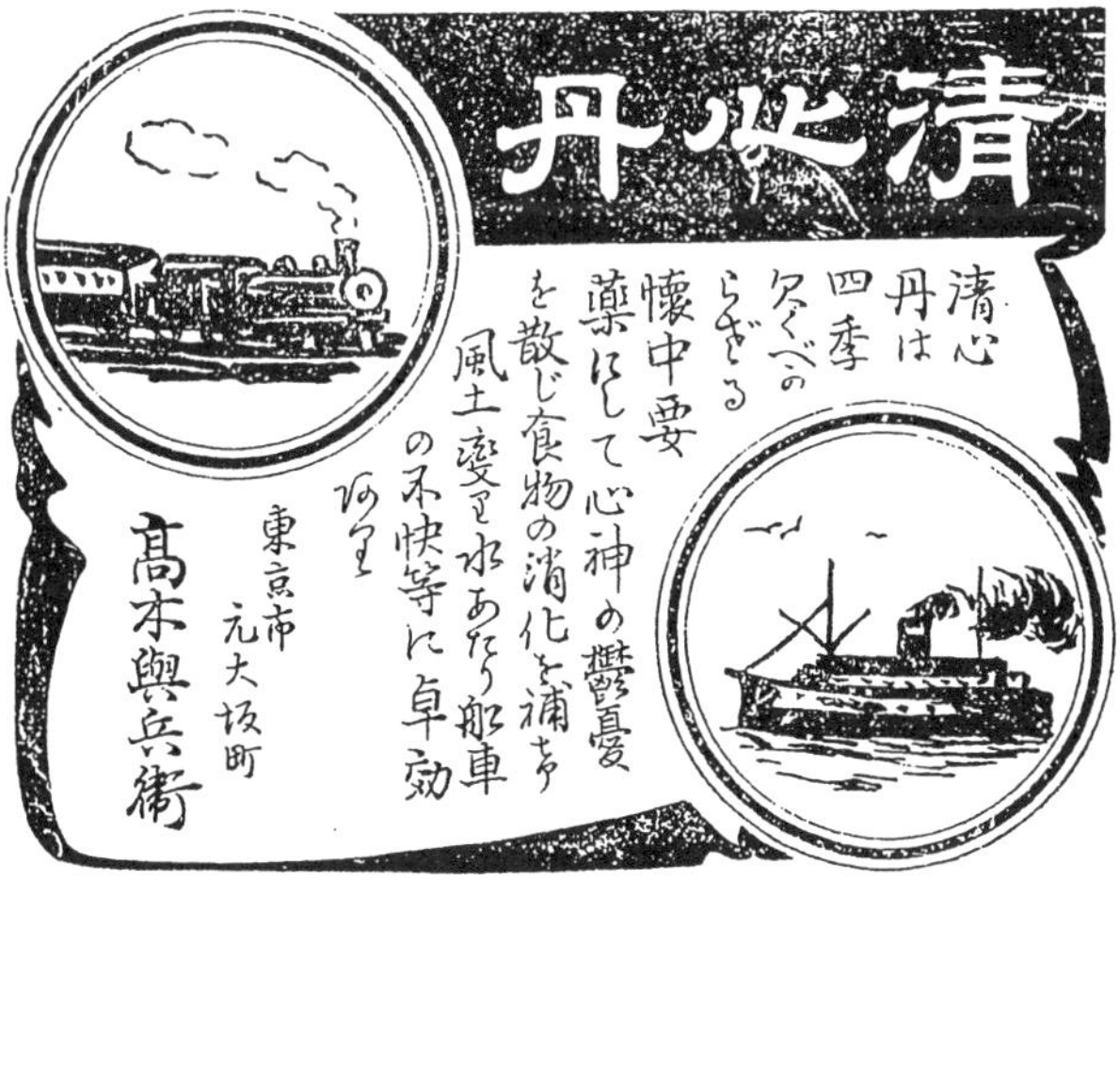

清心丹
清心丹は四季欠ぐべからざる懐中要薬にして心神の鬱憂を散じ食物の消化を補ひ風土變り水あたり船車の不快等に卓効あり
東京市元大坂町
高木與兵衛

於内外博覧會名譽大賞及金銀牌受領

元和二年創業

ヒゲタ印醬油

宮内省御用達

千葉縣　田中玄蕃醸造　銚子港

白熱瓦斯燈は光力五十燭光以上を有し瓦斯代は**一時間九厘餘**に過ぎず石油ランプよりも費用は遙に低廉なり

瓦斯竈は本社の發明品にして專賣特許を得二升の米は瓦斯代僅かに**一錢三厘**時間は**十八分**にして炊くを得べく安全と人手を省き瓦斯と水道は家庭は勿論料理店旅宿其他飲食店の必用缺くべからざるものとなれり

瓦斯七輪、燒物器、西洋料理器も使用輕便瓦斯代は木炭よりも遙に低廉なり

燈火及炊事器工事費は極めて低廉にして御申込次第工事費見積書御送付可申上候

▲瓦斯器陳列所　縱覽御隨意▲

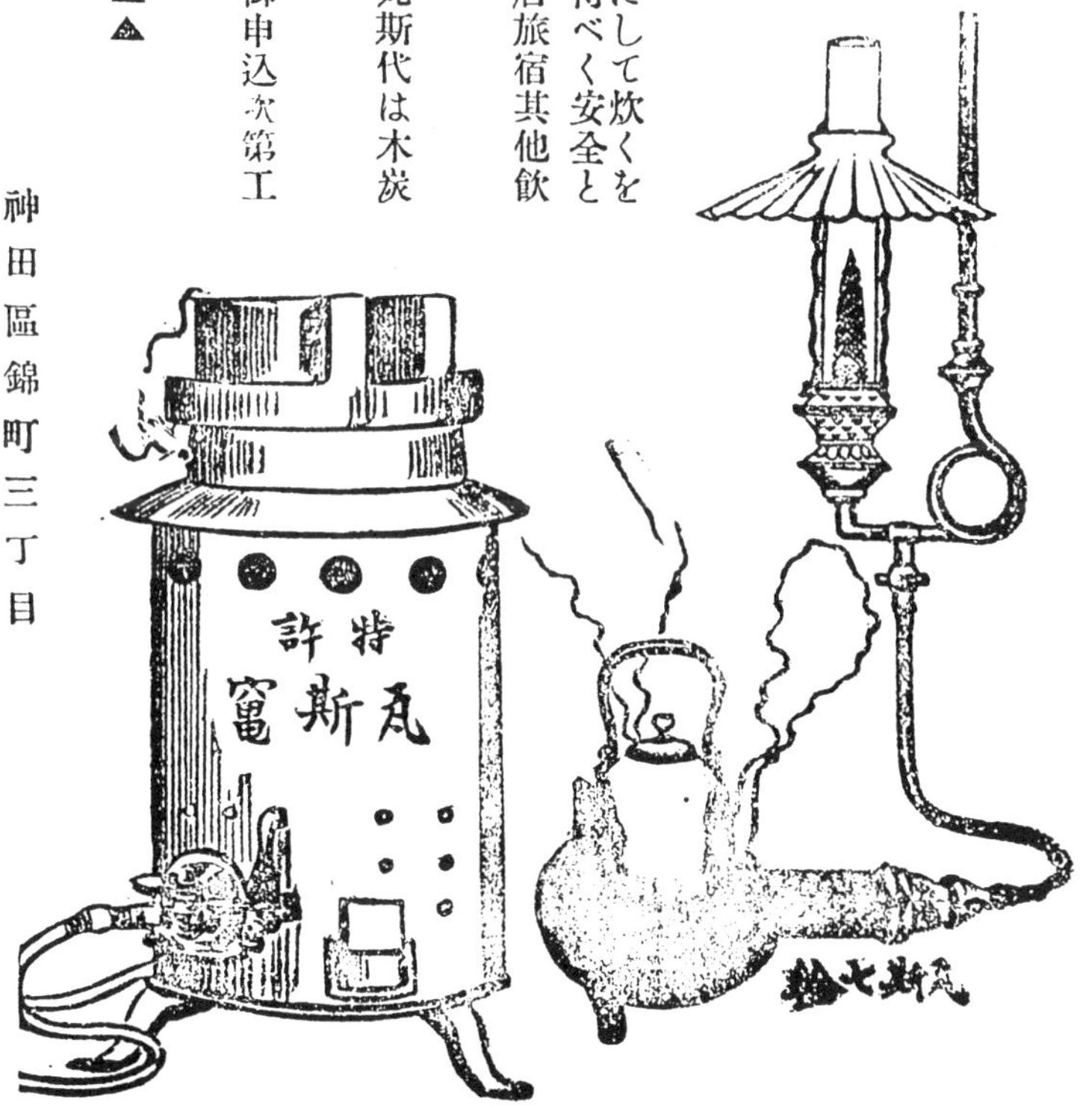

神田區錦町三丁目

東京瓦斯株式會社

電話本局　一三〇。五四八。五七〇。

談洲樓焉馬撰　勝川春章同春好同春亭畫

歌舞伎年代記

帙入和裝美本拾册

定價　金參圓五拾錢

郵稅　金貳拾錢

本書は廣く芝居通を以て幕府時代に其の名を轟かせし小說作者談洲樓焉馬が著述にして寛永元年甲子より文化七年庚午に至る一百八十七年間に渉り江戸芝居の起原は勿論狂言名題の大概役者の終始名人上手の技藝並に毎年の興行せりふさされ歌月旦評等に至るまで悉く之を蒐集し故人知因なる俳優の談話をも記載し且つ高名なる勝川春章、同春好、同春亭の揮毫に係る畫圖をば幾んど毎頁に挿入したるを以て其の趣味津々として盡る期なし今回弊堂に於て其の原版を手に入れたれば新に淨刷し原本二十册を十册とし美麗に裝製して發賣せり世の好劇家は言を俟たず歌舞音樂の諸家並に小說家は必らず之を購求し以て座右の珍と爲さゞるべからず

發行所　東京市神田區通新石町　東陽堂支店

登錄商標

第五回內國勸業博覽會　褒狀受領

壽美禮おしろい

●壽美禮おしろい●

ねりおしろい定價（大壜廿錢 小壜十錢）水おしろい定價（大壜廿五錢 中壜十五錢 小壜十錢）

◎すみれ白粉は歐米諸國に專ら流行する香料及弊店特製の化學的炭水素の新成蹟躰等を以て調製しあるを以て肌を艶麗ならしめ芳香馥郁として長時間保續するの特性あり

●壽美禮あらひ粉●

定價（綠藍紅彩蝶鮫の鑵詰六錢五厘 ボックス入三錢 袋入一錢）

◎壽美禮洗粉は朝夕此洗粉を御用ひ給へば能くあかを落し御肌への色を美しくなす又半襟ハンカチーフ絹綿等に用ひて能く汚垢を落す總て物を漂白する性あり

製造本舗　東京兩國橋際元町　伊勢吉壽美禮堂謹製

（販賣所は全國到る處小間物化粧品店賣藥店洋物店其他各勸工場劇場各運動場等に有り）

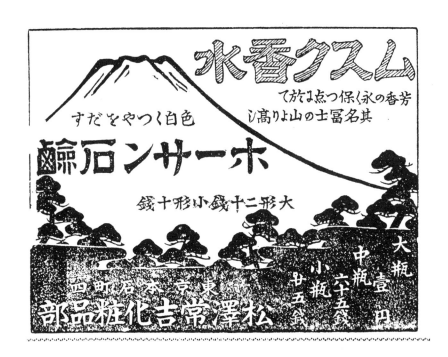

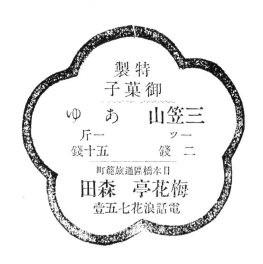

ばら歯磨

東京
玉芝園

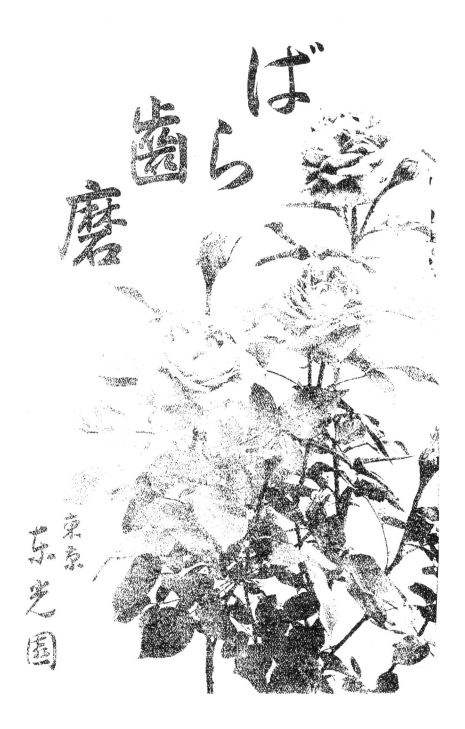

家庭の志るべ

第十八號

明治三十七年七月四日第三種郵便物認可
明治三十八年十二月十日発行毎月一回十日発行

シリーズ 百貨店宣伝資料 4 白木屋④

2018年11月15日 印刷
2018年11月22日 第1版第1刷発行

［監 修］ 瀬崎圭二（せざきけいじ）
［発行者］ 荒井秀夫
［発行所］ 株式会社ゆまに書房
〒101-0047 東京都千代田区内神田2-7-6
tel. 03-5296-0491 / fax. 03-5296-0493
http://www.yumani.co.jp
［印刷］ 株式会社平河工業社
［製本］ 東和製本株式会社
落丁・乱丁本はお取り替えいたします。 Printed in Japan
定価：本体20,000円＋税 ISBN978-4-8433-5449-0 C3363